北仲争议解决新视野译丛

北京仲裁委员会
Beijing Arbitration Commission
北京国际仲裁中心
Beijing International Arbitration Center

SELECTED ESSAYS ON INTERNATIONAL ARBITRATION

黄锡义仲裁文选

［新加坡］黄锡义　著
(Michael Hwang S.C.)
胡科　马志华　张舒　译

法律出版社
北京

著作权合同登记号
图字：01-2023-1183

北仲争议解决新视野译丛总序

北京仲裁委员会/北京国际仲裁中心(以下简称北仲)是首批依据《中华人民共和国仲裁法》重新组建的仲裁机构之一,也是首批纳入最高人民法院“一站式”国际商事纠纷多元化解决机制的仲裁机构之一。成立近三十年来,北仲始终坚持“公正、独立、专业、高效、卓越”的价值目标,坚持专业化、国际化的发展方向,已经逐渐成为国内领先并在国际上有一定影响力的多元争议解决中心,成为践行仲裁法精神、锐意改革创新的一面旗帜。

北仲多元化争议解决事业的发展有赖于贴近实践的理论研究。多年来,北仲不懈推动知识的固化与实践经验的总结推广,助力行业前沿探索,形成体系化的研究布局。自成立伊始,北仲就编辑《北京仲裁》(前身为《北京仲裁通讯》),搭建多元化争议解决理论研究和实务经验交流的平台。从 2013 年起,北仲每年组织专家编写中英文同时出版的《中国商事争议解决年度观察》,对上一年实体领域的争议解决情况进行综述,介绍新颁布的法律法规,深入分析典型案例,探究行业热点问题,展望行业发展方向,为中外专业人士研究中国争议解决发展提供翔实的资料,并基于此在欧洲、亚洲、北美等地举行发布会。“中国仲裁文库”通过精选北仲经典案例,并邀请业内专家进行评析,为读者提供真实的裁决书,是业界了解、研究中国仲裁的重要窗口。“北仲争议解决新探索文库”则旨在系统展示多元化争议解决领域学术成果,促成具有理论和实务应用价值并与多元化争议解决主题相关的著作出版发行。北仲还设立了科研基金项目,每年选取一些在业内引起反响且具有实践指导意义的问题给予一定的资助,推动业界形成研究合力。

北仲始终清醒地认识到,不断满足当事人日益增长的争议解决需求,是仲裁机构的核心竞争力。随着当事人争议解决需求的国际化、多元化,北仲亦致力于引进国际最前沿的多元化争议解决理念,推动业界对国际多元化争议解决规则、惯例的探索和研究。因此,北仲于2013年设立了“争议解决新视野译丛”(以下简称北仲译丛),收录介绍国际多元化争议解决领域创新动态、对中国多元化争议解决有借鉴意义的域外专业书籍,引入“原汁原味”的多元化争议解决理论书籍和实践指南,意图改善多元化争议解决译著相对匮乏的局面,为从事多元化争议解决理论研究、教育培训及法律实务的人士提供更多、更新、更有实际效用的信息和素材,提高国内法律人才在国际多元化争议解决实践中的实战经验和技能,提升中国商事争议解决行业的国际竞争力。

北仲译丛将借助北仲现有的丰富资源,组织国内外权威专家组成丛书编委会,支持优秀译者为国内读者选译一批有关多元化争议解决理论与实践操作的高水准域外作品。同时,北仲译丛将始终秉持开放包容的姿态,建设成为业内同人共建共享的知识平台。北仲热忱欢迎社会各界朋友为北仲译丛推荐能体现多元化争议解决国际化及创新性理念的域外佳作,共同将北仲译丛打造成多元化争议解决研究领域的品牌项目。

北仲争议解决新视野译丛编委会

2024年5月20日

译者序

迪拜金融中心法院前首席大法官、新加坡首批资深大律师黄锡义博士(Dr. Michael Hwang S. C.),是在国际仲裁和争端解决领域享有全球声誉的顶尖仲裁员、法学家。在过去的二十多年中,他一直是亚洲仲裁的领军人物,不仅为自己赢得了世界范围的尊敬,也引领和见证了亚洲仲裁特别是新加坡仲裁的崛起。因此,能得到黄锡义前首席大法官的首肯来翻译他的文集,于三位译者而言,无疑是莫大的荣幸。

黄锡义前首席大法官祖籍广东梅州,出生在澳大利亚悉尼,他在英国牛津大学完成学业后,回到新加坡执业。在他的职业生涯中,他除了在新加坡艾伦格禧律师事务所(Allen & Gledhill)工作三十多年,还曾担任新加坡最高法院的司法委员(非常任法官)、联合国赔偿委员会委员、国际律师协会仲裁委员会副主席、国际商事仲裁理事会副主席、国际商会仲裁院副主席、新加坡律师公会会长等职务。从2005年起他开始在迪拜金融中心法院担任副首席大法官,2010年荣升首席大法官,直至2018年荣休。

黄锡义前首席大法官已经连续二十多年被钱伯斯(Chambers)、环球仲裁评论(Global Arbitration Review)评为亚洲和全球最受欢迎、最受尊敬的仲裁员。

黄锡义前首席大法官受到的尊崇,源于他作为知名律师数十年一以贯之的卓越工作,源于他作为顶尖仲裁员、法官的专业口碑和公正声誉,也源于他作为一流法学家对仲裁和法治的独特贡献。他以极大的热忱和勇气,积极推动证人会议在国际仲裁中的运用,深刻地影响了国际仲裁的实践;他以惊人的专业敏感和前瞻性,系统研究并回答仲裁应如何处理保密性、腐败等重大问题,为实务界解决这些棘手难题提供了重要的指引;他长期关注仲裁在亚洲面临的现实障碍,不仅身体力行提供高标准的仲裁服务彰显仲裁的价值,也通过著书立说、传道讲学等工作,帮助培养了一大批了解仲裁、支持仲裁的执业者和裁判者;在迪拜金融中心法院,他还以不凡的远见、洞察、个人魅力、进取精神和不竭的精力,领导该法院的建设和运作,打造了一家独立、公正、高效、广受赞誉的司法机构。

黄锡义前首席大法官一直以来十分关注年轻律师的成长。他指导和提携过很多新加坡律师,包括在 Allen & Gledhill 与他共事或曾在他的大律师行(Chambers)作为学徒的年轻律师,他们已经成为新加坡争议解决律师的新锐力量,并组成了"黄锡义校友会"(MH Alumni)传承他对后辈的鼓励、奖掖和殷切之情。

黄锡义前首席大法官也非常关怀中国青年仲裁人的成长。马志华律师曾有幸在他担任仲裁员的仲裁庭中担任助理,近距离与他工作并直接受益于他的指导;另一名译者张舒博士和我则有幸在 Young ICCA 组织的第一届 Mentoring Program(教师传习项目)中,与来自其他地区或国家的青年仲裁人一起,作为学员(mentee)得到他的指点。与很多大牌仲裁员无心顾及此类无偿的传习项目不同,他不仅多次亲自主持电话会议或安排见面,而且毫不吝啬地向我们分享他的感悟、经验和模板(如第一号程序令模板);他鼓励我们关注、提出、研究、解决具体的问题,为引导我们进入仲裁的大门提供了最可依赖的建议;在我前往美国求学之际，他还鼓励我联系已故的David Caron教授并为我介绍，帮助我进一步扩展人脉、开阔视野。对他所做的这一切，我们无不深怀感激。近年来，他也经常出现在中国的大学、研究单位和仲裁机构，为在中国推广国际仲裁的知识和实践付出良多。

黄锡义前首席大法官的选集的英文版，于2013年在“黄锡义校友会”的努力下付梓出版。他的很多文章涉及亚洲、亚洲律师作为国际仲裁中的新面孔遭遇的一些普遍性问题，因此，对中国的执业者有着重要的学习、研究和参考价值。北京仲裁委员会和陈福勇副秘书长十分慷慨地支持这一译著项目，为译著解决了资金、版权、出版方面的问题；令我深感惭愧的是，在黄锡义老师和陈福勇副秘书长的一再关心下，本书的翻译工作仍因为我的拖沓耽搁甚久，推迟了此书与中文读者见面的时间。现在此书最终能够面世，仍足以令人欣慰，希望每一个阅览此书的人都能从中大获裨益。

我本人翻译了《序言　我对国际仲裁的沉思》《亚洲仲裁的抵抗派》《名不可名：关于仲裁保密性的实践问题》三篇文章；马志华律师翻译了《国际仲裁法律和现实中的腐败问题》；张舒博士翻译了《仲裁员违反职业道德义务之诉》《述评：仲裁员作为和解促进者的角色》《仲裁裁决的承认与执行》三篇文章。张舒博士以令人敬佩的高效，独立、优质地完成了翻译工作；我和马志华律师则要在此感谢我们各自团队中的多位同事，包括伍茜、彭博、王笑君、汪星岑等，为我们提出了宝贵的校对意见，但译文中错误、不准确之处仍然难以避免，文责也自应由我们完全承担。令人头疼的是，国际仲裁实践中的不少做法，中国仲裁法律或实践并无对应物，给我们带来了不小的困难，希望读者在包容翻译的不尽完美之余，也能慷慨地与我们分享您的宝贵意见。

谨将中译文献给我们敬爱的黄锡义前首席大法官。

胡科

目　录

序言　我对国际仲裁的沉思

黄锡义

我是怎么开始接触国际仲裁的？

一切要从 1991 年说起。当时，我是新加坡最高法院的司法委员（合同制的法官）。在那年的年中，新加坡国际仲裁中心（the Singapore International Arbitration Center，SIAC）宣布成立。最高法院所有的法官和司法委员都受邀去参观新加坡国际仲裁中心，并听中心的人员简要讲述了对新加坡新的国际仲裁体制的展望。这次经历让我初步了解了国际仲裁，并最终让我成为新加坡国际仲裁中心第一届顾问委员会的成员。在这里，我们召开定期会议来探讨新加坡国际仲裁中心成长和发展的各个方面。

在 1992 年年底，我离开法院，回到了我原来就职的艾伦格禧律师事务所（Allen & Gledhill LLP）担任诉讼部的负责人。当时的管理合伙人 CJ Chen 认为，国际仲裁是一个全新的有发展前景的实践领域，而我有司法经验，更应该去探究这个领域。因此，我着手开始系统学习关于国际仲裁的知识。我参加了英国皇家特许仲裁员协会组织的资深会员培训课程，并于 1993 年通过了考试，因此被授予了“英国皇家特许仲裁员协会资深会员”的称号。

1996 年,在我没有参加任何正式课程和考试的情况下,新加坡仲裁协会认可了我的经历,并授予我新加坡仲裁协会的会员资格。在 2005 年,英国皇家特许仲裁员协会仅进行了面试就授予了我"特许仲裁员"的殊荣。在去巴黎参加国际商会(the International Chamber of Cormmerce, ICC)组织的一个国际仲裁的课程的时候,我第一次了解了大陆法法域对仲裁理论和实践的理解。后来我与在香港参加的一个国际仲裁课程的几位导师成为亲密的朋友,尤其是 Neil Kaplan,在接下来的数十年他一直是我的良师益友。这些经历教给我最重要的事,就是我不能想当然地将我作为法官的经验运用到作为仲裁员的实践中;实际上,我必须接受某些仲裁中的原则要优先于诉讼中的基本原则。因此,为了对仲裁的理解达到前述的程度,我不得不抛掉一些(但不是全部)过去 25 年在法庭的实践中学到的经验。

我也参加了很多国际仲裁主题的会议,并有幸受邀在其中的几个会议上进行发言。因为我对于国际仲裁的原则和实践已经有了一定的见解,所以我可以和其他的发言者在同一深度上进行问题的探讨并获得他们的认可,最终获得他们的尊敬。

所有经历的这一切让我赢得了一些委任,首先是国际商会指定我担任很多小额案件的独任仲裁员。我也多次被仲裁庭选为首席仲裁员,这一般是由于在仲裁庭成员中有一个以上仲裁员在参加过的会议上认识我,或者从一个认识我并把我推荐给该仲裁员的人那里听说过我。

我也通过参加其他一些主要的仲裁机构举办的会议并会见他们的主要官员来与他们发展联系,比如伦敦国际仲裁院、美国仲裁协会、香港国际仲裁中心等,最终我也接到了来自这些机构的指定。

新加坡人这一身份也对我帮助很大,使我能够利用这个国家的良好商誉的光环效应。新加坡作为东西方文化的交汇处，因其良好的人力资本的质量、在国际事务中的中立态度，以及正直和没有官员贪腐的名声而闻名。新加坡足够“亚洲”，因而能理解亚洲文化和实践；同时也足够“国际”，能够理解国际经济和贸易的文化和实践。所有这些特质使选择新加坡人作为国际仲裁员成为一个具有吸引力的选择。

因此，综合各种因素，包括学习、写作、口语能力以及社交网络的建立（也包括拥有合适的国籍），我作为一名仲裁员在国际上得到了一些认可。

作为国际仲裁员我成就了什么？

国际仲裁的职业生涯给我带来了很多我从未想象过的国际上的任职和经历。我将我职业生涯中的一些主要成就罗列在了下面（没有特别的时间或者重要程度的先后顺序）：

（a）在几年间，我作为仲裁庭成员参与了涉及 30 多个国家领域的争议的审理，并在至少 21 个城市参与仲裁的庭审，涉及 20 多个国家的法律。

（b）我曾被任命参与了国际投资争端解决中心[①]的各种案子的庭审，这也向我打开了投资协议仲裁领域的大门。在我担任新加坡国内法官的时候，我偶尔有机会审理政府（或者政府机关）作为一方当事人的案子，但在我开始国际仲裁职业生涯之前，我从未想象过我能够有机会审理另外一个主权国家作为一方当事人的争端。

（c）我曾在各种各样、不胜枚举的仲裁杂志的编辑委员会担

① 世界银行的分支机构之一，总部位于华盛顿特区。

任编辑,也成为两大主要的亚洲仲裁中心——新加坡国际仲裁中心和香港国际仲裁中心的咨询委员会的委员。

(d)我曾多次受邀在国际仲裁会议(在超过30个国家的40多个城市)以及各种国际仲裁的杂志(分别在10个国家出版)上分享我对于国际仲裁的见解和实践经历。

(e)我曾被选为2011年“全球仲裁法律评论(GAR)年度最佳仲裁员”奖项的7个候选人之一。

(f)我曾被选为2012年“全球仲裁法律评论(GAR)年度最佳仲裁演讲”奖项的8个候选人之一。

(g)我在2000年被任命为联合国赔偿委员会(总部在日内瓦)的成员,我们的任务是对在第一次海湾战争中,因伊拉克对科威特的非法入侵而对个人和公司产生的损害引起的赔偿请求进行评定。对我来说,作为专家组成员,对因能源纠纷产生的诉求进行评定是一种全新的体验。我们的主要工作是对损害额度进行评估,有些时候也要审理关于法律原则的问题。联合国赔偿委员会审理案件的一个重要的原则就是抵消原则。抵消原则是指任何主张其受到损失的索赔人必须披露第一次海湾战争是否同时让其从中获得了可见的利益,而且如果不发生这次战争其就不能获得这样的利益,如果答案是肯定的,则其获得的利益应与其发生的损失相抵销。在联合国驻日内瓦办事处(联合国万国宫)进行的一次令我印象深刻的庭审中,我们发现,一家石油公司虽然对其毁于战争的几个精炼厂提出了巨额索赔,但它实际上在战争中获得了其他的利益,因为科威特和伊拉克因战争突然停止石油的供应,使石油价格大幅上涨,这家公司因此获得的利益甚至超过了被毁的精炼厂的价值。因此,我们判给该公司的赔偿金数额非常小——用该公司的代理律师的话来说(其在我们的决定作出后与我进行了短暂的交流),就是一个“大鸭蛋”。

(h)在2004年中有一段时间,为了履行作为联合国赔偿委员会委员的职责,我经常去瑞士,因此(至少部分原因是)我曾被选为新加坡非常驻瑞士大使。

(i)我曾在2004年被选为迪拜国际仲裁中心理事机构的成员。迪拜国际仲裁中心的前身是迪拜商贸仲裁中心,现在的迪拜国际仲裁中心是一个新生的、有现代化的仲裁规则的组织,其理事机构由来自阿拉伯世界以及其他地方的仲裁从业者组成。其中,我是唯一一个来自亚洲(除了海湾国家)的仲裁从业者。

(j)我在2007年被选为国际体育仲裁委员会的成员,这个经历使我有机会接触到体育仲裁,并了解体育仲裁庭的工作。国际体育仲裁委员会的日常工作是审理所有的大型体育运动赛事的案件,但是其有一个特殊的仲裁制度,就是分配一个大约有12个仲裁员的队伍,去集中审理在夏季和冬季奥运会中发生的所有争议,并召集专家组在24小时内审理原告的诉求,而且要在约24小时内作出仲裁裁决。我有幸被选为处理2008年北京奥运会争议的专设仲裁员组的工作观察员,并见证这些专家仲裁员如何在这么短的时间内碰面并审理争议,同时还能给出一份经得住考验的高质量的仲裁裁决。在2010年德里英联邦运动会中,我的职责扩展到对专家组仲裁员的工作进行监督,我需要审阅一份在4小时内作出的仲裁裁决,而这份裁决的结论有令人信服的论据支持,并且写得条理分明,我没有理由不通过这份裁决。

(k)在2003年,我被世界上最有权威和声望的仲裁机构——国际商会仲裁院选为仲裁院的成员,随后在2006年被任命为国际商会仲裁院的副主席。这个经历让我有机会洞悉顶级的仲裁员是如何思辨的,尤其是在每个月的会议上,当所有的仲裁裁决都交给仲裁院来进行审阅的时候,我能了解到这些仲裁员是如何对其他仲裁员做的裁决进行点评的。一群来自世界各地、十分敬业且富有经验的仲裁员聚集在一起，讨论仲裁裁决并对其进行批判和探讨，这对我来说是（并且将一直成为）一个对顶级的仲裁思维进行训练的独一无二的经历。在国际商会的另一项重要的工作，是根据国际商会委员会（我也是其中的成员）出具的关于仲裁实践改革计划的定期报告，来推行仲裁实践领域的改革。

（l）在2006年，我被世界范围内最有名的国际仲裁中心之一——伦敦国际仲裁院——任命为其理事机构的成员。在其中，我参与了其在印度、迪拜和其他国家（地方）设立分支机构的发展计划，也参与了他们进行仲裁实践和程序改革的计划，比如，决定对当事人提出的对仲裁庭成员人选的异议给出附理由的决定（与在国际商会仲裁院的做法相反）。

（m）在1998年，我被国际仲裁者的圣地——国际商事仲裁理事会，任命为其理事会成员，这里的仲裁员在仲裁界的地位可以与天主教的红衣主教相提并论。更幸运的是，在2002年我被任命为国际商事仲裁理事会的副主席。根据传统，委员会共有3位副主席：一位代表欧洲，一位代表美洲，一位代表其他地区。我代表的地区不言自明。在2004年我参与组织了在北京市举行的国际商事仲裁大会，并邀请我们选中的会议发言者就我们挑选的仲裁主题进行发言。我组织过很多会议，但是这次经历是我以前组织会议从来没有过的：每个接到邀请的人都欣然接受，对于分配到的发言主题也都没有提出任何异议——这应当归因于每个受邀在国际商事仲裁大会上进行发言的仲裁人士对于这份邀请的敬畏。

（n）在2001年，我被任命为国际律师协会仲裁委员会的副主席，同年，还被国际律师协会任命为起草《国际律师协会国际仲裁利益冲突指引》的工作小组成员，负责起草工作。①

（o）在 2005 年，我被迪拜国际金融中心法院任命为副首席大法官（在 2010 年被任命为首席大法官），而我被任命的至少一部分原因是我在国际仲裁界的声望。

（p）在 2005 年，新加坡国立大学授予我仲裁领域的兼职教授职位，而最近我还接到悉尼大学（我开始法律生涯的地方）的通知，明年将授予我法学博士的荣誉学位。

（q）2013 年，在海牙和平宫的常设仲裁法院，我作为首席进行了一场仲裁庭审，而我已故的外祖父徐谟博士也曾于 1946 年到 1956 年，在那里担任国际法院第一批法官之一。在跨国案件中担任与他一样的角色主持正义，在他工作过的地方工作，甚至是在他曾审理案子的法庭里进行庭审，那一刻，我心中百感交集。

国际仲裁是如何在新加坡发展起来的？

当我接到第一起仲裁的案子的时候（恰好是一个国内的仲裁案件），我开始研究仲裁适用的程序，这些程序与我所熟知的诉讼案件的程序迥然不同。我发现的第一个问题，是有一个条款规定新加坡证据法中的大多数条款都不适用于仲裁。这让我感觉自己就像暴风雨中迷失航向的小船。于是我打电话给对方律师，问他是否注意到这个条款。他对这个条款的反应和我一样震惊，因此我们同意让双方当事人签订一个关于程序的协议，规定新加坡证据法中的所有条款都适用于我们的仲裁。这段往事回想起来还是觉得有些好笑，但是在当时（大约是 20 世纪 70 年代）新加坡的法律从业者对仲裁几乎一无所知，并且不知道仲裁最基本的特

---

① 2004 年 5 月 22 日。

征之一就是赋予仲裁员根据手上的案子来选择他[①]认为正确和合适的证据与程序规则的自由,而不是只适用一些与证据和其他程序问题有关的强制性规定。

从那以后,情况就逐渐变得很不一样了。如上所述,新加坡的所有大所都从他们参与新加坡国际仲裁中心的仲裁经历中(实际上也包括在新加坡以外地方的仲裁经历)获得了关于仲裁的经验,并且对仲裁的基本原则和法律技巧都有了较为深入的了解。这使我们的律所中的一些律师成为国际顶尖的仲裁律师,并且新加坡的律师相较于亚洲其他地方的律师来说,在仲裁领域有更成熟的法律实践(但一些国际律所除外,因为他们有悠久的仲裁实践历史以及在全球拥有发达的人力资源,我们与之比较仍有不及)。在新加坡,国际仲裁不是追逐一时的泡沫,而是大家不懈探索的领域。随着其他的仲裁机构(尤其是吉隆坡和首尔仲裁中心)在亚洲的建立,仲裁在亚洲的经贸领域会更加受到重视。全体仲裁领域从业者都将获益,因为仲裁案件的总数量大幅增加,是带动了整个行业的发展,而不是仅将现有的蛋糕重新分配给越来越多的仲裁机构和律所。

奇怪的是,大概在20世纪90年代和21世纪初——在我最初做国际仲裁律师的时候,我接到的国际仲裁的案子寥寥无几,这在一定程度上反映出国际仲裁在亚洲发展的迟缓。然而在过去的5年中,这种情况(至少在新加坡)大为改善,因为在此期间新加坡国际仲裁中心的仲裁案件数量大幅增加。随着新加坡国际仲裁中心案件数量的大幅增加,新加坡的律所在仲裁中代理当事人的案件数量也呈指数级增加。目前,根据我在新加坡国际仲裁中心审理仲裁案件的经历,在仲裁案件中,至少一方当事人(如果

① 虽然这里我用了“他”,但是我这里所述的关于仲裁员的一切对于男女同样适用。

不是双方的话）会选择新加坡的律所担任代理人，并且选择的律所不一定是新加坡的四大律所［艾伦格禧律师事务所（Allen & Gledhill LLP），德尊律师事务所（Drew & Napier LLC），立杰律师事务所（Rajah & Tann LLP）和王律师事务所（Wong Partnership LLP）］，也有中型所甚至是小型精品所。基于可靠的信息源，新加坡律所代理的案件占新加坡国际仲裁中心案件总数的75%。因此，随着新加坡的仲裁领域业务增长，新加坡律所的仲裁案件业务量也同步增加。这种现象是否也发生在亚洲的其他地方，还有待考察。

仲裁员的工作与法官有什么不同？

对于这个问题，基于我在新加坡最高法院的司法经历以及我现在在迪拜国际金融中心法院担任首席大法官的经验，我是有一定的发言权的。法官和仲裁员的工作有很多的不同（也有很多的相似处）。两者都要求严格适用法律；和坊间传言不同，仲裁员不会依照自己内心的公平公正的信念来进行审判，[1] 他们需要以争议中双方的合同条款（尤其是其中的仲裁协议条款）为依据，仲裁员要和法官一样对个案进行理智和严谨的分析。如果今天我作为一个法官来审理案件，我在实体问题上作出的决定与我作为一个仲裁员审理案件得出的实体决定将是一致的。考虑到诉讼和仲裁是两种不同的争议解决模式，两者适用的程序和证据规则也是不同的，因此上述相同的结论可能是通过不同的证据和程序的规则得出的。然而，我想不出有任何一个案子，我作为仲裁员

［1］ 原作者使用了“palm tree justice”一词，意为“棕榈树审判”，是指法官判案的时候，超越法律规则和判例，完全运用自由裁量权，根据案件的具体情况作出其认为公平公正的裁判。——译者注

得出的结论会与我作为法官得出的结论不同，因为无论是戴着哪顶帽子，我都需要对发现的事实严格适用法律。

尽管如此，还是有很多只有在我担任仲裁员的时候才能做，而在当法官的时候不能去做的事情：

(a)在仲裁中，我可以不考虑任何国家国内的证据和程序的规则(除非是当地的程序法中规定的必须适用于仲裁的法律规则)。当然，大多数现代国际仲裁员都很注重《国际律师协会仲裁取证规则》[①](《IBA 取证规则》)的适用，但是他们并不会把《IBA 取证规则》当作强行法来适用，而是把其当作一种指引仲裁实践的规则来看待——当根据个案情况发现需要适用另外的更加合理或者更有效率的规则的时候，仲裁员们就不会选择适用《IBA 取证规则》。

(b)同样地，我可以适用我认为合理的任何程序规则，仅仅受制于当地的程序法中规定的必须适用于仲裁的法律规则。特别是，在 1985 年《联合国国际贸易法委员会国际商事仲裁示范法》[②](以下简称《示范法》)发布后进行了新的仲裁立法的司法区，都会在他们的仲裁法律中增加一个条款，来体现《示范法》第 18 条的要求："应对当事各方平等对待，应给予每一方充分的机会陈述其案情。"

这个规定被称为"仲裁的黄金法则"，是所有国际仲裁员在行使自由裁量权确定程序相关问题时的重要指引。它得到了《示范法》第 19 条的有力支持，该条(实质上)规定了仲裁庭可以按照其认为适当的程序来进行仲裁，除非当事人对仲裁程序规则作了特别约定。

---

① 2010 年 5 月 29 日。

② 《联合国国际贸易法委员会国际商事仲裁示范法》1985 年(联合国文件 A/40/17)，附录 1(1985 年 6 月 21 日)。

除了上述规定，很多仲裁当事人普遍会选择适用一些主要的仲裁机构的仲裁规则，比如新加坡国际仲裁中心或国际商会的仲裁规则。《新加坡国际仲裁中心仲裁规则》(2013年版)[①]有一条也常见于很多其他现代仲裁机构的条款(可能措辞有所不同)，即第16.1条："仲裁庭征询当事人意见后，应当以其认为适合于保证一个公平、顺利、经济、终局的裁决方式进行仲裁。"

这3条规定组合在一起，为现代国际仲裁员提供了灯塔和罗盘，因为仲裁员需要根据他认为适当并且符合程序公正的最有效率的程序来组织仲裁，并得出一个公平合理的结果。这和一些商事法院有些相似，它们的法官也被赋予这样的职责，但是没有可以忽略证据法规则的豁免条款。商事法院的典范是在伦敦的英国商事法院的司法实践(并为我所在的迪拜国际金融中心法院所效仿)，要求法官和当事人应将最终目标——也就是公正地处理案件——置于所有其他考量之上。这个概念被扩大到包括两造平等(equality of arms)和高效、公正、合理地处理案件；节约成本；以与标的额、重要性、复杂程度以及当事人的经济地位等因素相适应的方式处理个案；合理分配法院的资源；等等。然而，无论一个法庭多么希望程序高效进行，总会有一些庭审规则使某些程序进展较为缓慢(有些时候非常缓慢)，尤其是在证据开示(discovery)部分。当我们将英国民事诉讼规则作为庭审规则的时候，我们会有意地用国际律师协会中有关文件出示的指引来替换其中的有关证据开示部分的规定，其原因正在于此。在国际仲裁中适用国际律师协会的指引更加合理(由于在迪拜国际金融中心法院进行庭审的律师来自不同的法系，因此该指引也更适合迪拜国际金融中心法院)，因为大陆法系的律师熟悉的文件披露和出示的

① 第5版，2013年4月1日。

规则和英美法系的律师完全不同。

(c)从另一个方面讲,也有很多事情是我作为法官的时候可以做到但是作为仲裁员的时候却比较难以有效地做到的。法官,作为一个国家的代表,其背后有其国家的公权力作为有力的支持。基于法官的地位,法官会得到律师和当事人更多的尊重,因此相较于仲裁员,法官的指令会得到更加严格的遵守。例如,一个仲裁员规定双方当事人在指定日期前上交材料,可能会有一方当事人不完全按照该指令提交文件;而这种情况在诉讼案件中发生的可能性较小,因为当事人知道,如果晚交材料的话可能会受到法庭的制裁。

(d)法官也可以对律师进行制裁——一般是在律师违反职业道德或者不具有从事相关法律业务的资历的情况下。这些制裁包括:要求违反规定的律师个人承担费用;对律师的一些更过分的行为启动藐视法庭的诉讼。而在这点上,国际仲裁也存在一个重大缺陷——我们如何在仲裁中执行关于职业道德和专业资历的标准? 这也是现在国际仲裁会议和期刊讨论的热点话题。仲裁员没有固有的权力对律师在仲裁中的行为进行限制,除非律师的行为威胁了仲裁程序的进行,而这种情况发生的概率极小。因此,仲裁员唯一可以做的是对因律师的过错导致的后果而对其代理的当事人采取相应措施,比如要求当事人承担费用,或对其代理的一方当事人作出不利推断,或者(在极少数案件中)否定其诉求,但是违反规范的律师不受制裁,完全可以在其他仲裁案件中故技重施。如果我作为一名法官,我就有权力将该律师的过错,报告给该律师所在的律师协会,让该律师协会对其采取相应的纪律处分。但是作为一名仲裁员我就不能这么做,因为所有的仲裁员都有保密义务,并且没有任何允许仲裁员向第三方披露任何关于仲裁案件的信息的例外规定(除非仲裁案件的内容涉及反洗钱或类似范畴，有法律明确要求所有人对自己有理由相信存在的犯罪行为向有关机关进行报告）。

国际仲裁员可能会面临哪些问题？

除了需要处理前述的违反规范的律师引发的问题外，也会有一些单纯由于律师、当事人之间乃至仲裁员内部的文化差异导致的问题。如果一个仲裁员仅限于在新加坡国内审理仲裁案件，仅需要听取新加坡的律师对案件发表的意见，那出现“惊喜”的可能性会小一些。然而，仲裁员进行国际仲裁实践的领域越广，就越需要学会适应不同仲裁实践的变化。例如，在一些中东国家，所有的口头证据必须经过宣誓才能采用，通常的证人证言取证方式在法律上行不通；证人陈述若要成为法律上有效的证人证言，必须经过证人宣誓确认其书面证言。又如，让输的一方当事人承担诉讼费用在一些特定的海湾国家是不能被接受的。因此，国际仲裁员在判案的时候，必须学会与仲裁庭的本土仲裁员或者律师进行沟通，确认他所采取的标准是否能够被接受和认可，而不是死板地坚守着自己那一套标准的程序规则。相应地，如果仲裁庭的成员来自不同的国家或者不同的法律传统，上述方式也是仲裁庭中的首席仲裁员在处理与联席仲裁员的关系时应该采取的合理方式。首席仲裁员是否应该因其高资历以及比其他仲裁员更丰富的国际仲裁经验，而在仲裁庭中处于领导地位，并因此仅按照自己的实践经验和程序来进行案件审理，而对联席仲裁员的意见只是听听而已？或者他应该暂时走出自己的仲裁思维，让联席仲裁员感觉到他对他们的想法是十分留心的，即使最后他没有采纳他们的想法？我有一两次担任首席仲裁员的时候有些想当然，以为我起草并发给联席仲裁员的法律文书和程序上的指令具有不言自明的正确性,但是我的联席仲裁员却因而作出了不愉快的反应,认为我把他们的认同当作了理所当然。这段经历告诉我,当不同文化和法律传统的仲裁员在一起的时候,首席仲裁员需要采取“大使”或者“外交家”的仲裁策略,需要花时间跟与我想法不同的仲裁员解释,我为什么作出这样的指令或者写出这样的文件,以此来获取他们的同意。涉及仲裁程序中比较重大的决定或举措时,我需要充分尊重他们的观点,并且尽力向他们解释我的想法。

除了不同国家在仲裁法律和实践中的差异之外,还有一个绕不开的问题是,证人使用英语以外的语言来作证的时候如何选择口译人员。和诉讼中通常由法庭来指定口译人员不同,在大多数国家的仲裁中,并没有一个可选用的有资历的口译人员的名单,甚至是在一些发达的仲裁中心比如新加坡或者中国香港特别行政区,也没有这类名单。因此,当事人需要自行选择口译人员,并且一方需要与另一方磋商,以征得对方同意来使用共同的口译人员。在很多情况下我需要介入双方的磋商以打破其僵局。最佳方案是韩国的从业者提出的:各方当事人为己方的证人安排口译人员,并且双方当事人的口译人员同时对对方口译人员的翻译进行检验。如果双方对于翻译有异议,仲裁员会暂停庭审程序,让两个口译人员进行讨论并确认有异议的词组或词语的最佳翻译是什么,而双方的口译人员都是非常专业的(经常是对法律翻译非常有经验的),所以通常最后他们都能达成一致。更有挑战性的情况是律师和证人虽然都说英语,但是由于英语不是他们的母语,有的时候仲裁员无法理解其口音和英文措辞。在这种情况下,仲裁员很容易倾向于“走捷径”——不考虑他们的口述,而是根据证据和另一方的陈述和提交的材料来作出裁决。我至少碰见过两次这种情况。有一次,在一个澳门法作为准据法的案件中，双方的律师一个是葡萄牙人，另一个是新加坡人。对于葡萄牙律师的陈述和其用大陆法体系来对案件进行的分析，我理解起来有很大困难；相反，对于新加坡律师的陈述的语言和实质内容，我理解起来没有任何障碍。因此，在这种情况下我很容易作出对新加坡律师代表的一方的有利的裁决。然而，我又回过头来仔细阅读了庭审记录（这对于一个仲裁员来说是最重要的工具），对葡萄牙律师的陈述和论证又审阅了几遍，直到我完全理解了他们的主张，最后我作出了对其有利的认定。在另外一个案件中，一方当事人的关键证人是一个俄罗斯人，他的英语口音非常难以理解，再加上他极快的语速，速录人员记录起来都非常的困难。尽管速录员很好地完成了速录工作，但是在阅读了庭审记录并了解了他说的每一个字都是什么后，我还需要花时间来理解他的实际的意思（因为即使明白了字面意思，他的英语在语法上的很多用法都非常奇怪）。最后我终于理解了他所表达的意思，并且我也认同了他的陈述，最终作出了对他那一方有利的裁决。这个故事的启示是，一个国际仲裁员不能因为当事人使用的不同语言（有时候是思维方式）所带来的陌生感而对其产生偏见，而是必须竭尽全力去理解他们提供的证据和提出的主张，以作出对双方都公平公正的裁决。

仲裁庭助理的角色是什么？

2003 年，当我开始国际仲裁员生涯的时候，我聘用了一个全职的助理，在我担任资深出庭律师的诉讼案件中来协助我。然而，作为从业多年的大律师，基于在我以前的律所在初级律师（有的时候甚至是其他的合伙人）的协助下处理业务的经验，我已经习惯了这种兼具成本效益以及（更重要的是）通过团队合作，给客户提供更好的服务的工作方式,而不是单枪匹马作战。我想不出任何理由在我作为仲裁员的时候更改这种工作方式。在没有显著增加当事人需要支付的费用的情况下,仲裁员从别人那里获得一些帮助,以期更高效地完成工作没有什么不妥。在几个著名的仲裁机构里(很容易想到的是国际投资争端解决中心,中国国际经济贸易仲裁委员会和常设仲裁法院),机构会选派一名有资质的律师作为仲裁庭的秘书,而在某种程度上,这名秘书在仲裁庭中的重要程度仅次于首席仲裁员。这是因为他的角色是让整个仲裁过程能够顺利进行下去:他需要组织仲裁庭和当事人进行仲裁活动,提醒仲裁庭下一步应该做什么工作,甚至准备要发出的通知的草稿,以及对仲裁庭需要的任何事项进行核实或者检索。

这与我的理念十分相符。我接受仲裁员聘任的标准合同条款就包括一条,允许我选任法律助理协助我作为仲裁员履行职责。之所以说"仲裁员/仲裁庭的法律助理",是为了避免对法律助理的具体工作事项产生误解(相比而言,行政助理一词通常隐含着他不会从事法律相关的工作)。以下内容是我对仲裁庭法律助理的职责(以及这种选任的必要性和合理性)的标准解释。

职责范围:

(1)在没有仲裁机构的情况下,处理一切秘书的和行政的事务;

(2)在仲裁庭的监督下(通过主席)和当事人沟通;

(3)校对仲裁庭可能发出的程序性命令和仲裁裁决;

(4)对律师引用的法律参考文献进行核查以确保其是现行有效的,以及和律师提交的意见书中的主要内容是最相关的(法律助理发现的任何新的案例线索都会交给当事人并询问他们的意见);

(5)按照仲裁庭的指示,从资料中收集或者查明相关的事实材料；

（6）草拟仲裁庭的决定或者裁决中的任何格式化的或者没有争议的部分（比如，案件程序的回顾和案件的大事记）。

聘用仲裁庭法律助理的理由

聘任仲裁庭的法律助理的原因是其具有可以确保仲裁程序的顺利高效进行。其中，主要的优势在于，某些工作如果交给仲裁员来做，对于仲裁庭来说是对时间和金钱的浪费，而将这些工作交给法律助理来做就比较具有时间和经济效益；有种情况是虽然有一些工作可以交给仲裁庭来做，但是在法律助理的协助下会做得更快。

这些节省时间和金钱的优势在仲裁庭的费用按小时计费的情况下更为明显。

上述的法律助理的职责中，第（1）到（3）项是明显没有争议的。实际上，法律助理通过为仲裁庭收集相关材料，来协助仲裁庭进行一些程序事项的快速决定，其帮助作用非常显著（尤其是在一些成员外出的时候）。由于下列原因，法律助理履行上列第（4）到（6）项职能也不会侵蚀仲裁庭的职权：

（a）通过明确案件中争议的点、法律或者事项，以及明确事实调查的范围，仲裁庭可以控制整个程序的决策过程。因此，法律助理的工作会在仲裁庭有组织的指令和密切的监督下进行。

（b）仲裁庭仍然也可以通过对法律助理的工作成果进行批判性检验，来保留对整个决策过程的控制。

（c）只要仲裁庭仍然认真审阅当事人提交的书面意见和证据，其对法律助理的工作成果的适度依赖就是可以接受的。

（d）因为法律助理只负责仲裁庭的任何正式决定或者裁决中格式化的或无争议部分的最初的草拟工作，且其草拟部分最终需要仲裁庭的审核，因此，仲裁庭仍然保留对裁决的最终的责任。

法律助理的费用

如果当事人同意聘用法律助理，则该聘用费用由当事人承担而不是从仲裁庭的费用中出，因为聘用法律助理会提高整个仲裁程序的效率，因此也会节省当事人支付的仲裁庭的费用。

在一些案子中，当我有机会向当事人阐述我建议聘用法律助理的原因以及法律助理的工作范畴的时候，几乎所有的当事人都积极响应了我的提议，并且也很感激有这么一个机会可以直接与仲裁庭进行沟通以明确行政或者程序上的事项，而不用未经许可地私下单方面与仲裁庭的成员进行交流。

在实体工作方面，虽然法律助理就仲裁裁决中没有争议的部分的起草提供了大量协助，而对于法律问题的分析部分则完全是我的成果，结论也是我在认真审阅了所有当事人的意见和证据的基础上独立得出的我的结论。认为仲裁裁决的所有部分都是法律助理草拟的想法是对仲裁员工作的误解；法律助理对于仲裁裁决中的论证部分草拟的内容，不多于新加坡上诉法院的法官助理（这是我的法律助理最为相近的比较对象）草拟判决的内容。基于上述对于法律助理职责范围的阐述，法律助理的职责是协助仲裁员，而不是替代仲裁员的工作。仲裁庭的法律助理和新加坡最高法院的法官助理一样，需要准备法官备忘录，但是对于最终仲裁裁决中的责任和数额部分，则由仲裁员一个人来完成（或者与其联席仲裁员一起完成）。

值得注意的是，无论我的理论多么的合理，如果仲裁机构有明确的规定不允许聘用法律助理，而只允许一个只从事行政事务、不从事法律事务且不向其支付额外费用的行政秘书来协助仲裁庭，我也要遵守其规定。ICC 仲裁规则和 SIAC 仲裁规则（比国际商会仲裁规则规定得稍微宽松一些）都是这么规定的，因为在这些仲裁机构中，仲裁员的费用是根据仲裁争议的标的额的大小确定的，因此不像按小时计费那样累计计算费用。由于我大部分的案子都是 SIAC 和 ICC 的案子，因此聘用法律助理在我的仲裁实践中还是少数的例外情况，并且通常是在没有仲裁机构管理的临时仲裁中，在这种情况下，仲裁员对于额外的协助的需求更加明显。

"MH 校友群"

由于我接的仲裁的案子越来越多，我对于法律助理的需求从 2003 年的 1 个变为过去几年的 4 个。我的很多助理都帮我写过各种各样的会议文稿和期刊的文章，这也是为什么这本书中的不同章节的笔风总是不尽相同的。在过去几年中，我非常幸运能有很多非常聪慧并且有能力的年轻人加入我的团队（其中的一些人比我在他们那个年纪的时候要更聪慧），这些年轻人希望能对国际仲裁进行深入的学习，当然，这个目的也只有在我的团队里才能达成（至少到现在为止）。更幸运的是，我和每个在我团队共事过的律师和助理都保持着良好的个人关系（即使在他们已经离职之后）。他们甚至建立了一个非正式的社团叫作"MH 校友群"，在这个社团里，大家互相保持着联系，我也会经常和大家一起聚会。而实际上，这个社团里的大部分人都在国际仲裁领域开始了自己前途光明的职业生涯。

这些曾与我共事过的人对我真的非常好，因此我也有义务披露一件事。可能有一些人知道，新加坡管理大学法学院会给国际仲裁课上表现最好的学生颁发一个图书奖，这个奖被称为"黄锡义图书奖"，而大家普遍认为这个奖是我资助的。我必须坦白其实并非如此。这个奖是(在以前的律所以及我拥有了自己的工作团队之后)曾经与我共事过的同事和我指导过的人共同资助设立的。所以这个奖的主要受益人是我自己,我必须在此表明,这是他们对我深厚的情谊以及对于我的付出的直观肯定,对此我将永远心存感激。

“MH 校友群”中的很多人未来定会在新加坡国际仲裁领域扮演着重要的角色,谨以此书献给他们。

亚洲仲裁的抵抗派

黄锡义

背　景

本文起源于2000年年初我在伦敦的国际仲裁员俱乐部会议上的演讲。其后，我受邀为时任国际商会仲裁院主席Robert Briner的70岁生辰纪念特刊作文，于是我在伦敦演讲稿的基础上写成了完整的一个篇章。此文可能是我最具国际知名度的作品，因为我被认为创立了一种新的仲裁抵制者的分类学，即仲裁游击战士、仲裁不可知论者、仲裁怀疑论者和仲裁盲从者。我听说一些非亚洲律所在新派律师来亚洲做仲裁时，会指示他们阅读本文，并将其作为亚洲仲裁文化背景的基础课程。在有关游击战术的会议和出版物中，本文的显著性亦日趋得到重视。

虽然多数人通过Robert Briner的纪念特刊接触到这篇文章，收录在本书中的是它的修正版，我在其中增加了“仲裁盲从者”这一类型，并曾在《圆桌论坛》和国际仲裁俱乐部（我首次演讲之处）的期刊上发表。

感谢ICC慷慨授权我在本书中再版这篇文章。

最初作为一章发表于《国际法、商业和争议解决的国际思考：纪念Robert Briner》（由Gerald Aksen等主编）（修订版发布于2006年秋季的《圆桌论坛》）。

1. 本文将论及的问题起源于一个未被证实的假定,但依然有逸闻轶事宣称这一假定合乎事实。因此,我认为分析仲裁员在亚洲可能遇到的抵抗的类型是有意义的,但我要澄清我仅作一个主观的、非科学的和一般性的概述。①

2. 我的核心论点在于分析 4 种抵抗者——多种情况下是被申请人——的类型:

(a)"恐怖分子"或仲裁"游击战士";

(b)理性的反对者或仲裁"无神论者";

(c)怀疑论者或仲裁不可知论者;

(d)仲裁新信徒或仲裁盲从者。

Ⅰ."恐怖分子"或仲裁"游击战士"

3. 有一些被申请人对按规则进行比赛没有兴趣,这通常是由于案件对其不利。他们会试验和利用对其有利的程序规则,意图拖延庭审及(在可能的情况下)最终使仲裁脱离正常轨道,从而失败或者无效。

4. 他们会采取的第一种策略是尝试和发现对仲裁庭管辖权的技术性异议,希望使仲裁庭宣布其对争议没有管辖权而自行结束。如果挑战仲裁庭没有奏效,他们之后会把案件提呈法院(通常是他们本地的法院而非仲裁地法院),寻求以法院管辖权来代替仲裁庭的管辖权。这些呈交法院的申请通常包括要求申请人不得进一步提呈仲裁的请求。如果申请人成立地或者经营地与

---

① 参见 Edna Sussman 在"All's Fair in Love and War – Or is it? The Call for Ethical Standards for Counsel in International Arbitration",(2010) 7(2) TDM 一文中的调查观点。在这篇文章中,调查结果表明 66% 的调查参与者(总共 81 个)说,他们曾经作为仲裁中的律师或者仲裁员遭遇或者目击了游击战术。

被申请人所在地处在同一国家，申请人由此受当地法院管辖，申请人不得不遵守当地法院（即便不是仲裁地法院）的任何命令，否则将构成“藐视法庭”。[1] 即使申请人并不受被申请人所在地当地法院的管辖，他也会考虑其最终仍须在当地法院执行仲裁裁决，因此申请人通常认为有必要到当地法院出庭应诉，以阻止可能妨碍之后申请执行裁决的任何命令。

5. 假定这些管辖权异议和禁止仲裁禁令申请均告失败，这些被申请人将采取游击战术，试图无限期地拖延仲裁庭审；若仍然失败，则采取一些挑衅措施，诱使仲裁庭过激反应，以期仲裁庭采取一两步错误行动，为其之后在撤销程序或者执行程序中挑战裁决埋下伏笔。

6. 这些仲裁游击战术依赖于多数国际仲裁中均适用的规则：

（a）公平对待每一方的规则；

（b）每一方须有充分或合理机会陈述案件的规则；以及

（c）每一方均有权要求进行庭审的规则。

7. 他们为了利用这些规则而采取的行动包括：

（a）不及时遵守或者完全不遵守仲裁庭的程序命令；

（b）不支付保证金，迫使另一方代其预付；[2]

（c）解雇律师，其后又以需要时间向新律师说明情况为由申

---

① 我最近还偶遇一种集攻击仲裁庭管辖权和隐含攻击仲裁员于一体的新类型。一个被申请人不仅在其本地法院挑战仲裁庭的管辖权，还对申请人提起侵权之诉，认为申请人申请了“错误的仲裁”，要求大额赔偿并请求冻结申请人财产的保全令。我是该仲裁庭的成员之一，在说服其他仲裁庭成员（均来自该当地法院的司法区）于法院程序未决时发布指令过程中遇到很多困难，因为他们担心仲裁庭旨在推进庭审的任何行为，将会导致类似的针对仲裁庭成员的诉讼程序。

② 在 BANI（印度尼西亚仲裁委员会）仲裁规则下，一方当事人对其提名仲裁员的费用全权负责。我曾经是一个 BANI 仲裁庭的成员，但提名我的当事人拒绝支付我的开支，而 BANI 又无权要求另一方预付我的费用，结果是未能在仲裁地雅加达进行当面庭审。

请延迟庭审；①

(d)在知晓仲裁庭及律师的工作安排无法提早重新调整开庭时间的情况下，在最后一刻以各种理由（如缺失证人、当地节庆、政治事件）要求庭审日期延后；

(e)向仲裁庭提出一系列不合理申请，在申请被拒绝后，以仲裁庭存在偏见为由提出挑战（在极端情况下它们甚至会撤回自己提名的仲裁员以期瓦解仲裁庭②）。

8. 他们对其做或者不做某件事情给出的借口包括（以下仅为举例，因为被申请人的想象力没有边界）：

(a)他们不能及时提交证人的证词，因为其证人（为移民）惧怕“9·11”之后在伊斯兰国家工作的危险已回到其母国，而其穆斯林律师由于西方国家对穆斯林访客实行的出入境管制不能去会见证人（在海运案件中，常见的故事是一个关键证人在某地的航程中，且短期内不会回来）。

(b)他们不能履行其证据开示/披露义务，因为他们的文件保存在一个离其总部办公室极远的工厂，要把如此多的文件从工厂运输到总部办公室非常不便（并且他们总是缺乏人力和财力来履行宽泛的证据开示/披露令）。

(c)他们没有出现在记录上的律师（即便以他们名义进行的往来文书很明显是由外部律师起草的）；或者，他们雇用的新律师需要更多时间来跟进（且该律师是独自一人、国际仲裁经验欠缺、

① 我曾经担任一个当事人的律师。他在庭审开始前一个月解除了我们的雇佣关系，因为他认为他需要拖延庭审以避免当时有一份不利于他的裁决。所以他需要一个申请延期（庭审）的理由，而雇用新律师似乎是当时最可行的方式。有趣的是，该案中由3名经验丰富的新加坡律师组成的仲裁庭拒绝了延期申请。

② 在我作为首席仲裁员的一个案件中，被申请人声称“偏见”而离席（其后提出的该挑战被ICC驳回）。该案的困惑之处在于被申请人不仅仅只是离去，还带走了其提名的仲裁员，留给我一个跛脚的仲裁庭。

几乎没有支援协助)。[①]

(d)由于程序令指定的时间包含宗教长假,他们需要更多时间来执行程序命令(比如其穆斯林雇员需要各一个月以庆祝斋月和开斋节,中国雇员需要两周的春节假期,基督徒雇员需要两周的圣诞节假期,而美国律师则需要一周的感恩节假期)。

9. 仲裁游击战士知道,仲裁庭渴望被认为是公平的,被认为能够正确对待文化差异,因此,游击战士们会通过请求仲裁庭的宽限,尤其是请求更多时间宽限的方式,寻找并考验仲裁庭通融态度的最大限度。如果是在本地诉讼,在游击战士申请了各种各样的程序上的宽限之后,另一方律师常常会对其申请理由的正当性等问题发表意见,当地的法院自己也可以根据其专业知识判断申请理由是否正当。但对于亚洲以外的律师、仲裁员而言,对亚洲代理人申请的理由真实性等各方面的认定,更为困难。即使他们对于这些理由的效力存疑,但只要他们不能在裁决中明确表达和证实他们的怀疑,他们就会担心遭遇以违反《联合国国际贸易法委员会国际商事仲裁示范法》第 18 条[②]和《承认及执行外国仲裁裁决公约》(以下简称《纽约公约》)第 5 条第 1 款乙项[③]为由提

---

① 在 *Hrvatska Elektroprivreda, dd v. Republic of Slovenia*(案号 ICSID Case No. ARB/05/24)案(以下简称 Hrvatska 案)中,仲裁庭"关于律师参加程序的指令"(2008 年 5 月 6 日),仲裁庭认为其有义务保护仲裁程序的完整性,因而拒绝了被申请人增加律师参与程序的提议(该律师与仲裁庭首席在同一家大律师行执业,因而引发了对利益冲突的合理怀疑)。在 *Rmpetrol Group NV v. Romania*(案号 ICSID Case No. ARB/06/3)案中,仲裁庭"关于律师参加程序的决定"(2010 年 1 月 14 日)认为,Hrvatska 案的决定是对被申请人最后一刻才将新任律师告知(仲裁庭)并拒绝透露新任律师何时受雇及其在本仲裁中的角色的一种惩罚。仲裁庭也拒绝撤换申请人的律师,明确指出对仲裁员的公正性和独立性的质疑应该直接通过挑战该仲裁员进行,而非挑战一方的律师。

② UN Doc A/40/17, 附件一;UN Doc A/61/17,附件一(1985 年 6 月 21 日生效,2006 年 7 月 7 日修订)。

③ 330 UNTS 3(1958 年 6 月 10 日缔结,1959 年 6 月 7 日生效)。

出的挑战和抗辩。

10. 仲裁游击战士还明白,仲裁庭通常没有权力作出"除非"决定,即当被申请人没有在指定时间内提交文件,①也没有支付保证金时,②仲裁庭基于他们没有遵循程序要求,作出剥夺他们答辩权利的决定。他们通常被禁止提出反请求,但是这却无法阻止他们将此反请求作为抵销抗辩。

11. 最后,如上文提到的,一个真正的仲裁游击战士会紧盯仲裁庭的一举一动,为被申请人寻找机会,以缺乏公正性或未被给予充分机会陈述案情作为理由,申请撤销或者不予执行仲裁。同时挑衅仲裁庭作出的可能,为被申请人提供一个或多个逃脱程序的命令。

A. 仲裁庭如何应对仲裁"游击战士"?

12. 这个问题并不容易回答。仲裁庭需要从一开始就意识到被申请人是仲裁游击战士,即有一方对于仲裁庭公正地作出的最终裁决并无兴趣,他们需要用各种手段否认申请人的裁决。

13. 仲裁庭需要持续处于守卫状态。不能假定律师和当事人

---

① 但是,仲裁庭拥有其他权利,以制止仲裁游击战士采取游击战术。在《国际律师协会国际仲裁取证规则(2010)》(以下简称《IBA 取证规则 2010》)第 9(5)条和第 9(6)条允许仲裁庭在证据未符合合理解释要求的情况下,作出不利于提供证据义务方的推定。同时,在《IBA 取证规则 2010》第 9(7)条中规定,仲裁庭在决定仲裁费用承担时,应当将一方当事人在举证中缺乏善意的情况考虑在内。机构仲裁规则中,如《香港仲裁条例》(香港法例第 609 章)第 53(4)条规定,如果一方没有遵从仲裁庭发布的最后敦促令,则仲裁庭可以做出有惩罚性的决定,如就该项不遵从作出不利推断。值得注意的是,在国际投资争端解决中心的 *Victor Pey Casado v. Republic of Chile* 案件(案号:ARB/98/2,2008 年 5 月 8 日,第 729 段)裁决中,仲裁庭在决定仲裁费用承担时,基于一方当事人的"案件策略"性质的拖延及由此导致的额外花销,依据《关于解决国家与其他国家国民之间投资争端公约》(1965 年 3 月 18 日订立,1966 年 10 月 14 日生效)第 61(2)条的规定下行驶了宽泛的自由裁量权。

② 《香港仲裁条例》(香港法例第 609 章)第 56 条赋予仲裁庭要求申请人就仲裁费用提供保证金的权力。

是善意的,需要意识到仲裁庭作出的每个决定都需要记录在案且显示正当的理由。当仲裁庭拒绝仲裁游击战士的申请(或驳回其异议)时,需要在此处的记录中详尽陈述理由,无论是记录在庭审记录中还是单独向当事人发出文件。

14. 仲裁庭需要注意自己的用语,注意庭审记录中没有可以被被申请人用来指责仲裁庭对其有偏见的内容。习惯于和律师们开玩笑的仲裁员要控制自己的轻浮举动,习惯在与律师交流和盘问证人时使用苏格拉底式对话的仲裁员,要注意这种干预不会表现出对被申请人的立场的偏见。①

15. 简言之,仲裁庭需要进行"防御性仲裁"。必须从始至终保持高度注意,以免给仲裁游击战士任何借口去挑战仲裁庭,或向法院申请针对仲裁庭的禁止仲裁禁令或类似的令状。预防拖延策略的手段,是在程序令中明确规定当事人应遵守仲裁庭设定的时间限制,以及违反该限制将会受到惩罚。②

Ⅱ. 理性的反对者或仲裁"无神论者"

16. 本土律师一般不希望在外国仲裁庭前对抗外国律师。他们并非因自己的客户没有好的辩护理由而意图破坏仲裁,而是基于以下理由,他们真挚地相信客户在本土法院能得到更好的对待:

(a)他们欠缺国际仲裁的经验,不知道仲裁程序该如何进行;

(b)由于自己对于结果的预期缺乏掌握,他们认为客户可能

---

① 在此类情况中,需要首席仲裁员负起责任,控制有可能与律师和证人交谈内容过于丰富的其他仲裁员。

② 参见 Barbara Helene Steindl:《律师如何应对或使用游击程序战术(从商事仲裁律师的视角)》,(2010)7(2)TDM,第 2.12 段,其中有更多制止拖延战术的建议。

有更大的担责风险；

(c)他们相信，相比于一个由多数外国人组成的仲裁庭而言，客户的证人更容易被本土法院相信。

17. 因此他们会在仲裁庭履行职责的前期、中期、后期对抗仲裁：

(a)他们会不顾仲裁地的约定而向本地法院申请禁止仲裁的禁令；

(b)当他们认为有理据可以撤换仲裁庭时，他们会在庭审过程中挑战仲裁庭；

(c)最终，如果裁决是对被申请人不利的，他们将会在被申请人本国的法院抗拒执行。

A. 仲裁庭如何应对仲裁“无神论者”？

18. 仲裁庭应当意识到其应对的并非蓄意破坏者，而是处于对立方的真诚的理性反对者，但他们的危险性并没有降低。

19. 这是个长期的问题。有的国家在加入《纽约公约》后并没有跟进贯彻执行程序的合适立法①或对于法官如何处理执行案件的培训。亚洲法院(新加坡和中国香港地区除外)与国际仲裁有关的案件处理记录可以说是劣迹斑斑。② 如果当地法官没有受到过针对国际仲裁原则的专门训练，这种情况就不能总是算作当地法官的错误。仲裁庭无法控制当地法院发生的事，但是他们可以

---

① 在加入《纽约公约》后迟迟未能通过执行立法的国家包括印度、菲律宾和孟加拉国。

② 参见 Neil Kaplan:《好的、坏的和丑的》，(2004)70(3) Arbitration，第 188 ~ 190 页第 183 段，其中列举了一些亚洲法院在仲裁领域的有争议的判决。参见David Williams QC:《定义法院在当代国际商事仲裁中的角色》，Herbert Smith Freehills SMU 亚洲仲裁讲座，2012 年于新加坡，其中他举例说亚洲一些法院，尤其是新加坡和中国香港地区的法院，是如何采取坚定地支持仲裁的措施，以避免过于轻易地撤销裁决。

尽力确保在仲裁中的记录清晰陈述了程序中他们所采取的每个重要步骤的理由，因此，他们在仲裁中的出色控制就有希望说服被申请人本国的当地法院相信，外国的仲裁庭正在给予被申请人公平公正的审理。

20. 中国香港地区做得很好，委任了一位专注于仲裁的法官来处理所有的仲裁案件。① 新加坡近期也跟进了这种做法。这两个司法区域的仲裁法理学无疑将促进仲裁在亚洲进一步被理解和接受。最终，亚洲的法官（最好也包括律师）将会理解，除非他们是仲裁地的法院，否则不能干涉仲裁的进程。若非如此，直到裁决被最终诉诸他们（法院）进行执行前，他们应避免干预仲裁，即使他们的国民是仲裁的一方当事人。② 法官还应进一步被告知，他们应当尊重《纽约公约》第 2 条第 3 款③，保证在双方存在有效的仲裁协议时，法院保持在程序之外。最后，他们还需要被告知，除非真的属于《纽约公约》中规定的例外情况，否则不要拒绝

---

① 在原讼法院有一份专家列表叫作建筑及仲裁案件专家表，专门处理依据《香港仲裁条例》进行的申请。

② 印度最高法院在 *Bharat Aluminium Co. v. Kaiser Aluminium Technical Services Inc* Civil Appeal No. 7019 of 2005（2012 年 9 月 6 日）一案中，意识到应避免干预仲裁地在印度之外的仲裁。最高法院总结道：在《1996 年印度仲裁及调解法案》（1996 年第 26 号）的第一部分仅适用于仲裁地在印度的情况，这推翻了此前在 *Bhatia International v. Bulk Trading* SA（2002）4 SCC 105；2002(2) SCR 411 和 *Venture Global Engineering v. Satyam Computer Services Ltd.*（2008）4 SCC 190；2008(1) SCR 501 两个案子中的决定。

③ 《纽约公约》第 2 条第 3 款规定：当事人就诉讼事项订有本条所称之协定者，缔约国法院受理诉讼时应当依当事人一造之请求，命当事人提交仲裁，但前述协定经法院认定无效、失效或不能实行者不在此限。

执行仲裁裁决。①

21. 训练法官的任务任重道远。国际商事仲裁理事会(International Council of Commercial Arbitration,ICCA)在两年一次的会议和代表大会上肩负起了这一责任。2000 年,ICCA 在新德里举行的会议上,为印度法官们组织了一次司法研讨会。2004 年,ICCA 在北京举行的会议上,为中国法官们组织了一次司法研讨会。无论如何,如果希望亚洲司法界的态度能够有显著改善,那么其还需要在其他亚洲国家持续做出努力。

---

① 越来越多的亚洲法院根据《纽约公约》在裁决执行中采取支持仲裁的立场。中国香港地区、新加坡、日本、韩国的法院对于《纽约公约》中拒绝执行仲裁裁决的情况采取限制解释,参见载于《环球法律评论》的《2012 年不同国家的趋势概览:商事仲裁领域》< http://globalarbitrationreview. com/know - how/topics/61/commercialarbitration >(2013 年 7 月 24 日访问)。在近期的演讲中,中国最高人民法院某法官提到,自 2000 年起,外国仲裁裁决在中国执行开始变得更加有效,因为那时中国最高人民法院发布了一项通知,要求高级别法院必须对于低级别法院作出的每个拒绝执行外国仲裁裁决的判决进行复核。其说最高人民法院在接到中级人民法院呈报的 64 个拒绝执行裁决的案件中,仅支持了 24 个案件的判决,其余案件被发回低级别法院要求执行。参见 < https://www. law. columbia. edu/media_inquiries/news_events/2013/february2013/chinese - arbitral - awards >(2013 年 5 月 10 日访问)。印度在 *Penn Racquet Sports v. Mayor International Ltd.* 2011(1) Arb LR 244(德里)案件中对于执行外国仲裁裁决采取了积极的态度。德里高级法院通过限制解释"公共政策"从而拒绝了一项针对外国仲裁裁决执行的挑战。法院认为仅仅因为该仲裁裁决不利于一家印度公司的利益不能等同于违反了印度的公共政策。印度最高法院在 *Fuerst Day Lawson v. Jindal Exports*(2011) 8 SCC 333 一案中认为,不能通过公文上诉(letters patent appeal)对抗印度法院执行外国仲裁裁决的裁定,因为《1996 年印度仲裁及调解法案》(1996 年第 26 号)只允许对于拒绝执行外国仲裁裁决的令状提出上诉。但是,仍然有一些亚洲国家不那么支持仲裁。比如,越南和印度尼西亚对《纽约公约》中第 5 条第 2 款乙项中的"公共政策"做扩充解释,将法律中心漏洞视为对公共政策的违反。在 *Tyco Services Singapore Pte Ltd. v. Leighton Contractors*(越南)(2003 年 3 月 21 日)一案中,胡志明市最高法院因合同缔约人无法获得越南法律中要求的建筑许可而拒绝执行。在 *Bankers Trust Co. and Bankers Trust International plc v. PT Mayora Indah Tbk* No. 02K/Ex'r/Arb Int/Pdt/2000(2000 年 9 月 5 日)一案中,印度尼西亚最高法院认为仲裁裁决与印度尼西亚区域法院的判决相冲突,因此以与"公共命令"或公共政策相冲突为由,决定不能执行仲裁裁决。

Ⅲ. 怀疑论者或仲裁不可知论者

22. 有一些人并非本能地反对仲裁，但是他们在国际仲裁中的经历，给他们带来过不太好的体验。他们不会不假思索地令仲裁脱轨或攻击仲裁，但是如果让他们以满分 10 分给仲裁这种争议解决程序打分的话，他们会打 3 分，因此他们会劝说客户和其他当事人不要同意在合同约定中将仲裁作为争议解决方法的优先选择。

Ⅳ. 新信徒或仲裁盲从者

23. 这些人刚刚接触国际仲裁领域，他们对仲裁采取开明的心态，但是他们需要得到指引和说服，而不是仲裁庭自以为是地作出的不附理由的决定。他们也可能正面对着经验丰富的仲裁员和对方律师，这些熟练的仲裁从业者们善于运用程序，并将仲裁视为有效率的和商业友好的模式，但这对于外行来说可能还是难解之谜。

24. 为什么仲裁不可知论者和仲裁盲从者不支持仲裁？他们的反对理由可以大体上划分为：(a)形式问题；(b)实质问题。

A. 形式问题

25. 他们厌恶西方当事人律师的那些看起来挑衅且傲慢的行为（尤其是在交叉盘问环节）。如果仲裁庭容忍这种行为，他们就会认为仲裁庭赞同这种挑衅和傲慢，且仲裁庭对亚洲客户有偏见。这种感觉可以被庭审之外的行为强化，如一些西方仲裁员在茶歇时只和西方律师闲聊。

26. 普通法法域外的亚洲律师可能并不习惯苏格拉底式对话,但是普通法法官很喜欢这种方式,因此他们在对话中自然地使用这种询问方式,可能被亚洲律师认为体现了其偏见。

27. 一些亚洲律师和证人的英文可能不如他们的西方对手那样流利,因此他们感觉自己处于劣势。

仲裁庭如何应对这个问题?

28. 仲裁庭在处理西方当事人和亚洲当事人之间的争议时,应当格外地注意使当事人和证人放松,并使他们相信,尽管存在语言和文化差异,这仍然是一场公平的竞赛。

29. 对于不习惯应对"粗野的"交叉盘问的律师和证人,仲裁庭应当明确表示,在交叉盘问中,仲裁庭的沉默并不一定意味着对于盘问律师的支持,仲裁庭将在整个过程中保持开明和中立的态度。

30. 要给予母语非英语的证人和律师一定的优待。应该给予他们额外的关照,以确保证人和律师有充分的机会用仲裁庭能够理解的方式陈述自己的观点,仲裁庭自身要确认理解了证人和律师想要表达的意思,无论他们的英语如何不完美。[①]

---

① 我曾经在一场仲裁中担任仲裁庭的成员,当时英国的首席仲裁员允许美国律师"粗野地"交叉盘问欧洲证人一天多而没有打断。虽然证人的英文在日常对话中已经非常流利了,但是在应对一位以英语为母语的高技巧盘问者的连续攻击时,还是无法完整陈述自己的答案。当我在间歇打断盘问,以向他澄清一个问题时,该证人甚至因为这个友善的(至少是中立的)问题而表示感谢,终于有一个人没有对他每个回答的诚信穷追猛打。当一个掌握双语的欧洲人在应对交叉盘问都感到困难时,可想而知亚洲人是何感受。还有一次,我是独任仲裁员,申请人律师是新加坡人,被申请人律师是葡萄牙人。我本能地容易适应新加坡律师的论证,因为我在理解他的普通法路径和语言陈述方面没有问题。但我在理解葡萄牙律师的大陆法路径和语言陈述方面遇到了很多困难。然而我依然尽最大努力试图理解葡萄牙律师想说的内容。虽然一开始我已经基本准备好支持新加坡律师的全部诉求,但是当最终理解了葡萄牙律师的论证后,我在很大程度上同意了葡萄牙律师的抗辩和反请求,驳回了申请人的部分请求。

31. 简言之,仲裁庭应当进行“外交型仲裁”,采取积极的举动让仲裁不可知论者和仲裁盲从者在(对他们而言)陌生的环境中感觉像在本国一样,或者至少感到舒服。仲裁庭的目的,不仅要根据案件的实质论点来公正审理,而且还要使双方当事人(或至少是他们的律师)在即使最终结果不利于己方的情况下,也能够感到自己得到了公平的对待,且得到裁决结果的过程是透明的。

B. 实质问题

32. 最后,仲裁不可知论者和仲裁盲从者会说他们的客户对于结果不太开心,不仅是因为他们输掉了仲裁,更是因为他们输掉了仲裁的方式。

33. 这个问题已经从程序进入了实质。

34. 亚洲人的合同关系主要依据实际因素而非法律条文。书面的法律和合同不足以维持商事关系。因此当争议发生时,亚洲人可能不满足于根据合同条文解决争议的方式。

35. 在亚洲,合同并不是交易的结束,而是商事关系的开始。因此,个人善意以及随环境变化等因素比合同条文更加重要。亚洲人期待法律和合同附属于变化的环境和关系。

36. 很多中国和日本的合同中都包含一个条款,要求当事人在争议发生后善意协商解决。这一项很明显在普通法①中是无法实施的,可能在大陆法中也不能实施,但是这样的条款在远东地区的大陆法国家却被认真对待。亚洲的当事人,尤其是那些没有在西方商业传统中接受过教育的人,他们将合同视为不断变化和演进的文件,而不是在一个不可改变且静止的行为中的固定义务。因此,合同是一个指引而非决定因素,且相对于维护关系和

① See Walford v. Miles [1992] AC 128.

(d)商人法。

46. 这样的过程中产生的实践问题有哪些?

47. 首先,如果采取上述纠纷解决程序,作出决定的人比决定采用的标准更加重要。

48. 其次,一些机构的规则不允许这种情况(《国际商会仲裁院仲裁规则》[1]和《示范法》规定,除非双方当事人同意或明确授权,否则仲裁庭没有权力进行调停或依衡平法裁决)。《伦敦国际仲裁院仲裁规则》[2]要求根据"法律规则"作出决定,且仲裁庭只能在双方当事人明确书面同意的情况下,才能应用"公平善良原则"、"友好调停"或"诚实约定"等衍生的原则作为解决争议的依据。

49. 最后,当事人应当考虑混合使用国内法与以上提到的衡平法律体系,这将会给予国内法一些可预测性的基础,同时又允许在适用公平和善意的普遍原则时,对国内法进行调整。

50. 另一种方式是在仲裁程序中明确拒绝适用口头证据规则(parol evidence rule),允许亚洲当事人关于合同关系的预期的证据得到条约和适当的考量。

51. 还有一方面的改变应当被考虑,那就是允许仲裁员担任调解人:

(a)这一点在新加坡和中国香港地区的立法中是允许的;[3]

(b)中国和日本积极鼓励;

(c)但是,风险在于,在一些对仲裁的中立性有不同理念的国家,这可能与其法律传统相违背。

---

① 2012年1月1日生效。

② 1998年1月1日实施。

③ 《新加坡国际仲裁法》(第143A章,2002年修订)第17段;《香港仲裁条例》(香港法例第609章)第33段。

52. 最终,当事人和律师会选择一些或所有这些方法来解决他们的问题。但是,那些抱怨西方仲裁模式无法充分处理亚洲人担忧的当事人应当意识到,解决方法(无论哪种)掌握在他们自己的手中。所有的仲裁都是产生于合同,并最终由合同缔约人为自己选择的管理彼此之间关系的条款负责。

名不可名:关于仲裁保密性的实践问题*

黄锡义　Katie Chung**

背　景

本文是我个人最为满意的文章之一。当时我很荣幸地受邀在第2期香港国际仲裁中心卡普兰讲座(Kaplan Lecture)上做演讲(Neil Kaplan本人做了第1期)[1]。当时,由于仲裁程序的保密性是我曾代理的一个案件的争议焦点,我一直在考虑仲裁保密性的问题。因此,我与Katie Chung对许多国家关于仲裁保密性的不同制度,进行了一个全球性的调研,并就未来的发展方向提出了一些思考。Katie Chung作出了极大的贡献,使我得以形成我的结论和建议。实际上,由于整理了相当多的材料,我认识到有必要在适当的时候,就这个十分棘手的问题,写一篇文章深入探讨。Katie Chung和我随后还把这篇文章的一部分用于专门讨论仲裁的保密性的一期《国际商会补

---

* 本文是第一作者2008年11月17日在香港特别行政区卡普兰讲座的演讲的扩展版本。

** Katie Chung,黄锡义资深大律师事务所的律师。

〔1〕 Neil Kaplan先生是英帝国二等勋章获得者、御用大律师、中国香港特别行政区银紫荆勋章获得者,于1990~1994年任职于香港高等法院建筑和仲裁庭,1991~2004年担任香港国际仲裁中心主席,为香港地区国际仲裁的发展作出了巨大贡献,被称为“香港仲裁之父”。——译者注

遗》(*International Chamber of Commerce Supplement*)①。

我谨在此感谢《国际仲裁杂志》(*Journal of International Arbitration*)同意我在本书中重印本文。

原文发表于 *Journal of International Arbitration*(2009), volume 26, issue 5, pages 609 - 645,并曾在卡普兰讲座(2008 年于香港特别行政区)上提出。

本文旨在通过研究各国立法以及众多仲裁机构的规则,在理论和实践两个维度,就仲裁中的保密性的国际法律提供一个全面的回顾。问题的关键不在于明确保密性,而是在承认保密义务的基础上明确这一义务的例外情形。一种意见认为,在实践中,很难就保密义务的各种例外情况制定一个全面的公式或清单。但是,新西兰在《1996 年仲裁法》(2007 年修订)对保密义务的各种例外进行法典化的过程中,就对此问题进行了最全面和最近的一次尝试。尽管如此,新西兰《1996 年仲裁法》②也承认,没有法典可以做到事无遗漏,必须允许一个独立的第三方(无论是仲裁庭还是法院)对可以被准许的保密义务的例外情形进行裁断。

Ⅰ.引言

1. 我很荣幸能够在香港特别行政区做第 2 期卡普兰讲座,并向 Neil Kaplan 先生表示敬意。我认识他已有差不多 15 年了。无须多言,Neil Kaplan 已经是举世公认的世界顶级仲裁员之一。我

① Michael Hwang SC & Katie Chung, "Protecting Confidentiality and its Exceptions - The Way Forward?" (2009) 54 ICC ICArb Bull, Special Supplement, Confidentiality in Arbitration.

② 1996 No. 99.

们也都知道,除了他个人的职业生涯,这些年来,无论是通过他在香港高等法院的判决、香港国际仲裁中心(HKIAC)的主席工作,还是作为御准仲裁员协会的主席站在世界舞台上,他都为香港特别行政区和世界的国际仲裁投入了大量的时间。是他,把香港特别行政区放到了仲裁的世界版图之中,并使香港特别行政区不仅拥有了一个卓越的仲裁机构,更涌现出大量优秀的仲裁执业者,并因此得到举世瞩目——在这一点上,他的成就无人可以企及。这些优势已经使香港特别行政区成为亚洲领先的国际仲裁中心(尽管新加坡可能在不远的将来对此提出挑战)。此外,Neil Kaplan 也无私地将很多新人提携进入了国际仲裁的世界,而我是这些年来有幸得到他指导和帮助的新人之一。他为我开启了很多大门,他的建议和鼓励使我得以从一名诉讼律师转变为仲裁员。并且,他也就如何回报国际仲裁世界的馈赠为我们树立了杰出的榜样,而这也是我希望效仿的。

Ⅱ. 明确保密义务存在的难题

2. 很多人没有意识到,给保密义务的范围下定义是一大难题。因此在立法和机构层面,并没有太多关于定义的尝试,而且现有的定义并不能说完全成功。但是,如果执业人士试图在合同中对此进行定义,他们很快就会发现,达成一个双方都能接受的方案是多么困难。因此,实践中几乎没有可资利用的示范条款。

3. 普通法国家通过法院对如何定义保密义务作出了很多尝试,其中大部分是通过“默示条款”这一法律工具进行的。这些尝试遇到了概念性的难题,但它们也为厘清问题的性质和范围提供了富有价值的洞见。

Ⅲ. 谁承担保密义务？

4. 第一个问题是，谁应当知道仲裁？应当知道仲裁的这些人，一经确认，就应当承担保密责任。有权知道仲裁（以及仲裁的各个方面）的人包括当事人、他们的律师、仲裁员和管理机构（如有），这一点是没有争议的。

5. 但当我们跳出这一核心圈子，开始考虑实际和潜在的证人以后，问题立刻接踵而来。他们有权就与仲裁有关的事实和文件得到全面介绍吗？还是仅仅限于他们履行证人的职责的必要范围？如果是后者，谁来决定可以准许的披露范围？对于被考虑作为证人但是尚未同意作证的人，又应当如何处理？在仲裁程序开始后，可以在多大范围内向他们出示仲裁中的保密文件？对于这些问题，案例法、立法和机构规则都还没有给出答案。

Ⅳ. 保密义务涵盖哪些信息和文件？

6. 我们首先讨论以下事项：

（a）仲裁的存在；以及

（b）仲裁庭的决定。

7. 这两项事实应当予以保密吗？就后者来说，裁决的内容（与裁决的结论相对）是不是也应当予以保密？现有的法律和规则都没有给出明细的或一致的答案。[①]

8. 我们接下来讨论一个更为棘手的问题——仲裁过程中使

---

① 参见下文第75段的表格，其中第一作者统计的14家仲裁机构关于机密性保护的记分卡清楚地显示，虽然很多机构规则认为仲裁的存在不是保密的，但大多数机构规则认为裁决的内容是保密的。

用或提及的文件。在这方面,法院提供了一些帮助。案例法对还没有因其他原因进入公共领域的仲裁中产生的文件(如书状、证人证言、意见陈述、庭审记录和另一方披露的文件)的保密性,提供了一些保护。① 研究英联邦关于保密性立场的起点,是英格兰上诉法院最近在 *John Forster Emmott v. Michael Wilson & Partners Ltd.* (“*Emmott*”)②一案中的决定,其中法庭对当事人的义务作了下文中的宣告。

9. Lawrence Collins LJ 把它规定为:③

(由于仲裁的性质产生的)除非得到对方同意或依据法院的命令或准许做出,双方当事人均负有的不得为其他目的披露或使用为仲裁准备并用于仲裁中、或在仲裁中披露的或出示的任何文件,或仲裁中的庭审笔录或证据说明,或仲裁裁决,以及不得以其他任何方式披露任何证人在仲裁中提出的证据的一项默示义务。

类似地,Thomas LJ 把它规定为:④

根据英格兰和威尔士有关仲裁的程序法规定,在文件开示程序中,仲裁双方对于披露的文件负有一项明确的保密义务。这类似于英格兰和威尔士法院在诉讼程序中施加的义务。在双方当事人之间,所有此类文件都受限于保密义务。

---

① 例如,可参见 *Dolling - Baker v. Merrett* [1990] 1 WLR 1205; *Hassneh Insurance Co. of Israel v. Steuart J Mew* [1993] 2 Lloyd's Rep 243; *Ali Shipping Corp v. Shipyard Trogir* [1999] 1 WLR 314; *Associated Electric and Gas Insurance Services Ltd. (AEGIS) v. European Reinsurance Co. of Zurich* [2003] 1 WLR 1041; *John Forster Emmott v. Michael Wilson & Partners Ltd.* [2008] EWCA Civ 184; [2008] Bus LR 1361。

② [2008] EWCA Civ 184; [2008] Bus LR 1361.

③ *John Forster Emmott v. Michael Wilson & Part ners Ltd.* [2008] EWCA Civ 184 at [81].

④ *John Forster Emmott v. Michael Wilson & Partners Ltd.* [2008] EWCA Civ 184 at [129].

10. 值得一提的是,至少存在3类文件:

(a)具有固有保密性的文件;

(b)当事人为仲裁目的自愿或根据仲裁庭指令予以披露的文件;以及

(c)仲裁裁决。

对任何一类文件都存在不同的考量因素。

11. 对具有固有保密性的文件而言(例如,包括专有商业信息的文件),他们在仲裁中应当获得在仲裁之外就能获得的保护。也就是说,对他们的保护不依赖于任何仲裁保密性的理论。①

12. 对当事人披露的文件而言,他们应当获得诉讼中类似文件享有的保护(有时被称为"Riddick 原则"②),也即意味着没有对方或仲裁庭的同意不得披露。

13. 裁决的保密性则取决于机构规则。临时仲裁将取决于适用的临时规则[在国际仲裁中通常是联合国国际贸易法委员会(UNCITRAL)仲裁规则],③以及适用的仲裁法,但是其中不太会包含关于保密性的明确条文。④

---

① *John Forster Emmott v. Michael Wilson & Partners Ltd.* [2008] EWCA Civ 184 at [79] and [81].

② 来源于 *Riddick v. Thames Board Mills Ltd.* [1977] QB 881。

③ UNCITRAL 仲裁规则[GA Res 65/22, UN GAOR 65th Sess (2010)]除了规定庭审非经双方另行同意应当不公开[第25(4)条]以及仲裁裁决的公开[第32(5)条]以外,没有规定保密性。

④ 例如,参见《新加坡国际仲裁法》(Cap 143A,2002 Rev. Ed)第22~23条和《香港仲裁条例》(Cap 341)第2D~2E条。[第2D~2E条已经被《香港仲裁条例》(Cap 609)废止(2010年第17号第109条废止)。]

Ⅴ. 保密义务的法理基础

14. 在英格兰法院，虽然曾经出现过不同的司法意见，[①]上诉法院在 *Emmott* 案件[②]中还是作出了明确的表述，似乎已经解决了保密义务的法理基础。但在世界其他地方，司法意见仍然莫衷一是。*Emmott* 案确立了以下原则：

(a) 仲裁中的保密义务是法律默示的，基于仲裁的性质产生；

(b) 这一义务是一项法律的实体规则，但乔装成了默示的条款；

(c) 这一义务要求双方不得为其他目的披露或使用为仲裁准备并用于仲裁中或在仲裁中披露的或出示的任何文件，或仲裁中的庭审笔录或证据说明，或仲裁裁决，以及不得以其他任何方式披露任何证人在仲裁中提出的证据；

(d) 义务的内容可能取决于产生这一义务的语境以及涉及的信息或文件的性质；义务的边界仍在发展，应根据个案情况确定；

(e) 可以允许披露的主要情况包括：

(i) 存在当事人的明确或默示同意；

(ii) 存在法庭的命令或许可；

(iii) 为保护仲裁一方的合法利益，披露具有合理的必要性；以及

(iv) 公共利益或司法利益要求披露。

---

① *John Forster Emmott v. Michael Wilson & Partners Ltd.* [2008] EWCA Civ 184; [2008] Bus LR 1361.

② *John Forster Emmott v. Michael Wilson & Partners Ltd.* [2008] EWCA Civ 184; [2008] Bus LR 1361.

Ⅵ. 保密性绝对性的难题

15. 无论保密义务的法理基础是什么,显而易见,它不可能是一种绝对的义务。我们马上就能联想到一些构成保密义务例外的实际情形。

A. 申请强制执行裁决的诉讼

16. 很显然,仲裁的胜诉方如果需要通过申请强制执行裁决的诉讼来实现裁决下的权利,就必须被准许披露裁决的内容。

17. 在 *Hassneh Insurance Co. of Israel v. Steuart J Mew* (*Hassneh Insurance*)[①]案中,Colman J 认为,即便仲裁裁决明确了双方各自的权利和义务,并且可能因法院监督或执行的目的被公开,裁决仍然受限于保密义务。[②] 但是,Colman J 认为,默示的保密义务也存在以下例外[③]:

(a)当披露仲裁裁决(包括其说理)对于保护仲裁当事人相对于第三方的权利具有合理的必要性时,披露应当被准许;

(b)仲裁当事人可以基于请求法院行使对仲裁裁决的司法监督管辖权,或请求执行裁决本身的目的,将仲裁裁决和说理提交法院。

这一意见与上诉法院在 *Emmott* 案中的宣告并不冲突,现在仍然有效。

---

① [1993] 2 Lloyd's Rcp 243.

② *Hassneh Insurance Co. of Israel v. Steuart J Mew* [1993] 2 Lloyd's Rep 243 at 248.

③ *Hassneh Insurance Co. of Israel v. Steuart J Mew* [1993] 2 Lloyd's Rep 243 at 249.

B. 平行诉讼

18. 当存在相同(或不同)当事人之间因同一或相关纠纷发生的不同仲裁程序时,会产生这一问题。如果在相同当事人之间的不同仲裁程序中仲裁庭是相同的,把第一起仲裁中的信息引入第二起仲裁不会存在实践上的问题。但如果仲裁庭是不同的,就会遇到一些理论和实践中的问题。尽管当事人可能相同,但不同的仲裁庭的选择可能正是出于将两起仲裁相互分隔开的愿望,其目的可能恰恰在于阻止将第一起仲裁中有的相关性信息引入与此信息无关或者此信息会造成偏见的第二起案件中。如果连两起案件的当事人也不同,那么这些问题可能更加严重。

19. 这些问题在建筑案件中十分典型,其中通常会存在不同发包商和总包商之间、总包商与分包商之间的分别的仲裁程序。在再保险案件中也是如此,常常会有主保险人与被保险人之间的一起仲裁以及主保险人与再保险人之间的另一起仲裁。

20. 问题源于合并两起仲裁的权力的普遍缺失,①这通常被认为是仲裁程序的管辖权以合意为基础的原则不可避免地导致的

---

① 一个例外是《香港仲裁条例》(Cap 609)附表2第2条,其中允许法院在特定情形下合并两起或多起仲裁,例如,在全部仲裁程序中都具有共同的事实或法律问题的情况下[第2(1)(a)条]。还有一些机构规则规定了仲裁的合并。中国国际经济贸易仲裁委员会(CIETAC)2012年规则允许在(a)经一方当事人请求并得到全部当事人同意或(b)CIETAC认为必要并得到全部当事人同意这两种情况下,CIETAC将两个或多个仲裁程序合并为一个程序。中国海事仲裁委员会仲裁规则第22条也规定,仲裁庭可以在双方当事人书面同意的情况下,将争议事项相同或者相关的两个或多个仲裁程序予以合并。国际商会(ICC)仲裁规则(2012年1月1日起生效)第10条也规定,ICC仲裁院可以在包括(a)当事人已经同意或(b)仲裁中的所有请求都是根据同一仲裁协议提出等情况下,将两个或多个仲裁程序合并。其他例外包括伦敦国际仲裁院仲裁规则(1998年1月1日起生效)第22.1(h)条,新加坡国际仲裁中心仲裁规则(第5版,2013年4月1日)第24(b)条以及香港国际仲裁中心机构仲裁规则(2008年9月1日起生效)第14.6条,这些规则均允许在第三方同意的情况下追加第三方,但并不必然要获得所有现有仲裁当事人的同意。

缺陷。

21. 四个英格兰案例仔细地探讨了所有这些问题。

22. 在 *Dolling - Baker v. Merrett* (*Dolling - Baker*)[①]案中,作为原告的代理保险人起诉第一被告(两家劳合社保险公司的代理保险人),根据通过作为第二被告的几家投保经纪人购买的一起累计超额赔款的再保险,要求再保险赔付。第一被告试图以没有披露为由,撤销再保险保单。作为替代,原告基于过失向第二被告索赔。在此案之前,有一起仲裁案件(Turner 仲裁)涉及一份类似的再保险,同样由第一被告担任代理保险人、第二被告为下单的经纪人,并且第一被告同样试图以没有披露为由撤销再保险保单。在仲裁中,仲裁员裁决宣告再保险无效,因此第一被告在 Turner 仲裁中成功地逃避了责任。在 *Dolling - Baker* 案中,原告要求披露 Turner 仲裁中的文件,其中包括笔录证据和裁决本身(Turner 文件)。Turner 文件处于第一和第二被告的持有和控制之下。原告未能成功申请证据开示,理由是 Turner 文件与眼下的诉讼无关,而且即便有关,披露 Turner 文件以供检查对公正地处理该案的争议也不是必要的。第一被告也成功地取得了禁止第二被告披露 Turner 仲裁下的文件的禁令。英格兰上诉法院的 Parker LJ 认为仲裁本身的性质产生了一种默示的保密义务。他认为[②]:

> 在仲裁当事人之间,尽管仲裁程序是基于合意的,但是可以被认为是完全自愿的,在我看来,仲裁程序的特别性质决定了,双方当事人必须承担一种默示的义务,除非得到对方同意或依据法院的命令或许可做出,否则不得为其他目的

① [1990] 1 WLR 1205.

② *Dolling - Baker v. Merrett* [1990] 1 WLR 1205 at 1213.

> 披露或使用为仲裁准备并用于仲裁中或在仲裁中披露或出示的任何文件，包括仲裁中的庭审笔录、证据说明、仲裁裁决，并且不得以任何其他方式披露任何证人在仲裁中提出的证据。这等例外是必要的，就像在银行与其顾客之间具有的默示保密义务的情况一样。

23. 在 *Hassneh Insurance* 案中，作为原告的众再保险人寻求禁令，禁止作为被告的几家再保险被保险人对双方之间的仲裁程序中产生的特定文件进行披露。原告根据多个再保险保单向被告提供再保险，而投保经纪人是 CE Heath & Co.。被告启动了针对原告的仲裁程序，根据这些再保险合同提出索赔。原告提出了多项抗辩，包括不披露和虚假陈述。被告也在法庭寻求对其投保经纪人提出索赔（因为他们之间没有仲裁协议），要求在被告向再保险人索赔失败的情况下予以赔偿。但在仲裁庭作出的一个中间裁决中，被告输掉了针对原告的仲裁请求。因此，被告继续针对投保经纪人提起诉讼，基于过失和违反投保经纪人义务寻求赔偿。被告据此要求向投保经纪人披露中间裁决及其理由。原告同意被告向投保经纪人披露中间裁决及其理由，但是反对披露任何其他文件（如书状、证人证言或笔录）及其中的理由，并以此等披露将违反被告的保密义务为由，寻求禁令禁止披露。Colman J 认为，仲裁中默示的保密义务适用于仲裁程序中产生的文件（如书状、证人证言、笔录和意见阐述）以及在仲裁程序中披露的文件。但是，如上文所讨论的，默示的保密义务存在一项例外，即当披露包含说理的仲裁裁决对于保护仲裁当事人相对于一个第三方的权利是具有合理的必要性时，披露应当被准许，这种情况下的披露不构成对保密义务的违反。Colman J 援引了英格兰上诉法院

在 *Tournier v. National Provincial and Union Bank of England* ①(*Tournier*)一案,作为默示保密义务的例外的依据。在 *Tournier* 案中,Bankes LJ 列出了对银行保密义务的 4 种例外:

(a)当披露是法律强制要求时;

(b)当存在向公众进行披露的义务时;

(c)当基于银行的利益要求披露时;以及

(d)当披露是根据顾客明确或默示的同意作出时。

24. 在 *Hassneh Insurance* 案中,Colman J 认为,披露包含说理的裁决对于被告建立其对投保经纪人的诉由具有合理的必要性。但是,Colman J 没有将这一例外延伸至仲裁程序中产生或披露的其他文件,因为它们仅仅是用于作出明确仲裁中各方当事人权利和义务的仲裁裁决的基础材料。因此,Colman J 认为,基于保护仲裁当事人对第三方的权利的合理需要而产生的对保密义务的例外,并不能扩展至这些文件。

25. 而在 *Insurance Co. v. Lloyd's Syndicate*② 案中,作为被告的再保险被保险人提起了针对原告(再保险合同下牵头保险人)的仲裁。原告抗辩称,由于不披露他们有权撤销合同,或者由于保单的措辞他们无须对某一特定种类的风险向被告承担赔付。随后,5 家其他再保险人联合体都主张他们无须向再保险被保险人承保该等风险。仲裁庭随后作出的中间裁决对再保险被保险人有利,因此其请求向另外 5 家再保险人披露该裁决,以说服他们接受责任。原告请求禁令禁止被告披露中间裁决。在批准禁令时,Colman J 采用了他在 *Hassneh Insurance* 案③中树立的"合理

① [1924] 1 KB 461.

② [1995] 1 Lloyd's Rep 272.

③ *Hassneh Insurance Co. of Israel v. Steuart J Mew* [1993] 2 Lloyd's Rep 243 at 275.

的必要性”标准，并认定，虽然披露仲裁裁决及其理由可能对其他5家再保险人的联合体具有说服力，但是这一披露对于建立被告针对再保险人的诉由是不相关的，因为他们并不受到同一仲裁协议的约束。因此，Colman J 认为中间裁决对于确立被告针对5家再保险人的权利不是必备要件，被告向5家再保险人披露中间裁决将构成对其默示保密义务的违反。

26. 与上文讨论的再保险案件不同的是，*London & Leeds Estates Ltd. v. Paribas Ltd.* (*No. 2*)①(*London & Leeds*)案中的问题是，仲裁当事人是否对在之前的其他仲裁中给出了不同意见的专家证人承担保密义务。*London & Leeds* 案起因于原告业主和被告承租人之间的一起租金调整仲裁。业主在案件中聘请了一个专业估价人（专家证人），对伦敦西区的写字楼租赁市场在1991年4月的调整日的情况提供证言。该专家证人此前在另外两起仲裁（Euston Tower 仲裁和 Delta Point 仲裁）中，代表承租人给出了相反的专家证词。被告承租人的律师恰恰在 Euston Tower 仲裁中担任承租人的律师，并曾对该专家证人在 Euston Tower 仲裁中的证词进行了盘问。被告在该案中的专家是 Delta Point 仲裁中的仲裁员，但是他已经完成和发布了他的裁决，尚未解决的只有费用和开支等从属性的事项。最后，被告向专家证人就其在 Euston Tower 仲裁和 Delta Point 仲裁中的证据（证人证言），以及向被告自己的专家就上述专家证人在 Delta Point 仲裁的证言发出了传票。原告业主和专家证人分别提出传唤，请求撤销被告发给专家证人和被告自己的专家的传票。到开庭日，被告自己的专家已经全部履行了传票中的要求。对于 Euston Tower 仲裁和 Delta Point 仲裁两案中各自的当事人相互之间应当对仲裁和仲裁中的证据

① [1995] 1 EGLR 102.

承担保密义务这一点,无人提出争议。Mance J 认为,原告业主在本案中无申诉资格,因为原告不是与传票所寻求的信息有关的保密关系的一方当事人。但是,Mance J 认为,专家证人有申诉资格对传票提出反对,因为他就自己在 Euston Tower 仲裁和 Delta Point 仲裁两案中的证词分别对两案当事人承担保密义务。本案法官要处理的问题是,为了公正地审理本讼争或者为了节省费用,是否有必要推翻保密义务。Mance J 认为,当一个证人被证明曾在代表不同方时发表过有重大区别的不同意见时,为了案件当事人的个体利益和公共利益,应当对这一因素加以考虑。Mance J 据此推论,对 Euston Tower 仲裁中的证词的保密义务,应当让位于该案公平审理的需要。

Ⅶ. 法院如何处理例外?

27. 立法机构和仲裁机构已经认识到,制定一个完整的例外清单或者一个创设例外的公式十分困难。因此,普通法通过逐渐发展引入了各种例外。

A. 公共利益

28. 仲裁的性质决定了公众对仲裁的某些方面享有一些合法的利益。在 *Esso Australia Resources Ltd. v. Plowman* (*Minister for Energy and Minerals*)(*Esso Australia*)[①]案中,仲裁涉及作为上诉人的供应商以政府向天然气征收新税种为由,向两家公共事业机构[维多利亚燃气燃料公司(GFC)以及维多利亚州电力委员会

① [1995] 128 ALR 391; *Esso Australia* was followed by the Supreme Court of New South Wales in *Commonwealth of Australia v. Cockatoo Dockyard Pty Ltd.* (1995) 36 NSWLR 662.

(SEC)]要求提高其供应的天然气价格。在GFC和SEC与上诉人分别签订的销售协议中均有条款规定,上诉人应当向作为买方的GFC和SEC提供天然气提价或降价要求所依据的计算细节。但是上诉人没有向GFC和SEC提供该等细节。上诉人随后根据销售协议中的仲裁条款,分别对GFC和SEC提起了仲裁。随后,能源矿产部长对上诉人、GFC和SEC提出了诉讼,请求法院宣告仲裁中披露的任何信息都不应受限于任何保密义务。上诉人提出反诉,要求根据“默示条款”确认两起仲裁案件都应当私密地进行,对仲裁中提出的文件或信息应当予以保密。GFC和SEC则对上诉人提出了交叉申索,请求的内容与能源矿产部长的相同。关于保密义务的请求是因上诉人对于部长、GFC和SEC要求其提供提价依据的计算细节的回应。上诉人拒绝提供细节,除非GFC和SEC签订协议,承诺他们不会将信息披露给任何第三方,包括部长、政府和维多利亚州。Mason CJ代表澳大利亚高等法院多数意见作出了判决,认为隐私权和保密义务之间存在区别,而很显然仲裁程序的完全保密是不可能实现的。① Mason CJ认为,虽然仲裁程序是私密的,但是保密性并不是私人仲裁必不可少的一种特质,并不必然要求任一方不得披露仲裁程序、仲裁中或为仲裁目的提供的文件或信息。就这点而言,Mason CJ不接受英格兰法院关于保密义务是默示条款的理论。但是,Mason CJ同意,与司法程序中通过证据开示取得的文件相关保密义务相类似,对一方根据仲裁员的指令被强制要求提交的文件,应当有义务予以保密。② 但是,这种义务应当服从于公众获取关于公共机构事务

① *Esso Australia Resources Ltd. v. Plowman (Minister for Energy and Minerals)* [1995] 128 ALR 391 at 400 and 401.

② *Esso Australia Resources Ltd. v. Plowman (Minister for Energy and Minerals)* [1995] 128 ALR 391 at 404.

的合法利益。仲裁的争议事项也影响公众对于公用设施账单来源的知情权,而这也很可能成为影响澳大利亚高等法院决定的一个因素。类似地,Robertson J 在新西兰的案例 *Television New Zealand Ltd. v. Langley Productions Ltd.* [①](*Television New Zealand*)中认为,公众拥有对一位知名电视人物的收入的知情权是正当理由,因此法庭不阻止对仲裁庭审后上诉至法院庭审的媒体报道。

29. 在国际投资争端解决中心(ICSID)仲裁中,因为在任何投资者针对政府的仲裁中都明显地存在公共利益,特别是在一方请求大额赔偿的时候,这一因素可能更加普遍。这解释了为什么对投资仲裁的报道通常会相对自由;仲裁裁决很少是秘密的,并且最终会不可避免地进入公共领域。[②]

B. 当案件进入法院

30. 一项仲裁请求常常会因为申请强制执行或撤销裁决等原因进入法院。仲裁程序中默示的保密义务是否延伸至法院程序呢?虽然当事人已经同意私密地进行仲裁,但这对被提交法院的仲裁请求是否保密并不具有决定性。司法公开的原则是反对将默示保密义务延伸至法院程序的一个有相当影响的因素。

31. 例如,根据《英格兰民事程序规则》(CPR)第 62. 10 条,[③]

---

① [2000] NZLR 250.

② 无论是否必须将裁决整体予以公开,国际投资争端解决中心都必须迅速地公布 ICSID 裁决的法律说理。见《ICSID 仲裁程序规则》(2006 年 4 月 10 日修改)(以下简称《ICSID 仲裁规则》)第 48(4)条;《解决国家与他国国民间投资争端公约》(575 UNTS 159)(1965 年 3 月 18 日;1966 年 10 月 14 日生效)第 48(5)条规定,对裁决进行全文公开需要得到当事人的同意。ICSID 秘书长从促进关于投资的国际法的角度出发,安排以适当的形式对裁决进行公开。参见《ICSID 行政和财务条例》(2006 年 4 月 10 日修改)第 22 条。《ICSID 仲裁规则》第 37(2)条允许第三方提交法庭之友意见。可在 www. investmentclaims. com 查阅 ICSID 裁决(2013 年 5 月 10 日登录)。

③ 1998 No. 3132 (UK),包括截至 2013 年 6 月 30 日的修改。

英格兰法院有指令公开或私密审理仲裁请求的裁量权。并且，CPR 第 62.10 条[①]排除了适用 CPR 第 39.2 条的一般性规则(除非法院认为存在基于保密性的特殊理由应当私密进行，否则庭审应当公开进行)。根据 CPR 第 62.10(3)条，除了根据英格兰《1996 年仲裁法》第 45 条提出对先决法律问题作出决定的申请，[②]以及根据英格兰《1996 年仲裁法》第 69 条对裁决中的法律问题提出的上诉，对所有与仲裁有关请求的审理以私密方式进行。

32. 在 *Department of Economics, Policy and Development of the City of Moscow v. Bankers Trust Co.* [③]案中，英格兰上诉法院考虑了 CPR 第 62.10 条的效力及其对公开涉及仲裁的请求法院判决的影响。在一起伦敦仲裁中，银行业信托公司(BTC)取得了对一方当事人胜诉的结果，但是输给了另外两方当事人，分别是莫斯科市的政府和一个部门。BTC 根据英格兰《1996 年仲裁法》

---

① 《英格兰民事程序规则》(1998 No. 3132) 第 62.10 条规定如下：

(1)法院有指令公开或私密审理仲裁请求的裁量权。

(2)规则第 39.2 条不适用。

(3)受限于任何根据第(1)段作出的指令：

(a)对以下问题的审理：

(i)1996 年法案(译者注：指 1996 年仲裁法)第 45 条下的一个先决法律问题；或

(ii)1996 年法案第 69 条下的对裁决中的法律问题的上诉，应当公开进行；

(b)对其他仲裁请求的审理应当私密进行。

(4)第(3)(a)段不适用于：

(a)第 45(2)(b)条列出的事项是否得到满足的先决问题；

(b)第 69(2)(b)条下请求准许上诉的申请。

② 英格兰《1996 年仲裁法》(c 23)(联合王国)。

③ [2004] 3 WLR 533. See *Mobil Cerro Negro Ltd. v. Petroleos de Venezuela SA* [2008] EWHC 532. 该案涉及一项请求撤销法院根据英格兰《1996 年仲裁法》第 44 条颁发的、支持拟提起的 ICC 仲裁的冻结令的申请。撤销申请落入 CPR 第 62.10 条的范围，而根据该条规定除非法院另行决定公开审理，此类申请应当秘密进行。由于冻结令已经得到相当程度上的公开，Walker J 根据 CPR 第 62.10 条决定，除了具有保密性的特定方面，关于撤销申请的庭审应当公开进行。

第 68 条,以严重程序不合法为由,对仲裁裁决提出挑战,但遭到驳回。仲裁是私密进行的,裁决也仅对当事人发布。对 BTC 请求的审理——由于落入了 CPR 第 62.10(3)(b)条范围——是非公开进行的,但是,法官在作出判决的时候,却因疏忽而未将判决标记为“保密”。在线法律汇编服务机构 Lawtel 善意地得到了一份判决的复印件,并进行了摘要,随后将摘要发送给 Lawtel 的邮件订阅人(大约有 15,000 名),并附判决全文的链接。在发现这个错误后,法院删除了判决全文,但是上述摘要邮件仍保留在邮件订阅人的电脑上。但在此之前,当事人已经向媒体提及了当事人之间存在纠纷的情况(但不包括具体争议的内容)、当事人的主体身份以及 BTC 向法院提出的挑战请求。由于被申请人希望广大投资圈了解到针对他们的财务违约主张已经在仲裁中得到了细致的考虑,被申请人(莫斯科市政府)向法院申请准许发布判决或者作为替代方案发布判决摘要。下级法院认为,针对英格兰《1996 年仲裁法》第 68 条请求的判决应当继续保密,无论是该判决还是 Lawtel 的摘要都不应当公之于众。被申请人继续上诉至上诉法院,理由是判决全文或 Lawtel 的摘要应当被允许对公众或对有限的金融机构予以公开。

33. 在驳回对拒绝公开判决的命令提出的上诉时,英格兰上诉法院认为,当事人对保密性和私密性的愿望,应当优先于公众对公开听审的利益。但是,上诉法院也指出,法院根据英格兰《1996 年仲裁法》承担监督职能,并且也应当听取任一方当事人提出的公开听审的请求,或在适当的时候主动提出这种可能性。

34. 但是,上诉法院在关于 Lawtel 摘要的问题上支持了上诉请求,并认定,由于 Lawtel 摘要既不包含任何敏感或保密信息,也没有其他拒绝公开的理由,莫斯科市政府可以向公众发布 Lawtel 摘要。

35. 重要的是,上诉法院认为,CPR 第 62.10(3)(b)条虽然规定了关于仲裁的请求应当不公开听审,但是这仅仅是法律分析的起点,并且很容易让位于公开听审。法院进一步认为,即便庭审是不公开的,法院在准备和作出裁决的时候,应当铭记任何判决都应当公开,因此判决中不应包含重大机密信息。Mance LJ 考虑了与判决是否应当公开有关的多种因素:①

> 确保仲裁活动也遵循适当公平标准的公共利益,支持将关于英格兰《1996 年仲裁法》第 68 条申请的判决予以公开。公共监督作为维持公众对司法的信心和保证司法公开透明的手段,如同在其他法院活动中一样适用于这一领域……仲裁在国际商业和金融生活中起重要作用,在其运作和实践中存在合法利益。当判决包含能够为律师和执业者提供指引的法律或实践指引时,判决公开更值得追求。

36. 在如何对待法院执行或挑战程序中的仲裁裁决的问题上,新西兰法院采取了类似的立场。在 *Television New Zealand v. Langley Productions*② 案中,Television New Zealand Ltd.(TVNZ,为国有企业)、Langley Productions 及其新闻读者 H 之间,因相互关联的两个合同产生了争议并进入诉讼。TVNZ 请求将法庭文件保密,但是 Langley Productions 和 H 提出反对。TVNZ 与 Langley Productions 之间的合同中有仲裁条款,而 Langley Productions 与 H 的合同中没有。各方最终同意将争议提交仲裁,仲裁协议专门规定了受限于新西兰《1996 年仲裁法》的保密条款。裁决作出后,TVNZ 向高等法院提出对裁决的上诉,而 Langley Productions

---

① Department of Economics, Policy and Development of the City of Moscow v. Bankers Trust Co. [2004] 3 WLR 533 at 555.

② [2000] NZLR 250.

则申请执行裁决。TVNZ 申请确认保密条款无效的指令,但是 Langley Productions 和 H 提出反对。Robertson J 认为,由于以下原因,仲裁保密条款不再适用:①

> 当事人关于仲裁中争议解决保密性的约定,不能自动延伸至高等法院的执行或挑战程序。

他还指出,当事人特地选择允许上诉以及一方当事人寻求登记并在高等法院执行该裁决。Robertson J 总结到,一旦上述步骤之一发生时,高等法院庭审的原则将允许公众接触和知晓。如果私人争议解决中的保密性外衣确有必要适用于高等法院程序中,这将需要议会明确和毫不含糊的决定。相应地,Robertson J 认为仲裁裁决应当不受 TVNZ 与 Langley Productions 合同中保密条款的任何阻碍从而使其能够受公众监督,处理相关事项的程序也应当以公开的方式进行。

C. 当事人的同意(争议前/后:默示的?)

37. 当事人同意公开仲裁的存在(以及仲裁相关信息)是默示保密义务的又一个例外。例如,当事人合意可以约定在当事人之间的实体协议中,或者在争议发生之后约定在嗣后的仲裁协议中。当事人的默示同意可能在争议发生后从当事人的行为中推出。一个例子就是仲裁当事人一方向法院申请仲裁员回避时,该当事人就该仲裁员向法院披露仲裁相关事项给出了默示同意。本语境下一个引申的问题是,由仲裁引起的程序因当事人申请以外的原因以公开形式进行(假设在相关国家法庭中存在相关条款),是否等同于(当事人)同意公开披露向法院提交的所有事实和文件。

---

① *Television New Zealand v. Langley Productions* [2000] NZLR 250 at [38].

D. 法律的强制

38. 实定法规定可能优先于当事人在仲裁协议中约定的任何保密义务,即强制要求仲裁相关文件的披露。例如,反洗钱立法对直接或间接涉及犯罪收益财产交易的嫌疑人施加了一项披露义务。在新加坡,反洗钱相关立法是《没收腐败、贩运毒品和其他严重犯罪所得法》①(SCA)。SCA 第 39 条第 1 款②对知道或有合理理由怀疑特定财产可能为毒品走私或其他犯罪活动的收益或用于相关犯罪活动的人施加了一项披露义务。同时,SCA 第 39 条第 6 款③免除了仲裁当事人任何依据该法第 39 条第 1 款披露而对保密义务的违反,并阻止了任何对该当事人的请求。类似地,任何警察或公权力机构享有要求进行文件开示的法定权力,提交仲裁的这些文件不受特权保护。

E. 法庭许可

39. 虽然众多案例均承认了通过法庭许可(leave of court)允

---

① Cap 65A, 2000 Rev. Ed.

② 《没收腐败、贩运毒品和其他严重犯罪所得法》(Cap 65A, 2000 Rev. Ed)第 39 条第 1 款规定如下:

(a)整体或部分地,直接或间接代表了下述活动的收益;

(b)其使用与下述活动有关;或者

(c)其计划使用与下述活动有关。

任何如案情所示的可能构成毒品走私或犯罪活动的行为,以及在其交易、职业、业务或雇用期间出现的该知识或怀疑所依据的信息或事项,他应当在发现后合理且实际的在最短时间内向新加坡商业事务局的可疑交易呈报处披露这些知识、怀疑、信息、知识或怀疑所依据的其他事项。

③ 《没收腐败、贩运毒品和其他严重犯罪所得法》(Cap 65A, 2000 Rev. Ed)第 39 条第 6 款规定如下:

(a)上述第 1 款(a)、(b)、(c)所指的知识或怀疑;或者

(b)知识或怀疑所依据的任何信息或其他事项。

披露不应当被视为对法律施加于披露的任何限制、合同及职业行为规则的违反,这个人不应当为该披露所导致的任何损失、任何披露后续的作为或不作为负责。

许披露仲裁相关文件是保密义务的例外,[①]但问题仍然在于法庭或仲裁庭的披露命令是否优先于保密义务。[②]

40. 在 *Hassneh Insurance* 案中,Colman J 就受保密义务限制的仲裁文件的披露服从于保密义务提出了以下忠告:

> 如果一方当事人被置于一个"潜在的极端危险"处境中而无法决定是否披露文件——因为他可能因此违反了对仲裁对方当事人的保密义务,或者被指控疏于披露他所持有的为公正处理诉讼所必要的相关文件,那么他应当首先向仲裁对方当事人发出书面的同意披露的邀请,如果这样行不通,在未得到法庭规则 O 24 r 11 的法庭命令时,他应当拒绝第三方进行同样的审查。

41. 然而,在 *Emmott* 案中,英格兰上诉法院表达了一个观点,即当仲裁正在进行时,法院不享有就仲裁相关文件之披露的命令或给予许可的一般性权力。Thomas LJ 认为,法庭的许可可以在以下情形下产生:法庭在决定仲裁当事人与陌生人的争议(当法庭在处理一方当事人所持仲裁文件的诉讼的披露命令时),或者仲裁已经完结。Thomas LJ 进一步认为:

> 在仲裁进行期间诉诸法院以决定仲裁当事人之间的争议的默示条款与英格兰《1996 年仲裁法》的原则很难说是协调的……我不能接受保密性的默示条款可能被解读为通过

---

① *Ali Shipping Corp v. Shipyard Trogir* [1999] 1 WLR 314 at 327; *John Forster Emmott v. Michael Wilson & Partners Ltd.* [2008] EWCA Civ 184 at [107].

② See e. g. , Robert Merkin, *Arbitration Law* (Informa, Looseleaf, 1991, April 2013 – 1st Ed – Service Issue 64) at para 17. 32. Merkin 表达了如下观点:然而,这些例外的存在一直是有疑问的,因为法院作出命令或许可允许披露的案件均基于保护当事人正当利益或司法利益的需要。

> 这种方式将管辖权移交给法院,这将违背仲裁法的精神和政策。[①]

Collins LJ 在 *Emmott* 案中表达了相似的观点:[②]

> 法庭在一个其享有作出命令或颁布许可的权力的案件中求助于命令或许可的例外的可能性……并不意味着法庭对于考虑保密性例外存在及适用享有普遍、无限的管辖权。

42. 这些评论不无问题,因为它们似乎都排除了独立第三方在解决定义保密性的例外的范围和程度中的介入。但是,我将在下面的结论部分处理这一问题。

F. 为保护仲裁当事人的合法权利而进行的披露

43. 为保护仲裁当事人的合法权利而披露仲裁文件很显然是一项潜在且范围较广的例外。执行仲裁当事人在先前仲裁裁决下的权利,是为保护胜诉一方当事人的合法权利的当然披露项。或者,一方当事人可能希望披露仲裁裁决作为证据,证明仲裁当事人已在先前仲裁中提出某主张,进而构成争点排除。在 *Associated Electric and Gas Insurance Services Ltd.* (*AEGIS*) *v. European Reinsurance Co. of Zurich* (“*AEGIS*”)案中[③]——该案由两起分开的仲裁引起,涉及 European Reinsurance (European Re)在再保险协议下向 AEGIS 赔偿的义务,European Re 以同一争议为相同当事人的第 2 起仲裁的答辩为由,寻求在第 2 起仲裁中援引第

---

① *John Forster Emmott v. Michael Wilson & Partners Ltd.* [2008] EWCA Civ 184 at [124].

② *John Forster Emmott v. Michael Wilson & Partners Ltd.* [2008] EWCA Civ 184 at [87].

③ *Associated Electric and Gas Insurance Services Ltd.* (*AEGIS*) *v. European Reinsurance Co. of Zurich* [2003] 1 WLR 1041.

1 起仲裁中取得的仲裁裁决。第 1 起和第 2 起仲裁的仲裁庭不同。由于第 1 起仲裁中当事人之间约定了明确的保密协议，AEGIS 争辩道，第 1 起仲裁中的裁决不应当向第 2 起仲裁中的仲裁庭披露，否则将违反第 1 起仲裁中的保密义务。紧接着，AEGIS 得到了一个针对 European Re 的单方面禁令，以阻止 European Re 援引第 1 起仲裁中的裁决，进而排除了 European Re 在第 2 起仲裁中提争点禁止反言的抗辩。European Re 申请撤销禁令但未果。European Re 随后在百慕大上诉法院上诉成功，禁令得以撤销。AEGIS 上诉到枢密院寻求恢复禁令，以限制 European Re 向任何第三方（包括第 2 起仲裁中的仲裁庭）披露第 1 起仲裁中的裁决。摆在枢密院前的问题是，在合理的解释下，当事人在第 1 起仲裁中达成的保密协议，是否排除其裁决在第 2 起仲裁中作为证据的可能。

44. 在驳回 AEGIS 上诉的判决中，枢密院认为当事人之间的保密协议并不排除以第 1 起仲裁中的裁决作为依据。枢密院的观点是，争点排除原则意味着程序中当事人受到之前处理同一争议的裁决的约束，而保密性较为次要。在该语境下，枢密院认为争点排除“如同诉因排除一样，是执行仲裁裁决赋予当事人权利中的一种”，即便它是一项证据规则而非执行证据规则的排除机制。①

45. 以保护仲裁当事人正当利益为由申请披露例外时需要满足合理必要性的条件。在 *Ali Shipping Corp v. Shipyard Trogir*（*Ali Shipping*）案中，②Potter LJ 将这一要求表达为：“在为保护仲裁当事人正当利益具有合理的必要性时及在相应程度上进行的

---

① *Associated Electric and Gas Insurance Services Ltd.* (*AEGIS*) *v. European Reinsurance Co. of Zurich* [2003] 1 WLR 1041 at 1048.

② *Ali Shipping Corp v. Shipyard Trogir* [1999] 1 WLR 314 at 327.

披露。”

46. 然而，Potter LJ 同时也补充道：[①]

> 在这个语境下，那意味着对仲裁当事人对抗第三方的合法权利之成立具有合理必要性，以构成针对第三方的诉因或对第三方提出的请求、反请求作出的抗辩。

47. 在 *Ali Shipping* 案中，Potter LJ 提到了 Colman J 在 *Hassneh Insurance* 案中的评论，即裁决或说理对其披露的第三方只具有商事意义上的说理作用是不够的，它们的披露将“仅仅对保护这些权利有所帮助——而不是必要”也是不够的，并进而认为法院应当采取全面的视角对合理的必要性进行界定。[②] Potter LJ 陈述如下：[③]

> 当合理的“必要性”概念在有关当事人合法权利的执行或保护上出现时，我认为法院的做法需要有一定程度的灵活性。例如，在得出结论时，法院不应当要求申请披露的当事人不计困难或不计成本地证明必要性。法院应当综合获得材料所需程序之性质和目的，正在进行的程序中仲裁庭的权力和程序，所寻求的证据或信息指向的问题，以及从其他地方获得该证据或信息的可行性及成本，全面地考虑这一事项。

48. Potter LJ 的上述意见中可能出现的一个问题是，是否对仲裁当事人合法权利的保护，仅限于保护仲裁当事人相对

---

① *Ali Shipping Corp v. Shipyard Trogir* [1999] 1 WLR 314 at 327. See also *Glidepath BV v. Thompson* (*No.* 2) [2005] 2 Lloyd's Rep 549，该案中法院认为，向法院申请查阅仲裁相关文件的非仲裁协议当事人必须证明仲裁相关文件：(a)对于保护或构成第三方合法权利具有合理的必要性；或者(b)为了司法的利益。

② *Ali Shipping Corp v. Shipyard Trogir* [1999] 1 WLR 314 at 327.

③ *Ali Shipping Corp v. Shipyard Trogir* [1999] 1 WLR 314 at 327.

于第三方的权利的情况。值得注意的是在*Emmott*案中,上诉法院似乎没有局限于仅在相对第三方时保护仲裁当事人的合法利益。

49. Thomas LJ 没有论及第三方是否为构成例外的必要条件:"然而,当有合理的必要性去保护当事人的合法私人利益时,仲裁文件可以被使用。"①

G. 司法利益/公共利益之要求

50. 如果一方当事人在两个仲裁中给出了不一致的证据,很显然,司法利益(有时被称为公共利益)将要求披露仲裁文件而不论任何保密义务。在*London & Leeds*案中,②仲裁中的专业估价人被发现在先前的两个仲裁中给出了相反的专家证据。如前所

① *John Forster Emmott v. Michael Wilson & Partners Ltd.* [2008] EWCA Civ 184 at [132(iii)] (*Emmott*). Collins LJ 在[107]表达了同样的观点:"当对仲裁当事人正当利益的保护具有合理的必要性时……"*Emmott* 案被适用到了 *Westwood Shipping Lines Inc v. Universal Schiffahrtsgesellschaft mbH* [2012] EWHC 3837。在该案中,申请人申请许可以利用仲裁程序中的文件来主张非法手段共谋行为。高等法院认为这个案件符合 *Emmott* 案中举出的仲裁文件被允许披露情形的第三类、第四类。高等法院认为申请人对非法手段共谋的指控具有正当利益,这一诉求表面上具有说服力。除非得到仲裁中的材料,这个主张不能妥当地——很可能根本无法——申张。这是因为这一主张在很大程度上依赖于仲裁的详情,其自身使申请人以主张其诉求为目的获得仲裁材料的命令正当化。在任何情况下,高等法院查明(在[14])下列案件中司法利益明确要求披露:

……不仅因为除此以外当事人将被剥夺作出相较而言有力的主张的权利,也因为在法院目前不考虑那些主张的细节和实体时,其面前的这些材料至少在表面上构成了非法行为、非法操作,对于已经发生的案件,法院不应允许仲裁材料的保密性在任何意义上扼杀将一种或另一种错误做法公之于众的可能。

高等法院因此命令披露仲裁中的书面诉状和答辩状、所有仲裁中的开示、书面陈述、专家报告、律师间通信、与仲裁庭的通信、庭审记录、书面开庭陈述和最后陈述、仲裁裁决及理由。高等法院援引了 *Department of Economic Policy and Development of the City of Moscow v. Bankers Trust Co* [2005] QB 207,并认为法院判决本身应当是公开的,因为其中没有将要披露的保密信息。

② *London & Leeds Estates Ltd. v. Paribas Ltd.* (*No.* 2) [1995] 1 EGLR 102.

述,[①]Mance LJ 认为,当证人被证明在为不同方服务时表达了实质上不同的意思时,这一因素应该呈堂,以保护诉讼主体个体利益和公共利益。因此,Mance LJ 认为先前两个仲裁中当事人对专家估价人当时所提供证据的保密要求应让位于程序公正的利益。

51. 在此需要探讨这样一个问题:司法利益构成一项自成一体的例外,抑或只是更广的公共利益的一部分。英格兰法院似乎在这个问题上发生了意见的分歧。公共利益例外在 *London & Leeds* 案[②]中由 Mance LJ 明确承认,也在 *Emmott* 案[③]中由 Thomas LJ 承认。然而,在 *Ali Shipping* 案中,Potter LJ 倾向于使用"司法利益"——他认为这个概念比"公共利益"例外的范围更窄。[④] 类似地,Collins LJ 在 *Emmott* 案中明确承认了司法利益例外,同时只是试探性地承认了公共利益例外。[⑤]

52. 如合法利益例外一样,对公共利益例外似乎也有一个合理必要性的要求,即受保密义务约束的仲裁文件之披露不得超过在合理必要的情况下为公共利益目的需要的披露。[⑥]

---

① *London & Leeds Estates Ltd. v. Paribas Ltd.* (*No.* 2) [1995] 1 EGLR 102.

② *London & Leeds Estates Ltd. v. Paribas Ltd.* (*No.* 2) [1995] 1 EGLR 102 at 109.

③ *John Forster Emmott v. Michael Wilson & Partners Ltd.* [2008] EWCA Civ 184 at [130].

④ *Ali Shipping Corp v. Shipyard Trogir* [1999] 1 WLR 314 at 327 and 328. 参见 *Westwood Shipping Lines Inc v. Universal Schiffahrtsgesellschaft mbH* [2012] EWHC 3837 案中,高等法院查明"司法的利益"的披露要求使"一种或另一种错误行为"得以公开。

⑤ *John Forster Emmott v. Michael Wilson & Partners Ltd.* [2008] EWCA Civ 184 at [107].

⑥ *Pharaon v. Bank of Credit and Commerce International SA* [1998] 4 All ER 455, *per* Rattee J.

H. 存在披露义务

53. 公司负有向其众多股东的披露义务,按一般理论,这些股东为仲裁的局外人,但的确对仲裁的过程和结果具有合法利益。这样的股东包括:

(a)股东;

(b)债券持有人;

(c)信托公司受益人;

(d)仲裁当事人隶属的证券交易所或专业机构;

(e)合资伙伴或最诚实(*uberrimae fidei*)原则项下的主体;

(f)开展尽职调查的潜在股权收购者;以及

(g)覆盖仲裁事项的赔偿政策的承保人。

54. 类似地,保险公司和再保险公司可能互负披露义务。合同中负担背靠背义务的当事人也可能受披露义务约束。

I. 日常情形

55. 虽然主流意见很少讨论最经常成为保密义务例外的日常情形,但是我们还是可以想象出很多这样的日常情形。其中的一些例子包括:

(a)与家庭成员(发誓保密之后)讨论仲裁;

(b)为利益冲突检索而与同一律所的律师讨论仲裁;

(c)与潜在的仲裁员讨论仲裁;以及

(d)在签证申请中向移民办公室披露仲裁的详情。

J. 向专业人员或其他顾问以及辅助仲裁进行的人员披露

56. 披露是向专业人员或其他顾问以及辅助仲裁进行的人员作出的,应当视为保密义务的正当例外。向没有参与仲裁的律师的任何披露不应成为问题，因为律师在任何案件中均具有法律专业保密特权。向辅助仲裁进行的人员的披露也应成为保密义务的例外。这些人员包括：

(a)潜在的事实证人和专家证人；

(b)私家侦探；

(c)关联公司的管理人员或法务；

(d)从事该仲裁相关工作的人的秘书和个人助理，其中包括不是仲裁当事人的雇员的情况(如来自关联或附属公司)；以及

(e)独立的商务服务提供者(誊写员、翻译员、摄影师、酒店商务中心、快递员)。

Ⅷ. 起草之困境

57. 保密义务显然有许多例外，其中某些已经得到了法院的明确承认。在 *AEGIS* 案中，枢密院对 *Ali Shipping* 案中 Potter LJ 将保密义务归为默示条款的方式以及随之对创设这一义务的例外的保留，[①]清晰地显现了起草仲裁中关于保密形式的恰当国家立法或仲裁规则的困难所在。在发表枢密院针对 *AEGIS* 案的意见时，Hobhouse 勋爵恰当地指出，在对保密义务例外的构建过程中面临着一种风险，就是无法区分由不同类型文件产生的保密义务类型，或通过不同途径产生的文件的保密类型，也侵蚀了私密性和保密性。[②]

58. 英格兰《1996 年仲裁法》的起草者非常清楚保密义务的众多例外和条件，以及由此导致的起草仲裁保密性规定时所遇到的

① *Ali Shipping Corp v. Shipyard Trogir* [1999] 1 WLR 314 at 326 and 327.

② *Associated Electric and Gas Insurance Services Ltd.* (*AEGIS*) *v. European Reinsurance Co. of Zurich* [2003] 1 WLR 1041 at 1050.

困难。英格兰部级咨询委员会在 1996 年 2 月关于起草英格兰仲裁法案的报告(DAC 报告)中认为,作为一个法律领域,仲裁私密性和保密性交由普通法不断发展更为妥当。DAC 报告指出:①

> 考虑到这些例外和条件,制定成文法原则将产生对英格兰仲裁实践的新阻碍,同时,尤其是将英格兰诉讼也带入了这个问题。部级咨询委员会坚定地认为起草相关规定远不足以解决问题,而将制造新的问题。实际上,即便可接受的实定法指引能够构建出来,维护并执行对不合规行为的处罚也会很困难。

59. 新西兰法律委员会也就新西兰《1996 年仲裁法》的原第 14 条②之不足及该节在应对保密义务众多例外时的不济发表了相似的观点。③ J Bruce Robertson J 牵头撰写了新西兰法律委员会关于新西兰仲裁法修改的报告(《Robertson 报告》),《Robertson 报告》对新西兰《1996 年仲裁法》原第 14 条提出了如下的观点:④

---

① Departmental Advisory Committee on Arbitration Law, *Report on the Arbitration Bill* (February 1996) at para 17.

② 新西兰《1996 年仲裁法》(1996 No. 99)原第 14 条规定如下:

14. 禁止披露与仲裁程序和仲裁裁决有关的信息

(1)除非本条第(2)款的情形,仲裁协议除当事人另有约定,应视为约定当事人不得发表、披露或交流任何与仲裁协议项下的仲裁程序有关的信息或这些程序中产生的仲裁裁决。

(2)下列情形中的发表、披露或交流第(1)款中所指信息不在第(1)款的禁止之列:

(a)如果该信息的发表、披露或交流由本法载明;或者

(b)该等信息交由专业人员或当事人任意一方的顾问。

③ New Zealand Law Commission, *Improving the Arbitration Act* 1996 (Report 83, February 2003).

④ New Zealand Law Commission, *Improving the Arbitration Act* 1996 (Report 83, February 2003) at para 5.

然而，第14条可以说具有如下缺陷：首先，默示条款所指的例外似乎不足以涵盖许多可能有必要进行披露的日常情形。例如，在英格兰，未在第14条中规定的例外情形却得到了普通法规则的承认。其次，没有实定法的默示条款可以涵盖所有可能出现的例外情形；这些例外情形需要以个案为基础进行确定。

Ⅸ. 国家(地区)立法是如何处理保密义务的?

A.《联合国国际贸易法委员会国际商事仲裁示范法》及仲裁规则

60.《联合国国际贸易法委员会国际商事仲裁示范法》[①](以下简称《示范法》)没有关于保密性的任何规定。[②] 类似地，联合国

---

① UN Doc. A/40/17; UN Doc. A/61/17, Annex I (21 June 1985; amended 7 July 2006).

② See Peter Binder, *International Commercial Arbitration and Conciliation in UNCITRAL Model Law Jurisdictions*(Sweet & Maxwell, 2nd Ed,2005) at para 11 - 005:

澳大利亚高级法院审理的 *Esso v. Plowman* 案引发了关于仲裁程序中的保密性要求是否得到充分保护的国际讨论。关于这个问题唯一可以参照的国际文本就是联合国国际贸易法委员会仲裁规则;《示范法》没有处理这个问题,也只有少数国家法对程序的保密性作出了规定。国际商事仲裁的当事人"越来越忧虑保密性方面规则的缺失",对于这些问题的进一步研究很有意义。然而,即便秘书处倡议一个示范法形式的解决方案,代表们——虽然认为贸法会是处理这个议题的合适机构——很难"在程度上达成除'仲裁具有保密性,除非法律要求披露'的共识"。相应地,这一主题起初被贸法会排在优先级比较靠后的位置,而工作组后来对此却表达了更多的兴趣。

See also UNCITRAL, *Report of the United Nations Commission on International Trade Law on the Work of Its Thirty - second Session* (UN Doc. A/54/17) (Vienna, 17 May - 4 June 1999) at para 359:

将"保密性"议题作为首要任务之一的做法得到了一些支持。为支持这种观点,有认为仲裁程序中当事人越来越关注保密性方面的规则缺失。研究此越来越困难和麻烦的问题似乎是有用的。另一种观点认为,虽然该议题值得研究,但因为缺乏可行的解决方案,它不是委员会应该给予高优先度的议题。对于一些人来说,取

国际贸易法委员会仲裁规则,除了关于仲裁裁决(只有双方当事人同意的情况下,裁决才能公开),也没有其他关于保密性的规定。①

61.《联合国国际贸易法委员会关于组织仲裁程序的说明》规定了如下几点:②

(a)就仲裁参与者须遵守的案件相关信息的保密性义务的程度,在国家立法中尚无统一的答案;

(b)如果当事人约定的仲裁规则或其他条款中没有明确处理保密性问题,那么他们就不能假设所有法域均会承认默示保密性的承诺;

(c)仲裁参与者可能在对预期的保密性程度上有着不同的理解。

B. 香港特别行政区

62. 目前,《香港仲裁条例》的第2D条允许当事人就仲裁事项申请非公开庭审程序。③《香港仲裁条例》的第2E节限制了对非

得实质性突破的可能性很小,可能的结果无非就是"仲裁是保密的,除非法律要求披露"式的规则。主流观点是,该议题很吸引人,但不是高优先度的议题。

See also Report of the Working Group on Arbitration on the Work of Its Thirty - second Session (UN Doc. A/CN. 9/468) (Vienna, 20 - 31 March 2000) at para. 112,工作组表达了对"有关仲裁和调解的保密性责任"的兴趣。

① United Nations Commission on International Trade Law Arbitration Rules, GA Res 65/22, UN GAOR 65th Sess (2010) Art 32 (5).

② United Nations Commission on International Trade Law Notes for Organizing Arbitral Proceedings at para 31.

③ 《香港仲裁条例》(Cap 341)第2D条规定,根据本条例在法庭或上诉法庭庭审的法律程序,须根据该法律程序的任何一方的申请,以非公开庭审方式进行庭审。《香港仲裁条例》(Cap 609)于2011年6月1日生效,取代了原仲裁条例(Cap 341)。原条例的第2D条也被新法的第16条替代,后者规定如下:

(1)除了本节第(2)款规定的情形外,根据本条例的法庭程序应为非公开程序;

(2)法院在下列情况下可下令进行公开审理程序:

(a)任何一方当事人申请;或者

(b)在特定案件中,法院认为应当进行公开审理。

(3)法院依据本节第(2)款作出的决定不可上诉。

公开庭审程序的报告。①

63. 2007年《香港仲裁条例草案》偏离了当时的第2D条和第

① 《香港仲裁条例》(Cap 341)的第2E条规定如下:

2E. 对非公开程序进行报道的限制:

(1)本节适用于根据本条例在法庭或上诉法庭的非公开庭审程序。

(2)进行仲裁程序的法庭应根据仲裁任何一方的申请发出关于何种与仲裁程序有关的信息(如果有的话)可以披露的指令。

(3)除非以下情况,法庭不能根据上述第(2)款规定发出准许披露的指令:

(a)仲裁各方当事人同意该等信息可以披露;

(b)法庭认为,该等资料如果根据法庭指令披露,不会同时公开一方仲裁当事人的身份或其他任何该当事人合理要求保密的事项。

(4)除了上述第(3)款的规定,如果法庭就根据本条规定进行的仲裁程序做出判决,并认为该等判决具有重要的法律意义,应指令将对该等判决的报告刊登于法律报告和专业出版物,但如一方仲裁当事人要求将某些事项保密,法庭应当:

(a)就报告中有关事宜进行保密的措施发出指令;

(b)如法庭认为根据上述(a)项得以公开的报告有可能泄露有关保密的事项,发出命令禁止该等报道的公开,直至不超过10年的期限届满。

上述第2E条已经被《香港仲裁条例》(Cap 609)的第17条取代,后者规定:

(1)本节适用于根据本条例在法庭的非公开庭审程序(封闭法庭程序)。

(2)进行仲裁程序的法庭应根据仲裁任何一方的申请发出关于何种与仲裁程序有关的信息(如果有的话)可以披露的指令。

(3)除非以下情况,法庭不能发出指令允许信息披露:

(a)仲裁各方当事人同意该等信息可以披露;或者

(b)法庭认为,该等资料如果根据法庭指令披露,不会同时公开任何一方当事人合理要求保密的事项(包括当事人的身份)。

(4)即便第(3)款的存在,如果:

(a)法庭作出了一个涉及封闭法庭程序中的判决;而且

(b)法庭认为该等判决具有重要的法律意义,法庭必须发出该等判决报道可以刊登于法律报告和专业出版物的指令。

(5)如果法庭根据第(4)款指令判决报告可以披露,但是当事人任意一方合理要求对这些报告中的事项(包括该当事人是仲裁一方当事人的事实)进行保密处理,当事人提出申请时,法庭必须:

(a)就报道中有关事宜进行保密的措施发出指令;以及

(b)如法庭认为根据上述(a)项得以公开的报道仍有可能泄露有关保密的事项,发出命令禁止该等报道的公开,直至不超过10年的期限届满。

(6)法院依据本条作出的指令不可上诉。

2E 条,因为现在的基本假设是关于仲裁的法院程序应当是公开的。[①] 除了这一重大修订外,草案分别在第 16(2)条、第 17(1)条至第 17(4)条中保留了原第 2D 条、第 2E 条的表述。第 17(5)条和第 17(6)条允许发表经过法院认为适当地处理的判决,并规定法院可以指示在不超过 10 年的限期内不得发表报告。[②]《香港仲

① 律政司《香港仲裁法改革及仲裁条例草案拟稿咨询文件》(2007 年 12 月)第 16(1)条规定如下:"除第(2)款另有规定外,在法院进行的本条例所指的法律程序,须在公开法庭进行聆讯。"根据《香港仲裁条例》(Cap 609)第 16(1)条的规定,程序非公开的原则得以保留。

② 律政司《香港仲裁法改革及仲裁条例草案拟稿咨询文件》(2007 年 12 月)第 17(5)条、第 17(6)条没有保留在《香港仲裁条例》(Cap 609)的第 2E 条中,这两款规定如下:

(5)凡法院根据第(4)款指示,判决的报告可予发表,但任何一方合理地希望隐藏该等报告中的任何事宜(包括他是上述一方的事实),法院应当:

(a)法院须就采取何种行动以隐藏该事宜,作出指示;及

(b)如法院认为,根据(a)段作出的指示而发表的报告,依然可能会透露该事宜,则法院须指示在一段由法院指示的不超过 10 年的限期内,不得发表报告。

(6)本条所指的法院指示,不容上诉。

《香港仲裁条例》(Cap 609)第 17 条限制了非公开程序("封闭法庭程序")的报道。第 17(5)条、第 17(6)条规定如下:

(5)如法庭依据第(4)款指示,判决的报告可予发表,但任何一方合理地希望隐藏该等报告中的任何事宜(包括他是该方的事实),则法庭须应该方的申请:

(a)就采取何种行动以隐藏该等报告中的该项事宜,作出指示;以及

(b)[如法院认为,依据(a)段做出的指示而发表的报告,依然可能会透露该项事宜]指示在某段限期内不得发表该报告,限期由法院指示,但不得超过 10 年。

(6)任何人不得针对本条所指的法院指示提出上诉。

裁条例草案》的第 18 条[①]采纳了新西兰《1996 年仲裁法》的原第 14 条(尽管《Robertson 报告》对此提出了批评),同时加入了第 18(2)(b)条来涵盖依据该法的其他规定,当事人有义务进行公开、披露或交流的情况。第 18(2)(a)条允许在“本条例规定的”特定情形下披露与仲裁程序和仲裁裁决有关的信息,这些情形包括:

(a)一方当事人申请进行非公开的庭审程序(第 16 条);

(b)非公开的庭审程序报道的限制(第 17 条);

(c)对仲裁员提出的异议(第 26 条);

(d)法庭颁布的临时措施(第 46 条);

(e)法庭关于仲裁程序的特殊权力(第 61 条);

(f)仲裁庭命令或指令的执行(第 62 条);

(g)仲裁程序的费用(仲裁庭的收费及开支除外)的评定(第

---

① 律政司《香港仲裁法改革及仲裁条例草案拟稿咨询文件》(2007 年 12 月)第 18 条规定如下:

18. 禁止披露关乎仲裁程序及裁决的数据:

(1)除非各方另有协议,否则任何一方不得发表、披露或传达:

(a)任何关乎仲裁协议所指的仲裁程序的资料;或

(b)任何关乎在该程序中作出的裁决的资料。

(2)如有以下情况,第(1)款并不禁止任何一方作出该款所提述的发表、披露或传达:

(a)该项发表、披露或传达,是本条例所预期的;

(b)该项发表、披露或传达,是向任何政府团体、规管团体、法院或审裁处作出的,而在法律上,有关一方是有责任作出该项发表、披露或传达的;或

(c)该项发表、披露或传达,是向任何一方的专业顾问或任何其他顾问作出的。

《香港仲裁条例草案》的第 18(2)(a)条最终没有被采纳。取而代之的是,《香港仲裁条例》(Cap 609)第 18(2)(a)条规定如下:

如有以下情况,第(1)款并不禁止任何一方作出该款所提述的资料发表、披露或传达:

(a)当该项发表、披露或传达是:

(i)为保障或体现有关一方的法律权利或利益;或者

(ii)为强制执行或质疑该款所提述的裁决,而在香港或香港以外地方的法院或其他司法当局的法律程序中作出的。

同时还增加了第 18(2)(b)条用于规定当事人根据其他法律规定,有义务向任何政府团体、规管团体、法院或审裁处进行相关信息的发表、披露或交流。

76 条);

(h)仲裁裁决的撤销申请(第 82 条);

(i)仲裁裁决的执行(第 85 条、第 86 条);

(j)公约裁决的执行(第 88 条、第 89 条);公约裁决的拒绝执行(第 90 条);

(k)仲裁的合并处理(附录 3,第 2 条);

(l)原讼法庭对初步法律问题的裁定(附录 3,第 3 条);

(m)以严重不当事件为由对仲裁裁决的挑战(附录 3,第 4 条);

(n)就法律问题对仲裁裁决提出上诉(附录 3,第 5 条);以及

(o)就法律问题对仲裁裁决提出上诉之许可的申请(附录 3,第 6 条)。

64. 现行的《香港仲裁条例》,以及《仲裁法案》的草案,均没有法院采取指令闭门审理的标准的任何指南。[①]

C. 新西兰

65. 如前面所讨论的,新西兰《1996 年仲裁法》的原第 14 条遭到了 2003 年 2 月《Robertson 报告》的批评,主要的批评意见如下:

(a)默示条款例外的范围过窄,不足以处理很多有必要进行披露的日常情形;

(b)任何实定法默示条款都无法穷尽列举所有可能的例外情形,这些例外需要依据个案决定;

(c)原第 14 条没有处理由仲裁生发出的后续在法院挑战或

---

① 新西兰《1996 年仲裁法》(1996 No. 99)(2007 年 10 月 18 日生效)第 14F(2)条规定法庭可以指令进行不公开庭审:

……只有当法庭确信以下条件,即进行公开审理程序的公共利益让位于(部分或全部)进行非公开审理程序的当事人利益。

执行之程序语境下的司法公开概念。①

66. 就上述对新西兰《1996 年仲裁法》原第 14 条的批判，新西兰法律委员会的建议作了如下回应：

（a）庭审应当采取非公开形式；

（b）除下述（c）（d）外，仲裁庭和仲裁协议当事人不得披露诉状、证据、开示的文件或者仲裁裁决；

（c）进行披露的要求是迫于法院命令或者传票，或者向专业人员或者任何当事人的顾问进行披露；

（d）仲裁当事人可以申请仲裁庭命令允许披露信息，否则信息受到默示条款的保护，这样的命令仅在下述情况下作出：

（i）仲裁庭收到当事人申请后，且

（ii）仲裁庭确信：

（A）该命令对于申请披露的当事人在法律、合同或监管要求的合规方面是必要的，并且

（B）即便没有争议发生或争议通过仲裁之外的非公开方式（如协商或调解）解决，相关信息也需要披露；

（e）如果仲裁庭的授权已经过期，（d）中所指的申请将向高等法院作出（将采取与仲裁庭一致的标准）；

（f）如果仲裁庭驳回了申请，那么接下来将自动产生向高等法院上诉的权利。如果一审阶段向高等法院作出了申请，则不能再上诉。

67. 因此，新西兰《1996 年仲裁法》（2007 年 10 月 18 日生效）的第 14A 条到第 14I 条处理了上述新西兰法律委员会针对《Robertson 报告》的建议。这些条款规定如下：

14A 仲裁程序必须是私密的

---

① See *Television New Zealand v. Langley Productions* [2000] NZLR 250.

仲裁庭必须以私密形式进行仲裁程序。

14B 仲裁协议被视为禁止披露的保密信息

（1）适用本条规定的仲裁协议将被视为规定了当事人及仲裁庭不得披露保密信息。

（2）本条第（1）款不影响第14C条之规定。

14C 对第14B节中保密信息禁止披露的例外

当事人或仲裁庭可以在下列情形中披露保密信息：

（a）向专业人员或当事人顾问披露；或者

（b）如果下述两项事项同时满足：

（i）披露在以下情形中是必要的：

（A）为保证《示范法》[①]附录1第18条中规定的当事人有充分陈述其案件的权利；

（B）为证成或保护当事人与第三方有关的合法权利；或者

（C）为作出或实施根据本法的规定向法院的申请；以及

（ii）披露不超过服务于以上（i）（A）到（C）目的的合理要求；或者

（c）如果披露是依据法院作出的命令或颁发的传票；或者

（d）下述两项事由适用：

（i）该披露由（除本法外的）法律授权或要求，或由有权监管主体（包括新西兰交易所）要求；以及

（ii）作出披露行为的当事人或仲裁庭，向另一方当事人和仲裁庭或者双方当事人提供书面的披露详情（包括披露原因的解释）；或者

---

① 新西兰《1996年仲裁法》（1996 No. 99）附录1第18条关于当事人平等对待的规定与《示范法》（UN Doc. A/40/17, annex I; UN Doc. A/61/17, annex I）（1985年6月21日制定，2006年7月7日修订）第18条的规定相同，其规定："当事人应当受到平等待遇，并应当被给予充分的机会陈述其案情。"

(e)如果披露依据的命令在以下情况下作出:

(i)仲裁庭依据第14D条;或者

(ii)高等法院依据第14E条。

14D 仲裁庭可以在特定情形下允许保密信息的披露

(1)本条适用,如果:

(a)仲裁程序中出现是否应当披露保密信息的问题,第14C条(a)到(d)项中授权披露的除外;且

(b)至少一方当事人同意将问题提交案涉仲裁庭。

(2)仲裁庭在给各方当事人陈述的机会后,可以同意或拒绝作出允许所有或一方当事人披露保密信息的命令。

14E 如果仲裁程序终止或当事人提出关于保密性的上诉,高等法院可以允许或禁止保密信息的披露

(1)高等法院可以作出允许当事人披露保密信息的命令:

(a)因该当事人申请,且该申请只能根据仲裁庭的授权依据附录1第32条(程序的终止)而终止;或者

(b)因该当事人上诉,且在依据第14D(2)条作出的允许当事人披露保密信息的命令遭到仲裁庭拒绝之后。

(2)高等法院只有在下列情形中才能作出第(1)款中的命令:

(a)法院确信在特定案件的情形之下,保护仲裁程序保密性的公共利益应让位于披露保密信息的公共利益上的其他考虑因素;以及

(b)披露不超过服务于(a)中其他考虑因素的合理要求。

(3)高等法院可以向一方(A方)发出命令禁止其披露保密信息,在另一方(B方)对于A方已经基于第14D(2)条获得披露指令的情况进行上诉时。

(4)高等法院只有在给予双方当事人陈述机会的情况下,才能依本条作出命令。

(5)高等法院可依本条作出下述类型的命令:

(a)无附加条件;或者

(b)受法院认为合适的条件限制。

(6)为免疑义,高等法院可以依(5)(b)添加条件,包括命令在上诉程序的特定阶段失效的条件。

(7)高等法院依本条所作决定是终局的。

14F 在本法下进行的法庭程序应公开进行,以下特定情形除外

(1)法庭依本法的程序必须以公开方式进行,除非法庭作出命令要求全部或部分程序以非公开方式进行。

(2)法庭在下述情况下可作出(1)中命令:

(a)在程序中任何当事人的申请下;以及

(b)只有当法院确信公开程序的公共利益应让位于当事人在程序全部或部分以非公开方式进行时的利益。

(3)如果依(1)的命令申请已作出,该申请作出的事实,以及申请的内容,直到对申请作出了决定才能公开。

(4)在本条以及第14G条到第14I条中,法庭:

(a)是指任何对案涉事项有管辖权的法院;以及

(b)包括高等法院和上诉法院;但

(c)不包括仲裁庭。

程序包括依本法向法院提出的任何事项(例如,执行仲裁裁决的申请)。

14G 申请人必须陈述法庭程序以非公开方式进行的命令的性质以及寻求该命令的理由

依第14F节申请命令的申请人必须在申请中陈述:

(a)申请人是寻求程序全部还是部分以非公开方式进行;以及

(b)作出该申请的理由。

14H 法庭在作出法庭程序以非公开方式进行的命令时必须考虑的事项

在决定依第 14F 条就相应申请作出命令时,法庭必须考虑下述所有的事项:

(a)司法公开原则;以及

(b)仲裁程序的私密性和保密性;以及

(c)任何其他公共利益上的考虑因素;以及

(d)程序中当事人之间任何仲裁协议的条款;以及

(e)申请人依第 14G(b)条陈述的理由。

14I 法庭程序以非公开方式进行的命令效力

(1)如果依第 14F 条的命令得以作出:

(a)任何人都不得在法庭的任何办公室搜寻、调查或复制任何与命令作出的程序相关的文档或文档中的文件;以及

(b)法庭在就程序作出的决定中不得包括任何可能识别出程序中当事人身份的细节。

(2)命令在规定期限内或者法庭依当事人进一步就程序的申请中撤销该命令前(两者中以较早的时间为准)有效。

D. 新加坡

68.《新加坡国际仲裁法》(IAA)第 22 条[1]允许当事人申请与

---

[1] 《新加坡国际仲裁法》(Cap 143A, 2002 Rev. Ed)第 22 条规定:"依本法在法院开庭审理的程序,如经程序当事人任何一方申请,须进行不公开庭审。"

仲裁相关的法庭程序以非公开方式进行。IAA 第 23 条[①]限制了非公开法庭程序的报告。新加坡在 IAA 第 22 条和第 23 条中的立场与现行的《香港仲裁条例》[②]第 16 条和第 17 条或多或少存在相似之处。

69. 新加坡尚未解决的一个问题是，如果没有申请非公开方式进行的命令，是否意味着对保密性的弃权，以至于所有法庭程序可以被报道且当事人得以从所有的保密义务中解脱。有一些仲裁案件的庭审报告没有公开当事人的名字，[③]而另一些案件报告指出了当事人的名字。[④] 上述两种案件的保密性规则是否不同？

70. 澳大利亚、瑞典、美国这 3 个重要国家并不认可保密性是仲裁的法定附属权利，除非当事人明确进行了约定。

E. 澳大利亚

71. 澳大利亚没有关于保密性的国家立法，在 *Esso Australia*

---

① 《新加坡国际仲裁法》(Cap 143A, 2002 Rev. Ed)第 23 条规定：

(1)本条适用于根据本法在法院进行的不公开庭审程序。

(2)在开庭审理适用本条的法律程序时，如经程序当事任何一方申请，法院应就该程序的有关资料是否可以公开、哪些资料可予发表（如果可以公开的话）等问题作出指示。

(3)只有在下列情况下，法院才能根据第(2)款作出有关资料准予发表的指示：

(a)法律程序的当事各方均同意发表该资料；或者

(b)法院确信，如按其指示发表资料，不会泄露法律程序的当事任何一方所合理要求保密的事项，包括程序当事任何一方的身份。

(4)虽有第(3)款规定，凡法院就适用本法的法律程序作出判决时，如认为该判决具有重要的法律意义，则法院应指示其判决报告可在判例汇编或专业刊物上发表；但如法律程序的当事任何一方合理地要求隐匿任何事项，包括隐匿其作为程序当事一方的事实，则：

(a)法院应就在上述报告中如何隐匿事实的方式作出指示；以及

(b)法院如认为依(a)项指示发表的报告很可能会泄露该事项，则应指示在其认为合适但不超过 10 年的期限内不得发表该报告。

② Cap 609.

③ See, eg, *VV v. VW* [2008] 2 SLR (R) 929.

④ See, eg, *International Coal Pte Ltd. v. Kristle Trading Ltd.* [2009] 1 SLR (R) 945.

案[①]中,澳大利亚高等法院明确了不存在关于保密性的一般规则,但是在仲裁的庭审中有私密性的规则。[②] 然而,仲裁的私密性仅被认为是仲裁协议中处理的事项的伴生物,而非仲裁协议本身的默示条款。[③]

F. 瑞典

72. 在 *Bulgarian Foreign Trade Bank Ltd. v. Al Trade Finance Inc* 案[④]中,瑞典最高法院认为,在私人性质的仲裁中不存在默示的保密义务。相应地,瑞典法中只有两种确保仲裁程序保密性的方式:(a)明确在合同中约定保密;或者(b)适用明确规定了保密性的仲裁规则。

G. 美国

73. 类似地,美国也不承认保密性为一项一般规则。[⑤]

---

① *Esso Australia Resources Ltd. v. Plowman* (*Minister of Energy and Minerals*) [1995] 128 ALR 391.

② 《1974 年澳大利亚国际仲裁法》(Act 136 of 1974)已经修改,仲裁程序中的当事人现在可以约定采取该法第 23C 条到第 23G 条关于保密性的机制。

③ *Esso Australia Resources Ltd. v. Plowman* (*Minister for Energy and Minerals*) [1995] 128 ALR 391 at 401.

④ Case T-1881-99,《瑞典仲裁法》(SFS 1999:116)于 1999 年生效,取代了没有任何关于保密性规定的 1929 年仲裁法。

⑤ *United States v. Panhandle Eastern Corp* 118 FRD 346 (D Del, 1988). See also *Contship Container-lines, Ltd. v. PPG Industries, Inc* 2003 US Dist LEXIS 6857. Cf Derrick Walker v. Craig Kirin Gore 2008 US Dist LEXIS 84297. 该案中法院认为,由于当事人已经在他们之间的协议(其中包含要求保密性的条款)保密的基础上同意仲裁,当事人之间关于违约和侵权的法院文件将在法院决定将案件移交仲裁之前处于密封状态。《联邦仲裁法》(9 USC § § 1-16)没有关于仲裁程序或当事人交换的文件信息的保密性规定。在 *Trustmark Insurance Co. v. John Hancock Life Insurance Co* No. 09 C 3959, 2010 US Dist LEXIS 4698 (ND Ⅲ, 21 Jan. 2010)中,法院支持了一份要求所有"仲裁信息"如通信、口头讨论和其他程序中交换的信息保密至程序结束的协议。然而,在没有这样的约定的情况下,当事人不能期待仲裁程序中交换的文件将得到保护。

H. 迪拜国际金融中心

74.《迪拜国际金融中心(DIFC)仲裁法》(以下简称《DIFC 仲裁法》)[①]的第 14 条没有规定仲裁保密义务的例外,也没有规定除 DIFC 法院命令外的其他例外。因此留待 DIFC 法院解释法院命令这一概括性的例外。法院将根据每个案件的具体情况和实质依据决定是否出具第 14 条项下的准许,这样做将有利于案例法逐渐累积建立起保密性例外的法理依据,而非仅依赖既有先例。

X. 机构规则是如何对待保密性的?

75. 在 2005 年发表的一篇文章中,[②]第一作者提出,普通法对保密性的争论并没有看上去那么重要,因为在实践中大部分仲裁是在仲裁机构进行的,而大部分仲裁机构对保密性有所保护。第一作者统计了 14 家仲裁机构对保密性保护的程度(见表 1),并强调了保密性的 6 个方面:

(a)规则是否规定一般保密性;

(b)规则是否规定不得披露仲裁的存在;

(c)规则是否规定将保密性的范围扩及仲裁程序中使用或产生的文件;

(d)仲裁庭是否受到保密性的约束;

---

① 《DIFC 仲裁法》(DIFC Law No1 of 2008)第 14 条规定如下:

除非当事人另有约定,所有与仲裁程序有关的信息应当保密,除非 DIFC 法院要求披露该等信息。

② Michael Hwang & Lee May Ling,"*Confidentiality in Arbitration*: *The Criteria Adopted by Institutions*",(2005)2 Singapere Institute of Arbitrators Newsletter 3 – 7 No. 2. 2005.

(e)证人是否收到保密性的约束；及

(f)保密性是否扩及仲裁裁决。

表1　14家仲裁机构对保密性保护的程度

仲裁机构	一般保密性	仲裁的存在	仲裁程序中使用或产生的文件	仲裁员	证人	仲裁裁决
伦敦国际仲裁院(LCIA)(1998年)	√		√	√		√
国际商会(ICC)(2012年)	?（依任何当事人请求）	?（依任何当事人请求）	?（依任何当事人请求）	?（依任何当事人请求）	?（依任何当事人请求）	?（依任何当事人请求）
联合国国际贸易法委员会(UNCITRAL)(2010年修订)						√
国际投资争端解决中心(ICSID)(2006年)				√		√
瑞士(SWISS)(2012年)	√		√	√		√
美国仲裁协会(AAA)(2009年)	√	?（所有与仲裁或裁决有关的事项）	?（所有与仲裁或裁决有关的事项）	√		√
新加坡国际仲裁中心(SIAC)(2013年)	√	√	√	√		√

续表

仲裁机构	一般保密性	仲裁的存在	仲裁程序中使用或产生的文件	仲裁员	证人	仲裁裁决
吉隆坡区域仲裁中心(KLRCA)(2012 年)	√	?(所有与仲裁程序有关的事项)	?(所有与仲裁程序有关的事项)	√		√
印度尼西亚国家仲裁委员会(BANI)	√		√	√		√
中国国际经济贸易仲裁委员会(CIETAC)(2012 年)	√	?(任何与案件有关的实体或程序事项)	?(任何与案件有关的实体或程序事项)	√	√	
日本商事仲裁协会(JCAA)(2008 年)	√		?(与仲裁案件有关的或者从仲裁案件中得到的事实)	√		
世界知识产权组织(WIPO)(2009 年)		√	√	√	√	√
香港国际仲裁中心(HKIAC)(2013 年)	√	?(任何与仲裁或仲裁裁决有关的信息)	?(任何与仲裁或仲裁裁决有关的信息)	√		√
澳大利亚国际商事仲裁中心(ACICA)(2011 年)	√	√	√	√	√	√

76. 表 1 为第一作者对 14 家机构截至 2013 年 4 月保密性保护的记分卡。

77. 根据表 1 的记分卡,大部分机构的规则涵盖了第一作者设定的保密性 6 个方面中的 3 ~ 4 项,实际上所有机构都在某种程度上承认了保密性。不出所料,作者 2005 年的第 1 次分析中,世界知识产权组织(WIPO)的规则[①]涵盖了6个方面中的5个,夺得冠军,这是因为其主要解决知识产权纠纷,而这些案件是非常注重保密性的。截至2013年4月记分卡中加入了澳大利亚国际商事仲裁中心,该中心成为唯一涵盖了保密性所有6个方面的机构。

A. 国际商会(ICC)

78. 让人意外的是《国际商会仲裁规则》(以下简称《ICC 仲裁规则》)中没有涉及保密性。1988年和1998年的规则的起草者都认为这个问题太难解决而没有述及。[②] 部分归因于同意例外的问题,部分原因是《ICC 仲裁规则》旨在用于多个国家,所以很难设计出与国内仲裁法不发生冲突的规则。还有一个原因是缺少可行的制裁。

79. 不过《ICC 仲裁规则》当中有一些条款述及隐私和保密性(程度非常有限)。《ICC 仲裁规则》第21条第3款规定仲裁应当不公开聆讯。仲裁庭也可以采取措施保护商业秘密和保密性信息。[③] 并且 ICC 国际仲裁院的内部规则规定不得披露仲裁程序。然而

---

① 世界知识产权组织仲裁规则(2002年10月1日生效)。

② 仲裁委员会决定不予修改《国际商会1998仲裁规则》(《ICC 1998规则》,1998年1月1日生效)以施加与ICC仲裁有关的保密义务,因为委员会认为保密性应是当事人约定的事项。See Jacob Grierson & Annet van Hooft, *Arbitrating under the 2012 ICC Rules* (Kluwer Law International, 2012) at p. 14 – 15. 这与《ICC 2012仲裁规则》(2012年1月1日生效)对第22条第3款的修改是一致的,该条规定:

……依当事人申请,仲裁庭可作出关于仲裁程序或者其他与仲裁有关事项的保密性的决定,并可采取保护商业秘密和保密信息的措施。

根据ICC国际仲裁院秘书长所言,"该规则采取了更为灵活和定制化的路径,留待当事人或仲裁庭根据案件的特定情形处理这个事项"。Jason Fry, Simon Greenberg & Francesca Mazza, *The Secretariat's Guide to ICC Arbitration* (ICC, 2012) at para 3 – 807. 这比《ICC 1998规则》的第20条第7款更为广泛,后者仅规定仲裁庭"可以采取保护商业秘密和保密信息的措施"。第22条第3款不适用于法庭和秘书处的保密义务。但是,附录2的第1条规定了法庭和秘书处应当对所有与仲裁有关的所获信息和文件保密。

③ 《ICC 仲裁规则》第20条第7款。

United States v. Panhandle Eastern Corp 案[①](*Panhandle* 案)提出,这些规则既无法约束仲裁当事人也无法约束仲裁庭,因此,在一个独立诉讼中 *Panhandle* 案的法官准许开示有关 ICC 仲裁案的文档。

尽管 ICC 没有关于保密性的明确规则,但在实践中 ICC 对保密性给予了极大的关注,并在委派仲裁员时提醒他们注意保密性。此外,ICC 出版物中会包括删减版的裁决描述,但当事人反对则会作罢。[②]

B. 国际投资争端解决中心(ICSID)

80.《国际投资争端解决中心(ICSID)公约》中没有承认保密性的表述,[③]但是《ICSID 规则》要求仲裁庭尊重保密性。[④] ICSID 必须尽快公布其裁决书法律理由部分的节录,由于是否发布裁决书全文取决于当事人之间的合意,[⑤]因此裁决书或不以全文的形式发布。[⑥] 秘书长则从促进国际投资法发展的角度,合理安排裁决书发布的方式。[⑦] 实践中 ICSID 仲裁案因涉及对抗政府的极大公共利益而广泛发布。[⑧]

C. 世界知识产权组织(WIPO)

81. 正如前面提到的,《WIPO 仲裁规则》明确规定了第一作者

---

① *United States v. Panhandle Eastern Corp* 118 FRD 346 (1988).

② 秘书处的惯常做法是在裁决已作出的案件结束的 3 年内不出版已处理过的裁决:Jason Fry, Simon Greenberg & Francesca Mazza, *The Secretariat's Guide to ICC Arbitration* (ICC, 2012) at para 3 – 1236。

③ 575 UNTSS 159.

④ 《ICSID 规则》第 6 条。

⑤ 另参见《国际投资争端解决中心(ICSID)公约》第 48 条第 5 款,该条要求仲裁的发表须得到当事人同意。

⑥ 《ICSID 规则》第 48 条第 4 款。

⑦ 《ICSID 行政和财务条例》第 22 条。

⑧ See, e. g. , < www. investmentclaims, com > for awards.

关于保密性的记分卡上列出6项中的5项。[①] 尽管没有规则明确规定保密性原则，但是考虑到《WIPO仲裁规则》已经涵盖了保密性的5个方面，[②]可以说，保密性作为一般原则支撑着整部仲裁规则。

D. 新加坡国际仲裁中心（SIAC）

82. 在新加坡，《SIAC规则》（2007年7月1日，第3版）第34条是对保密性叙述最为详细的机构规则，[③]但仍然谈不上完美。第34条仍因规定（实质上）第34.2条所列例外是穷举性的，并且

---

① 参见75段后的表格。

② 例如，参见《WIPO仲裁规则》第73条至第76条。

③ 《SIAC规则》（2007年，第3版）第34条规定如下：

"34. 保密

34.1 所有有关仲裁程序的事项以及裁决书，当事人和仲裁庭必须始终保密。

34.2 事先未征得全体当事人书面同意的，任何一方当事人或者仲裁员不得向第三方披露这些事项。但下列情形属于例外：

a. 依照仲裁适用法律，向任何国家的管辖法院提请诉讼时作披露；

b. 向任何国家法院申请执行或者异议裁决时作披露；

c. 根据管辖法院签发的命令或者证人传票令作披露；

d. 根据或者执行法律权利或者法律请求权，向当事人的法律顾问或者其他专业顾问作披露；

e. 遵守任何国家对当事人的强制披露的法律规定；

f. 遵从任何主管机关或者权力机构对当事人的披露要求或者规定。

34.3 本条中'有关仲裁程序的事项'指的是仲裁程序的存在、为仲裁目的而制作的仲裁文书、证据和其他材料以及在仲裁程序中另一方当事人提供的所有文件，或者在仲裁程序中作出的裁决，但其他任何属于公共领域的事项除外。"

在《SIAC规则》（2013年4月，第5版）第35条规定了保密规则。穷尽的例外列表已经在第35条第2款中得以修订。第35条第2款规定如下：

35.2 事先未征得全体当事人书面同意的，任何一方当事人或者仲裁员不得向第三方披露这些事项。但下列情形属于例外：

a. 向任何国家有管辖权的法院申请执行或者挑战裁决时；

b. 根据管辖法院签发的命令或者证人传票令作披露；

c. 为寻求或执行一项合法的权利或主张的目的；

d. 遵守任何国家对当事人的强制披露的法律规定；

e. 遵从任何主管机关或者权力机构对当事人的披露要求或者规定；

f. 依当事人已给予其他当事人适当通知的申请而由仲裁庭发出的命令。

35.3 本条中，"与程序有关的事项"指程序的存在、诉状、证据、仲裁程序中的其他材料以及所有其他程序中另一方当事人作出的文件或程序得出的裁决，但排除任何已在公共领域的事项。

未豁免仲裁庭或法庭的保密性义务而遭受批判。

E. 香港国际仲裁中心(HKIAC)

83. 香港国际仲裁中心《机构仲裁规则》适用于国际仲裁,自2008年9月1日生效。[①] 香港国际仲裁中心《机构仲裁规则》第39条[②]

---

① 经修订香港国际仲裁中心《机构仲裁规则》(2013年11月1日生效)将适用于生效日期(见第1条)之后订立协议的仲裁中。

② 香港国际仲裁中心《机构仲裁规则》第39条规定如下:

39.1 除非当事人有相反的明确书面约定,当事人有义务就仲裁程序的所有事项和文件保密,包括进行仲裁这一事实,以及所有尚未为公众所知的通信往来、书面陈述、证据、裁决和指令。但若当事一方依法律或监管法规有义务披露,或为保护或主张其合法权利而需要披露,或在为强制执行或质疑裁决而向司法机构提起的法律程序中需要披露,则可披露,但也仅限于此。此义务同样约束仲裁员、仲裁庭指定的专家、仲裁庭的秘书和仲裁中心秘书处及仲裁中心理事会。

39.2 仲裁庭的合议应保密。

39.3 裁决只有在下述情况下才能公开,无论是全文,还是节录或概要:

(a)向仲裁中心秘书处提出了公开裁决的要求;

(b)当事人名称全被隐去;以及

(c)当事人未在仲裁中心秘书处为此设定的期限内表示反对。若当事人反对,裁决不得公开。

经修订香港国际仲裁中心《机构仲裁规则》(预计2013年11月1日生效)关于保密的第40条规定如下:

40.1 除非当事人另有约定,任何当事人不得公布、披露或传送有关下述事项的任何信息:

(a)根据一个或多个仲裁协议进行的仲裁;或

(b)仲裁中作出的裁决。

40.2 第40.1款的规定同样约束仲裁庭、任何依附录4指定的紧急仲裁员、专家、证人、仲裁庭的秘书和香港国际仲裁中心。

40.3 第40.1款的规定不阻止当事人在下列情况下公布、披露或传送该款所述的信息:

(a)(i)保护或主张当事人的合法权利或利益;或

(ii)在法院或其他司法机构的法律程序中要求执行或质疑第40.1款所述的裁决;

(b)依法定义务向任何政府机关、监管机关、法院或仲裁庭公布、披露或传送信息;或

(c)向当事人的专业人士或其他顾问,包括确定的或潜在的证人或专家,公布、披露或传送信息。

40.4 仲裁庭的合议应保密。

40.5 裁决(无论是全文,还是节录或概要)只有在下述情况下才能公开:

(a)向香港国际仲裁中心提出了公开裁决的要求;

(b)当事人名称全被隐去;及

(c)当事人未在香港国际仲裁中心专门设定的期限内反对公开裁决。若有当事人反对,裁决不得公开。

明确规定了第一作者关于保密性的记分卡上 6 项中的 5 项，并且还规定了仲裁庭的合议是保密的。[①] 第 39 条下的保密性义务同样适用于仲裁庭指定的专家、仲裁庭秘书、仲裁中心秘书处和仲裁中心理事会。联合国国际贸易法委员会规则（UNCITRAL 规则）继续对临时国际仲裁进行管理。

84. 香港国际仲裁中心《本地仲裁规则》（1993 年版）第 26 条也规定了保密性，[②]但是香港国际仲裁中心在 1993 年《本地仲裁规则》的修订指南中评论该条追随了 Esso Australia 的立场。[③] 换言之，除去关于特定文档或文档种类的保密性，本条没有设定任何保密性义务。[④]

---

① 经修订香港国际仲裁中心《机构仲裁规则》（2013 年 11 月 1 日生效）关于保密的第 40 条规定不再规定将仲裁程序的存在保密。另外，明确涵盖用于或产生于仲裁程序的“与仲裁程序有关的文件”的指引被移除。相反，修订的规则仅指向与仲裁有关的“任何信息”。这一“任何信息”的更广指引将很可能包括程序的存在，以及通信、书面陈述和证据。

② 香港国际仲裁中心 1993 年《本地仲裁规则》，第 26 条规定如下：“未经全体仲裁当事人书面同意，任何人不得披露有关仲裁的任何信息。”香港国际仲裁中心 2012 年《本地仲裁规则》（2012 年 4 月 2 日生效）第 26 条规定如下：“根据条例的第 18 节规定以及这些规则的限制，除非得到每个仲裁当事人的书面同意，任何与仲裁有关的信息不得向任何人披露。”《香港仲裁条例》（Cap 609）第 18 条规定如下：

（1）除非各方另有协议，否则任何一方不得发表、披露或传达：

（a）任何关乎仲裁协议所指的仲裁程序的数据；或

（b）任何关乎在该仲裁程序中作出的裁决的数据。

（2）如有以下情况，第（1）款并不禁止任何一方作出该款所提述的资料发表、披露或传达：

（a）该项发表、披露或传达是：

（i）为保障或体现有关一方的法律权利或利益；或

（ii）为强制执行或质疑该款所提述的裁决，而在香港或香港以外地方的法院或其他司法当局的法律程序中作出的；

（b）该项发表、披露或传达，是向任何政府团体、规管团体、法院或审裁处作出的，而在法律上，有关一方是有责任作出该项发表、披露或传达的；或

（c）该项发表、披露或传达，是向任何一方的专业顾问或任何其他顾问作出的。

③ [1995] 128 A. L. R. 391.

④ 随着《香港仲裁条例》（Cap 609）的第 18 节引入了香港国际仲裁中心 2012 年《本地仲裁规则》中，现在除非当事人另有约定，存在一个默示的保密义务。

Ⅺ. 违反保密性会导致哪些可能的制裁或后果?

85. 如果已建立起仲裁保密性规则而出现了违反该规则的行为,该行为将引起何种可能的制裁或后果呢?设计违反保密性规则的制裁措施并非易事。仲裁庭可以发布禁止令以防止将来违反保密性的行为,但就好似已脱缰的马,此类禁止令在仲裁信息已被披露的情况下意义不大了。

86. 那么已经发生的违反保密性行为的后果如何呢?如果将保密性当成一种契约性权利,则可以就违约损害提起诉讼,但是违反保密性(名义上或实质上)的损害很难成立(除非使用违约金条款,但是起草该条款的难度又需要另一篇独立的文章来解释)。新加坡允许向法院申请禁止令来防止将来违反保密性的行为,且法官可以就该违反保密性的行为设定制裁措施(至少当该当事人处于该法院的管辖范围内时)。接下来的问题则是,受害方是否可以主张实质性毁约并终止仲裁程序。不过实践中这种情况极为罕见,因为结果将是案件会继续走到法庭上,而到那时则毫无保密性可言了。

Ⅻ. 示范保密性条款?

87. Robert Merkin 和 Julian Critchlow 在《仲裁形式与判例》(*Arbitration Forms and Precedents*)一书[①]第 1G. 1. 1 段中提出了一种可能为示范保密性条款的范例:

1G. 1. 1. 规定保密性的仲裁条款

任何一方当事人不得向第三方披露任何因本协议提起或意

---

① Robert Merkin & Julian Critchlow, *Arbitration Forms and Precedents* (Informa, Looseleaf 2000, updated to August 2002).

图提起的仲裁存在的事实、性质、内容或结果。任何一方当事人也不得向第三方披露:

(i)任何在仲裁过程中或以仲裁为目的准备或获取的文档;

(ii)任何在仲裁过程中或以仲裁为目的收到的由另一方当事人准备或获取的文档;

(iii)任何从仲裁庭或其他任何有管辖权的法庭处直接或间接收到的文档,包括但不限于指示、指令或裁决。

为以下目的在必要范围内可做出保留:进行仲裁本身的行为,向有管辖权的法院就与仲裁相关事项提出申请,仲裁庭指令或裁决的强制执行,法院的任何指令或判决,以及服从合法当局的要求。

88. 如果将该示范保密性条款与新西兰《1996 年仲裁法案》第 14A 条至第 14I 条中对保密性的相关规定做比较,很显然不存在普遍适用的可以全面涵盖例外情况的保密性条款。比如,该示范保密性条款中没有列出必要时为进行仲裁可以披露保密信息的标准,但是新西兰《1996 年仲裁法》第 14C(b)款描述了必要时可以披露保密信息的情况,并增加了披露必须同时是为达到所述情况“合理需要”的规定。该示范保密性条款也没有规定仲裁庭有自由裁量权,在一些类似于新西兰《1996 年仲裁法》第 14D 条的情况下,允许披露保密信息,因此仲裁庭可能在当事人向法院申请指令之前处理与披露保密信息有关的问题。简言之,起草包含所有可能的例外情况的契约性保密条款(包括那些提到过的日常情况)是根本不可能的,更无法考虑到那些无法预见的因司法或权宜要求允许例外的情况。因此,仲裁员作为第三方的介入变得至关重要。

XIII. 结论

89. 综上所述,作者的结论如下:

(a)我们在提出仲裁保密性问题时,应当厘清思路去理解该定义的不同方面,以理解规定保密性规则及其例外的困难性。

(b)现行新西兰示范法是构建完整的保密性法典的最有前途的尝试,但其仍然不是完美的。

(c)《Robertson 报告》本身承认不能在第 14C 条中规定保密性的全部例外,委员会也认为要颁布一套详细的法典是无法令人满意的,也是不实际的。即有关保密性问题目前最具权威的调查报告也承认,全面列出保密性的所有例外是不可能的,而且例外的种类也是无法穷尽的。

(d)此外,现存所有关于保密性的立法规定和机构规则都是不完美的。

(e)无论如何,新西兰的方法介绍了一种应对不断发现新类型(以及对已接受例外的修改)的办法以适应特殊情形。这种办法允许仲裁庭根据需要决定是否应当适用保密性原则的例外,以及该例外适用于争议案件的具体范围。新西兰立法中对于仲裁庭决定的运用发展出了一套有效的指导方针来判断哪些情形应当承认例外。但是,应当为仲裁庭在案件的公正需要时以及其他适当的情况下,允许对保密性例外保留自由裁量的余地。这将允许个别仲裁庭扩大、限制、修改法定例外的适用。总之,对于保密性规则及其例外,不存在"放之四海皆准"的定义。

(f)仲裁庭不能再履行其职责时(如仲裁庭委任期满),应当由适当的国家法庭履行其职责。

(g)有观点可能认为之前引用的 Thomas 和 Collins LJ 关于

法院缺少管辖权来判断保密性例外是否存在及适用的论述,可能阻碍建议的解决方案的发展。然而:(i)这些论述只针对1996年英格兰仲裁法;(ii)这些论述只是排除基于隐含的条款的管辖权;(iii)因此没有排除约定由独立第三方来处理判断、认定保密性例外的难题。

A. 未来如何解决该问题?

(1)立法

90. 新西兰立法是个不错的开始,但需要参考上述建议进行修改。虽然我们都希望对保密性的一般规则有一个明确的定义,陈列出更为普遍接受的例外情况,但立法者应当避免犯以固定的例外清单来锁定保密性的概念的错误。

(2)契约性解决办法

91. 作为一般规则,很难期待契约当事人起草一条能够处理本文概述的所有事项的仲裁条款。定义该规则及其例外的难度是众所周知的,且该仲裁条款通常被作为“午夜条款”(在合同谈判的最后加入,任何一方当事人都不愿在该条款上花费更多时间),比起解决的问题,保密性条款可能会制造更多问题,因为无法充分定义其例外(或更糟糕的是没有规定任何例外)将导致正当的对保密性的背离也显然为仲裁条款所禁止。

(3)仲裁机构规则

92. 一般而言,仲裁当事人适用仲裁机构规则解决保密性问题(至少部分解决),而且大部分仲裁机构或多或少规定了保密性的范围。不过我们在上文中已经论述了这些仲裁机构的规则都不够完美,并且的确会因为对例外的不充分和不完美定义产生问题,因这些仲裁规则的不灵活性,导致一方或双方当事人的合法权益无法得到保护。

(4)示范条款

93. 唯一可以处理上述第(2)项和第(3)项列出的问题的中期解决方案是由一个重要的仲裁研究机构(如 UNCITRAL、ICC 委员会、特许仲裁员学会或国际商事仲裁理事会)逐渐研究出一套为仲裁机构及合同当事人适用的示范法或示范条款,可以以新西兰示范法为基础,采纳上述结论(1)至(6)的建议。

B. 与此同时当事人应当做些什么?

94. 在规范保密性的适用法律、契约性规定及仲裁机构规则发生变化之前,为将保密性产生的问题最小化,我们对仲裁庭和当事人给出以下建议:

(a)保密性的特定要求应当事先在当事人的程序会议中解决,和/或由仲裁庭提议并发布指令(理想情况下为双方同意的指令),划定保密性适用于某一特定仲裁案件的界限范围。

(b)指令应当规定一个保密性的兜底规则,同时又允许当事人根据案件情况向仲裁庭申请对该规则的例外或修改,以及在仲裁庭无法履行职责时回撤至法院(适当采用《新西兰法案》第 14A 条至第 14I 条)。

(c)这实际上是允许仲裁庭像一个普通法法院一样逐渐形成对兜底规则的明智而公平的例外。

(d)如果该仲裁庭已经适用仲裁机构规则,仲裁庭应当发布经当事人同意的指令来修改这些机构规则(这也是机构规则能够被修改的唯一途径),从而获得前文第(2)项所述的剩余权力。

(e)最后,这个解决方案确实是具体而特定的,但是从该方案中获得的力量是其将使仲裁庭和当事人能够适当地应对各种各样无法避免的、并且或多或少需要调整以推翻保密性原则的情况(很多都是无法预见的)。

仲裁裁决的承认与执行*

黄锡义　YEO Chuan Tat

Ⅰ. 引言

1. 仲裁裁决的承认与执行在仲裁中至关重要。承认和执行得当①不仅是一种保证仲裁程序有效性的方式，也是一项使仲裁相较于其他争议解决方式更受青睐的关键因素。②

---

* 本文初次发表于2007年，为《亚洲顶尖仲裁员的国际仲裁指引》一书的一章（Michael Pryles与Michael Moser编辑，Juris Net，2007年版），并由扬帆博士根据新近的中国案例在2015年进行了更新。

① 尽管“承认”仲裁裁决和“执行”仲裁裁决在理论上是两个不同的概念，但在本文背景和写作目的下这一区分并不显著。在国际仲裁中，由于承认是执行的前提（而反过来并非如此），因而广为接受的适用于仲裁裁决执行的原则同样适用于仲裁裁决的承认。鉴于此，为了行文的便利，本文中关于承认与执行的讨论将被统一称为“执行”。关于承认与执行之间区别的讨论，参见Alan Redfern et al.，*Law and Practice of International Commercial Arbitration*（Oxford University Press，5th Ed，2009），第11.20～11.24段。Nigel Blackaby& Constantine Partasides with Alan Redfern & Martin Hunter，*Redfern and Hunter on International Arbitration*（Oxford University Press，5th Ed，2009）.

② Lord Mustill，“The History of International Commercial Arbitration” in *The Leading Arbitrators' Guide to International Arbitration*（Lawrence Newman & Richard Hill eds）（New York：Juris Publishing，2004），第12页，讨论了《承认及执行外国仲裁裁决公约》（《纽约公约》）（330 UNTS 3，通过于1958年6月10日，于1959年6月7日生效）及其在执行仲裁裁决方面的影响。

2. 当当事人选择仲裁作为其争议解决的方式时,通常抱有如下的期待:一旦不能和解,则他们将在仲裁程序结束时获得一份仲裁裁决。仲裁裁决是仲裁程序的最终成果,对当事人来说显然十分重要,胜诉一方会期待其裁决能够在适当时间内得到履行。在裁决未能被当事人自愿履行的前提下,除非当事人能够确定其能在仲裁程序终结时执行该裁决,否则“其获得的有利裁决也无非是一场惨胜”①,而这也会使仲裁程序失去了意义。换言之,“如果不存在有效的执行机制(无论其是否会被实际使用),拥有支持仲裁的立法、撰写精巧的仲裁规则、专业的仲裁员和律师都毫无意义”②。

3. 在广泛性和执行的便捷性方面,仲裁裁决与外国法院判决相比也有天然的根本优势。这一优势建立在“承认与执行仲裁裁决的国际和区际条约法比相应的承认执行法院判决的条约法更为广泛和完善”③的基础上。特别值得一提的是,《联合国 1958 年承认及执行外国仲裁裁决公约》④(以下简称《纽约公约》)被全世界 130 个国家和地区所承认,被认为是“支撑国际仲裁这一庞大体系的最重要的支柱”。⑤

---

① Julian Lew, Loukas Mistelis & Stefan Kröll, *Comparative International Commercial Arbitration* (The Hague: Kluwer Law International, 2003) at p. 688.

② Gabrielle Kaufmann - Kohler, “Enforcement of Awards - A Few Introductory Thoughts” in *ICCA Congress Series No.* 12 *Beijing*, *May* 2004: *New Horizons in International Commercial Arbitration and Beyond* (Albert Jan van den Berg gen ed) (The Hague: Kluwer Law International, 2004) at p. 287.

③ Nigel Blackaby & Constantine Partasides with Alan Redfern & Martin Hunter, *Redfern and Hunter on International Arbitration* (Oxford University Press, 5th Ed, 2009) at para 11.31. 关于执行外国仲裁裁决的双边和多边协议的概述,参见 Julian Lew, Loukas Mistelis & Stefan Kröll, *Comparative International Commercial Arbitration* (The Hague: Kluwer Law International, 2003) at p. 693 - 696。

④ 330 UNTS 3 (10 June 1958; entered into force 7 June 1959).

⑤ J Gillis Wetter, “The Present Status of the International Court of Arbitration of the ICC: An Appraisal”, (1990) 1 Am Rev Int'l Arb 91.

4. 条约和惯例是支持有效、可信赖的仲裁裁决执行机制的法律框架的组成部分。坚实的法律框架对于仲裁的承认与执行而言不可或缺,"有意义的仲裁裁决以有效、可靠的执行机制为前提"。① 这一关于仲裁裁决执行的"法律框架"不仅包括上述条约和各国国内立法等成文法,亦应涵括上述仲裁条约与协定(尤其是《纽约公约》)所蕴含的机制与原则,司法机构对这些原则的阐释以及对执行仲裁裁决和对仲裁本身的司法立场。

5. 统计数据能说明现行法律框架对执行仲裁裁决给予了十分有效的支持。正如 Albert Jan van den Berg 所指出的,"绝大多数仲裁裁决在国际上得到了执行,这是有目共睹的事实"②。然而,尽管便利国际仲裁裁决的执行已成为一项国际政策,且在公布案例中关于不予执行的"可怕传说"已日渐稀少③,但不幸的例外仍然存在。在亚洲地区,由于国际仲裁的发端与实践是在更为晚近的时期才开始,背离于仲裁裁决执行的国际标准与实践的不予执行的案例并不鲜见。④

6. 本文首先将在下一部分对世界各国所接受的、关于仲裁裁决执行的健全法律框架的构成因素予以总结,尤其是对在执行程序中被广为接受的概括性原则进行总结。其次,本文将结合亚洲

---

① Tao Jingzhou, *Arbitration Law and Practice in China* (The Hague: Kluwer Law International, 2004) at p. 131.

② Albert Jan van den Berg, "Why are Some Awards Not Enforceable?" in *ICCA Congress Series No.* 12, *Beijing*, *May* 2004: *New Horizons in International Commercial Arbitration and Beyond* (Albert Jan van den Berg gen ed) (The Hague: Kluwer Law International, 2004) at p. 291.

③ Lucy Reed, "Experience of Practical Problems of Enforcement" in *ICCA Congress Series No.* 9, *Paris*, *May* 1998: *Improving the Efficiency of Arbitration Agreements and Awards*: 40 *Years of Application of the New York Convention*(Albert Jan van den Berg gen ed)(The Hague: Kluwer Law International,1999) at p. 557.

④ 对广为接受的法院执行国际仲裁裁决的原则的更为详细的讨论,见下文第二部分。

的不予执行案例,对亚洲各国背离上述国际仲裁裁决执行的健全法律框架的各种形式,及其在实践中引发的执行问题进行分析。

Ⅱ. 国际仲裁裁决的执行:健全法律框架的构成因素

7. 显而易见的是,构成有效执行国际仲裁裁决的健全法律框架的一个重要因素,是便利仲裁裁决执行的立法,例如,这一立法应当提供类似于《纽约公约》的执行必要条件。《纽约公约》第4条"为寻求执行的当事人明确了申请执行的必要条件,以便利执行的进行"[①]。《纽约公约》最重要的特征之一,即当事人无须证明其满足诸多条件,而只需满足其第4条,即提供其有权获得执行的表面证据。随后,可由反对执行的一方当事人来证明为何执行不应被准许。

8. 这一立场与《纽约公约》的前身,《1927年关于执行外国仲裁裁决的日内瓦公约》(以下简称《1927年日内瓦公约》)[②]有显著不同,后者要求寻求执行的当事人提供该裁决在裁决作出国具有终局效力的证据,而这在实践中等同于要求该国的法院认可其执行效力,即导致了"双重许可"的局面。并且,"在必要时",寻求执行的当事人还必须证明该裁决属于归《1927年日内瓦公约》管辖范畴的"裁决",裁决是基于合乎(所适用的)法律的仲裁协议而作出,并且"该裁决是由依据仲裁协议组成仲裁庭、或以当事人同意的形式作出,并符合管辖仲裁程序的法律"。正如评论所说:[③]

---

① Albert Jan van den Berg, *The New York Convention of* 1958 (Deventer: Kluwer Law and Taxation Publishers, 1981) at p. 246.

② 1927年9月27日于日内瓦签署。

③ Albert Jan van den Berg, *The New York Convention of* 1958 (Deventer: Kluwer Law and Taxation Publishers, 1981) at p. 247.

> “从(支持执行的)‘积极条件’向(反对执行的)‘消极条件’的转变,受到了尽可能放松执行当事人需要满足的条件这一想法的推动。”

9. 此外,《纽约公约》还明确表明,即使证明了存在拒绝承认和执行的事由,执行法院也不负有必须拒绝执行的义务。[①] 这在《纽约公约》第5条第1款和第2款的准许式而非强制性的措辞中可见一斑:

> 第五条[②]
>
> 一、裁决唯有于受裁决援用之一造向声请承认及执行地之主管机关提具证据证明有下列情形之一时,始得依该造之请求,拒予承认及执行:[列举不予执行情形];
>
> 二、倘声请承认及执行地所在国之主管机关认定有下列情形之一,亦得拒不承认及执行公断裁决:[列举其他不予执行情形]
>
> (强调系作者后加)

10. 因此,即便能够证明第5条中所列的不予执行情形,法院也可酌情执行裁决。*China Nanhai Oil Joint Service Corp Shenzhen Branch v. Gee Tai Holdings Co. Ltd.* 一案中,中国香港最高法院指出[③]:

---

① Nigel Blackaby & Constantine Partasides with Alan Redfern & Martin Hunter, *Redfern and Hunter on International Arbitration* (Oxford University Press, 5th Ed, 2009)一书的第11.59段,脚注64,提及,对《纽约公约》[Convention on the Recognition and Enforcement of Foreign Arbitral Awards (330 UNTS 3) (10 June 1958; entry into force 7 June 1959)]的这一解释“在法院判决与资深评论者中被广泛接受”。

② 此处译者援引的是联合国官方《纽约公约》中文译文,参见 http://www.uncitral.org/pdf/chinese/texts/arbitration/NY－conv/1958_NYC_CTC－c.pdf。

③ *China Nanhai Oil Joint Service Corp Shenzhen Branch v. Gee Tai Holdings Co. Ltd.* [1994] HKCFI 215 at [49].

> “拒绝执行的事由并非严格适用。最终自由裁量权在执行法院手中，使其能够在各种情形下达成公平的结果……”（强调系作者后加）

11.《纽约公约》这些便利裁决执行的规定通常被缔约国的国内立法所采纳。

12. 然而，便利裁决执行的成文法仅是有效执行的必要而非充分条件。另一个有效执行仲裁裁决的关键因素是支持仲裁且高素质的法官，这些法官能够认识到仲裁在商业体系中的性质，并能够适用国际仲裁裁决执行中的基本原则。这一因素在大多数国家中均已具备。仲裁执行中的（相互关联的）基本原则包括以下这些。

13. 第一，执行国际仲裁裁决的关键原则是法院应当采取有利于执行的立场，从而便利裁决的执行。这一偏向于有利执行的立场是《纽约公约》所明确传达的。① 国际仲裁裁决执行中的大多数其他广为接受的原则，都可以说是这一根本原则的延伸。

14. 第二，根据《纽约公约》第 5 条第 1 款和前文述及的对于《1927 年日内瓦公约》立场的改变，现在将由反对执行仲裁裁决的当事人承担存在《纽约公约》第 5 条第 1 款所列拒绝执行事项的举证责任。

15. 第三，通常认为，执行法院不应对裁决的实体内容进行审查。《纽约公约》以及《联合国国际贸易法委员会国际仲裁示范法》②（以下简称《示范法》）不鼓励任何在对于仲裁裁决的司法审

---

① Albert Jan van den Berg, *The New York Convention of* 1958 (Deventer: Kluwer Law and Taxation Publishers, 1981) at p. 267.

② UN Doc. A/40/17, Annex I; UN Doc. A/61/17, Annex I (21 June 1985; amended 7 July 2006).

查中采取任何形式的实体审查。[1] 因此,法院在处理依据《纽约公约》或《示范法》提起的执行请求时,应当特别注意当事人是否在寻求对实体内容的上诉“开后门”。

16. 有人提出应当对仲裁裁决予以审查以防止严重的法律错误,这是由于有大量非约束性司法说理(但极少有相关约束性案例法)支持一种论点,认为显然不合理的裁决可构成对公共政策的违反。[2] 然而,“给予当事人对仲裁裁决无限制的上诉权的仲裁体系存在严重缺陷”。[3] 法院的判决也许会推翻由当事人特别选择的仲裁庭作出的裁决,从而违反当事人意思自治原则。上诉程序亦可被用作推迟仲裁裁决的履行。《纽约公约》和《示范法》充分建立于仲裁程序终局性这一基础之上,避免司法干预,故而排除了对案件实体部分的上诉可能。

17. 第四,在考虑拒绝执行仲裁裁决的事由时,这些事由应当被严格解释。Albert Jan van den Berg 认为:[4]

> 对于《纽约公约》第 5 条所列举的不予执行裁决的事由而言,其必须被严格解释。具体而言,对于第 5 条第 1 款必须由被申请人证明的不予执行事由而言,其情形必须具有相当地严重性,被申请人所提出的无关紧要的情形不应被采

---

① See, *eg*, Albert Jan van den Berg, *The New York Convention of* 1958 (Deventer: Kluwer Law and Taxation Publishers, 1981) at p. 269 – 273.

② See Michael Hwang & Amy Lai, “Do Egregious Errors Amount to a Breach of Public Policy?” (2005) 71(1) Arbitration 1 at 1 and Michael Hwang, “Do Egregious Errors Amount to a Breach of Public Policy? – Further Developments” (2005) 71(4) Arbitration 364 at 364.

③ Alan Redfern& Martin Hunter with Nigel Blackaby & Constantine Partasides, *Law and Practice of International Commercial Arbitration* (London: Sweet & Maxwell, 4th Ed, 2004) at p. 422 – 423.

④ Albert Jan van den Berg, *The New York Convention of* 1958 (Deventer: Kluwer Law and Taxation Publishers, 1981) at p. 267 – 268.

纳。对于第5条第2款可由法院主动适用的不予执行事由而言,法院仅应在极端情况下认可对公共政策的违反,从而区分国内和国际公共政策。(强调为原文所加)

18. 这一仲裁裁决执行原则(或者说抑制不予执行的原则)在国际仲裁的权威性著述中亦得到了明确认可。在《国际商事仲裁法律与实践》中,作者写道:"《纽约公约》和《示范法》的目的在于,不予承认与执行仲裁裁决的事由应当被限制性适用。"[①]

19. 上述原则是否在实践中得到适用,很大程度上取决于与仲裁及执行仲裁裁决有关的司法环境。确实,上述关于仲裁裁决执行的原则在亚洲适用中遇到的最大阻碍因素就是非支持性的司法环境。造成这种司法环境的原因包括法院对于仲裁程序及正确适用关于执行的条约及法律缺乏认识,以及对仲裁程序所抱有的干预主义态度。这一司法环境可能源于长期以来法院对于仲裁程序的怀疑、不熟悉,和/或者地方保护主义。

Ⅲ. 亚洲出现的对仲裁裁决执行范式的背离

20. 本文的这一部分分析了亚洲各国或者地区在仲裁执行中,背离大多数国家或者地区所具备的健全的仲裁执行法律框架(前文已讨论)的几种关键形式。本文试图为在亚洲寻求执行的

---

① Nigel Blackaby & Constantine Partasides with Alan Redfern & Martin Hunter, *Redfern and Hunter on International Arbitration* (Oxford University Press, 5th Ed, 2009) at para 11.60. See also Julian Lew, Loukas Mistelis & Stefan Kröll, *Comparative International Commercial Arbitration* (The Hague: Kluwer Law International, 2003) at p.706.

又不够戒备的当事人列出最常见的陷阱[①],但并不寻求对这一问题的完整分析;本文的目的在于展示很多亚洲国家或者地区在仲裁裁决执行中背离那些被广为接受的范式的不同方式。

A. 立法者未进行补充立法

21. 适当的便利执行的立法在实践中对于国际仲裁裁决的有效执行(至少在亚洲)十分必要。在亚洲,有很多例证表明,很多国家未能就履行公约义务和协助国际仲裁裁决执行进行立法,从而导致了执行中的各种问题。[②]

22. 尽管印度尼西亚于 1981 年加入了《纽约公约》,但在该国一开始却缺乏有效的实行性立法。到相关立法最终颁布时,已经过去了 9 年。[③] 即使该立法施行后,这一立法也是有缺陷和"有违《纽约公约》"的,[④]因为外国仲裁裁决的执行取决于裁决作出地的印度尼西亚大使馆作出的声明,由该声明确认该地与印度尼西亚之间存在外交关系,以及印度尼西亚及该国均为关于外国仲裁

---

① 可以观察到的是,本节所讨论的最后的两项潜在风险(第 G 和 H 项),可能是其他所讨论的潜在背离现象的原因。因此,在第 A 至 F 项中所引用的案例也可认为与第 G 和 H 项相关。本文并不试图严格区分原因以及原因所导致的后果,而是(正如正文中所说)将他们均作为国际仲裁裁决在亚洲当事人所面临的潜在问题进行讨论。

② 本节讨论的问题可以分为两种。其一,缺乏与执行仲裁裁决的相关法律。其二,相关的执行性国内立法与该国所加入的国际公约不完全相符(如《纽约公约》)。

③ Supreme Court Regulation No. 1 of 1990.

④ This was noted by Lucy Reed, "Experience of Practical Problems of Enforcement" in *ICCA Congress Series No. 9, Paris, May* 1998: *Improving the Efficiency of Arbitration Agreements and Awards*: 40 *Years of Application of the New York Convention* (Albert Jan van den Berg gen ed) (The Hague: Kluwer Law International, 1999) at p. 564.

裁决执行的国际公约缔约国。[①] 要求出具印度尼西亚大使馆声明的做法违背了《纽约公约》关于必要执行条件的规定，并且毫无疑问地导致了执行程序的迟延。

23. 1999 年 8 月 12 日，印度尼西亚颁布了新的综合立法，即《仲裁及争议解决法案》（以下简称《仲裁法》）[②]。这一新《仲裁法》并未解决上述问题，而是要求在外国做出的仲裁裁决的申请执行仍然与旧的法律大体相似。新《仲裁法》的另一潜在问题是，其并未对法院作出执行国际仲裁裁决的裁定规定时限。然而值得注意的是，法院事实上在执行外国裁决时十分及时，有些案件在申请后一个月以内就发出了许可。[③]

24. 缺乏便利执行的立法也在香港导致了执行仲裁裁决中的迟延。[④] 在 1997 年中国收回香港主权后，由于缺乏关于中国香港与内地间相互执行裁决的相关立法，导致了这样的执行迟延。在 1997 年以前，中国香港地区和内地之间的仲裁执行由《纽约公约》管辖。然而，随着 1997 年 7 月香港特别行政区的成立，问题产生了：《纽约公约》作为主权国家间的国际公约，仅适用于外国仲裁裁决。

25. 由于中国内地与香港特别行政区之间关于仲裁执行安排

---

① 印度尼西亚在签署《纽约公约》时保留了其第 1 条第 3 款的互惠保留，故而保留了仅对“在另一缔约国领土上做出的裁决”适用《纽约公约》的权利。

② Law No. 30 of 1999.

③ Karen Mills, “Enforcement of Arbitral Awards in Indonesia & Other Issues of Judicial Involvement in Arbitration”, Presentation for the Inaugural International Conference on Arbitration of the Malaysia Branch of the Chartered Institute of Arbitrators, Kuala Lumpur (28 Feb. – 1 Mar. 2003) at p 5.

④ 2013 年 1 月 7 日，香港与澳门代表签署了《关于香港特别行政区与澳门特别行政区相互认可和执行仲裁裁决的安排》。该安排为两地间仲裁裁决的承认与执行提供了基础。该安排依照《纽约公约》精神制定，并与两地分别与中国内地之间已有的安排大体相似。为执行该安排，香港现行的《仲裁法令》（Cap 609）需要进行相应的修改，而 2013 年《仲裁法（修正案）》已于 2013 年 3 月 28 日公告。

的空白，导致中国香港地区与内地之间的仲裁裁决执行产生了迟延。香港享进粮油食品有限公司与安徽粮油食品进出口（集团）公司仲裁裁决执行案（安徽粮油案）[①]即为一例。在对香港作出的仲裁裁决提出的执行申请的审查中，最高人民法院（于 1998 年 10 月）注意到，香港自 1997 年 7 月 1 日起已成为特别行政区，因而不应适用《纽约公约》。鉴于此时关于香港作出的仲裁裁决如何执行并无规定，安徽粮油案只得等到相关条文颁布后才能重新恢复审理。该案直至 2000 年 4 月才恢复审理，这是由于经过两年多的谈判后，《关于内地与香港特别行政区相互执行仲裁裁决的安排》（以下简称《执行安排》）终于出台，最高人民法院的相关司法解释赋予了《执行安排》法律效力并为其执行提供法律框架。[②]

26. 在中国还存在其他很多执行性法律缺失的问题，并导致了仲裁裁决执行中的阻碍。其中一个仲裁裁决执行的潜在阻碍源于最高人民法院 1987 年发布的《关于执行我国加入的〈承认及执行外国仲裁裁决公约〉的通知》（以下简称《纽约公约通知》）[③]。根据这一通知，如果被申请人能够证明《纽约公约》中所列举的不予执行事由存在，对外国仲裁裁决的执行"应当"被拒绝。这与《纽约公约》第 5 条相悖，该条所使用的是任择性词语"可以"，因而赋予了执行法院"忽视仲裁程序中细小瑕疵或违规的自由裁量

---

① *Hong Kong Heung Chun Cereal & Oil Food Co. Ltd. v. Anhui Cereal & Oil Food Import & Export Co*, Supreme People's Court (2003) Civil 4 Miscellaneous No. 9. 本案将在第 H 节进一步讨论。

② Tao Jingzhou, *Arbitration Law and Practice in China* (The Hague: Kluwer Law International, 2004) at p. 172.

③ 2007 年 4 月 10 日生效。

权,从而有利于仲裁裁决的执行”。①

27. 因而,《纽约公约通知》或许忽略了不予执行中的任择性元素,从而可能导致其无法实现《纽约公约》所属意的支持仲裁的立场。

28. 然而,扬帆博士认为,《纽约公约》的中文译本正确地使用了“得”字来表达英文词“may”而非“shall”。因而,对“得”字明白、正确地使用表明了《纽约公约》第 5 条的不予承认与执行事由是“任择性”而非“强制性”的。扬帆博士还指出,《纽约公约通知》并非立法,而是司法解释,因而在其与《纽约公约》发生不一致的情况下,以后者为准。②

29. 中国的相关立法在对文件的要求上,与《纽约公约》第 4 条所列举的必要条件亦有不同。③ 因此,“在实践中中级人民法院究竟需要哪些材料以执行仲裁裁决,这一问题常令人产生困惑”。④ 在《最高人民法院关于人民法院执行工作若干问题的规定》(以下简称《执行规定》)中,要求提交如下文件材料〔1〕:

---

① Wang Sheng Chang, “Enforcement of Foreign Arbitral Awards in the People's Republic of China” in *ICCA Congress Series No. 9, Paris, May* 1998: *Improving the Efficiency of Arbitration Agreements and Awards*: 40 *Years of Application of the New York Convention*(Albert Jan van den Berg gen ed)(The Hague: Kluwer Law International, 1999) at p. 470. 亦见于本文的第二部分。

② Yang Fan, *Foreign-related Arbitration in China*: *Volume* Ⅱ: *Cases* (Cambridge University Press: forthcoming 31 December 2015) at Part Ⅲ.

③ 参见本文第二部分的讨论。

④ FrivenYeoh, “Enforcement of Dispute Outcomes” in *Managing Business Disputes in Today's China*(Michael Moser ed)(The Hague: Kluwer Law International, 2007) at p 265.

〔1〕 FrivenYeoh, “Enforcement of Dispute Outcomes” in *Managing Business Disputes in Today's China*(Michael Moser ed)(The Hague: Kluwer Law International, 2007) at pp 265-266. 此文件为《最高人民法院关于人民法院执行工作若干问题的规定(试行)》(法释〔1998〕15 号),1998 年 6 月 11 日最高人民法院审判委员会第 992 次会议通过,1998 年 7 月 8 日最高人民法院公告公布,自 1998 年 7 月 8 日起施行。所涉条款分别为该《执行规定》第 20~22 条。——译者注

（a）申请人需提交仲裁裁决书以及仲裁协议的原件或公证件；

（b）申请人需提交书面的执行申请，写明申请执行的理由、事项、执行标的，此外还应提供申请人所了解的被执行人的财产状况；

（c）申请人的身份证明，以及如果是继承人或权利承受人提出申请的，还应提供关于继承或承受权利的证明；

（d）由委托代理人提出申请的，应提供委托人的授权委托书；

（e）申请人还应提供法院认为的“其他应当提交的文件或证件”。

30. 在实践中，申请人“还有可能被要求提供法律并未要求提供的文件，如仲裁庭做出裁决所依据的证据文件等”。[①]

31. 但根据中国 2012 年《民事诉讼法》第 260 条，在任何中国缔结或加入的国际条约与《民事诉讼法》不一致的情形下，除非中国做出了保留，否则应以国际条约为准。[②]

32. 需要注意的是，在中国的国内法下，《中华人民共和国仲裁法》（以下简称《中国仲裁法》）[③]第 16 条规定，该规定要求仲裁协议必须包含“选定的仲裁委员会”。因而，虽然临时仲裁没有被

---

① Friven Yeoh, “Enforcement of Dispute Outcomes” in *Managing Business Disputes in Today's China*（Michael Moser ed）（The Hague：Kluwer Law International, 2007）at p. 266.

② Yang Fan, *Foreign – related Arbitration in China*：*Volume* Ⅱ：*Cases*（Cambridge University Press：forthcoming 31 December 2015）at Part Ⅲ.

③ 1994 年 8 月 31 日颁布。

明文禁止,但其在中国并无明确法律依据。① 此外,选定由外国仲裁机构(例如,国际商会仲裁院)进行仲裁的仲裁条款是否有效也尚不明确,因为外国仲裁机构或许并不是中国法意义下的“仲裁委员会”。

33. 关于仅选定《国际商会仲裁规则》(2012 年 1 月版,以下简称《ICC 规则》)是否足以令仲裁协议有效,有不一致的案例。最高人民法院在德国旭普林国际有限责任公司与无锡沃可通用工程橡胶有限公司申请确认仲裁协议效力案(旭普林案)②中认为,“仲裁:适用 ICC 规则,上海”这一仲裁条款无效,因为其并未选定仲裁机构,而对仲裁规则的选定并不能推断出,其选择了国际商会仲裁院来进行仲裁。相反,北京市海淀区人民法院在励德爱思唯尔有限公司诉北京龙戴特信息技术有限公司经销合同纠纷案〔2〕中,则支持了一则仅援引了《ICC 规则》的仲裁条款的效力。此外,在德高钢铁公司诉宁波市工艺品进出口有限公司案③中,法院批准执行了由国际商会仲裁院仲裁庭在北京作出的裁

① 根据《中国仲裁法》的其他一些条文,临时仲裁在中国无法实现。例如,该法第 33 条规定,仲裁庭的组成情况应由仲裁委员会通知当事人。然而,在依据《纽约公约》执行在中国以外地区作出的仲裁裁决时,中国承认域外作出的临时仲裁裁决的合法性。1987 年最高人民法院关于执行我国加入的《承认及执行外国仲裁裁决公约》的通知即表明了中国将承认和执行在其他缔约国作出的仲裁裁决,包括机构和临时裁决(原文颁布于 1991 年 4 月 9 日,此文件并未提及其包括机构及临时裁决)。2007 年《民事诉讼法》第 267 条亦为这一实践提供了支持,其要求中国法院依据国际公约来处理关于仲裁裁决承认与执行的相关申请。

② 最高人民法院关于德国旭普林国际有限责任公司与无锡沃可通用工程橡胶有限公司申请确认仲裁协议效力一案的请示的复函,(2003)民四他字第 23 号,2004 年 7 月 8 日。

〔2〕 励德爱思唯尔有限公司诉北京龙戴特信息技术有限公司经销合同纠纷案,北京市海淀区人民法院(2008)海民初字第 31314 号民事裁定书,2009 年 1 月 6 日。——译者注

③ 德高钢铁公司诉宁波市工艺品进出口有限公司案,宁波市中级人民法院(2008)甬仲监字第 4 号民事裁定书,2009 年 4 月 22 日。

决。法院认为，依据《最高人民法院关于适用〈中华人民共和国仲裁法〉若干问题的解释》[①]第13条，被告不应就仲裁协议有效性提出异议。然而，不少评论认为这一判决主要针对的是当事人应该及时向仲裁庭提起关于其管辖权的异议，而并非对于旭普林一案所确立的原则的改变。

34. 在此后的案件中，夏新电子股份有限公司与比利时产品有限公司确认经销协议仲裁条款效力案[②]遵循了旭普林案的逻辑，但最近的龙利得案[③]则肯定了所涉的仲裁条款效力。该仲裁条款为："任何因本合同引起的或与其有关的争议应被提交国际商会仲裁院，并根据国际商会仲裁院规则由按照该等规则所指定的一位或多位仲裁员予以最终仲裁。管辖地应为中国上海。"在本案中，最高人民法院支持了安徽省高级人民法院的多数意见，认为该仲裁条款在《中国仲裁法》第16条下有效。认为仲裁条款依据《中国仲裁法》第10条应当无效的意见没有被采纳。[④]

35. 但值得注意的是，与最高人民法院其他司法解释相比，最高人民法院的批复仅具有说服力而非约束力。《2006年仲裁法解释》第4条规定，除非可以从当事人选定的仲裁规则中确定所选定的仲裁机构，或当事人达成补充协议，否则仅选择了仲裁规则的仲裁条款无效。在这一问题上，《ICC规则》第1条第2款规

---

① 此处是指《最高人民法院关于适用〈中华人民共和国仲裁法〉若干问题的解释》，2005年12月26日最高人民法院审判委员会第1375次会议通过，自2006年9月8日起开始施行。下文简称为《2006年仲裁法解释》。

② 最高人民法院关于夏新电子股份有限公司与比利时产品有限公司确认经销协议仲裁条款效力的请示的复函，(2009)民四他字第5号，2009年3月20日。

③ 最高人民法院关于申请人安徽省龙利得包装印刷有限公司与被申请人BP Agnati S. R. L申请确认仲裁协议效力案的请示的复函，(2013)民四他字第13号，2013年3月25日。

④ Yang Fan, *Foreign – related Arbitration in China*: *Volume* Ⅱ: *Cases* (Cambridge University Press: forthcoming 31 December 2015) at Part Ⅳ.

定:“(国际商会)仲裁院是唯一经授权对仲裁规则项下仲裁活动实施管理的机构,包括对按照仲裁规则所作出的裁决进行核阅、批准。”而其第6条第2款规定:“当事人同意按照仲裁规则进行仲裁,即接受由(国际商会)仲裁院对该仲裁实施管理。”[1]可以确定,对《ICC规则》的选定足以推定当事人选择国际商会仲裁院作为其仲裁机构的意愿。

36. 另外,一些中国法官也对此发表了意见。例如,最高人民法院某法官曾表示,自中国加入世界贸易组织以来,外国仲裁机构不再受到中国法关于其在中国境内从事仲裁的限制。[2]

37. 因此,前文所讨论的这种类型的仲裁裁决有不被执行的风险。

38. 在马来西亚,从新近的上诉法院在 *Sri Lanka Cricket v. World Sport Nimbus Pte Ltd.* (*Nimbus*)[3]一案中的判决来看,由于缺乏有效的执行立法而导致的执行仲裁裁决问题也存在。在本案中,被上诉人(Nimbus)曾在新加坡赢得了对上诉人(Sri Lanka Cricket)的仲裁,并在马来西亚寻求裁决的执行。上诉人反对这一执行。高等法院批准了被上诉人寻求裁决在马来西亚执行的申请,但案件上诉至上诉法院后,高等法院的判决被撤销。

39. 上诉法院的决定是基于《1985年承认与执行外国仲裁裁决公约法》(以下简称《1985年执行法》)[4]第2条第2款作出的。

---

① 国际商会仲裁规则(2012年版)官方中文译本,参见 http://www.iccwbo.org/Products-and-Services/Arbitration-and-ADR/Arbitration/Rules-of-arbitration/Download-ICC-Rules-of-Arbitration/ICC-Rules-of-Arbitration-in-several-languages/。

② See Kun Fan, *Arbitration in China, A Legal and Cultural Analysis* in the China and International Economic Law Series Vol. 5 (Hart Publishing Ltd., 2013) at p. 47.

③ [2006] 3 MLJ 117.

④ Act 320 of 1985.

该条规定如下：

马来西亚最高元首可以在《公报》中以发布指令的形式，宣布任何在其指令中所列明的国家为公约的一方，而该指令一旦生效，即成为该国家成为公约一方的排他性证据。

40. 尽管《1985 年执行法》第 2 条第 2 款采用的是“可以”一词，但结合上下文及全法案整体来看，该条是具有强制性的。因此，如果最高元首愿意扩展该法第 3 条第 1 款的简便执行程序的便利（与烦琐的普通法下的执行要求相比），他必须以公告形式宣布案件所涉及的国家是《纽约公约》的缔约方；如果他没有进行公告，则这一便利不能及于寻求执行的当事人。由于新加坡并未被宣告为《纽约公约》的缔约方，因此，上诉法院拒绝执行这一裁决。[①] 尽管新加坡事实上是《纽约公约》的缔约国，并将马来西亚列为新加坡所公告的《纽约公约》缔约国（上诉法院也提及了这一点），但这并未改变上诉法院在 *Nimbus* 案件中的裁判结论。

41. 这一案件的影响力是有限的，因为《1985 年执行法》已为《2005 年马来西亚仲裁法》（以下简称《2005 年仲裁法》）第 51 条第 1 款所废止——该法于 2006 年 3 月 15 日生效。[②]《2005 年仲裁法》中与《纽约公约》项下仲裁裁决执行有关的为其第 38 条，该条规定：

承认与执行

（1）就向高等法院提出书面申请后，在本地或从外国作出的裁决，应当遵照本条款以及第 39 条的规定被承认具有约束力，作

① 马来西亚总检察署获得特许介入了在联邦最高法院的上诉程序，然而本案最终达成了和解，因而上诉法院的裁定未能得到充分议论，这令人遗憾。可以理解的是，总检察署本将为新加坡裁决的承认与执行提出申辩。

② Act 646 of 2005. 该法案被《2011 年仲裁法修正案（Act A/395）》所修改，但第 38 条仍保持了原样。

为法院判决予以执行。[3]

(2)在根据第(1)条款作出的申请时，申请人须出示：

(a)正式认证的裁决正本或经正式认证的裁决副本；以及

(b)仲裁协议原件或经正式认证的协议复印件。

(3)如裁决或仲裁协议是非本国语言或英语的，申请人应当提供正式认证的裁决或协议的英文翻译件。

(4)就本法案而言，“外国”是指联合国国际商事仲裁会议在1958年通过的《承认和执行外国仲裁裁决公约》的缔约国。

42. 第38条的规定不再要求一个国家被认可为《纽约公约》的缔约国必须经过公告，因而依据此条，根据《2005年仲裁法》第38条申请执行一项缔约国作出的仲裁裁决的执行程序中不再有此要求。

43. 在菲律宾，尽管《纽约公约》已经得到了菲律宾参议院第71号决议通过，①但一直没有规范仲裁裁决执行的专门立法，直到最近通过的联邦第9285号立法——其全名是《2004年替代性争议解决法案》(以下简称《2004年ADR法案》)。评论认为，此前，由于缺乏关于仲裁裁决执行的专门立法，“(执行裁决)将适用何种程序曾存有疑问”②。当下《2004年ADR法案》则明确了承认与执行的基本程序应按照《纽约公约》进行。

44. 巴基斯坦是亚洲另一个缺乏适当的执行法律而导致仲裁执行中问题的例证。巴基斯坦加入了《纽约公约》，并通过《2005

---

〔3〕 第38条第1款在2011年修正案中进一步修改为：“就以书面形式向高等法院提出的申请，在马来西亚为裁决地所作出的仲裁，或从外国作出的裁决，应当遵照本条以及第39条规定被予以承认并具有约束力，作为法院判决执行，或以诉讼强制执行。”——译者注

① 于1965年5月10日通过。

② Custodio O Parlade, Meijo University Institute for Socioeconomic Dispute Studies Project – Final Report (2004) on Philippines.

年承认与执行(仲裁协议和外国仲裁裁决)条例》[①]施行。然而,这是总统条例(依据《巴基斯坦宪法》第 89 条通过)而非立法。根据《巴基斯坦宪法》第 89 条的规定,如果国家议会不在会期,总统具有有限的立法权,但仅能在其认为有必要立即采取行动的情况下进行立法。然而,尽管条例具有与议会立法相同的法律效力,但其有效期仅为 4 个月,过期即自动失效。

45. 迄今,国民议会尚未依照上述条例通过执行《纽约公约》的法律。[②] 因此,上述条例必须每 4 个月更新一次,或重新颁布。这似乎导致了对《纽约公约》的重复立法,因为每部在巴基斯坦执行《纽约公约》的新条例都有相似的条文。这会给依据《纽约公约》寻求仲裁裁决在巴基斯坦执行的当事人造成困惑,因为他们可能会依据错误的条例提起程序(尽管后面的条例的条文是相似的)。因而确实存在的风险是,如果依据错误的条例提起执行申请,对仲裁不支持或不够友好的态度会导致执行申请会因为这一纯粹的技术问题而被直接驳回。[③]

B. 法院夺取管辖权而拒绝仲裁程序

46. 在亚洲,国际仲裁裁决执行中的另一个主要问题是,即使在当事人之间存在仲裁协议的情况下,一些亚洲法院也倾向于没

---

① No. Ⅷ of 2005.

② 《2011 年承认与执行(仲裁协议与外国仲裁裁决)法》(2011 年第 17 号法)于 2011 年 7 月 19 日通过,以保证《纽约公约》在巴基斯坦的执行。地区高等法院对于《纽约公约》项下的所有案件享有排他的管辖权。尽管《纽约公约》对执行外国仲裁裁决提供了方便的机制,但有证据表明,地方法院并未抓住执行程序的便捷本质,而在执行程序中适用了《民事诉讼法》(1908 年第 5 号法)的严格要求,因而导致了执行的迟延。参见 Mansoor Hassan Khan,"Pakistan" in *The Asia – Pacific Arbitration Review* 2013(Global Arbitration Review, 2013)。

③ 参见 *Sri Lanka Cricket v. World Sport Nimbus Pte Ltd.* [2006] 3 MLJ 117,即提供了这样一个例证。

有正当理由地夺取案件的管辖权。法院的这一做法违背《示范法》第8条第1款,此条规定:

第8条　仲裁协议和向法院提出的实质性申诉

(1)向法院提起仲裁协议标的的诉讼时,如当事一方在不迟于其就争议实质提出第一次申诉的时候要求仲裁,法院应让当事各方付诸仲裁,除非法院发现仲裁协议无效、不能实行或不能履行。(强调系作者所加)

……

47. 尽管仲裁协议的可执行性与仲裁裁决的可执行性有所区别,但法院(无正当理由地)夺取管辖权至少在以下两个方面与裁决的执行问题有关:

(a)法院取得管辖权排除了仲裁的发生,从而排除了可能作出的仲裁裁决,而裁决才是当事人签订仲裁协议所期待的。

(b)法院考虑是否执行仲裁协议时的一些考量因素(例如,可仲裁性),也同样适用于法院考虑是否执行仲裁裁决。

48. 印度尼西亚的 *PT Perusahaan Dagang Tempo v. PT Roche Indonesia* (*Tempo v. Roche*)案是法院背离裁决执行应有的范式、获得争议管辖权的一个例证。① 在该案中,PT Roche Indonesia (Roche 公司)及其本地分销商 PT Perusahaan Dagang Tempo

---

① Decision of the District Court of South Jakarta (Pengadilan Negeri Jakarta Selatan) No. 454/PDT. G/1999/PN. Jak. Sel(30 May 2000). 自从此案后,印度尼西亚最高法院在 Supreme Court Decision No. 325 KISip/1976, Mahkamah Agung, Tanggal (30 September 1983)一案及中雅加达地区法院在 *Judgment No. 225/PDT. G. 2005/PN. JKT. PST* 一案的判决中均肯定了仲裁协议的效力。在 *Judgment No. 225/PDT. G. 2005/PN. JKT. PST* 的判决中,中雅加达地区法院拒绝管辖属于仲裁协议项下的争议,其理由是这不属于法院的管辖范围(absolute competence)。Michael Hwang & Fong Lee Cheng, "Relevant Considerations in Choosing the Place of Arbitration" (2008) 4(2) AIAJ 195 at 195 - 220 提供了关于国家及法院对于仲裁的态度以及其如何影响到对仲裁协议的解释的进一步讨论。

（Tempo 公司）签订了分销协议，允许 Tempo 公司在印度尼西亚境内分销 Roche 公司的药品。该分销协议涉及药品。产品的分销：处方药以及非处方药。该分销协议包含终止协议的条款，允许 Roche 公司在提前 6 个月通知的条件下终止协议。协议亦包含了如下争议解决条款：

> 双方之间任何与本协议有关或违反本协议的争议，如不能友好解决，应最终由仲裁解决，仲裁语言为英文，在雅加达进行，由三名按照下述方式选定的仲裁员组成的仲裁庭依照印度尼西亚国家仲裁委员会（International National Board of Arbitration，INBA）仲裁规则进行仲裁。

49. Roche 公司随后决定终止与非处方药有关的这部分合同，提前 6 个月给出了通知，并未主张 Tempo 公司有任何违约。尽管协议中有仲裁条款，但 Tempo 公司向南雅加达地区法院提起了诉讼，称 Roche 公司不能在未事先取得 Tempo 公司同意以及 Tempo 公司并未违约的情况下终止协议。Roche 公司辩称，地区法院对本案没有管辖权，有管辖权的应当是分销协议的仲裁条款中写明的、位于雅加达的印度尼西亚国家仲裁委员会。

50. 尽管协议中存在仲裁条款，南雅加达地区法院仍驳回了 Roche 公司的管辖权异议，并裁定其有管辖权处理此案。其理由是，部分终止合同属于“侵权行为”，该行为不可仲裁，因而法院具有管辖权。南雅加达地区法院认为，仲裁员只能解决技术和商业争议，而本案争议为“侵权行为”，因而只有法院而非仲裁庭才有管辖权。本质上，法院认为本案当事人之间的争议为“法律”性质而非“技术”或“商业”性质，并将仲裁限于“技术、商业争议”，这

一判决受到了广泛批评，如下文：[1]

南雅加达地区法院的判决当然令人感到十分惊异。《仲裁法》明确规定，法院不能判决那些当事人能够和解的、在书面仲裁协议范围内的商事争议。南雅加达地区法院是我们所知的世界上唯一一所法院——将仲裁管辖权限于“技术、商业争议”。法院应该要么驳回起诉，将案件交由仲裁，要么为其保留管辖权找到法律基础。

51. 南雅加达地区法院随后就 Roche 公司部分终止合同的行为判给 Tempo 公司“数额可观的赔偿”。[2]

52. 印度尼西亚的法院判决与广为接受的可以被提交仲裁的争议范围不符。一本权威的教材写道：[3]

顺应近几十年来支持仲裁的整体政策，可仲裁性这一概念近年来有了相当的扩展。……因为争议缺乏可仲裁性而导致仲裁裁决不予执行的案例极少。

53. 此外，因为“可仲裁性是一般公共政策概念的组成部分，这一观点已被广泛接受”[4]，案例背后存在的问题（如法院充满嫉妒地守护其管辖权以及缺乏应对执行仲裁裁决的适当方式），也可能导致在以公共政策为事由不予执行仲裁裁决时的其他问题。

---

① Sebastian Pompe & Marie – Christine van Waes, “Arbitration in Indonesia” in *International Commercial Arbitration in Asia*(Philip McConnaughay & Thomas Ginsburg eds) (New York: JurisNet LLC, 2nd Ed, 2006) at p. 123 – 124.

② Karen Mills, “Enforcement of Arbitral Awards in Indonesia & Other Issues of Judicial Involvement in Arbitration”, Presentation for the Inaugural International Conference on Arbitration of the Malaysia Branch of the Chartered Institute of Arbitrators, Kuala Lumpur (28 February – 1 March 2003) at p. 15.

③ Julian Lew, Loukas Mistelis & Stefan Kröll, *Comparative International Commercial Arbitration* (The Hague: Kluwer Law International, 2003) at p. 721.

④ Albert Jan van den Berg, *The New York Convention of* 1958 (Deventer: Kluwer Law and Taxation Publishers, 1981) at p. 360.

这些问题在下文将进一步讨论。

54. 涉及 *Bankers Trust Company* 与 *Bankers Trust International* 的两个案例①(*Bankers Trust* 案),“使得印度尼西亚的声誉在整个仲裁界更为难堪”。② 这两个案例又一次表现出,印度尼西亚法院坚持在有仲裁条款的情况下,坚持应由法院来管辖争议(与 *Tempo v. Roche* 案一样)。这两个案例基本相同,故放在一起讨论。Bankers Trust 公司与一家印度尼西亚公司(客户)签订了数份国际掉期及金融衍生工具协议(ISDAs)。每份 ISDA 协议均含有标准条款的附录(包含仲裁条款),该附录以援引的形式构成 ISDA 协议的一部分。在每个案件中,当事人都只签署了主协议。

55. 受到 1997 ~ 1998 年的亚洲金融危机强烈影响,客户未能根据掉期协议进行支付,故 Bankers Trust 公司向伦敦国际仲裁院(LCIA)提起了仲裁程序。客户则在南雅加达地区法院提起诉讼程序,诉请中包含一项请求:这些 ISDA 协议因违反公共政策而无效,因为掉期交易的本质是赌博(而赌博在印度尼西亚被严格禁止)。

56. 在印度尼西亚法院进行的程序中,Bankers Trust 公司辩

---

① *Bankers Trust Company & Bankers Trust International v. PT Jakarta International Hotels and Development*; *Bankers Trust Company & Bankers Trust International v. PT Mayora Indah*. Decision of the District Court of South Jakarta (Pengadilan Negeri Jakarta Selatan) No. 454/Pdt. G/1999/PN Jak Sel(30 May 2000); and Aapplications for Exequatur of international arbitrations 申请国际仲裁许可的 No. 001/Pdt/Arb Int/1999 with respect to IeIA award(伦敦国际仲裁院案件) No. 8199 of 18 June 1999;以及 No. 004/Pdt/Arb Int/1999 with respect to IeIA award(伦敦国际仲裁院案件)No. 9128 of 19 October 1999。

② Karen Mills, “Enforcement of Arbitral Awards in Indonesia & Other Issues of Judicial Involvement in Arbitration”, Presentation for the Inaugural International Conference on Arbitration of the Malaysia Branch of the Chartered Institute of Arbitrators, Kuala Lumpur (28 February - 1 March 2003) at p. 28. 然而,这些是自新法颁布以来印度尼西亚法院不予执行仲裁裁决的所有案例。

称，南雅加达地区法院对本案没有管辖权，因为双方当事人选择了仲裁。然而，南雅加达地区法院则判定，由于仲裁条款包含于ISDA主合同所附带的未签署的附录中，故未能有效地成为合同的一部分，对客户没有约束力，故该法院对本案有管辖权。南雅加达地区法院随后宣布该ISDA协议无效。Bankers Trust公司对这一判决提起了上诉。

57. 对于南雅加达地区法院及中雅加达地区法院判决的一个主要批评是，ISDA主协议十分明确地援引了包含仲裁条款的附录。主协议含有如下条款：[①]

> 1992年协议的主体需要签字，但附录可以不需要签字。

58. 因此，南雅加达地区法院的结论"与伦敦国际仲裁院认为附录属于ISDA协议的组成部分、因而当事人已经选择了仲裁的这一结论完全相反"。[②] 南雅加达地区法院的这一判决亦担忧，印度尼西亚法院在有仲裁协议的情况下仍有可能行使管辖权。印度尼西亚法院充满戒备地守护其管辖权显然违背了国际仲裁裁决执行领域广为接受的范式。

C. 以发出禁令的方式扰乱仲裁程序

59. 一些亚洲法院以发出禁制令的方式扰乱仲裁程序，这也

---

① 重新编辑于 Sebastian Pompe& Marie - Christine van Waes, "Arbitration in Indonesia" in *International Commercial Arbitration in Asia* (Philip McConnaughay & Thomas Ginsburg eds) (New York: JurisNet LLC, 2nd Ed, 2006) at p. 125。然而，作者指出，由于本案相关的法院判决和其他文件对公众保密，本文所引的相关条款由本案有关的律师提供或源于公开出版物。

② Karen Mills, "Enforcement of Arbitral Awards in Indonesia & Other Issues of Judicial Involvement in Arbitration", Presentation for the Inaugural International Conference on Arbitration of the Malaysia Branch of the Chartered Institute of Arbitrators, Kuala Lumpur (28 February - 1 March 2003) at p. 29.

背离了支持仲裁及执行的国际范式。与前一节所讨论的不正当、无理由地行使管辖权类似,发出禁令亦会妨碍作出仲裁裁决,因而使仲裁程序归于无效。臭名昭著的 Pertamina 争议与巴基斯坦的 *Hubco* 案件均是这种背离形式的例证。

(1)Pertamina 争议

60. Pertamina 争议是关于电力工程的仲裁案件。这些案件涉及印度尼西亚法院对禁令和撤销权的使用,且颇具争议。

61. 在 20 世纪 90 年代早期,印度尼西亚矿业与能源部(MME)与国有电力公司(PLN)、国有垄断石油公司(Pertamina)为建设一系列私营地热电力项目而签署了多个合同。第一个要讨论的是 Patuha 和 Himpurna(一个美国能源公司的两个设立于百慕大的特别子公司,同时也是此案的仲裁申请人)的项目。根据项目安排,印度尼西亚财政部签发保证书(以下简称财政部支持书),使 Pertamina 和 PLN 能按期履行其项目协议下的义务。协议中包含了仲裁条款,就 Patuha 和 Himpurna 项目而言,雅加达被指定为仲裁地。

62. 受到亚洲金融危机影响,印度尼西亚政府无限期中止或直接取消了许多电力项目。因无法解决项目被暂停的问题,Patuha 和 Himpurna 于 1998 年向 PLN 提起仲裁请求。

63. 仲裁庭于 1999 年 5 月作出了不利于 PLN 的裁决。确定了 PLN 的责任后,Patuha 和 Himpurna 又依据财政部支持书向印度尼西亚国家提出仲裁请求,此时,Pertamina 向中雅加达地区法院提出诉求,诉称仲裁庭在仲裁程序中有多项违规,寻求停止(与财政部支持书有关的)仲裁的禁令。1999 年 7 月,印度尼西亚法院发出了 Pertamina 所寻求的禁令,并判令如果违反该禁令,每天需支付 100 万美元的罚款。

64. 禁令导致仲裁庭将此后的开庭地点从雅加达移至海牙。印度尼西亚政府针对仲裁程序的地点变化又采取各种手段,如称仲裁庭主席有偏见而申请其回避,要求荷兰法院介入在海牙进行的仲裁程序等。这些手段最终都未能成功。

65. *Patuha* 和 *Himpurna* 案件广受争议。[①] 然而,印度尼西亚法院发出禁令的做法的确导致仲裁庭改变了仲裁地点,扰乱了仲裁程序。这与广为接受的做法相违背:通常,即使仲裁庭存在程序或结论错误,法院也不能介入仲裁程序(如发出禁令),而只能在执行阶段纠正错误,包括不予执行或撤销裁决。对于仲裁程序予以最低限度的司法干预的一个例证是新加坡的 *Mitsui Engineering & Shipbuilding Co. Ltd. v. Easton Graham Rush*(*Mitsui Engineering*)一案,[②]该案将在下文进行讨论。

66. 要讨论的第二个案件涉及 KarahaBodas 项目,这是另一个由印度尼西亚矿业与能源部、PLN 和 Pertamina 于 20 世纪 90 年代早期签约建设的私营地热电力项目。此案的仲裁地为日内瓦,按联合国贸法会仲裁规则进行。如前文所述,该项目也被暂停,因而 KarahaBodas 于 1998 年 4 月底提起了仲裁。

67. KarahaBodas 赢得了最终的裁决,Pertamina 和 PLN 需承担连带责任。[③] 在裁决作出后,Pertamina 亦向中雅加达地区法院寻求禁令。在美国、中国香港特别行政区、新加坡等地项目公司均提起了有关 Pertamina 境外财产的程序,而 Pertamina 寻求禁令

---

① 参见 Mark Kantor,"The Limits of Arbitration"(2004)1(2) TDM 关于 Pertamina 争议的处理方式的核心论述。关于 Pertamina 及印度尼西亚在仲裁中行为的更为系统的论述,见于 Karen Mills,"Enforcement of Arbitral Awards in Indonesia & Other Issues of Judicial Involvement in Arbitration". Presentation for the Inaugural International Conference on Arbitration of the Malaysia Branch of the Chartered Institute of Arbitrators, Kuala Lumpur (28 February - 1 March 2003) at p. 22 - 27 and 31 - 33。

② [2004] 2 SLR(R)14.

③ 与 *Patuha* 和 *Himpurna* 案相似,*KarahaBodas* 案也极具争议。

的努力未能影响上述程序。Pertamina 向瑞士法院申请撤销仲裁裁决亦未能成功。

68. 然而,尽管有上述判决存在,Pertamina 还是从中雅加达地区法院获得了一项禁令,禁止 KarahaBodas 在全世界各地执行该仲裁裁决,如不遵循这一禁令将导致每天 50 万美元的罚款。法院还基于该仲裁裁决违反印度尼西亚法和存在程序瑕疵的事由撤销了该裁决。[①] 因此,该裁决的执行取决于项目公司追索 Pertamina 公司海外资产的能力。项目公司在美国、加拿大、中国香港特别行政区和新加坡均提起了执行程序。最终双方达成和解,Pertamina 公司将支付给 KarahaBodas 公司 3.19 亿美元。[②] 禁止 KarahaBodas 公司在世界其他任何法域执行仲裁裁决的禁令(而不仅限于在印度尼西亚寻求执行)与国际仲裁的范式也是相悖的。

(2)*Hubco* 案

69. 像在印度尼西亚一样,在巴基斯坦,关于电力项目争议的仲裁亦在地方法院遇到困难,巴基斯坦法院亦对寻求仲裁的当事人发出了禁令。Hub Power Company Ltd. (Hubco)与巴基斯坦水电建设管理局(the Water and Power Development Authority,WAPDA)(一家国有公共事业机构)这一著名(臭名昭著)的案例再次展现了司法机关的敌对态度导致的仲裁裁决执行问题。

70. 在本案中,巴基斯坦政府邀请私营企业参与热电厂的建设,以及为 WAPDA 提供和输送电力。Hubco 与 WAPDA 之间的协议选定了英国法为合同准据法,并写明了在伦敦进行仲裁。协

---

① 印度尼西亚宣布裁决无效的判决将在下文第 D 节继续讨论。

② See John Aglion, "Pertamina Settles Power Dispute" in the online version of the *Financial Times* (published 22 March 2007).

议随后经历了两次修改(修订协议版)。关于 Hubco 项目在巴基斯坦的诸多争议中还包括腐败问题。

71. 在至少 3 年的时间里,进行了多项诉讼和仲裁程序。[①] 2000 年 6 月,巴基斯坦最高法院维持了一项针对仲裁的禁令,阻止 Hubco 公司就多项项目争议提起在伦敦进行的国际商会仲裁,其中包括对修订协议的合法性的异议——申诉称该协议是通过腐败或诈欺的途径而获得的。该案中,无论事实如何,即使有关于刑事犯罪行为的表面证据,关于公共政策的要求也已经通过对犯罪者的刑事起诉而得以满足。不仅如此,在巴基斯坦法及英国法下,仲裁员在有管辖权的案件中应独立作出裁判,在获取修订协议过程中的诈欺和腐败,不能阻止仲裁员继续就这些行为对修订协议合法性的影响进行仲裁。

72. 最高法院以 3∶2 的多数判决意见判定"公共政策"支持了这一禁令,因为关于腐败的申诉不可仲裁,因而关于腐败的申诉即构成这些争议应当首先由巴基斯坦法院、而非国际仲裁庭来解决的表面证据。多数判决意见仅有 6 页纸,主要重述了 WAPDA 提出的事实,这些事实被他们用来说明公共政策已阻碍 Hubco 公司行使仲裁权利。多数判决意见未引用 Hubco 或 WAPDA 所引用的任何案例。相反地,少数意见则超过 60 页,有完整的说理,引用了大量案例。

73. 多数判决意见遭到了严厉批评。例如,有论者如是

---

① 关于这一争议更为完整的讨论,参见 Kairas N Kabraji, "Allegations of Corruption Vitiate International Commercial Arbitration – The Pakistan Experience", a paper prepared for the 17th LAWASIA Biennial Conference, Christchurch (4 – 8 October 2001)。

评论：[1]

> 司法者（最高法院多数判决意见作出者）以使用公共政策的方式反对国际商事仲裁，法律的发展被引向了贫瘠之地而只能枯萎。

74. 如果法院采取敌视和干涉主义的态度来对待仲裁，并使用公共政策事由作为阻止仲裁程序的方式，那么，法院更可以使用这一事由来驳回当事人申请执行仲裁裁决的申请。亚洲法院在拒绝执行时对公共政策事由的广泛依赖将在下文进一步讨论。[2]

75. 进一步说，多数判决意见也与英国上诉法院在 *Fiona Trust & Holding Corp v. Yuri Privalov*（*Fiona Trust*）案中所采取的谦抑立场相反。[3] 在该案中，一方当事人诉称存在贿赂，请求撤销包含仲裁条款的整个合同。上诉法院判决认为，如果一方当事人主张存在贿赂、因而合同应属无效，除非贿赂与仲裁条款明确相关，否则仲裁条款仍单独有效。因此，在该案中，合同的有效性应当由仲裁员而非法院来判断。这才是巴基斯坦最高法院应当采取的立场，因为诉称的诈欺和腐败从表面来看与仲裁条款并不明确相关，仲裁庭应当对修订协议的有效性具有管辖权，并且由仲裁庭管辖这一问题并不违反公共政策。

76. 上述案件与当今国际仲裁的规范（法院应当支持仲裁和减少干预）相违背。前文提到的 *Mitsui Engineering* 案则清晰地展

---

① Kairas N Kabraji, "Allegations of Corruption Vitiate International Commercial Arbitration – The Pakistan Experience", a paper prepared for the 17th LAWASIA Biennial Conference, Christchurch (4 – 8 October 2001) at p. 10.

② 见本文第 E 节。

③ [2007] EWCA Civ 20 [2007] 2 Lloyd's Rep 267; (Decision dated 24 January 2007).

示了这一规范。在该案中,*Mitsui* 和 *Keppel* 为合伙企业的合伙人,争议在二者之间产生并被提交仲裁。Easton 被任命为仲裁员,并就一些初步问题,根据双方提交的材料与开释的证据发出了首个临时裁决。Mitsui 出于多种原因对该临时裁决不满,并提出了对 Easton 作为仲裁员的异议。Mitsui 随后申请中间禁令(interlocutory injunction),要求在对 Easton 的异议和撤销他作出的临时裁决的程序尚未终结时,阻止 Easton 在仲裁中"继续或协助诉讼程序或采取任何进一步行动"。

77. 新加坡最高法院的 Woo Bih Li(吴必理)法官判定,法院并无作出上述中间禁令的管辖权,并据此驳回申请。在得出这一结论时,吴法官写道,《示范法》第 5 条表明,"任何法院均不得干预。除非本法(《示范法》)有例外规定"。而《示范法》并未规定,对于仲裁员的回避申请或撤销裁决的申请,法院可以发出中间禁令,故法院无权发出中间禁令。①

78. 吴法官在其判决中还写道,在撤销之诉尚未决出之时发出中间禁令是"违背最低限度司法介入机制"的。② 相似地,在新加坡上诉法院最近作出的 *Soh Beng Tee & Co. Pte Ltd. v. Fairmount Development Pte Ltd.* 一案的判决中,V K Rajah 法官写道:③

---

① Woo Bih Li 法官还写道,《示范法》第 13 条第 3 款最后一句允许仲裁员在法院尚未对仲裁员异议申诉做出决定之前继续仲裁程序,表明应由仲裁员而非法院来决定仲裁程序是否在存在仲裁员异议的情况下中止。上诉法院在 *L W Infrastructure Pte Ltd. v. Lim Chin San Contractors Pte Ltd.* [2013] 1 SLR 125 一案中,确认了《示范法》第 5 条的目的在于"在法院何时可以介入这一问题上提供一定的确定性"。因此,法院具有介入仲裁裁决的管辖权的情形是由《示范法》明示的。

② *Mitsui Enginering & Shipbuilding Co. Ltd. v. Easton Graham Rush* [2004] 2 SLR(R) 14 at [40].

③ *SohBeng Tee & Co. Pte Ltd. v. Fairmount Development Pte Ltd.* [2007] 3 SLR(R) 86 at [59],本案中,上诉法院撤销了下级法院以违反自然正义法则为由撤销仲裁裁决的决定。

> 现今的司法环境要求法院不应当在没有适当事由的情况下干预仲裁程序，无论是国内仲裁还是国际仲裁。毋庸置疑的是，国际实践已由早前的积极干预的实践方式完全转向尊重与保护仲裁程序的自治性。……

D. 执行法院并非仲裁所在地，但行使管辖权撤销仲裁裁决

79. 在上文对 *Karaha Bodas* 案的讨论中，我们已经提到，中雅加达地区法院并未正确地适用法律撤销仲裁，而印度尼西亚也并非本案仲裁地。[①]《纽约公约》第 5 条第 1 款(e)项规定如下：

> 一、裁决唯有于受裁决援用之一造向声请承认及执行地之主管机关提具证据证明有下列情形之一时，始得依该造之请求，拒予承认及执行：
>
> ……
>
> (e)裁决对各造尚无拘束力，或业经裁决地所在国或裁决所依据法律之国家之主管机关撤销或停止执行者。……(强调系作者后加)

80. 显而易见，本案的仲裁地并非印度尼西亚。不仅如此，"裁决所依据法律"通常被解释为管辖仲裁程序的法律(除非当事人另行选择之外，为仲裁地法律，也即本案中的瑞士法)，而非仲裁实体法(印度尼西亚法)。下文的评论体现了这一点：[②]

> 《纽约公约》第 5 条第 1 款(e)项中所提到的能够撤销仲裁裁决的"主管机关"实际上总是裁决地所在国的法院。裁决"所依据法律"这一词语所指向的是双方当事人选择的管

---

① See Mark Kantor, "The Limits of Arbitration"(2004)1(2) TDM at 6.

② See Mark Kantor, "The Limits of Arbitration"(2004)1(2) TDM at 6.

辖仲裁的仲裁法不同于裁决地所在国仲裁法的理论情形。

81. 因此,在本案中,印度尼西亚法院并不享有《纽约公约》下撤销仲裁裁决或宣告无效的权力。这显然表明了印度尼西亚法院缺乏对《纽约公约》的正确理解,并对仲裁程序持干预主义态度。

E. 法院对公共政策例外的广泛依赖

82. 公共政策作为不予执行或者撤销国际商事仲裁裁决的事由,[①]在实践中导致了很多问题。下述两百年前的关于公共政策的警句至今仍言犹在耳:[②]

> (公共政策)是一匹脱缰野马,一旦跨上马背你就不知道它将带你去向何方。它可能领你远离健全的法律之路。只有在其他论点都失败了的时候,人们才会使用它。

83. 问题的长期性源于亚洲法院对于公共政策事由定义宽泛,背离了应该对公共政策事由采取限缩解释的范式——如只应针对"对最基本的道德观念与正义的违反"。[③]

84. 马来西亚高等法院在 *Harris Adacom Corp v. Perkom Sdn Bhd*(*Harris Adacom*)[④]案中体现出来的问题是,《纽约公约》第 5

---

① 例如,《纽约公约》第 5 条第 2 款(b)项,以及《示范法》(1985 年 6 月 21 日,并于 2006 年 7 月 7 日修订)第 34(2)(b)(ⅱ)条、第 36(1)(b)(ⅱ)条。

② *Richardson v. Mellish*(1824) 2 Bing 229 at 252; [1824 – 1834] All ER 258 at 266.

③ See Michael Hwang & Andrew Chan, "Enforcement and Setting Aside of International Arbitral Awards – The Perspective of Common Law Countries" in *ICCA Congress Series No.* 10, *New Delhi*, *March* 2000: *International Arbitration and National Courts*: *The Never Ending Story*(Albert Jan van den Berg gen ed) (The Hague: Kluwer Law International, 2000) at p 152,讨论了 *Hebei Import & Export Corp v. Polytek Engineering Co. Ltd.* (*No.* 2) [1998] 1 HKC 192,与美国法院在 *Parsons & Whittemore Overseas Inc v. Société Générale de l' Industrie du Papier* (*RAKTA*) 508 F 2d 969 (1974)案件中的论述相呼应。

④ [1994] 3 MLJ 504.

条第2款(b)项中的公共政策概念“并非总能被国内法院正确理解”。①

85. 在本案中,被告(Perkom)与Harris(一家美国公司)签订了分销协议,并按协议应支付一定的款项。Harris随后将其所有的权利转给原告(Harris Adacom)。被告拖欠支付欠款后,原告在美国提起并赢得了仲裁,原告随后依据《1985年执行法》申请注册该裁决。

86. 被告反对该申请的一个理由是,由于原告为一家以色列公司,故执行该裁决违反公共政策。Abu Mansor法官批准了原告执行仲裁裁决的申请,他认为,尽管原告持有一家在以色列运营的子公司68%的股份,但本案所涉的分销协议中是由其美国的部门所开发、制造和支持的。因此,他认为执行本案裁决并不违反公共政策。然而,以下段落也许表现出法院缺乏对于《纽约公约》下公共政策作为不予执行的事由应当严格解释的正确理解:②

> 对于原告是一家以色列公司,因而执行裁决有违公共政策的主张而言,通常认为,如果呈至本法院的外国公司声明中表明原告为一家以色列公司,则执行裁决违背公共政策,因为与以色列的贸易是被禁止的。

87. 对上述Mansor法官在*Harris Adacom*一案中意见的摘录表明其未能遵循公共政策作为不予执行仲裁裁决事由的限缩解

---

① Gabrielle Kaufmann - Kohler, “Enforcement of Awards - A Few Introductory Thoughts” in *ICCA Congress Series No.* 12 *Beijing*, *May* 2004: *New Horizons in International Commercial Arbitration and Beyond* (Albert Jan van den Berg gen ed) (The Hague: Kluwer Law International, 2004) at p. 287.

② 然而法院在本案中并未得到马来西亚总检察署提交的文书,如果总检察署介入,其将毫无疑问地反对这一说理。然而,由于本案并未上诉,马来西亚总检察署没有机会表达其对这一问题的意见。

释，以及“国内及国际公共政策的区分”。[①] 国内、国际公共政策的区分，以及公共政策作为不予执行事由的限缩解释，均在 Albert Jan van den Berg 的如下评论中得到了清晰的体现：[②]

> 公共政策抗辩极少导致仲裁裁决的不予执行。其中的一个理由是国内与国际公共政策之间的区分。这一区分意味着国内关系中的公共政策因素并不必然属于国际关系中的公共政策。由于这一区分，属于国际案件中公共政策的事项要少于国内的。国内与国际关系的不同目的证明了进行这一区分的合理性。在公约项下的案件中，这一区分得到了各国法院越来越多的认可。

88. *Harris Adacom* 案中所采纳的立场，与美国第二巡回上诉法院在关于公共政策限缩解释的经典案例，*Parsons & Whittemore Overseas Inc. v. Société Générale de l'Industrie du Papier* (*RAKTA*)(*Parsons*)一案相反。[③] 该案与 *Harris Adacom* 一案具有相似的特点——在该案中，[④]美国公司 Parsons & Whittemore Overseas 与埃及公司 Société Générale de l'Industrie du Papier (RAKTA)签订了关于在埃及建设一家工厂的合同。该工程由美国国际开发署(US Agency for International Development, AID)负责提供资金

---

① Ahmed S El – Kosheri, "Enforceability of Awards – Some Additional Problems" in *ICCA Congress Series No.* 12, *Beijing*, *May* 2004: *New Horizons in International Commercial Arbitration and Beyond* (Albert Jan van den Berg gen ed) (The Hague: Kluwer Law International, 2004) at p. 340.

② Albert Jan van den Berg, "Why are Some Awards Not Enforceable?" in *ICCA Congress Series No.* 12, *Beijing*, *May* 2004: *New Horizons in International Commercial Arbitration and Beyond* (Albert Jan van den Berg gen ed) (The Hague: Kluwer Law International, 2004) at p. 309.

③ 508 F2d 969 (2nd Cir. 1974).

④ 对本案事实的转引大部分源于 Albert Jan van den Berg, *The New York Convention of* 1958 (Deventer: Kluwer Law and Taxation Publishers, 1981) at p. 363 – 364。

支持。在工程接近完工时,第三次中东战争(阿以六日战争)爆发,埃及驱逐了除可申请特殊签证的人员以外的所有美国公民。美国国际开发署通知 Parsons 公司,其将撤回所有对该工程的资助。Parsons 公司随后以不可抗力为由放弃了这一工程,RAKTA 不同意,提起仲裁并获得了有利裁决。

89. 在执行之诉中,Parsons 公司在抗辩中列举了美国官员的诸多行为,特别是国际开发署撤回资助,并要求 Parsons 公司作为忠诚的美国公民放弃该工程。执行该工程的前提是 Parsons 公司继续该工程,这有悖于现行国家政策,从而违反了美国的公共政策。

90. 为回应 Parsons 公司的抗辩,美国第二巡回上诉法院写下了如下的著名论断:①

> ……《纽约公约》的公共政策抗辩应当被限缩解释。外国仲裁裁决仅可因为违反了法院所在国家的基本道德和正义,才可以公共政策为由不予执行。

91. 法院随后拒绝了 Parsons 公司的抗辩。判决中的下述段落尤其具有指导意义:

> 上诉人将国家政策等同于美国的"公共"政策,显然有失妥当。将公共政策抗辩理解为保护国家政治利益的狭隘工具将严重减损公约的效用。这一条文并不意味着以"公共政策"之名为莫测的国际政治政策护航;相反地,公约的制定者经过深思熟虑所设的是有边界的公共政策原则,所有的迹象

① *Parsons & Whittemore Overseas Inc v. Société Générale de l' Industrie du Papier*(*RAKTA*) 508 F2d 969 (1974). 本段在 Singapore Attorney – General's Chambers Review on Arbitration Laws 2001 (LRRD No. 3/2001) 第 2.37.18 段及脚注 101 中被引用。本段也被作为关于这一问题的定义性表述重复引用。见正文关于本案的讨论。

均表明,美国加入公约意味着同意了公共政策的超国家特质。

以美国与埃及近年来交恶为由拒绝执行本仲裁,这意味着将公约原本狭窄的抗辩范围变为公约执行机制的巨大漏洞。因此,我们毫无犹疑地拒绝该公司援引公共政策抗辩的请求。

92. 印度尼西亚法院在处理公共政策这一概念上的立场也背离了 *Parsons* 案所表达的广为接受的范式。在印度尼西亚的 *ED&F Man (Sugar) Ltd. v. Yani Haryanto*(*EDF Man*)案件中,[①] 涉案争议是 ED&F Man (Sugar) Ltd.(卖方)与 Yani Haryanto(买方)之间关于供应糖的合同。合同约定了伦敦仲裁。当时,只有政府物流局(BULOG)有权进口及授权进口糖,而买方并未获得该授权。在合同签订日与约定的交货日之间,糖的价格显著下降。买方未能履行合同,未提供交易所需的信用证,并撤销了合同。

93. 卖方在伦敦提起了仲裁,并获得了裁定买方违约的裁决。买方向英格兰高等法院提起诉讼,请求宣布合同无效——其理由是政府物流局未允许上述糖类进口,故该合同违反法律及公共政策。

---

① 对本案的讨论,参见 Karen Mills, "Enforcement of Arbitral Awards in Indonesia & Other Issues of Judicial Involvement in Arbitration" Presentation for the Inaugural International Conference on Arbitration of the Malaysia Branch of the Chartered Institute of Arbitrators, Kuala Lumpur (28 February – 1 March 2003); Leslie Chew SC, "Public Policy – The Ride of the Unruly Steed on the Highway of International Arbitration" <http://www.lawgazette.com.sg/2003-12/Dec03-col2.htm> (accessed 12 July 2013), first published in the *Singapore Law Gazette* (December 2003); S Gautama, "Indonesia" in *ICCA International Handbook on Commercial Arbitration* (*Asian Countries*) vol 2 (A Jan van den Berg & P Sanders gen eds) (Deventer: Kluwer Law and Taxation Publishers, 2000) at p. 29 – 30。

94. 双方随后达成和解协议,买方须分期支付卖方经折减的赔偿金。和解协议亦规定,关于和解协议的任何纠纷,应在伦敦进行仲裁。买方再次拖欠上述分期付款,卖方再次在伦敦提起了仲裁。卖方再次获得了有利裁决。

95. 买方对第 2 个仲裁裁决不满,向中雅加达地区法院提起诉讼,以合同自始无效、违反法律和公共政策、仲裁条款亦为无效为由,寻求宣告原始买卖合同无效。中雅加达地区法院宣布原始买卖合同无效,其理由是,当时仅有政府物流局有权(批准)进口糖,而买方并未从该处获得进口许可。法院认为,该原始买卖合同"违反了印度尼西亚的法律,故违背印度尼西亚公共政策"①,并认为,任何仲裁"只要与这样的非法合同有关,就违反了法律及公共政策,故而不可执行"。② 雅加达上诉法院和印度尼西亚最高法院均维持了地区法院的决定。

96. 印度尼西亚法院认为,违反禁止进口糖的国内法会致使相关的糖类买卖争议的仲裁裁决违反公共政策,对公共政策的定义十分宽泛。不仅如此,印度尼西亚的上述决定"无视了买方是违反法律一方的事实,以及在此案中双方争议与原始的买卖合同并不相关,而是与此后的和解协议有关"。③ 考虑到这一因素,印度尼西亚法院更应当执行这一裁决。和解协议是双方自愿达成

① S Gautama, "Indonesia" in *ICCA International Handbook on Commercial Arbitration* (*Asian Countries*) vol 2 (A Jan van den Berg & P Sanders gen eds) (Deventer: Kluwer Law and Taxation Publishers, 2000) at p. 30.

② Leslie Chew, "Public Policy – The Ride of the Unruly Steed on the Highway of International Arbitration" < http://www. lawgazette. com. sg/2003 – 12/Dec03 – col2. htm > (accessed 12 July 2013), first published in the *Singapore Law Gazette* (December 2003).

③ Karen Mills, "Enforcement of Arbitral Awards in Indonesia & Other Issues of Judicial Involvement in Arbitration", Presentation for the Inaugural International Conference on Arbitration of the Malaysia Branch of the Chartered Institute of Arbitrators, Kuala Lumpur (28 February – 1 March 2003) at p. 11.

的，并不违反公共政策：①

> 对公共政策问题的范围采取限缩立场，会使印度尼西亚法院在赋予仲裁裁决效力的同时，满足其国内的公共政策，因为承认该裁决是认可和解的效力，而并非批准糖类的非法进口。

97. 印度西尼亚法院未能执行这一就和解协议做出的裁决可能说明，印度尼西亚法院不会充分尊重仲裁庭的决定，而这一态度可能源于“法院方面缺乏对仲裁概念的理解”。② 进一步说，对公共政策事由的宽泛解读与《纽约公约》所推崇的支持仲裁的偏向所不符。这些原因均加剧了对广为接受的执行仲裁裁决的范式的背离。③

98. 在 *Bankers Trust* 案中④，尽管南雅加达地区法院认为其享有对该争议的管辖权，在对该判决的上诉进行之时，伦敦国际商事仲裁院的仲裁庭做出了有利于 Bankers Trust 的裁决。Bankers Trust 请求中雅加达地区法院执行该裁决，该请求被中雅加达地区法院驳回。该法院认为在该争议的民事诉讼程序尚在进行时，执行与之相关的国际仲裁裁决有违印度尼西亚的“公共秩序”。法院认为，“如果执行一个与南雅加达地区法院判决相冲突的仲裁

---

① Leslie Chew, “Public Policy – The Ride of the Unruly Steed on the Highway of International Arbitration” < http://www. lawgazette. com. sg/2003 – 12/Dec03 – col2. htm > (accessed 12 July 2013), first published in the *Singapore Law Gazette* (December 2003).

② Leslie Chew, “Public Policy – The Ride of the Unruly Steed on the Highway of International Arbitration” < http://www. lawgazette. com. sg/2003 – 12/Dec03 – col2. htm > (accessed 12 July 2013), first published in the *Singapore Law Gazette* (December 2003).

③ 见本文第二部分的讨论。

④ 案件事实见本文第 B 节。

裁决,会扰乱公共秩序”。[①] 中雅加达地区法院的这一论断忽视了下述事实:[②]

> ……南雅加达法院的判决在其上诉程序穷尽之前并非最终的、有约束力的,但仲裁裁决则是最终的、有约束力的,法院所能做的是执行而非对之进行审查。

99. 中雅加达地区法院的判决再次说明了其对“公共秩序/政策”的扩张解释:在仲裁裁决与印度尼西亚法院的判决相冲突时,印度尼西亚法院认为仲裁裁决违反公共秩序而不宜执行。法院显然认为仲裁法中的“公共秩序”概念包含国内法律和秩序概念。如前文所说,这与广泛接受的执行国际仲裁裁决的实践显著不同,“大多数国家将国际‘公共政策’限缩于维持社会秩序的基本规则”。[③] 评论者认为,“地区法院对于‘公共秩序’的扩张解释将是国际商界评估印度尼西亚仲裁及裁决执行中的质疑产生之源”。[④]

100. 印度法院亦未能恰当的定义与适用国际仲裁裁决不予执行的公共政策事由,并采取了宽泛的“公共政策”定义,导致对仲裁裁决的司法审查变为实质性的上诉。

---

① As cited in Sebastian Pompe & Marie – Christine van Waes, “Arbitration in Indonesia” in *International Commercial Arbitration in Asia* (Philip McConnaughay & Thomas Ginsburg eds) (New York: JurisNet LLC, 2nd Ed, 2006) at p. 125.

② Karen Mills, “Enforcement of Arbitral Awards in Indonesia & Other Issues of Judicial Involvement in Arbitration”, Presentation for the Inaugural International Conference on Arbitration of the Malaysia Branch of the Chartered Institute of Arbitrators, Kuala Lumpur (28 February – 1 March 2003) at p. 29.

③ Sebastian Pompe & Marie – Christine van Waes, “Arbitration in Indonesia” in *International Commercial Arbitration in Asia*(Philip McConnaughay & Thomas Ginsburg eds) (New York: JurisNet LLC, 2nd Ed, 2006) at p. 126.

④ Sebastian Pompe & Marie – Christine van Waes, “Arbitration in Indonesia” in *International Commercial Arbitration in Asia*(Philip McConnaughay & Thomas Ginsburg eds) (New York: JurisNet LLC, 2nd Ed, 2006) at p. 126.

101. 这在印度最高法院在 *Oil and Natural Gas Corp Ltd. v. SAW Pipes*（*SAW Pipes*）[1]案的判决中得以印证。在本案中,印度最高法院需要对《1996 年印度仲裁与调解法》[2]第 34 条中的"印度的公共政策"范围进行定义。该条如下:

第 34 条　申请撤销仲裁裁决……

(2)仅当存在下列情形,法院可撤销仲裁裁决:

……

(b)法院认为

……

(ii)仲裁裁决与印度公共政策冲突。

解释——无损于第(ii)分项的整体性,特在此说明,为避免疑义,如仲裁裁决是在由于或受到诈欺或腐败影响而作出的,则与印度的公共政策相冲突……

102. 本案争议源于被上诉人 SAW Pipes 公司向上诉人Oiland Natural Gas Corp Ltd.（ONGC）公司销售钢管的合同。该合同规定了固定金额的赔偿金,即如果被上诉人未能按照合同约定的时间提供钢管,则上诉人有权获得双方所同意的赔偿金,以及根据迟延的时间,每周多支付合同金额 1% 的非惩罚性滞纳金,但最高不超过合同金额的 10% 。双方产生争议,上诉人行使了该赔偿金条款项下的权利,将该金额从应向被上诉人支付的货款中扣除。被上诉人就该扣款提出异议,并提交仲裁。仲裁庭认为上诉人行使赔偿金条款项下的权利不当,因为按照合同,其仅能够在因为被上诉人违约而受到损失时方可行使该权利,而本案中这一点并未得到证明。

103. 上诉人随后申请撤销该裁决。印度最高法院认为仲裁

---

① (2003) 5 SCC 705.

② No. 26 of 1996.

庭未能成功证明，为何其认为上诉人在行使从购货款中扣除固定金额的赔偿金的合法权利之前，仍需证明其因为对方延迟交货而遗遭受损失。[①] 因而，最高法院认为，“印度的公共政策”不应限缩解释，该裁决显然违法，应被撤销：

> 显然，“印度的公共政策”不是必须进行限缩解释。如前所述，根据法律的目的，该词语既可以限缩解释，也可以扩张解释。……我们认为，出于保护法律与正义免受侵害的目的，应进行扩张解释。……
>
> 因此，如果裁决在阐述法律规则或法律适用上有误，法院应该有管辖权予以干涉……

一则早先对于该案的讨论如此写道：

> 通过对行政法领域的概念的相互借鉴，印度最高法院扩展了公共政策在印度法下的含义。至少在印度，这一概念认为，在使用公共政策撤销裁决时，其所涉的法律错误应是“蓄意、显然、清晰或突出，以至于当它被注意到时，无须任何其他论证即可发现它的错误”。

104. *SAW Pipes* 案的判决对印度最高法院早先在 *GEC v. Renusagar Power Co. Ltd.* (*Renusagar*)[②]一案中所设定的“公共政策”标准有所扩张，因其认为显然违反法律的仲裁裁决可以以公共政策事由撤销。在 *Renusagar* 案中，印度最高法院认为，仅仅是违反印度法律还不足以援引公共政策事由。印度最高法院认为，如以公共政策事由不予执行外国仲裁裁决，必须满足该执行有

---

① Michael Hwang SC & Desmond Ang, “Challenging Arbitral Awards under the Model Law in Singapore and New Zealand” presented at the First New Zealand Arbitration Day, Auckland, New Zealand (9 June 2006).

② (1994) AIR 860.

违:“(i)印度法律的根本政策;(ii)印度的国家利益;或(iii)正义和道德。”[1]印度最高法院提出的这一公共政策标准也曾受到质疑,因为其解释亦相当宽泛:[2]

> 然而,印度最高法院(在 *Renusagar* 案中的)立场所引起的担忧是,法院将如何仇外地解释公共政策的概念。尽管 Renusagar 案中法院最终维护了仲裁裁决,但法院的说理隐含着国家及经济利益可以属于公共政策的推论。

105. 从 *SAW Pipes* 一案的判决来看,这些担忧成为现实。该案所导致的宽泛的“公共政策”概念,对在印度寻求仲裁裁决执行的当事人而言意味着更多的阻碍,并且这也与国际仲裁裁决中应当适用的支持仲裁的偏向和限缩的公共政策概念相违背。[3]

106. 如前所述,对公共政策事由的宽泛解读与世界上大多数国家法院所采取的限缩解释公共政策的立场完全相反。下列新加坡案例即坚守了限缩解释公共政策事由的立场。

107. 在 *Re an arbitration between Hainan Machinery Import and Export Corp and Donald &McArthy Pte Ltd.* (*Hainan Machinery*)案

---

① Michael Hwang & Andrew Chan, “Enforcement and Setting Aside of International Arbitral Awards — The Perspective of Common Law Countries” in *ICCA Congress Series No.* 10, *New Delhi* (2000): *International Arbitration and National Courts: The Never Ending Story*(Albert Jan van den Berg gen ed) (The Hague: Kluwer Law International, 2000) at p. 157.

② Michael Hwang & Andrew Chan, “Enforcement and Setting Aside of International Arbitral Awards — The Perspective of Common Law Countries” in *ICCA Congress Series No.* 10, *New Delhi* (2000): *International Arbitration and National Courts: The Never Ending Story*(Albert Jan van den Berg gen ed) (The Hague: Kluwer Law International, 2000) at fn 62.

③ 印度法律与司法部于2010年公布了其关于提议修改《1996年仲裁和调解法》的征询意见书,其中的一项修改就是以立法方式推翻在 *Oil and Natural Gas Corp Ltd. v. SAW Pipes*(2003) 5 SCC 705 中对于“公共政策”的宽泛解释,将“显然违法”从“公共政策”中移除,但承认其是额外的一个拒绝执行事由。

中,[1]双方签订了合同,原告向被告购买钢线盘条。合同规定,如双方不能友好解决争议,则应将争议提交由双方指定的中国仲裁机构,按该机构的仲裁规则进行仲裁。被告未能按合同规定的日期将货物装运,并称是由于港口所在地的暴风和地震所致。原告撤销了合同并向被告寻求"217,500 美元作为合同项下不予履行的罚金"。被告以不可抗力为由抗辩。由于双方无法达成和解,原告向合同约定的中国仲裁机构(现在的中国国际经济贸易仲裁委员会,CIETAC)提出仲裁。CIETAC 多次向被告告知该仲裁程序并邀请其参加仲裁,但被告拒绝参加,称其未同意由该机构进行仲裁。CIETAC 继续了仲裁程序并最终做出了有利于原告的裁决。

108. 原告随后在新加坡依照《仲裁(外国裁决)法》(以下简称《旧法》)申请执行该裁决。[2] 这一申请在《旧法》被《1994 年国际仲裁法》[3]所废除之前被法院受理和聆讯。原告申请成功,法院执行该裁决的判令亦被送达被告。被告诉请撤销该判令,但初审败诉。其上诉程序由 Judith Prakash 法官在《1994 年国际仲裁法》生效后受理,并且,依据该法第 36 条的规定,[4]视为该程序在《1994 年国际仲裁法》生效后提交。被告提出了多个上诉事由,但本文仅讨论其提出的公共政策事由。该事由源于《1994 年国际仲裁法》第 31 条第 4 款(b)项[与现行《国际仲裁法》第 31 条第 4 款(b)项相似]。被告模糊的辩称,存在"未能就双方当事人之间的真实争议而作出裁决的可能性"。对于"当事人之间的真实争

---

① [1995] 3 SLR(R) 354.

② 《旧法》Cap 10A, 1985 Rev Ed。

③ Act 23 of 1994,在判决作出时的法律为:Cap 143A, 1995 Rev Ed。

④ International Arbitration Act (Cap 143A, 1995 Rev Ed),该法第 36 条规定:"任何依据已废止的《仲裁(外国裁决)法》提起的诉讼程序应视为按照本法相应条文提起而继续进行。"

议”，被告可能是指不可抗力条款的适用。在驳回被告的抗辩时，Judith Prakash 法官写道：[1]

> ……被告有充分的机会在仲裁庭面前提起任何他们认为是真正争议的问题。事实上，CIETAC 注意到了被告在不可抗力问题上的立场，然而，被告并未提供给 CIETAC 任何实质性的材料，仅有直接的主张。被告在其签订合同时就同意了在中国仲裁，既然如此，又由于其自主选择不参与仲裁程序，所以他们不能再申辩由于他们未能向 CIETAC 递交证据而可能导致的不公。
>
> 我的观点是，公共政策并不要求本法院不予执行原告获得的仲裁裁决。此案中并无关于违反法律和诈欺的抗辩，执行也并不损害公共利益。正如原告所申述的，根据国际礼让原则，外国仲裁庭做出的仲裁裁决应当得到遵从，除非存在例外情形……而本案中并无足以让本法院不予执行该裁决的例外情形。（强调系作者后加）

109. Prakash 法官支持于执行的立场被认为是“完全合理的”。[2] 这一支持执行的立场亦体现于 *Aloe Vera of America, Inc v. Asianic Food (S) Pte Ltd.* [3]案中。在该案中，Prakash 法官在依据公共政策拒绝执行一项在公约成员国作出的裁决中写道，该裁决“除非违反了基本的正义与道德观念，否则应当得到执行”。[4]

---

① *Re an arbitration between Hainan Machinery Import and Export Corp and Donald & McArthy Pte Ltd.* [1995] 3 SLR(R) 354 at [44] – [45].

② Ho Hock Lai, “Enforcement of Foreign Arbitral Award” [1996] Sing JLS 241 at 250.

③ [2006] 3 SLR(R) 174.

④ *Aloe Vera of America, Inc v. Asianic Food (S) Pte Ltd.* [2006] 3 SLR(R) 174 at [75], citing from *Hebei Import & Export Corp v. Polytek Engineering Co. Ltd.* [1999] 2 HCK 205 at 211.

法官再次重申了其在 *Hainan Machinery* 案中的观点，即根据国际礼让原则，外国仲裁庭作出的仲裁裁决应当得到遵从，除非存在例外情形。

110. 相似地，许多其他亚洲同法区的法院也（正确的）采纳了对于公共政策事由的限缩解释立场。其中一个著名的案例是中国香港地区的 *Hebei Import & Export Corp v. Polytek Engineering Co. Ltd.* [1]一案，在该案中，香港终审法院认为，“法院应当出于礼让认可外国仲裁庭作出的裁决的合法性，并赋予其法律效力，除非这样做会违反最基本的道德与正义观念”。[2]

111. 这一解释公共政策事由的国际范式也在韩国案例 *Adviso NV* (*Netherlands Antilles*) *v. Korea Overseas Construction Corp* (*Adviso*)[3]中得到了呼应。在该案中，韩国最高法院维持了韩国上诉法院关于执行在苏黎世作出的一项国际商会仲裁裁决的决定。韩国最高法院认为：

> 此条[《纽约公约》第 5 条第 2 款(b)项]的基本原则，是保护仲裁裁决的承认和执行地最根本的道德信念和社会秩序不受侵害……

112. 韩国最高法院认可《纽约公约》第 5 条第 2 款(b)项的公共政策事由必须限缩解释，而且“仅仅是存在适用于仲裁裁决的特定法律规则违反了韩国强行法的情形下，否则并不必然构成不

---

① [1999] 2 HKC 205.

② *Hebei Import & Export Corp v. Polytek Engineering Co. Ltd.* [1999] 2 HCK 205 at 209. 香港上诉法院最近在 *Gao Haiyan v. Keeneye Holdings Ltd.* [2011] *HKEC* 1626 一案中确认，香港法院必须执行外国仲裁裁决，除非这样做会违背“最基本的道德与正义观念”。

③ XXI YBCA 612 (1996).

予执行的充分理由”[1]。韩国最高法院随后写道，“仅在承认该裁决的具体后果会违背韩国的善良道德与社会秩序的情况下，才会不予承认与执行”。

113. 相似的是，在中国内地，最高人民法院“似乎对何种情况下构成违反公共政策亦采取了严格解释”。[2] 这在ED&F曼氏（香港）有限公司与中国糖业酒类集团公司一案中得到了体现。该案涉及申请承认和执行伦敦糖业协会的一个仲裁裁决[3]。该仲裁裁决是针对期货交易合同中的违约而作出的。尽管最高人民法院承认，中国的强行法禁止中国公司在海外进行未经授权的期货交易，而涉案合同违反了该强行法，但法院认为，违反中国的强行法并不完全等同于违反公共政策，从而导致《纽约公约》第5条项下的不予执行。一则评论认为，“主流观点认为，除非违法行为蓄意而显著，否则任何以公共政策事由的拒绝执行请求都很难成功”。[4]

114. 最高人民法院的一名法官的文章表达了相同的观点，如下：[5]

> 迄今为止，中国法院还未以公共政策为事由拒绝执行任何外国仲裁裁决；而仅有一例以此为事由被不予执行的涉外

---

① Julian Lew, Loukas Mistelis & Stefan Kröll, *Comparative International Commercial Arbitration* (The Hague: Kluwer Law International, 2003) at p. 727.

② Friven Yeoh, “Enforcement of Dispute Outcomes” in *Managing Business Disputes in Today's China* (Michael Moser ed) (The Hague: Kluwer Law International, 2007) at p 270.

③ 〔2003〕民四他字第3号复函。

④ Friven Yeoh, “Enforcement of Dispute Outcomes” in *Managing Business Disputes in Today's China* (Michael Moser ed) (The Hague: Kluwer Law International, 2007) at p 271.

⑤ Gao Xiaoli, “Public Policy and Enforcement” (2006) 1(3) *Global Arbitration Review* at 22.

仲裁裁决。

115. 在讨论其他最高人民法院驳回针对仲裁裁决的公共政策事由抗辩的案件时，作者评论道，“（随后的拒绝公共政策抗辩的案例）也许更加典型地反映了中国目前的司法立场”。[①]

116. 文中所讨论的一个案例中[②]，一家日本公司向海口市中级人民法院申请执行瑞典斯德哥尔摩商会的仲裁裁决。中国公司反对执行，辩称仲裁裁决的执行违反了中国法律要求中方作出的外汇担保必须经由政府审批的规定。地方法院（海口市中级人民法院和海南省高级人民法院）同意了中方的抗辩，并拟不予执行，但最高人民法院的意见相反。最高人民法院与前述伦敦糖业案中的立场相同，认为违反法律的强制性规定不同于违反《纽约公约》下的公共政策。

117. 新近的韦斯顿瓦克公司申请承认与执行英国仲裁裁决案[③]中，最高人民法院认为，《纽约公约》第 5 条第 2 款（b）项的“公共政策”定义应严格解释和适用。最高人民法院在此案中特别指出，“只有在承认和执行外国商事仲裁裁决将导致违反我国法律基本原则、侵犯我国国家主权、危害国家及社会公共安全、违反善良风俗等危及我国根本社会公共利益情形时，才能援引公共政策事由予以拒绝承认和执行”。[④] 法院适用了该限缩解释标准，并认定本案所涉仲裁裁决不应以违反中国的公共政策或公共秩

---

① Gao Xiaoli, “Public Policy and Enforcement”(2006) 1(3) *Global Arbitration Review* at 23.

② 日本三井物产株式会社申请承认与执行瑞典斯德哥尔摩商会仲裁院 060/1999 号仲裁裁决案，〔2001〕民四他字第 12 号复函。另一则案例是：ED &F 曼氏（香港）有限公司与中国糖业酒类集团公司案，〔2003〕民四他字第 3 号复函。

③ 《最高人民法院关于韦斯顿瓦克公司申请承认与执行英国仲裁裁决案的请示的复函》（〔2012〕民四他字第 12 号），载万鄂湘主编：《涉外商事海事审判指导》（总第 24 辑），人民法院出版社 2013 年版，第 115 ~ 116 页。

④ 同上。

序为由被不予执行。[①]

F. 法院审查案件的实体问题

118. 还存在亚洲法院违反国际上广为接受的“执行法院不审查案件实体问题”这一范式的案例。[②] 正如巫昱成（Lawrence Boo）教授在 *Halsbury's Laws of Singapore* 第2卷中所述，在新加坡，“法院在受理《国际仲裁法》下的撤销仲裁裁决申请时，无权调查争议的实体问题，或审查任何仲裁庭对于法律或事实的结论”。[③]

119. 在中国的 *Hong Kong Huaxing Development Co. v. Xiamen Dongfeng Rubber Manufacturing Co*（香港华兴发展有限公司与厦门东风橡胶制品厂）案[④]中，双方当事人（及其他两个中国公司）在厦门签订了合资合同。随后当事人间发生争议，并提交仲裁。CIETAC 最终作出了有利于申请人的裁决。裁决认为，合资企业合同应被终止，合资企业应进行清算（第1项裁决）。为协助合资企业的清算，裁决还判令被申请人应当完成厂房建筑等所有

---

① Yang Fan, *Foreign - related Arbitration in China: Volume Ⅱ: Cases* (Cambridge University Press: 2016 at p. 3.146 - 3.148.

② 见本文第二节。

③ *Halsbury's Laws of Singapore* vol 2 (Singapore: LexisNexis, 2003 Reissue) at para 20.134. 尽管本段讨论的是撤销仲裁裁决的情况，但相似的原则对不予执行仲裁裁决也适用，因为在新加坡撤销仲裁裁决与不予执行仲裁裁决的事由是相似的。在 *AJU v. AJT* [2011] 4 SLR 739 案中，上诉法院认为，《示范法》（1985年6月21日；2006年7月7日修订）第34条第2款（b）（ii）项的适用于撤销仲裁裁决的公共政策例外，仅限于法律错误而非事实错误（除非存在诈欺，违反自然正义或其他被认可的影响因素）。

④ 讨论见于 Wang Sheng Chang, “Enforcement of Foreign Arbitral Awards in the People's Republic of China” in *ICCA Congress Series No. 9, Paris* (1998): *Improving the Efficiency of Arbitration Agreements and Awards: 40 Years of Application of the New York Convention* (Albert Jan van den Berg gen ed) (The Hague: Kluwer Law International, 1999) at p. 488 - 489。

权转移的必要手续(第2项裁决)。合资企业合同写明,厂房建筑属于被申请人的出资。

120. 在厦门市中级人民法院的执行程序中,被申请人辩称其并非厂房建筑的所有人,因此反对执行。法院判定房屋建立在他人土地上,为违章建筑,故被申请人对房屋不享有所有权。据此,厦门市中级人民法院裁定仲裁裁决缺乏证据而产生错误,故第2项裁决不予执行。

121. 法院审查了案件的实体问题,并称其依照《中华人民共和国民事诉讼法》第217条第2款第4项有权进行该项审查。该条规定,法院有权判定是否存在"认定事实的主要证据不足"的情形。第217条第2款第4项仅适用于国内仲裁裁决。但本案是涉外仲裁,故应适用《中华人民共和国民事诉讼法》第260条的规定,而第260条排除了审查案件实体问题的情况。适用《中华人民共和国民事诉讼法》第217条第2款第4项而得出裁决不应被执行的结论,是"对不予执行事由分析的重大错误"。[①]

122. 这一决定显然与前文所讨论的执行国际仲裁裁决中的广为接受的范式相悖,尤其是与《纽约公约》和《示范法》均要求的不审查争议实体问题的原则相悖。

123. 但是,新近的案例并未遵从前案的立场。[②] 在奥克斯斯案[③]

---

① Wang Sheng Chang, "Enforcement of Foreign Arbitral Awards in the People's Republic of China" *ICCA Congress Series No. 9*, *Paris* (1998): *Improving the Efficiency of Arbitration Agreements and Awards*: 40 *Years of Application of the New York Convention*(Albert Jan van den Berg gen ed) (The Hague: Kluwer Law International, 1999) at p. 488. 然而,Wang进一步评论到,法院可以以仲裁庭越权为由拒绝执行该裁决,因为仲裁庭在裁决中处理了超出合同范围的事项。

② 原《民事诉讼法》第217条现修改为2012年《民事诉讼法》第237条;原《民事诉讼法》第260条现为2012年《民事诉讼法》第274条。

③ *RückerLypsa S. L. v. Aux Group Co. Ltd.* (2008). 参见《最高人民法院关于是否应不予执行(2007)中国贸仲沪裁字第224号仲裁裁决请示的答复》(〔2008〕民四他字第34号,2008年9月12日)。

中,在奥克斯公司对于执行 CIETAC 上海作出的涉外仲裁裁决申请的抗辩中,其中一个抗辩理由是,仲裁庭认定奥克斯公司的一个法定代表人在西班牙观看了 DVD 与证据不符。最高人民法院在本案中同意了地方法院意见,认为仲裁庭认定的事实是否与证据不符是需要对仲裁裁决进行实体审查的问题,然而法院无权进行该审查。①

G. 法院不熟悉仲裁及国际仲裁裁决的执行

124. 另一个导致亚洲仲裁裁决执行困难的关键因素是法院不熟悉仲裁,缺乏对执行条约(如《纽约公约》)的执行背后的目的与精神的理解。如前文所述,也在诸多对不予执行的案件讨论中简要提及,前文所讨论的执行问题均可归因于法院对仲裁以及对执行程序中广为接受的原则的不熟悉。

125. 一些评论者指出,缺乏对仲裁和执行裁决的认识是中国普遍存在的问题。CIETAC 的前秘书长认为:②

> 在人民法院不予执行或撤销的裁决中,有些确实存在错误,但有些只是因为人民法院未能完全理解仲裁,或法院对法律的解释过于严格,或者法院受到了地方保护主义的影响。

126. 下文描述了司法水平比较欠缺的问题,即由于缺乏对仲裁的整体认识和对裁决执行的具体规则(尤其是与《纽约公约》有

---

① Yang Fan, *Foreign - related Arbitration in China*: *Volume* Ⅱ: *Cases* (Cambridge University Press: 2016) at p. 3. 87.

② See *Works of CIETAC*; *Part 7*: *Exchange and Cooperation with the Courts* <http://www. cietac. org. cn> (accessed 12 July 2013). Cited in Tao Jingzhou, *Arbitration Law and Practice in China* (The Hague: Kluwer Law International, 2004) at p. 489.

关的规则)的理解,导致仲裁裁决在中国执行困难。[①]

整体而言,在中国,在地方法院人员中缺乏对仲裁的基本知识(仲裁的标准实践及《纽约公约》)的理解,是常见现象。一些地方法官仍对《纽约公约》如何运行以及世界范围内的法院如何统一地在司法过程中对其条文进行解释缺乏理解。组织相关司法人员对《纽约公约》及执行仲裁裁决的国际实践进行系统学习,并予以适当地执行,在当下仍是必要的。

127. 下列中国案例进一步展示了中国的这一问题。

128. 锐夫动力公司与上海远东航空技术进出口公司争议案(以下简称锐夫动力案)[②]被描述为“即使不是最臭名昭著的也是广为人知的、能展示出外国公司在中国寻求执行外国仲裁裁决时所面临的问题的案例”。[③] 中国法院对于执行程序中的范式的不熟悉导致了其对《纽约公约》的过于机械的解读,从而阻碍了裁决的执行。

129. 本案申请人锐夫动力(Revpower)公司是一家由美国公司所有、在香港注册的公司,被申请人上海远东航空技术进出口公司则是在上海注册的中国公司。双方签订了来料加工补偿贸易协议,根据该协议,申请人提供生产(符合其特定要求的)工业用蓄电池的设备与材料,由被申请人进行生产。申请人根据生产蓄电池所供应的设备与材料获得补偿。该协议包含如下仲裁条款:[④]

---

① Li Hu, “Enforcement of Foreign Arbitral Awards and Court Intervention in the People’s Republic of China” (2004) 20(2) Arbitration Int’l 167 at 178.

② *Revpower Ltd. v. Shanghai Far East Aviation Technology Import and Export Corp.* 本案没有被官方公布。

③ Tao Jingzhou, *Arbitration Law and Practice in China* (The Hague: Kluwer Law International, 2004) at p. 168.

④ Tao Jingzhou, *Arbitration Law and Practice in China* (The Hague: Kluwer Law International, 2004) at p. 168.

(a)因本协议发生的所有争议或申索,应尽可能由双方友好协商解决。

(b)除了合理的迟延,或协议第12条与第13条规定的不可抗力以外,如一方违反协议并给对方造成损失,或使对方根据协议条款应有的权利和利益被剥夺,则受损方有权向加害方就其所发生的损失寻求补偿,并应在协议规定的履行日后30日内提出诉求及相关书面证据。Revepower公司一方的书面证据应由美国仲裁协会签发,上海远东航空技术进出口公司的书面证据应由中国国际贸易促进委员会签发。如(在证据发出后)被申索的一方不接受该申索,双方应将争议按照以下约定仲裁。

(c)争议发生60日后,如任意一方认为争议不能通过友好协商解决,则该方有权在瑞典斯德哥尔摩,根据斯德哥尔摩商会仲裁院的法规提起仲裁。

130. 1989年12月,双方产生争议,申请人终止了合同。双方谈判了18个月后未能达成和解,申请人未向被申请人出示经过美国仲裁协会签发的书面证据,就将争议提交了斯德哥尔摩商会仲裁院。斯德哥尔摩商会仲裁院受理了案件,组成了3人仲裁庭。被申请人提出管辖权异议但也在组庭过程中任命了一名仲裁员。仲裁庭于1992年7月做出部分裁决,驳回了被申请人的管辖权异议。

131. 1993年3月被申请人就同一争议向上海市中级人民法院提起诉讼,这一举动在"外交与商业界掀起轩然大波"[①]。1993年4月,上海市中级人民法院对此立案,其理由是协议中的仲裁

---

① Tao Jingzhou, *Arbitration Law and Practice in China* (The Hague: Kluwer Law International, 2004) at p. 169.

条款没有选定特定的仲裁机构，故不明确而无法执行。（仲裁）申请人在上海市中级人民法院提出管辖权异议，中国法院在相当长的时间里未对该管辖权异议作出裁定。

132. 与此同时，在上海市中级人民法院1993年4月对此立案以后，（仲裁）被申请人告知斯德哥尔摩商会仲裁院其将退出仲裁。1993年7月，仲裁庭作出有利于申请人的仲裁裁决。申请人随后依据《纽约公约》向上海市中级人民法院提出执行申请。上海市中级人民法院以管辖权问题未解决为由拒绝受理此案。因此，中国因为“未能履行其在《纽约公约》下的承诺”①而被公开批评。

133. 最终，在两年以后的1995年，上海市中级人民法院裁定驳回（仲裁）被申请人的管辖权异议，而上海市高级人民法院在1995年7月维持了这一裁定。1996年2月，申请人向上海市第二中级人民法院②重新申请执行仲裁裁决。1996年3月，上海市第二中级人民法院最终裁定承认与执行这一仲裁裁决。然而，即便如此，申请人也未能获得满意的结果，因为被申请人已成功申请破产。

134. 中国法院处理锐夫动力案的方式招致了广泛的批评。

（a）学者指出：③

……合同中的仲裁条款显然是有效的仲裁协议，（被申

---

① Tao Jingzhou, *Arbitration Law and Practice in China* (The Hague: Kluwer Law International, 2004) at p. 170.

② 1995年年末，为了应对法院受案量的不断增加，上海市中级人民法院被分为两所法院：上海市第一中级人民法院与上海市第二中级人民法院。

③ Wang Sheng Chang, "Enforcement of Foreign Arbitral Awards in the People's Republic of China" in *ICCA Congress Series No. 9, Paris* (1998): *Improving the Efficiency of Arbitration Agreements and Awards: 40 Years of Application of the New York Convention*(Albert Jan van den Berg gen ed) (The Hague: Kluwer Law International, 1999) at p. 499.

请人)向法院提起的诉讼程序只是有意拖延与干扰仲裁程序的手段。

由于仲裁协议有效,上海市中级人民法院(一开始)在争议已被提交斯德哥尔摩商会仲裁院而尚未作出裁决时仍然受理(仲裁)被申请人的诉讼请求并开始诉讼程序就是错误的。学者还指出,法院在判断仲裁协议有效性时适用的法律也是错误的。①

> 法院的第二个错误就是错误地适用了中国法来判断合同中所含的仲裁协议的有效性。双方当事人均同意仲裁地为瑞典的斯德哥尔摩,但没有说明管辖仲裁协议的法律,通常情况下应当适用仲裁地法律。根据瑞典法,未指明仲裁机构的仲裁协议是完全有效且可执行的。

这违背了中国在《纽约公约》下的义务。根据《纽约公约》第2条第3款,缔约国法院若在审理诉讼案件时发现当事人之间已就某一事项达成仲裁协议,法院则应当根据一方当事人的请求,将争议交与仲裁。

(b)上海市中级人民法院以对该执行申请不予立案的方式不合理的拖延执行程序,即便法院有理由拒绝执行,这种做法也是极为反常的。法院对是否能够根据《纽约公约》第5条下的何种事由对本案仲裁裁决不予执行也尚不清楚。或许法院可能依据《纽约公约》第5条第1款(a)项的规定,(错误地)认为仲裁协议无效而不予执行。

---

① Wang Sheng Chang, "Enforcement of Foreign Arbitral Awards in the People's Republic of China" in *ICCA Congress Series No.* 9, *Paris* (1998): *Improving the Efficiency of Arbitration Agreements and Awards*: 40 *Years of Application of the New York Convention*(Albert Jan van den Berg gen ed)(The Hague: Kluwer Law International, 1999) at p. 499.

135. 第二个中国案例被俗称为“1995 年案例”[①],也是关于仲裁协议有效性的。双方当事人(中方与瑞士方)签订的合同包含如下仲裁条款:“由于本合同所发生的或相关联的争议,应按照《国际商会调解与仲裁规则》最终解决,仲裁地点在伦敦。”海口市中级人民法院认为该仲裁条款无效,其理由是国际商会规则并不仅为国际商会仲裁院一家使用,当事人没有在仲裁协议中明确约定仲裁机构。据此,海口市中级人民法院认为该仲裁条款不清晰,故根据中国法律无效。[②]

136. 海口市中级人民法院关于该仲裁条款并未(以相当程度的确定性)确定双方当事人选定了国际商会仲裁院来管理仲裁案件的结论是没有道理的。由于选定了《国际商会调解与仲裁规则》,[③]除非当事人另行选定其他仲裁机构,否则国际商会仲裁院将受理适用《国际商会调解与仲裁规则》的案件。

137. 最后一个案件是新近由北京市第二中级人民法院于

---

① 本案未经公布。在下文中有讨论: Wang Sheng Chang, “Enforcement of Foreign Arbitral Awards in the People’s Republic of China” in *ICCA Congress Series No. 9*, *Paris* (1998): *Improving the Efficiency of Arbitration Agreements and Awards*: 40 *Years of Application of the New York Convention*(Albert Jan van den Berg gen ed) (The Hague: Kluwer Law International, 1999) at p. 484 – 485。但案件名称并未被提及。

② 见上文第 32 ~ 32 段关于某一案件中未指明仲裁机构,仅提及国际商会仲裁规则的讨论。

③ Wang Sheng Chang, “Enforcement of Foreign Arbitral Awards in the People’s Republic of China” in *ICCA Congress Series No. 9*, *Paris* (1998): *Improving the Efficiency of Arbitration Agreements and Awards*: 40 *Years of Application of the New York Convention*(Albert Jan van den Berg gen ed) (The Hague: Kluwer Law International, 1999) at p 485,以及其中的引述。contained therein.

2014 年 1 月 20 日作出裁定的案件。[①] 该案的双方当事人均为设立在北京的有限公司。其中一方公司由韩国公民所有,另一方公司为中国公民所有。双方公司之间的合同约定出现争议时,双方应首先进行友好协商;如不能通过友好协商解决,则由大韩商事仲裁院(KCAB)作出最终有约束力的裁决。双方间的争议最终被提交大韩商事仲裁院,仲裁庭于 2013 年 5 月 29 日依照适用的中国法律作出了裁决。法院认为合同中的仲裁条款依中国法无效,并据此对该裁决不予承认与执行。

138. 评论认为,法院在适用仲裁协议无效这一事由时,错误地适用了中国法来判断仲裁条款的效力,而实际上应按照裁决作出地法,即韩国法来进行判断。双方当事人并未选择适用于仲裁条款的法律,而适用于案件实体问题的法律不同于适用于仲裁条款的法律。然而,即便忽视错误地适用了中国法这一问题,在中国法下,仲裁协议的效力也应当得到认可。法院认为,仲裁协议无效是因为当事人之间的争议无"涉外因素",故不能将该争议提交外国仲裁机构。在中国,并无法律明文禁止中方当事人将没有涉外因素的争议提交外国仲裁机构,而仅有中国《民事诉讼法》第 271 条规定,当事人可以将含有涉外因素的争议提交外国仲裁机构。法院认为不含涉外因素的争议不可提交外国仲裁机构的错误做法,违反了"法无禁止即可为"的公认私法原则。[②]

139. 这再一次表明了,在部分中国法院中,法官缺乏关于支

---

① 《最高人民法院关于北京朝来新生体育休闲有限公司申请承认大韩商事仲裁院作出的第 12113 - 0011 号、第 12112 - 0012 号仲裁裁决案件请示的复函》,〔2013〕民四他字第 64 号 2013 年 12 月 18 日,载贺荣主编,最高人民法院民事审判第四庭编:《涉外商事海事审判指导》(总第 28 辑),人民法院出版社 2014 年版,第 44 页。

② Zhu, Weidong, "The Recognition and Enforcement of the Foreign Arbitral Awards 'with No. Foreign Element' in China", *Journal of International Arbitration* 32: 3 (2015) 351 - 360.

持仲裁这一国际仲裁原则的专业知识与技能，以及/或者对仲裁程序常常抱有怀疑态度。如前文所述，这些因素均将导致偏离国际仲裁裁决执行中广为接受的范式，导致不正当的对国际仲裁裁决不予执行的情形。上文的讨论说明了这些因素的确导致了这种问题。

H. 法院的地方保护主义态度

140. 地方保护主义是国际仲裁裁决执行在亚洲，尤其是在中国特别突出的问题。这被描述为“中国适当执行《纽约公约》中最严重的绊脚石”。① 另一位中国的权威评论者也关注了这一问题。②

> 地方保护主义是大多数国家法院在执行外国仲裁裁决时遇到的常见问题，它确实存在。地方保护主义曾经是仲裁裁决执行中最严重的阻碍，并导致了一些外国裁决的执行程序被不合理的拖延。所谓的民族主义或地方主义态度仍潜伏在某些地方法院，他们会同情那些经常出现在他们面前的本国或地方机构，从而拒绝执行。

141. Randall Peerenboom 教授（美国加州大学洛杉矶分校法学院的一名中国法教授）所做的调查为此提供了数据证据，该调查数据源于对 72 起在 1995 年至 1998 年在中国执行的仲裁案件的律师的直接访谈。总体而言，只有 49% 的外国仲裁和 CIETAC 仲裁被执行，其中外国仲裁裁决的执行率略高，为 52%，而

---

① Tao Jingzhou, “Arbitration in China” in *International Commercial Arbitration in Asia*（Philip McConnaughay & Thomas Ginsburg eds）（New York：JurisNet LLC, 2nd Ed, 2006）at p. 47.

② Li Hu, “Enforcement of Foreign Arbitral Awards and Court Intervention in the People’s Republic of China”（2004）20（2）Arbitration Int’l 167 at 178.

CIETAC裁决的执行率仅有47%。在34%的案件中执行申请人能够获得裁决金额的100%,34%的申请人能获得75%~99%的金额,14%的申请人能获得50%~74%的金额,而仍有17%的申请人仅获得低于裁决金额的50%的执行结果。然而,应当指出的是,在未能执行的37个案件中,近半案件不能执行的理由是被申请人无财产,而“如果一方当事人没有可供执行的财产,很少有法域能够在执行方面起到太大的作用”。① Peerenboom的数据也表明,在上海、北京和广州等大型商业城市的执行可能性更高,而在小城市则更低。②

142. Peerenboom的调查表明,地方保护主义是执行的一个重要阻碍,地方法院常常受到政府官员的压力而拒绝执行或拖延执行程序。③ 此外,“多数评论者认为问题(中国的不予执行问题)根源于地方保护主义”。④

143. 地方保护主义在安徽粮油案中得到了体现。⑤《关于内地与香港特别行政区相互执行仲裁裁决的安排》(以下简称《安排》)签订后,最高人民法院赋予该《安排》法律效力,并且提供执行框架的司法解释也随之出台,该案于2000年4月重启,执行申请方向法院提交了补充执行申请,而被申请人认为该申请应被驳回。合肥市中级人民法院决定拒绝执行该裁决,其理由之一是该

---

① Tao Jingzhou, “Arbitration in China” in *International Commercial Arbitration in Asia* (Philip McConnaughay & Thomas Ginsburg eds) (New York: JurisNet LLC, 2nd Ed, 2006) at p. 50.

② Tao Jingzhou, *Arbitration Law and Practice in China* (The Hague: Kluwer Law International, 2004) at p. 171.

③ Tao Jingzhou, *Arbitration Law and Practice in China* (The Hague: Kluwer Law International, 2004) at p. 171. Peerenboom的结论是,在不存在地方保护主义时执行率为61%,而存在地方保护主义时执行率为54%。

④ *Resolving Disputes in China through Arbitration* (Freshfields Bruckhaus Deringer, April 2006) at p. 40.

⑤ 该案在第A节已简要讨论。

裁决的执行将会损害安徽粮油进出口公司的合法权益，扰乱社会经济秩序，违反社会公共利益。“违反社会公共利益”是《安排》下的不予执行事由之一。

144. 对此案的评论认为，合肥市中级人民法院“未能解释社会公共利益这一概念的标准与程度，甚至也未分析为何该裁决违反了社会公共利益”。[①] 因而，该案“招致对于地方保护主义的严厉批评”。[②] 不仅如此，《安排》使用“社会公共利益”而非《纽约公约》的“公共政策”一词作为不予执行的事由，通常认为，“社会公共利益”等同于《纽约公约》下的“公共政策”。[③] 鉴于最高人民法院对“公共政策”采取限缩解释立场，[④]合肥市中级人民法院以“社会公共利益”为由不予执行更无道理。

145. 值得注意的是，最高人民法院挽救了这一情况。最高人民法院认为在本案中，仲裁协议的签订是以诈欺行为为前提的，故协议无效，应不予执行。然而，应当指出的是，如果最高人民法院最终执行了这一裁决，地方法院的态度将会导致执行过程中不合理的迟延。

Ⅳ. 结论

146. 尽管上述讨论的核心是当事人寻求国际仲裁裁决在亚

---

① James Lee, “A Review of the Enforcement of Hong Kong Awards in Mainland China” [2006] Asian DR 52 at 53.

② James Lee, “A Review of the Enforcement of Hong Kong Awards in Mainland China” [2006] Asian DR 52 at 53.

③ Gao Xiaoli, “Public Policy and Enforcement” (2006) 1(3) *Global Arbitration Review* at 22. 然而，这一对于“社会公共利益”的讨论是基于《民事诉讼法》第260条关于涉外仲裁裁决的执行而作出的，并非对于《安排》所做，尽管这两者的条文十分相似。

④ 见前文第E节讨论。

洲执行时所遭遇的问题和其原因,但应当指出的是,仲裁裁决在亚洲的执行成功案例比失败的案例要多。亚洲各国也在积极地寻求减少乃至消灭上述问题,法院也在积极地适用国际同行的执行原则。其中的一个例证是,尽管印度尼西亚在《1999 年仲裁法》生效后仍问题很多,但这一新的仲裁立法①是一次改进仲裁困境、促进以仲裁解决争议方面的尝试,旨在减少法院在合法程序及例外情况下干预仲裁程序的可能。法律也在积极作出尝试。

147. 进一步而言,大多数裁决为当事人所接受并主动执行,而无须通过仲裁裁决执行程序。如下文所说,这可以部分归功于《纽约公约》。②

> 裁决无须执行程序而由当事人主动履行,可以部分归因于《纽约公约》的预防效果。未赢得仲裁裁决的当事人一旦知道裁决可以依照《纽约公约》而获得执行,就常常会主动执行裁决,而不是把时间、精力和钱花在法院主持的执行程序的抗辩中。

148. 然而,不予执行的案例仍然存在,大多源于对前文所讨论的关于仲裁裁决执行的健全法律框架中广为接受的范式的背离。③ 笔者希望本文对于执行中广为接受的原则以及对于影响这些原则适用的因素的讨论,能够为执行效率的改进这一持续性议题作出贡献。

---

① Karen Mills, "Enforcement of Arbitral Awards in Indonesia & Other Issues of Judicial Involvement in Arbitration", Presentation for the Inaugural International Conference on Arbitration of the Malaysia Branch of the Chartered Institute of Arbitrators, Kuala Lumpur (28 February – 1 March 2003) at p. 35.

② Karl – Heinz Bockstiegel, "Summary of Discussion in the Third Working Group" in *ICCA Congress Series No. 9*, *Paris* (1998): *Improving the Efficiency of Arbitration Agreements and Awards*: 40 *Years of Application of the New York Convention*(Albert Jan van den Berg gen ed)(The Hague: Kluwer Law International, 1999) at p. 437.

③ 见本文第二部分的讨论。

仲裁员违反职业道德义务之诉

黄锡义　Katie Chung　Fong Lee Cheng*

Ⅰ.引言

1. 仲裁豁免是国际仲裁中被广为接受的原则。仲裁员被免于一些特定的法律责任,从而能够防止对仲裁实体裁决不满的当事人提起恶意累讼,维护正义。仲裁豁免限制了仲裁败诉方向仲裁员追究个人责任并提出损害赔偿请求的机会。然而,仲裁豁免并非绝对的。仲裁员有在仲裁程序中公正、无偏私的行事的义务,①仲裁机构和各国法院亦认可仲裁员对当事人负有职业道德义务。各国仲裁立法和机构规则均有规则,对仲裁员免责所及于

* Katie Chung 和 Fong Lee Cheng 均为黄锡义资深大律师事务所的律师。

① 见联合国国际贸易法委员会,《示范法》,U. N. Doc. A/40/17 (1985),修改于 2006 年,载 http://www. uncitral. org/uncitral/en/en/uncitral_texts/arbitration/1985Model_arbitration. html。《示范法》第 18 条规定,"应对当事各方平等相待,应给予当事每一方充分的机会陈述其案情"。

的范围或仲裁员责任作出了相应规定。[①] 仲裁员的职业道德义务总体来说包括:(1)公平行事,维持仲裁程序正当性;(2)公正处事,披露任何可能的利益冲突;[②](3)独立行事,在与当事人的沟通中避免任何不恰当或看上去不恰当的行为;(4)在仲裁程序中勤勉行事。仲裁机构的规则和各国的仲裁立法可能对于仲裁员义务有更为详尽的规定,如有效率的进行仲裁、作出裁决[③],以及除非在特定情形之下不得退出仲裁[④]等。

Ⅱ. 仲裁员豁免:普通法法官豁免之类推

2. 普通法法域对仲裁员的角色采取了一种功能分析方法。根据这一观点,仲裁员所担的是司法或准司法功能,因而可将其与法官相提并论。英格兰法院在判决中多次认可仲裁员所处的准司法地位,并认为其应当免于被追究因过失和法律或事实错误

---

① 美国仲裁协会(AAA)/美国律师协会(ABA)《商事仲裁中的仲裁员职业道德守则》(2004年3月1日),载 http://www. adr. org。亦见于其他的仲裁员职业道德守则,如英国皇家特许仲裁员协会(CIARB),载 http://www. arbitrators. org/joining/ethical_conduct. asp; 新加坡国际仲裁中心(SIAC),载 http://www. siac. org. sg/cop - ethics. htm; 米兰国内与国际仲裁院(CNIAM),载 http://camera - arbitrale. com/show. jsp? page = 169945;《国际律师协会(IBA)国际仲裁利益冲突指引》,载 http://www. ibanet. org/images/downloads/pubs/Ethics_arbitrators. pdf; 开罗区际国际商事仲裁中心,载 http://crcica. org. eg/code_ethics. html。

② 《示范法》(1985年6月21日,修订于2006年7月7日)第12条第1款称,"在被询及有关可能被指定为仲裁员之事时,被询问人应该披露可能引起对其公正性或独立性产生正当怀疑的任何情况。仲裁员自被指定之时起并在整个仲裁程序进行期间,应毫不迟延地向各方当事人披露任何此类情况,除非其已将此情况告知各方当事人"。

③ 奥地利《民事程序法典》第594条第4款。

④ 根据英格兰《1996年仲裁法》第25条(载 http://www. opsi. gov. uk/ACTS/acts1996/ukpga_19960023_en_1),当事人可与仲裁员自由约定其退出仲裁在费用和开支方面的后果,以及仲裁员的相关责任。如无这方面的约定,则仲裁员可向法院申请免除其可能承担的责任。如仲裁员退出仲裁有合理的原因,则其将不会被追究责任。

而导致的责任①。仲裁员在执行其司法功能时的豁免,是对职业人员可因其在执业中因未能尽到合理注意和必要技能而承担过失责任的例外。这一豁免也“对于高效、快速地实现正义至关重要,因此是公共政策之所必需”。②

3. 爱尔兰法院亦认可了仲裁员的准司法角色。在 *Patrick Redahan v. Minister for Education and Science* 一案中③,爱尔兰高等法院认为,被告仲裁员行使准司法职责,因而除仲裁员出于恶意的情形之外,普通法下的豁免可适用,令其免于被诉。而仲裁员恶意的情形在本案中也并不成立,法院援引了其他普通法法域(英格兰、澳大利亚、美国等)的案例以支持其判决,并认为,仲裁员行使具有司法性质的职责,因而具有准司法地位。爱尔兰最高法院亦认为仲裁员与法官均行使裁断职能,故而享有相同的豁免权④。

4. 在澳大利亚,几个州的《商事仲裁法》⑤第 39(1)条以及

---

① *Lendon v. Keen*, [1916] 1 K. B. 994, 第999 页(Sankey 法官); *Arenson v. Casson Beckman Rutley & Co.* , [1977] A. C. 405。

② *Lendon v. Keen*, [1916] 1 K. B. 994, 第999 页(Sankey 法官); *Arenson v. Casson Beckman Rutley & Co.* , [1977] A. C. 405。

③ [2005]IEHC 271. 截至 2013 年 2 月,该案未被改判,具有约束力。

④ 在 *Beatty v. The Rent Tribunal*, [2005] I. E. S. C. 66 一案中,法定的租赁仲裁庭裁定一所“受管制的居所”的租金比租客所做的估价更低。在成功推翻了上述裁决后,房主诉求因仲裁庭的无效裁决而导致的损害赔偿。爱尔兰高级法院支持了这一诉求,并判决仲裁庭赔偿。而爱尔兰最高法院支持了仲裁庭基于法定仲裁庭在普通法下的豁免权的上诉。最高法院还认可并适用了上述脚注中的 *Arenson v. Casson Beckman Rutley & Co*[1977] AC 405 一案。截至 2013 年 2 月,该决定未被改判,具有约束力。

⑤ 2010 年《商事仲裁法》(新南威尔士州)(Act 61 of 2010);2011 年《商事仲裁法》(南澳大利亚州);2011 年《商事仲裁法》(维多利亚州)(No. 50 of 2011);2011 年《(国家统一)商事仲裁法》(北领地地区)(No. 23 of 2011);2011 年《商事仲裁法》(塔斯马尼亚州)(No. 13 of 2011);2012 年《商事仲裁法》(西澳大利亚州)(No. 23 of 2012)。

1974 年《国际仲裁法(联邦)》①第 28(1)条均基于英格兰《1996 年仲裁法》第 29(1)条制定,②这些法律排除了基于善意的行为或过失而可能引发的责任。此项免责比新南威尔士州和维多利亚州的 1984 年《商事仲裁法》③第 51 条给予的豁免权要宽泛,因为第 51 条仅排除了仲裁员的过失责任。[1] 然而,在澳大利亚法院中却有支持对仲裁员追责的有力论述。在 *Najjar v. Haines*④ 一案中,Kirby 法官列出了为何仲裁员不应普遍的享有普通法下的豁免的 4 个理由:(1)(与其他职业所适用的标准相比而言)该豁免具有例外性质;(2)当事人参与了仲裁员的选定,因而其地位应与司法裁决者有所不同;(3)社会中的通常规则是一个受到损害的人应当得到救济;(4)仲裁员在其所处理的案件中有既得的财产利益,因而,并不应豁免。

5. 在 *Sinclair v. Bayly*⑤ 一案中,法院裁定,当仲裁员考虑了证据以外的材料作出无效裁决时,可适用仲裁豁免。仲裁员还有被免于承担支付相关费用的责任。然而,法院认为,支持对仲裁员追责可以为当事人提供救济,维护适当的损失分担体系。法院还表明,鉴于立法仅仅排除了过失责任,且恶意并不必然构成过失,如若仲裁员严重失职的,以致可推定为缺乏善意,以及仲裁员失职并非出于过失,但导致仲裁裁决被撤销的情形下,仲裁员或

---

① Act No. 136 of 1974.

② 英格兰《1996 年仲裁法》(c 23)第 29(1)条规定:仲裁员不对任何在行使或意图行使其仲裁职权过程中的行为或过失承担责任,而恶意的行为或过失除外。

③ 1984 年《商事仲裁法》(维多利亚州)(No. 10167 of 1984);1984 年《商事仲裁法》(新南威尔士州)(Act 160 of 1984)。

〔1〕 该法已在除澳大利亚首都行政区以外的地区被废止。见下文。——译者注

④ *Najjar v. Haines* (1991) 25 NSWLR 224.

⑤ *Sinclair v. Bayly*(1994 年 10 月 19 日,维多利亚州最高法院案例)(未收入判例报告)。

应对所产生的费用承担个人责任。

6. 在美国,仲裁员和仲裁机构享受了最为广泛的豁免,免予因其职能行为而被诉。[①] 仲裁员的裁决“与法官判决在功能上具有可比性”[②],因而,尽管其并不具有联邦官员的身份,他们仍因其享有的裁断权的性质而享有与法官相同的豁免。[③] 在美国,仲裁机构的豁免是附属于仲裁员豁免的,如无后者,则仲裁机构可因其处于仲裁员的地位而被追究责任。[④] 各巡回法案均承认仲裁豁免原则[⑤],绝大多数美国法院均认为,《联邦仲裁法案》(Federal Arbitration Act, FAA)[⑥]所提供的因仲裁员违反义务的救济(如撤

---

① Nigel Blackaby & Constantine Partasides 与 Alan Redfern & Martin Hunter 所著 Redfern and Hunter on International Arbitration (Oxford University Press) (5th ed, 2009)第 5 ~52 段。

② *Butz v. Economou*, 438 U. S. 478(1978) 第 511 ~512 页。该案中确定如下原则,即对非司法人员的准司法豁免权的扩张适用是基于个体行为、对于该行为进行裁断,以及法官进行类似判决这两者功能上的等同性。

③ *Corey v. New York Stock Exchange* 691 F. 2d 1205,1209(6th Cir. 1982). 另参见 *Stasz v. Schwab*, 121 Cal. App. 4th 420, 17 Cal. Rptr. 3d 116, 04 Cal. Daily Op. Serv. 7169; *Austern v. Chicago Board of Options Exch.*, 898 F. 2d 882, 第 885 ~86 页 (2nd Cir. 1990); *Butz v. Economou* 438 US 478 (1978); *Wasyl, Inc. v. First Boston Corp.*, 813 F. 2d 1579, 第 1582 页 (9th Cir. 1987)。

④ W. C. Moffitt, “Choice of Governing Rules of Arbitration under the Doctrine of Arbitral Immunity in Strategic Resources, Inc. v. BCS Life Insurance, Inc.,” 5 J Am Arb. 179 (2006). 在 *Cort v. American Arbitration Association*, 795 F. Supp. 970 (N. D. Cal. 1992), 当事人因不满对美国仲裁协会提起诉讼,声称选任仲裁员是行政职能而非准司法性质。法院判定,美国仲裁协会被免于受到因选任仲裁员而提起的诉讼。在 *Alexander v. American Arbitration Association*, WL 868823(N. D. Cal. July 27,2001)一案中,美国北加利福尼亚地区法院认为,美国仲裁协会在行使自由裁量权选择适用规则管理仲裁程序时应予豁免。

⑤ 在一个新近于 2007 年 2 月 20 日下发的判决中,第十巡回上诉法院在 *Pfannenstiel v. Merill Lynch, Pierce, Fenner & Smith*, 477 F. 3d 1155(10th Cir. 2007)一案中(援引了其他九个巡回法院的案件)称,“其他巡回法院在处理仲裁豁免这一问题时均承认了这一原则”。

⑥ 9 U. S. C. § §1 – 14 (1925).

销裁决和重新仲裁）应当是排他的救济。[①] 如果仲裁员违背合同义务，未能按时作出裁决，则其不应被豁免，因其失去了与法官的可比性。在 *E. C. Ernst v. Manhattan Construction Company of Texas*[②] 案中，法院认可了仲裁员按时作出裁决的合同义务，并认定仲裁员对未能作出裁决所造成的损失负有赔偿责任。然而，仲裁豁免在美国并不包括对仲裁员无故退出仲裁的免责。其背后的理念可能是，无故退出与对仲裁员的道德约束和仲裁员的准司法地位不符，从而构成了对仲裁员完成合法仲裁的合同义务的违反。[③]

Ⅲ. 大陆法系合同分析

7. 大陆法系对仲裁员的地位采取合同分析的方式。[④] 根据这一分析方法，仲裁员以提供争议解决服务来换取收入。仲裁员的合同条款可能包含在仲裁申请中，也可能在仲裁规则中，或是选择仲裁员或任命仲裁员的文书中。其他的仲裁条款还可能源于

---

① *Higdon v. Constr. Arb. Assocs.*, 71 S. W. 3d 131 (Ky. App. 2002). 该判决称，就所诉称的仲裁员因听取超出时限而提出的反请求，以及对起诉方损害赔偿的严重低估，对仲裁员任何违反仲裁协议条款的适当救济应当是对裁决的审查，而非损害赔偿。这是因为，这类程序和事实决定是仲裁员在正常履职中常被请求作出的。

② *E. C. Ernst v. Manhattan Constr. Co. of Texas*, 551 F. 2d 1026 (5th Cir. 1977).

③ 在 *Morgan Phillips, Incv JAMS/Endispute* (2006) 140 Cal. Rptr. 3d 782, 786，加利福尼亚上诉法院（第二上诉区，第四分支）认为，仲裁豁免不可被用作"宽宥无原则的放弃或是拒绝作出决定"。

④ Nigel Blackaby & Constantine Partasides with Alan Redfern & Martin Hunter, Redfern and Hunter on International Arbitration (Oxford University Press, 5th ed, 2009)，第 5 ~ 50 段。

法律的要求，如勤勉义务和像司法裁断一样行事等。[①] 因此，仲裁员的豁免权是一项由当事人与仲裁员之间谈判的合同条款。仲裁员的职权责任范围亦可更改，但需受制于各国法律的强制性规定。[②] 值得注意的是，在大陆法系司法区，并不类推适用法官豁免。不同于法官享受司法豁免的普通法系，大陆法系的法官会因其错误的、应当受罚的行为而承担法律责任，而这些行为中包含裁判行为。依据程度的不同和案件的特定情形，司法程序的当事人可就司法中的错误行为进行追责。[③]

Ⅳ. 对仲裁员赋予豁免权或施加法律责任的立法例

8.《示范法》[④]并未对仲裁员的行为不当或错误可能承担的责任做出规定，因而世界范围内并未有对仲裁豁免的统一立法例。值得注意的是，在起草《示范法》的过程中，国际合同实务工作组的成员之间达成的一致意见认为，仲裁员责任问题难以在国际商事仲裁的示范立法中予以妥善解决。[⑤] 这是因为，责任问题并未有广泛的立法规制，并仍然颇具争议。因此，各国立法有不同的

---

① 奥地利《民事程序法典》第594(4)条规定了仲裁员未能及时进行仲裁则应当承担赔偿责任。

② Christian Hausmaninger, "Civil Liability of Arbitrators—Comparative Analysis and Proposals for Reform" (1990) 7(4) *J Int'l Arb.* 7，第11～19页。

③ Christian Hausmaninger, "Civil Liability of Arbitrators—Comparative Analysis and Proposals for Reform" (1990) 7(4) *J Int'l Arb.* 7，第15～16页。

④ UN Doc. A/40/17, annex I; UN Doc. A/61/17, annex I（1985年6月21日，并于2006年7月7日修订）。

⑤ UNICITRAL, Report of the Working Group on International Contractual Practices on the Work of Its Third Session, U. N. Doc. A/CN. 9/216（1982年2月16～26日于纽约），第51页。亦见于UNCITRAL, Report of the Secretary - General: Possible Features of a Model Law on International Commercial Arbitration, U. N. Doc. A/CN. 9/207，第70段。

处理方式，有些赋予仲裁员豁免权，而有些规定了仲裁员的责任。[①]

9. 赋予豁免权的立法包括新加坡《国际仲裁法》[②]第 20 条和英格兰《1996 年仲裁法》第 29 条。[③] 根据新加坡《国际仲裁法》第 59 条，任命仲裁员的机构和仲裁机构仅对恶意的行为或不作为承担责任。美国 2000 年《统一仲裁法修正案》第 14(a)条赋予了仲裁员和仲裁机构广泛的豁免权，与法院行使司法权的法官所享有的豁免等同。《香港仲裁条例》[④]第 104 条尽管是对仲裁员责任进行的规定，但实际上等同于赋予了仲裁员除欺诈情形以外的完全豁免。

10. 规定仲裁员责任的立法例之一是西班牙《仲裁法》第 21 条，[⑤]该法明确表明，仲裁员应对其恶意、漠视和欺诈行为承担责任。在英格兰，当依照英格兰《1996 年仲裁法》第 24 条第 4 款。将仲裁员移出仲裁庭时，法院可以令仲裁员偿还已经支付的费用

---

① 见 Hans van Houtte & Bridie McAsey, "The Liability of Arbitrators and Arbitral Institutions" in ASA Special Series No. 40: Arbitral Institutions under Scrutiny (Philipp Habegger 主编) (JurisNet LLC, 2013), 第 146 ~ 149 页：讨论了在没有或仅有少量法律规定仲裁员责任的法域，如何处理这个问题，以及讨论了基于合同的责任机制。

② Singapore International Arbitration Act (Cap. 143A, 2002 Rev. ed) Section 20, 载 http://www.statutes.agc.gov.sg, 排除了仲裁员因过失的责任，以及因法律、事实、程序上的错误而承担责任。

③ 根据英格兰《1996 年仲裁法》第 29 条，仲裁员仅因恶意的行为或不作为而承担责任。根据该法第 25 条，仲裁员可因无正当理由退出仲裁而承担责任。见于 Hans van Houtte & Bridie McAsey, "The Liability of Arbitrators and Arbitral Institutions" in ASA Special Series No. 40: Arbitral Institutions under Scrutiny (Philipp Habegger 主编) (JurisNet LLC, 2013), 第 143 ~ 146 页：讨论了其他普通法法域关于仲裁责任的立法。

④ Cap 609.

⑤ 2003 年 12 月 23 日 60/2003 号法案。英文翻译文本可参见 David Cairns, B Cremades Asociados & Alejandro Lòpez Ortiz, "Spain's Consolidated Arbitration Law" (2012) 13 Spain Arbitration Review 49, 第 57 页。修正案(2011 年 5 月 20 日的 5/2011 及 11/2011 法案)不影响该法第 21 条的适用。

和支出。奥地利《民事程序法典(1983)》第584条第(2)项亦规定了仲裁员应对其错误拒绝或延迟履行义务的行为导致的损害进行赔偿,并且当事人有权要求撤销该仲裁协议。[①]

Ⅴ.对仲裁员赋予豁免权或施加法律责任的仲裁规则的范例

11.美国仲裁协会《商事仲裁规则及调解程序》[②]、《ICSID规则》[③]都为仲裁员提供了完全豁免,但根据《ICSID规则》,ICSID可放弃该豁免[④]。国际商会仲裁院《仲裁规则(2012)》赋予完全豁免权,但与所适用法律的禁止性规定相冲突的除外。[⑤] 伦敦国际仲裁院《仲裁规则》[⑥]以及世界知识产权组织《仲裁规则》[⑦]亦提供了豁免,但对故意的错误行为不适用。斯德哥尔摩商会仲裁院

---

① 奥地利《民事程序法典(1983)》规定,"仲裁员接受任命后,完全不履行或不及时履行其所负的义务,虽当事人有请求撤销仲裁协议的权利,仲裁员仍应对其行为产生的损害进行赔偿。"

② 2009年6月1日生效。该规则第48条(b)项规定,"美国仲裁协会或是适用本规则的仲裁程序中的仲裁员均不是任何有关该仲裁的司法程序的必要或适格当事人。"第48条(d)项规定:适用本规则进行仲裁的当事人应被视作同意如下规则:适用本规则进行仲裁有关的任何行为或不作为,美国仲裁协会或仲裁员均不对仲裁当事人基于这些行为或不作为提出的损害赔偿、禁令承担责任。

③ 2006年4月10日修订。

④ 《ICSID规则》(2006年4月10日修订)第20条规定:"本中心、其资产和财产均享有对任何法律程序的豁免,但本中心放弃该豁免的除外。"亦见于该规则第21条(a)项。迄今为止,有两起向ICSID提起放弃豁免的申请,但均被拒绝,因这两起案件的当事人亦同时申请了宣告裁决无效。

⑤ 国际商会仲裁院《仲裁规则》(2012年1月1日施行)第40条规定:仲裁员、任何由仲裁庭指定的人士、紧急仲裁员、仲裁院及其成员、国际商会及其雇员,以及国际商会的国家委员会及小组和他们的雇员与代表,均不对仲裁相关的行为或不作为对任何人承担责任,但与所适用法律的禁止性规范相冲突的除外。

⑥ 伦敦国际仲裁院《仲裁规则》(1998年1月1日生效)第31.1条。

⑦ 世界知识产权组织《仲裁规则》(2002年10月1日生效)第77条。

《仲裁规则(2010)》的豁免不适用于“有意渎职和严重过失”。[①]

Ⅵ. 机构的监督权

12. 仲裁机构可对违反机构职业道德守则的行为予以处罚。这表明,仲裁员在实践中并不享有完全的豁免权。例如,ICSID 可以在仲裁员故意渎职(如事实偏见或腐败行为)的情况下放弃仲裁员的豁免权。

13. 米兰国内与国际仲裁院的《职业道德守则》也规定,仲裁院有权将未能遵守该守则的仲裁员予以替换。此外,仲裁院还可以以违反该守则为由,拒绝批准违规仲裁员在此后案件中的任命。[②] 英国皇家特许仲裁员协会的会员,亦受到其《皇家宪章和其细则》[③]的约束。协会可以设立纪律审查庭,来决定任何仲裁中的行为是否违反职业道德守则,其可能采取的惩戒方式包括较轻的训诫、申斥,到最严重的从协会除名等。[④] 与此不同的是,新加坡国际仲裁中心(SIAC)《仲裁员职业道德守则》则规定,违反守则本身并不构成撤销仲裁裁决的理由,亦未对违反守则规定任何惩罚。[⑤] 相反,该守则表明,如当事人对案件的实体裁决不满,则其

---

① 斯德哥尔摩商会仲裁院《仲裁规则》(2010 年 1 月 1 日施行)第 48 条规定:“仲裁院和仲裁员不就与仲裁相关的行为或疏忽向当事人承担责任,除非该行为或疏忽构成故意不当或重大过失。”

② 米兰国内与国际仲裁院《职业道德守则》(2010 年 1 月 1 日施行)第 13 条规定,“仲裁院应当替换不遵守仲裁守则的仲裁员,亦可依据该违规而在随后的其他仲裁程序中拒绝确认其任命”。

③ 2012 年 7 月 20 日生效。

④ 英国皇家特许仲裁员协会《皇家宪章和细则》(2012 年 7 月 20 日生效)第 15.2 条规定了“失职”,例如“(3):行为显著低于人们所期待的适格执业者或适格的作为民事争议解决者的职业人员的行为标准”。

⑤ 新加坡国际仲裁中心《仲裁员职业道德守则》第 7.2 条,载 http://www.siac.org.sg(2013 年 5 月 10 日访问)。

适当的救济方式应当是依据《示范法》提起撤销裁决或拒绝执行裁决的申请。以违反机构职业道德守则为由对仲裁员个人追究个人责任并非对于裁决实体部分提出异议的替代性救济方式。

Ⅶ. 对仲裁机构的诉请

14. 尽管本文主要关注的是对仲裁员违反职业道德而提出的追责,但值得注意的是,仲裁机构也成为一些因在仲裁中败北而愤懑的当事人的目标。普遍的观点是,仲裁当事人与管理仲裁案件的仲裁机构之间存在合同关系。[①] 在普通法系,仲裁机构至少在过失或程序错误问题上是享有豁免权的。这一豁免的依据是其所具有的准司法性质,而其目的在于保护其所掌管的与仲裁程序的运行以及与仲裁裁决权行使相关的功能。例如,英格兰《1996 年仲裁法》第 74 条赋予了仲裁员委任机构豁免权,但却规定对恶意的行为或不作为应承担责任。[②]

15. 美国的仲裁豁免是绝对的,且适用范围及于仲裁机构与司法相关程序的任何行为。在 *Austern v. Chicago Board of Options Exchange*[③] 一案中,投资者(Austern)作为仲裁一方,成功撤销了仲裁裁决,随后起诉芝加哥期货交易所(作为赞助机构),要

---

① Nigel Blackaby & Constatine Partasides 与 Alan Redfern & Martin Hunter, Redfern and Hunter on International Arbitration (Oxford University Press, 5th Ed, 2009) 第 5 ~ 21 段。

② 英格兰《1996 年仲裁法》(c 23)第 74 条规定,"(1) 应当事人指定或请求而委任或提名仲裁员的仲裁机构、其他机构或个人,对其履行或试图履行该职能时的作为或不作为均不承担责任,除非该作为或不作为表明其违反了诚信原则。(2) 委任或提名仲裁员的仲裁机构、其他机构或个人,不因委任或提名而对该仲裁员(或其雇员或代理人)履行或试图履行仲裁员职责的作为或不作为承担任何责任"。亦见于《国际仲裁法》(Cap 143A, 2002 Rev Ed) 第 25A(1)条,以及《仲裁法(2015)》(Act 646 of 2005)(M'sia) 第 48 条。

③ 898 F 2d 882,第 885 ~ 886 页(2nd Cir. 1990)。

求赔偿精神损失及抗辩确认之诉的相关费用。法院认为,仲裁的管理者免于因为未能告知投资者正在进行的诉讼而被诉。投资者已经获得了排他性的救济,即已经在确认之诉中胜诉。

16. 法国法院肯定了当事人与仲裁机构之间的合同关系,并认为没有必要将仲裁机构视作司法机关。① 在 *Société Cubic Defense System v. Chambre de Commerce Internationale*② 一案中,法国最高上诉法院(Cour de Cassation)认可了仲裁当事人与国际商会(ICC)之间的合同关系。法院依据该合同判定,ICC 有像仲裁机构一样,按照仲裁所应适用的规则完成其核心功能的义务,亦可能因其对仲裁协议的违反而承担相应的责任。法院又在 *Société Filature Française de Mohair v. Fédération Françaises des Industries Lainières etCotonnières* 案件③的一审程序中判决仲裁机构对其所管辖的仲裁程序当事人承担合同责任。仲裁机构未能向仲裁方披露其从第三方获得物证。因此,该裁决由于未能遵守对抗制原则而被宣告无效。法院认为,违反对抗制原则构成违约,并自该事由成立之时起导致仲裁方受损。④

---

① Matthew Rasmussen, "Overextending Immunity: Arbitral Institutional Liability in the United States, England and France", (2003) 26 Fordham Int'l L. J. 1824, 第 1863 页。

② (2001) Rev Arb 510{在 SNF v. ICC (2007) Rev. Arb 847 [Tribunal de Grande Instance de Paris (1er Ch)、(2010) Rev. Arb 314 (Cour d'appel de Paris)] 两个案件中,法院适用了该案中的规则}. Cour d'appel 案件中,法院认为国际商会的标准责任排除条款无效,因其允许国际商会拒绝履行其根本义务(主导一场有效、便捷的仲裁程序)。根据这项决定,新的《国际商会仲裁规则》(2012 年 1 月 1 日施行)第 40 条明确增加了"责任限制在与'所适用法律的禁止性规定'相冲突是除外"的规定。

③ *TGI Naterre*, 1er juillet 2010, RG: 07/13274.

④ Philippe Stoffel – Munck, "Responsabilité d'un Centre d'Arbitrage pour Nullité de la Sentence" (2011) 2 *Paris Journal of International Arbitration* 401. 法院认定,由于仲裁程序上的瑕疵仍可通过允许当事人提出抗辩而得以修复,则当事人受到的损失不构成机会损失(进而可给予补偿)。

17. 奥地利法院采取了不同观点。在一个奥地利案件中,[①]维也纳国际仲裁中心(VIAC)的仲裁员因其未能向当事人披露有关利益冲突的重要事实而被当事人提出挑战。当事人的诉请成功后,该仲裁员要求获得他的相关费用,但维也纳国际仲裁中心决定因其违反了披露义务而不支付其任何费用。仲裁员起诉了维也纳国际仲裁中心,但仲裁中心赢得了诉讼。这一案件表明,由于利益冲突问题而被移出仲裁庭的仲裁员不应得到相关费用。在最近的一个案件中,奥地利最高法院认为,根据 VIAC 的仲裁规则,仲裁的协议是由当事人和仲裁员签订的,仲裁员的费用应仅由当事人而不是机构支付。但最高法院没有回答 VIAC 是否并在何时应当对其秘书处计算仲裁员费用的过失承担责任。[②]

Ⅷ. 对仲裁员违反职业道德义务的诉请

A. 仲裁员迟延之诉

18. 各国仲裁法或机构仲裁规则通常会规定仲裁员应按时做出裁决,或不应有不必要的迟延,[③]这也是仲裁员尽职义务的一部分。《ICC 仲裁规则》为仲裁庭作出裁决设定了固定的 6 个月时限[④],不过这一时限可依据当事人同意或仲裁机构的决定而延长。[⑤] 英格兰《1996 年仲裁法》规定未能按时推进仲裁程序进展

---

① OGH Nov. 30, 2006.

② 4 Ob 30/12h (18 September 2012).

③ 《示范法》第 14 条第 1 项规定,"仲裁员在法律或事实上不能履行职责或者由于其他原因未能不过分迟延地行事的,其若辞职或者当事人约定其委任终止的,其委任即告终止。但对上述任何原因仍有争议的,任何一方当事人可以请求第 6 条规定的法院或其他机构就是否终止委任作出决定,该决定不得上诉"。

④ 《ICC 仲裁规则》(2012 年 1 月 1 日起施行)第 30.1 条。

⑤ 同前注,第 24.2 条。

及作出裁决的仲裁员可由适格的法院移出仲裁庭。[①] 然而，在对并不过分的迟延追究责任时应当予以适当的注意[②]，因为什么是“合理的推进”取决于个案的具体情况。[③] 即使仲裁员因行事拖沓而被判令负有责任，其以合理速度完成案件的相关义务也不能以特别履行(specific performance)的形式得以执行。[④]

19. 在一些仲裁立法中，仲裁的时限被规定为不可延展的仲裁庭权限的终结，而违反该时限作出的仲裁裁决亦为无效。法国的《民事程序法典》(FCCP)[⑤]第1463条规定，在当事人没有另行规定的情况下，仲裁庭作出仲裁裁决的期限为6个月。如果当事人未能就延长期限达成合意或向法院提出延展期限的申请，而仲裁裁决需延期作出，则仲裁庭须提出延期申请。如果仲裁庭未能提出申请，则在时限以外作出的裁决可依据此条予以撤销。在法国最高上诉法院第一法庭所受理的 *Juliet* 一案[⑥]中，三人仲裁庭作出的仲裁裁决超过了期限，因而违反了 FCCP 第1456条的规定(该条设置了相同的6个月作出仲裁裁决的时限)，由于仲裁庭未能提出延期申请，上诉法院撤销了该裁决。仲裁的一方当事人向仲裁员提出了诉讼，诉求因违反合同而造成的损失。最高上诉法院判定仲裁员需对上述损失作出赔偿。这一决定的依据是，在当

---

① 英格兰《1996年仲裁法》(c 23)，第33条(1)(b)项。

② S. Franck, “The Liability of International Arbitrators: A Comparative Analysis and Proposal for Qualified Immunity”, 20 N. Y. L. Sch. J. Int’l & Comp. L. 1，第57页(2000)。

③ D. Sutton & J. Gill, Russell on Arbitration (22d ed, 2003)，第7-083节。

④ Sir M. J. Mustill & S. C. Boyd, Commercial Arbitration (LexisNexis, 2d ed, 1989) 第231页。

⑤ 《民事程序法典》(2011年1月13日通过2011-48号法令修订)，载 http://www.iaiparis.com/pdf/FRENCH_LAW_ON_ARBITRATION.pdf(2013年5月10日访问)。

⑥ *Louis Juliet*, *Benoit Juliet v. Paul Castagnet* (*arbitrator*), *Pierre Couilleaux* (arbitrator) and Adolphe Biotteau(arbitrator), Case1660 FS_P + B(Dec. 6, 2005).

事人未能就延期裁决达成合意的情况下，仲裁员负有第 1456 条项下的，就在规定期限以外作出仲裁裁决向法院提出延期申请的义务。

20. 美国仲裁协会《商事仲裁规则》对于时限有更为严格的规定，要求仲裁庭必须在开庭结束后 30 日内作出裁决。① 在 *Baar v. Tigerman* 案②中，仲裁员（Tigerman）未能在开庭结束后 30 日内作出裁决。事实上，仲裁员在当事人提出诉求后的 7 个月内仍然没有作出裁决。由 AAA 仲裁合同及相关仲裁法赋予该仲裁员作出裁决的授权被终止。仲裁的一方当事人将该仲裁员和 AAA 均诉至法院，其起诉理由包括违反合同、过失以及对隐含的善意义务的违反。当事人同时辩称，AAA 未能在选择 Tigerman 作为仲裁员时尽到合理的注意义务，因而未能对本仲裁案件进行妥善管理。加利福尼亚州上诉法院（第二区，第三法庭）判定违反合同、未能按时作出裁决的仲裁员不享有司法豁免。法院还认为，仲裁豁免不及于民间仲裁组织的管理行为。在 *Baar v. Tigerman* 一案判决后，加利福尼亚州的立法机关引入了《民事程序法典》第 1297.111 条③，以扩展仲裁豁免的范围使之与司法豁免相当，并以之取代了该案判决的立场。在 *Thiele v. RML Realty Partners* 案④中，上诉法院（第二区，第七法庭）以仲裁豁免应以字面解释为依据，进一步扩展了该原则的范围。该法院认为，发出仲裁裁决的行为与仲裁的裁断权行使有足够的相关性，使之可以成为适用仲

---

① 美国仲裁协会《商事仲裁规则》（2009 年 6 月 1 日生效）第 41 条规定，“除当事人另有协议或法律另有规定外，仲裁员应当在审理终结后三十日内迅速作出裁决。如果放弃口头审理，则从最后的材料和证据转送到仲裁员之日起算”。

② *Baar v. Tigerman*, 140 Cal. App. 3d 979, 211 Cal. Rptr. 426 (1983).

③ 加利福尼亚州《民事程序法典》第 1297.111 条规定，“仲裁员在行使其在任何法律或合同下的仲裁员职能时，当如同司法官员对待，免于承担民事责任”。

④ *Thiele v. RML Realty Partners*, 14 Cal. App. 4th 1526 (1993).

裁豁免的基础。在 *Morgan Philips v. JAMS/Endispute* 一案中，加利福尼亚州上诉法院判定，仲裁员未能作出裁决“不是仲裁程序的一部分，而是程序的断裂”，因而，拒绝作出裁决实际上相当于“完全不履行”仲裁协议的终极目的。[①]

21. 奥地利《民事程序法典》亦规定了仲裁员适时行为、不过分迟延的义务。奥地利最高法院审理的一起案件中[②]，败诉方起诉了两名仲裁员。在该案中法院列出了仲裁员因违反不过分迟延义务而被追责的两个前提条件：其一，当事人对仲裁裁决的质疑得到法院肯定；其二，仲裁员的行事中有某种形式的重大过失存在。

22. 上述案件表明，当存在必须严格遵守的时限规定时，承认当事人依合同对仲裁员的过分迟延行为享有诉权的法域，仲裁员对于该项起诉没有有效的辩护理由。在这些情况下，涉案仲裁裁决往往被判决无效，但仲裁员行为所造成的损失却往往难以进行计算。[③] 然而，主流仲裁机构的仲裁规则往往并未规定仲裁员应就其迟延行为对当事人进行赔偿。在那些不承认上述对仲裁员因迟延而提起合同之诉的法域，通常并不存在对当事人因仲裁程序迟延导致的损失而进行的赔偿。

B. 仲裁员未披露利益冲突之诉

23. 对于利益冲突事项的披露义务是仲裁员独立性和中立性之核心。《示范法》第 12 条第 1 项规定，仲裁员对其被委任时和

---

① *Morgan Phillips v. JAMS/Endispute* 44 Cal. Rptr. 3d 782 (2006) 第 785 页。

② OGH (June 6, 2005) (9 Ob 126/04a)；在奥地利最高法院审理的 *OGH* (February 28, 2008) (8 Ob 4/08h) 一案中得以确认。

③ Julian D. M. Lew, Loukas A. Mistrelis & Stefan Kroll, Comparative International Commercial Arbitration (Kluwer Law International, 2003)，第 12 ~ 59 节。

整个仲裁程序期间产生和存在的利益冲突事项有持续的披露义务。[①]《国际律师协会国际仲裁利益冲突指引》为利益冲突的披露设定了客观标准:仲裁员应当披露任何“在知悉相关事实的合理的第三人看来,存在对仲裁员的公正性或独立性的合理怀疑”的情形。[②] 该指引还列举了诸多特定情况下应当予以披露,以及特定的需要当事人的同意或推定同意(如当事人没有及时予以反对)的情形。[③]

24. 对仲裁员未能披露利益冲突的诉请往往会引起仲裁裁决的撤销,或至少是仲裁程序的终止。[④] 法国法院曾判决认为,仲裁员应赔偿其因违反披露义务,导致裁决撤销而使当事人遭受的损失。在 *Raoul Duval v. V*[⑤](巴黎大审法院)案[⑥]中,仲裁庭主席在仲裁裁决作出的第二天就开始为一方当事人工作,并且未曾将这一事实披露给当事人。这一案件的裁决因仲裁庭组成不合法而被撤销。Duval 随后就该仲裁员的行为给自己造成的损失提起了诉讼。法院认为该仲裁员应基于合同而赔偿当事人对仲裁员和仲裁机构支出的费用以及提起相关诉讼的费用。

25. 芬兰法院亦认为仲裁员应就其违反披露义务而导致的当

---

① 亦见于《AAA/ABA 商事仲裁员的职业道德守则》,Canon Ⅱ (2004)。

② 《国际律师协会国际仲裁利益冲突指引》(2004 年 5 月 2 日),一般标准第 2(b)条(2004)。

③ 同前注,第Ⅱ部分及不可弃权的红色清单,可弃权的红色清单,橙色清单和绿色清单。

④ 同前注,第Ⅱ部分第 5 段:该指引的工作小组认为,基于仲裁员未能披露可引起对其独立性或中立性合理怀疑的事项,而在仲裁员被委任后对其提出的质疑不应当自动导致其被撤销委任、取消仲裁员资格,或仲裁裁决的撤销。工作小组认为,不披露并不说明仲裁员不中立或是缺乏独立性;除非其未披露的事项本身会导致其不中立或缺乏独立性。

⑤ *Raoul Duval v. V*, 1996 Rev. Arb. 411(Tribunal de Grand Instance, Paris),在 *Vv Raoul Duval* (1999) Rev. Arb. 324 中得到确认。

⑥ 该案判决被巴黎上诉法院[Cour d' appel Paris, Rev. Arb. 324 (1999)]和最高上诉法院所进一步确认。

事人损失进行赔偿。在 *Urho, Sirkka and Jukka Ruola v. X* 案中,[①]原告在此前的程序中已经以偏见为由成功申请了撤销涉案仲裁裁决。在随后的诉讼中,原告将仲裁员直接诉至芬兰最高法院,请求其赔偿仲裁中的费用支出。该案仲裁员未能披露其曾经为仲裁答辩方和作为仲裁介入方的金融机构提供过几次法律意见的事实。芬兰最高法院认为,仲裁员的不披露是违反了合同,并判令仲裁员赔偿原告在仲裁中的费用支出。

26. 对于仲裁员未能履行披露义务而进行追责在美国并不会导致仲裁豁免权的丧失。2000 年《统一仲裁法修正案》第 14 条(c)款规定,仲裁员未能按照第 12 条进行披露的,并不导致其在本条项下仲裁豁免权的丧失。对于未能披露利益冲突的通常的救济方式是该法 23 条项下的裁决撤销。

27. 仲裁员对潜在的利益冲突进行调查是一项积极义务。[②]在 *HSMV Corp. v. ADI Ltd.* [③]一案中,仲裁员的律所与案件答辩方有间接的职业服务关系。在两项裁决作出后,原告发现了这一利益冲突事项,并以此为由要求撤销第 2 项裁决。仲裁员辩称其未能注意到这一关系。加利福尼亚中央区地方法院撤销了第 2 项裁决,并在判决中表明,仲裁员有调查潜在利益冲突的积极义务。

28. 尽管仲裁裁决可能因为明显不公正而被撤销,但美国法下的仲裁豁免确保了仲裁员不会因为未披露利益冲突事项而被

---

① *Urho, Sirkka and Jukka Ruola v. X*, KKO 2005:14.

② *Commonwealth Coatings Corp. v. Continental Cas.*, 393 U.S. 145, 第 151 ~ 152 页 (1968); 美国最高法院认为,"如果仲裁员的这一关系在一开始就被披露,当事人可以在了解这一关系的前提下,自由选择拒绝或接受这一仲裁员",仲裁员应当承担未能披露这一错误的责任。

③ *HSMV Corp. v. ADI Ltd.*, 72 F. Supp. 2d 1122 (C.D. Cal 1999).

追究个人责任。在 *Blue Cross Blue Shield of Texas v. Juneau* 案[①]中,Juneau 是清算信托(HealthCor)与 Blue Cross Blue Shield of Texas(Blue Cross)之间纠纷仲裁庭的仲裁员。仲裁庭作出了利于 HealthCor 的一致裁决。Blue Cross 向 HealthCor 和其中两位仲裁员提起了诉讼,诉称其"严重错误",寻求仲裁裁决的更改或撤销。其随后以"显然不公"(evident partiality)起诉 Juneau,因 Juneau 曾与 HealthCor 的代理律师在同一律所工作。然而,Juneau 与这位律师并未有较多的联系,因而他认为这一关系并未显著到需要披露的地步。得克萨斯州上诉法院认为,仲裁豁免包括仲裁员未能披露利益冲突事项的情形,即使该案的裁决因上述未能披露利益冲突而导致撤销时也是如此。这是因为披露要求与仲裁员履职直接相关。

29. 在 *Positive Software Solutions Inc. v. New Century Mortgage Corp.* 案[②]中,该仲裁的独任仲裁员曾在该仲裁的 10 年前与被申请方的律师在同一家律所共事,仲裁员与被申请方律师在仲裁过程中均未能披露该关系。仲裁员最终作出了有利于被申请方的裁决,申请方发现了这一关系的存在,并申请撤销该裁决。地方法院意见(被上诉法院维持)认为,这一先前存在的职业关系可能导致理性人认为存在偏见的可能,并且仲裁员未能披露这一先前关系,使申请方失去了基于这一信息而选择仲裁员的机会,从而撤销了本案裁决。然而,基于被申请方的申请,第五巡回上诉法院重审了此案并改变了其原审判决。最高法院维持了上诉法院的判决,认为未能披露微小的、不显著的关系事项并不构成

---

① *Blue Cross Blue Shield of Texas v. Juneau*, 114 S. W. 3d 126 (Ct. App. Tex. 2003).

② *Positive Software Solutions Inc. v. New Century Mortgage Corp.*, 337 F. Supp. 2d 862, 865 (N. D. Tex. 2004), aff'd, 436 F. 3d 495; rev'd in reh'g, 476 F. 3d 278 (5th Cir. 2007)(en banc), cert. denied, June 11, 2007.

撤销裁决的基础，能够成为撤销裁决事由的必须是"显著地危及与一方当事人的关系"。

30. 仲裁当事人有尽职地调查可能存在的利益冲突事项的义务。如果当事人未能在法律规定的撤销裁决时限内发现偏见（如果存在），则如果当事人对案件不满、基于明显偏见寻求撤销裁决时，可能会因错过了时效而无法起诉。在 *Pullara v. American Arbitration Association, Inc*[①] 案中，原告（Pullara）对仲裁员和美国仲裁协会提起诉讼，诉求为仲裁员未能披露其与一贸易协会的职业关系（作为其普通代理律师）而导致的损失。原告诉称，仲裁员与贸易协会的关系是实质性的，因而其有权在从美国仲裁协会所提供的仲裁员名单中选择仲裁员时获知。因原告在裁决作出后 1 年才发现这一职业关系的存在，得克萨斯州《民事实务和救济法》所规定的时效已过[②]，故原告无法诉求撤销裁决。得克萨斯州上诉法院判决认为仲裁员和美国仲裁协会均受到仲裁豁免的保护，免于因"显然不公"而承担责任。

C. 腐败之诉

31. 普通法系各国的仲裁立法和主流仲裁机构的仲裁规则均表示，对诈欺、不诚实或事实偏见行为不适用仲裁豁免。如果案件中的情形，使当事人对仲裁员的公正性产生合理怀疑，则各国法院可以将该仲裁员移出仲裁庭；各仲裁机构规则亦规定了对仲

① 191 S. W. 3d 903 (Tex. App. —Texarkana 2006).

② Texas Civil Practice & Remedies Code Section 171.088, Alternate Methods of Dispute Resolution (Cap. 171). 该条规定，任何撤销裁决的申请必须在裁决副本送达申请者的 90 日内提出。仲裁裁决可因如下的一些理由被撤销，如腐败、欺诈、显然不公、失职或故意行为不当。

裁员提出质疑的相应程序。[①] 一些国家的立法还规定了额外措施,如法院可判令仲裁员归还已经支付的费用和开销等。[②] 对仲裁庭事实偏见的指控关系仲裁庭的管辖权,因而其救济方式应为对仲裁员的质疑和申请其退出仲裁庭[③],或对仲裁裁决的质疑。

32. 在美国,仲裁豁免还扩展至对仲裁员解决纠纷的授权的质疑,以及对仲裁机构不当行为的起诉。豁免不可扩展至欺诈、腐败和共谋案件——在这些案件中,仲裁裁决通常是会被撤销的。[④] 仲裁员还免于因为在仲裁程序过程中的言论而被诉诽谤。[⑤] 在 *Tamari v. Conrad* 案(Tamari 案)中[⑥],美国第七巡回上诉法院判决认为,仲裁员如果因为其介入审理的争议解决面临非议或诉讼,而被劝阻于仲裁之外,这时应适用仲裁豁免原则。在 *International Medical Group, Inc. v. American Arbitration Association* (*IMG*)案[⑦]中,美国第七巡回上诉法院进一步确认了 *Tamari* 案。在 IMG 案中,仲裁的被申请方显然对仲裁并无兴趣,因为其

---

① Julian Lew, Loukas Mistelis & Stefan Kröll, Comparative International Commercial Arbitration (The Hague: Kluwer Law International, 2003), 第 12～33 节。亦见于《ICC 仲裁规则》第 11 条;伦敦国际仲裁院《仲裁规则》第 10 条;《示范法》第 12～13 条。

② 例如,见于英格兰《1996 年仲裁法》第 24(4)条。

③ Julian Lew, Loukas Misteleis & Stefan Kröll, Comparative International Commercial Arbitration (The Hague: Kluwer Law International, 2003), 第 12～34 节。美国法院采取此种立场。例如,见于 *Int'l Union*, *United Auto. Workers v. Greyhound Lines*, 701 F.2d 1181, 1185－1187 (6th Cir. 1983); *Montero v. Travis*, 171 F.3d 757, 761 (2d Cir. 1999); *Saavedra v. City of Albuquerque*, 859 F. Supp. 526, 532 (D.N. Mex), aff'd, 73 F.3d 1525 (10th Cir. 1996), *Stasz v. Schwab*, 121 Cal. App. 4th 420 (2004); *Garland v. US Airways*, 153 Lab. Cas. 10,762 (W.D. Pa. 2006)。

④ Jones v. Brown, 54 Iowa 140, 142－143 (Iowa 1880). 在随后的案件中,该仲裁员被判令不得获取其仲裁费用。

⑤ *Kabia v. Koch*, 186 Misc. 2d 363, 713 N.Y.S.2d 250 (N.Y. Civ. Ct. 2000).

⑥ *Tamari v. Conrad*, 552 F.2d 778 (7th Cir. 1977).

⑦ *Int'l Med. Group, Inc. v. Am. Arb. Ass'n*, 312 F.3d 833 (7th Cir. 2002).

同时起诉了仲裁申请方、其律师和律所、美国仲裁协会及其雇员，声称其恶意起诉、滥用司法程序及“恶意仲裁”(最后一个案由不被法院所承认)，并寻求中止仲裁程序。法院基于仲裁豁免和起诉理由无充足依据驳回起诉。

D. 过失之诉

33. 对仲裁员过失的控诉通常基于仲裁员对仲裁行事和管理不当，但又够不上故意失职的行为。仲裁员可能因其挥霍或拖延行为而被判定负有违约或过失的侵权责任，但其救济仅限于将该仲裁员移出仲裁庭和罚没其已经取得的酬劳。这些措施与施加于负有注意义务和专业技能的其他职业人士的措施是相似的。[①]

34. 依据普通法系的仲裁立法和主流仲裁机构的仲裁规则，仲裁员被免于面对基于过失而提起的诉讼。[②] 在美国，仲裁机构亦被免于面临由于对非仲裁协议当事人错误地行使管辖权而提起的侵权诉讼。对于提起管辖权异议的当事人，其适当的救济应是在适当的法院寻求对于发起仲裁一方当事人的禁制令。[③] 在一个颇具争议的英国案件中，仲裁员被法院移出了仲裁庭，并被判令支付法院开庭的费用，以及仅获得了 10,000 英镑的仲裁酬劳。法院认为，依据英格兰《1996 年仲裁法》，该仲裁员无权获得对其费用和开销的双重担保金，并对当事人就对方费用支付的担保金适用了错误的原则。[④]

35. 采取对仲裁豁免进行合同分析立场的法域更可能追究仲

① D. Sutton & J. Gill, Russell on Arbitration (22d ed, 2003)，第 4 ~ 203 节。

② *Stasz v. Schwab*. 121 Cal. App. 4th 420 (2004).

③ *Int'l Med. Group, Inc. v. Am. Arb. Ass'n*, 31 F. 3d 833 (7th Cir. 2002); Stasz v. Schwab, 121 Cal. App. 4th 420 (2004).

④ *Wicketts v. Brine Builders*, [2002] C. I. L. L. 1805, [2001] App. L. R. 06/08.

裁员的过失责任。仲裁员因为未能履行其职责而对其所造成的损失和损害承担合同责任。例如,阿根廷仲裁法即采取了这一观点,认为仲裁合同要求仲裁员对其未能履职而造成的损失承担责任。[①] 法国法下,仲裁员一旦接受任命,即对双方当事人承担相应的职责与义务,如若仲裁员违反任何协议条款,则应对损失承担责任。[②] 但法国法院认为仲裁员仅在严重失职、诈欺或与一方当事人串通时才承担责任。在 *Floragne v. Brissart et Corgie* 案中[③],一方当事人将仲裁员诉至法庭,寻求其因仲裁裁决而导致的损失。法院认为,该当事人的诉求暗含仲裁员作出了错误裁决的判断。由于当事人未能提出和证明任何不当,法院驳回了这一诉求并认为其是不当滥用诉权。法院同时支持了仲裁员的反诉请求,判给其名义上的赔偿。

E. 仲裁员是否应该作为诉讼被告?

36. 对仲裁员因违反职业道德义务而提起的诉讼,是对其独立性和其无畏于当事人的不满和不愿遵守规则的“仲裁游击战士”而主持正义的能力所套上的枷锁。[④] 对仲裁员的无实质基础的诉讼

---

① Nigel Blackaby & Constantine Partasides with Alan Redfern & Martin Hunter, Redfern and Hnter on International Arbitration (Oxford Universtiy Press, 5th Ed, 2009), 第 5 ~ 50 段。阿根廷《国家民事和商事程序法典》第 745 条规定,“仲裁员接受任命即赋予了当事人要求其履行职责及追究其未能履行仲裁职责时的开支及损失的权利”。秘鲁《普通仲裁法》第 18 条与上述条款内容相似。

② *Ceckolovenska Obcendi Banka v. ICC*, 1987 Rev. Arb. 367; P. B. Rutledge, “Towards a Contractual Approach for Arbitral Immunity”, 39 Ga. L. Rev. 151 (2004).

③ French Case No. 482/77 (1978 年 9 月 27 日)(未公布).

④ M. Hwang, “Why is There Still Resistance to Arbitration n Asia?”, in *Global Reflections on International Law, Commerce and Dispute Resolution* 401 - 411 (2005).

对于国际仲裁作为争议解决机制的作用①起到了负面影响,并提高了当事人和仲裁员进行仲裁的成本。即使仲裁员可以被允许免于诉讼,其也无法免于支付为其辩护的律师的相关法律费用。② 职业责任保险费用会随之升高,而这一成本将被转嫁于当事人。

37. 关于起诉仲裁员的另一担忧是仲裁员是否应该在诉讼中作为共同被告出庭。仲裁员或许会选择不作为积极参与诉讼的当事人出现,或是有限地参与到诉讼中,以提供证人证言(affidavit)的方式将其认为可能有助于法院判案的事实列明。③ 在诉讼中的出现则意味着仲裁员将会被交叉盘问一些关于仲裁案件核心事实的问题,而这在事实上是对仲裁案件的重新审查,从而减损了仲裁的既判力。而如果不参与撤销仲裁裁决之诉,则可能对于仲裁员是更为有利的做法,因为除非仲裁员成为诉讼当事人,或是被认为串通当事人或欺诈,否则法院一般不会判令其支付相关费用。④

38. 仲裁员可以在其任命协议中明确约定不参与任何司法程

---

① M. Hwang, "Why is There Still Resistance to Arbitration n Asia?", in *Global Reflections on International Law, Commerce and Dispute Resolution* 401 – 411 (2005). 该文的主要作者曾是一个案件的仲裁庭成员,在该案中,被申请方不仅在其地方法院提出了对仲裁庭的管辖权异议,还对该案申请方提出了"错误仲裁"之诉,诉请巨额损害赔偿和冻结申请方财产。作为仲裁员之一,其很难说服其他仲裁员(均源于该地方法院的法域)在法院尚未作出决定时发出仲裁庭指令,因为这些仲裁庭成员担心任何仲裁庭为推动程序进行而作出的指令均会导致法院对仲裁庭成员作出相应的判令。

② 大多数普通法系法域的民事程序规则均要求当事人支付自己的律师费用。亦见于 J. M. Townsend, "Recourse against the Arbitrator after the Arbitral Award: An American Perspective, in The Status of the Arbitrator—Special Supplement", ICC Int'l Court of Arb. Bull 115 (1995); M. L. Smith, "Costs in International Commercial Arbitration", in AAA Handbook on International Arbitration & ADR (T. E. Caronneau & J. A. Jaeggi eds., 2006).

③ *Port Sudan Cotton Co. v. Govindaswamy Chettiar & Sons*, [1977] 1 Lloyd's Rep 166 (Q. B. Comm. Ct.).

④ *Lendon v. Keen*, [1916] 1 K. B. 994. 亦见于 *Najjar v. Haines* (1991) 25 NSWLR 224。法院判定,由于法官(裁判者)的独立行事和无惧于累讼之扰具有压倒性的重要性,仲裁员理当得到豁免。

序。在美国,2000 年《统一仲裁法修正案》规定,除判断仲裁员的诉求或是在撤销仲裁裁决的程序中以外,仲裁员不是适格的作证人,也不应被要求提供任何与仲裁有关的文件。[①] 法案还致力于抑制针对仲裁员的无意义诉讼,尤其是向仲裁员、仲裁机构或其组织代表提起诉讼寻求法律费用和其他诉讼支出、但随后被证明应适用仲裁豁免的情形。[②] 新近的判例法亦表明,司法政策逐渐倾向于对提起恶意诉讼的当事人处以一定的惩罚措施。[③]

39. 当对案件结果不满的当事人无法在仲裁地法院撤销仲裁裁决,而设法依据仲裁员的管辖地以腐败或公共政策原因对仲裁员提起诉讼时,会产生冲突法问题。在一个发生于美国得克萨斯州 Beaumont 地方法院的案件中,起诉方于仲裁地瑞士两次提起了撤销由 3 人仲裁庭作出的裁决的诉讼,并均告失败。于是,该当事人随后起诉了他所能想到的所有相关方,包括仲裁员,以仲裁庭接受了 2500 万美元的贿赂为由要求撤销裁决。仲裁员未积极参与该司法程序,因而仲裁豁免问题并未被涉及。得克萨斯州法官认为,在对腐败问题进行审理之前,其必须首先确认对于案件的管辖权。由于案件发生在日内瓦而非得克萨斯州,他认为自己并无管辖权。[④] 在上诉中,第五巡回上诉法院支持了地区法院

---

① 美国《统一仲裁法修正案》第 14(d)条,亦见其相关评注。

② 美国《统一仲裁法修正案》第 14(e)条,亦见其相关评注。

③ *B. L. Harbert Int'l, LLC v. Hercules Steel Co.*, 441 F. 3d 905 (11th Cir. 2006).

④ 2008 年 1 月 7 日,美国第五巡回上诉法院在 *Gulf Petro Trading Co., Inc. v. Nigerian Nat'l Petroleum Corp.* 案中驳回原审案件的决定,理由是本案是对于外国(瑞士)仲裁裁决的附属争议。法院在 *Global Building Products Ltd., v. Chemco, Inc.*, 2012 *US Dist LEXIS* 150317 案中适用了 *Gulf Petro Trading Co., Inc. v. Nigerian Nat'l Petroleum Corp.* 512 F. 3d 742 (5th Cir. Tex., 2008)案的规则。关于该案的评论,亦见于 Etat – Unis: United States Court of Appeals, Decision No. 06 – 40713 (7 January 2008)。Appeal from the US District Court for the Eastern District of Texas. Gulf Petro v. Nigerian National Petroleum Corp. (2008) 26 ASA Bulletin 167。

关于管辖权和驳回起诉的决定。

40. 针对仲裁员的诉请引发的一个问题是,在这种情况下可以对仲裁员寻求何种救济?在前面所提及的 *Beaumont* 案中,当事人诉求仲裁费用、利润损失、预期可从仲裁裁决中获得的利益、仲裁败诉而导致的名誉损失和失去的商业机会。法院因为判决自己不具有管辖权,也就没有在救济方面作出判决。在芬兰 *Urho*, *Sirkka and Jukka Ruola v. X*(前文提及)案中,当事人请求赔偿仲裁费用和支出,法院认为仲裁员与当事方的关系与合同关系具有可比性,因此仲裁员应当赔偿上述费用和支出,因为其未能披露利益冲突事项(而可能影响其仲裁裁决)构成了违约。

F. 当仲裁员被诉时,仲裁机构是否应该介入?

41. 大多数仲裁机构并不对其所管理的案件中的仲裁员提供任何保护,被诉的仲裁员需为自己进行辩护。在世界各地常常被起诉的国际商会仲裁院、其仲裁员和瑞士仲裁协会[①]正是持这一立场。而有意思的是,荷兰仲裁协会(Netherlands Arbitration Institute, NAI)则为其普通名册上的仲裁员购买了职业责任保险,但仅适用于仲裁员在该协会管理下,适用该协会规则的情形。[②] 相反的是,美国仲裁协会帮助其仲裁员应对诉讼,但并不会自掏腰

① *Gulf Petro Trading Co.*, *Inc. v. Nigerian Nat'l Petroleum Corp.* 瑞士仲裁协会以"法庭之友"的名义参与美国巡回上诉法院的司法程序,称美国法院没有介入瑞士仲裁程序的管辖权。

② 皇家仲裁员协会为其成员提供优惠条件的职业责任保险。参见皇家仲裁员协会职业责任保险计划,载 http://www.ciarb.org/joining-us/benefits/professional-indemnity-insurance/。

包为其支付赔偿。①

Ⅸ. 结论

42. 大多数法域均认可仲裁豁免对保障仲裁员的独立性和公正性很有必要。各国立法中所提供的仲裁豁免的程度有别,这取决于该法域的仲裁豁免是基于对司法豁免的类推使用,还是基于仲裁员角色的合同分析。仲裁豁免的成立基础往往体现在不服裁决一方对仲裁员诉讼的成功案例的判决依据中。在仲裁员行使其司法功能过程中恶意行事时,仲裁员的个人责任为败诉一方提供了救济的机会,但这并不能作为额外武器,或作为撤销仲裁裁决之诉之外的替代救济方式。仲裁员应免于轻率的索赔的威胁,从而能不受潜在诉讼影响,明智审慎地作出裁决。

① 在 *Gulf Petro Trading Co. v. Nigerian National Petroleum Corp.* 512 F. 3d 742 (5th Cir. Tex., 2008)案中,美国仲裁协会和瑞士仲裁协会以“法庭之友”的名义参与美国法院诉讼程序,以支持其仲裁员应诉。伦敦国际仲裁院也有类似政策,国际商会仲裁院为仲裁院抗辩而产生的部分花销提供了职业责任保险。日内瓦大学高级硕士项目《国际争议解决调查报告》显示,大约60%的仲裁参与者(包括ICC和LCIA)购买了责任保险。保险的形式有多种:一些仲裁机构仅为总监以及高级官员购买了保险,另一些仲裁机构则购买了覆盖全员的保险,还有一些机构因为自己的上级机构的保险政策而获益(例如,由商会仲裁院设立的机构)。参见 Hans van Houtte & Bridie McAsey, “The Liability of Arbitrators and Arbitral Institutions” in ASA Special Series No. 40: Arbitral Institutions under Scrutiny (Philipp Habegger et al. eds.) (JurisNet LLC, 2013),第166~168页。

述评:仲裁员作为和解促进者的角色

Ⅰ. 原则

“仲裁—调解”(Arb - med,仲裁员也担任调解员的程序)作为一种混合型争议解决机制,整体而言,在欧美是不被鼓励的,大多数的欧美仲裁机构规则均未提供这一选项。然而,在亚洲,“仲裁—调解”却是被鼓励的,亚洲的仲裁立法与机构规则也常常允许当事人选择此种争议解决方式。

国际律师协会(IBA)1987 年《仲裁员职业道德规则》第 8 节却对仲裁—调解有所涉及。该规则规定,在当事人同意的前提下可以进行仲裁—调解,仲裁庭(或仲裁庭主席)可为当事人提供和解方案。但与单方当事人私下交谈却是不被鼓励的,如果存在这样的单方交谈,仲裁员将被除名,不被允许继续担任仲裁员。

反对“仲裁—调解”的一个传统理由是,仲裁员仅有对争议进行决定的授权,而无权令其和解。此外,试图进行调解的仲裁员可能会使其最终裁决面临败诉方的挑战。

本文将检视与“仲裁—调解”有关的理论和实务问题。

Ⅱ.仲裁庭可以做什么?

在“仲裁—调解”被机构规则或立法允许的情形下,问题是仲裁庭究竟可以做什么。

第一,仲裁庭可以鼓励和解。仲裁员鼓励和解本身无可厚非,尽管有些人可能讽刺说仲裁员鼓励和解只不过是为了赚取仲裁费却又不工作(假设在案件开始后或开庭中途的和解并不会带来仲裁费用的显著降低)。

第二,仲裁庭可以提出由独立的调解者进行调解,从而暂停或中止仲裁程序以利于调解的进行。在当事人同意的情况下,这一做法也是无可诟病的。通常情况下寻找中立调解者是很容易的,尤其在中国香港或新加坡这样有很多可以立即接受工作的商业调解员的地方。然而,对于争议事实复杂、有众多法律问题的争议,如大型建筑纠纷,则很难找到合适的调解者可以在短时间内迅速熟悉案情、有效展开工作。在这些案件中,暂停或中止仲裁程序一两天令双方当事人进行调解,而一旦调解失败则令仲裁员立刻恢复仲裁,这样的安排既不可能也很难达到令人满意的效果。

第三,仲裁庭可以尝试自己调解这一争议。大多数和“仲裁调解”有关的问题均源于仲裁庭行使这一功能的实践,而笔者将在下文中逐一分析该问题。仲裁庭的另一种可能进行调解的方式是,令仲裁庭的一部分(如 IBA 职业道德规则所说的由仲裁庭主席进行,或者由当事人任命的仲裁员们进行)进行调解,这样如果调解失败,依当事人的同意,可由没有参与调解的仲裁员(们)继续仲裁。

Ⅲ. 仲裁—调解的困难

大多数仲裁—调解中的问题，在仲裁庭试图自己进行调解时就产生了。

第一，仲裁员可能在调解过程中就争议的实体议题发表意见。这可能被视为会影响仲裁员的中立性。然而，这个问题更像是表面问题而非实质问题，因为这源于对调解性质的误解。总体来说，调解可分为协助性的（facilitative）和评估性的（evaluative）。在协助模式下（这也是最为广泛使用的实践形式），调解者并不对实体问题发表意见，而是鼓励各方当事人以所有可能的方式，在不触及实体争议诉求的情况下解决纠纷。另外，一个重要的区别是，仲裁员考虑的是各方当事人的立场，而调解者考虑的则是各方当事人的利益。在协助模式下，调解者不应是调解方案的首要发起人，调解方案应是各方当事人提出的。另外，即使在协助模式中，调解者也很难完全不对案件的实体诉求进行评估。这是因为在调解结束时，如果当事人在和解谈判中陷入僵局，则调解员一般会做“现实考量”，以鼓励那些对自己获胜概率过于乐观的当事人重新考虑其在实体诉求方面的案件情形。

第二，仲裁调解中往往存在与单方当事人私下交谈的问题。单方交谈的问题在于，如果该仲裁裁决随后进入申请撤销或执行审查的司法程序，则该仲裁—调解者可能会被指控：

(1)（被进行单方交谈的当事人指控）对当事人不当施压以求和解，或在随后转为仲裁员进行裁判时，使用了从当事人处获得的私密信息；

(2)（被未发生单方交谈的当事人指控）使用从私下交谈方获得的信息作为裁判依据，而未给没有参与单方交谈的一方质疑该信息是否准确或是否相关的机会。

关于单方交谈的问题将在此予以讨论。

Ⅳ. 实践中单方交谈问题是如何处理的？

英格兰高等法院在 Glencot Development & Design v. Ben Barrett[①] 案中的判决体现了欧洲法院处理单方交谈问题的方式。简要来说，本案案情如下：在一个建筑工程争议中，被任命的裁决者（adjudicator）在参加一个决定会议议程所列问题的会议时，被要求对诸多问题中的一项进行调解。其中一个当事人随后辩称，由于这一裁决者此前进行了调解，因而他的中立性受到了影响，他不应继续参加裁决程序。

法官 Humphrey Lloyd QC 在决定裁决者担任调解者时公正性是否受到损害这一问题上，适用了客观的表面偏见标准。表面偏见标准的核心问题是，该案的相关情形是否可令一个中立、知情的外部观察者认为，存在仲裁庭有偏见的确实可能或真正危险。

Lloyd 法官还认为，由于该裁决者被要求调解诸多争议中的一项，裁决者对各方当事人表明他对这一项问题的做法是在整体裁决之外的，以及他就在这一问题上的行事寻求当事人同意等做法是正确的。Lloyd 法官认为，在暂停仲裁而让双方进行一段时间的调解的情况下，当事人的同意十分必要。

根据本案事实，Lloyd 法官认为，本案中的仲裁—调解者在调解中分别与当事人多次进行了交谈，并且，尽管他并无义务报告其在调解中的发现，但这些单方谈话可能会令他获取一些信息和

① ［2001］BLR 207.

印象,而影响他随后的决定。Lloyd 法官还认为,很显然在调解过程中双方有过激烈的讨论,因而仲裁—调解者在这一过程中形成对一方或双方的观点是可以理解的,并且,仲裁—调解者还被要求在不依据任何书面证据基础的情况下对申请人的可信度做出决定。Lloyd 法官认为,上述事实证明,本案中可能存在无意的或隐含的偏见。最后,裁决者书面征询双方是否要求他退出裁判的行为表明,裁决者亦注意到了案件的外部第三方可能能够合理猜测到本案过程中存在的问题。根据这些情形,Lloyd 法官认为,本案中的裁决者尽管采取了开放态度并做出了解释,但仍存在偏见的确实可能性。

新加坡和中国香港是仅有的直接规制仲裁—调解中单方交谈问题的法域。

两地的立法采取了类似的规定,对“调解—仲裁”和“仲裁—调解”加以区分。如果一个人首先被任命为调解者,在调解失败后才依据双方当事人的同意而进行仲裁,则他进行单方交谈的权力不会受到任何限制。法律还规定,其所获得的担任仲裁员的任命不会仅因为其曾进行过调解而受到质疑。

相反,如果仲裁员依据当事人的合意进行调解,法律明确规定其可以进行单方交谈且必须对谈话内容保密,除非信息披露一方同意仲裁—调解者将信息披露给他方当事人。然而,如果调解失败,则在仲裁—调解者重启仲裁程序之前,他必须将“他认为与仲裁程序有实质影响的(私密)信息”披露给所有的其他方当事人。

在笔者所交谈过的人里,没有人知道这上述最后一条——要求仲裁—调解者将调解过程中对仲裁程序有实质影响的私密信息披露给所有其他相关方——的来历,所以我们只能猜测其背后的原理。可能这一条是为了克服仲裁—调解在亚洲和大洋洲地区所面临的反对意见,这些地区大多认为仲裁—调解有违自然正义的规则。

如果调解者获取了一些仅为调解目的而披露的私密信息,这本身并不会影响调解的公正性,因为调解员只是协助争议的解决,而不会作出裁判(在这一阶段,自然正义并不会被违反)。然而,当仲裁—调解者脱下了调解者之帽,而换回仲裁者之帽时,所存在的危险是他在作出裁决时可能无法完全不考虑前述获得的信息。因而,这些信息(并没有披露给另一方当事人,因而对方当事人也就未能获得回应的机会)可能会影响他的决定(可能是无意的)。

因而,这一立法的要义应该在于为双方当事人提供公平的对抗平台,将仲裁—调解者所能在单方交谈中获得的所有相关信息均摆上明面,从而使对方当事人可以对其进行质疑或抗辩。

然而,如何解释这一立法仍然是问题多多,并且在中国香港和新加坡都没有相关案例支持。这很大程度上是因为在这两个地区仲裁—调解很少见。笔者曾询问过新加坡国际仲裁中心(SIAC),他们的回答是并没有管理过适用仲裁—调解的案例(尽管还有很多在新加坡进行的临时仲裁和其他机构的仲裁,在其中或许有适用过该条法律)。类似地,除了一个案件以外,笔者也未观察到在中国香港有类似的案例报告。①

如何认定信息对仲裁程序有"实质性"影响会产生很多法律问题。换言之,"实质性"如何解释?请考虑以下情形:

(1)单方交谈的当事人披露,他迫切需要和解此案,因为他正面临大规模的收入税收评估;

(2)单方交谈的当事人披露,他认为他所提出的一个至两个

① 本案在58 Arbitration第29页间接提到;见附录一。

诉求(或抗辩)并没有多高的成功可能性(但没有解释原因);

(3)单方交谈的当事人披露,他在某个数额以外没有足够财产以支付不利于他的裁决;

(4)单方交谈的当事人披露,该方的一个证人证言对一个重要事实问题作出的陈述是不对的;

(5)单方交谈的当事人给调解者出示了一份文件,该文件显然和案件相关,但该方并未向另一方当事人披露。

笔者冒着存在争议的风险认为,仅有(4)和(5)应该在恢复仲裁程序前予以披露。"实质相关"必须是"与案件争议点实质相关",而不是与当事人的清偿能力、对资金的需求以及其自己认为的案件赢面有关。(1)(2)(3)或许和调解有关,但并不会影响仲裁员对案件实体的决定。

但我们也应当考虑到现实情况。

第一,在笔者担任调解者的经历中,还从未遇到当事人承认任何在公开法庭程序中可能对其不利的事实。在现实中,没有人会对调解人承认他的证人在说谎或是他的诉求没有实质基础。调解是当事人准备做些什么而能够消弭争议的过程:他的核心不在于对错,而在于怎样才能使双方跨越争议前进。调解者考虑的是未来而非过去。因此,仲裁—调解者困境中的危险更像是表面上的而非实质存在的。

第二,笔者相信,如果存在新加坡或中国香港机制下的仲裁—调解案件,其中的调解可能会比调解者不是由仲裁者转化而来的调解程序更具有局限性。任何仲裁—调解者都必须警告双方在私下交谈中披露信息的后果,也更可能怠于进行私下交谈,从而降低令其陷入是否应该决定对另一方当事人披露私密信息这一困境的可能。因而,在仲裁员同时担任调解者的仲裁—调解程序中,调解者和当事人都受到局限,从而降低了调解的有效性。

Ⅴ. 单方交谈对自然正义的违反及当事人的弃权

对于仲裁—调解的一项反对意见是,调解中的单方交谈违反了自然正义法则。确实,在新西兰,如果一项仲裁裁决违反公共政策或其获取的程序违反了自然正义法则,该仲裁裁决会被撤销。对于仲裁—调解的排斥反映在新西兰的立法中,该立法并未提供仲裁—调解这一选项。

另外,新南威尔士州的立场并不如此严格。尽管同时担任调解者的仲裁员"受到自然正义法则的约束",但新南威尔士州《商事仲裁法》第 27 条第 3 款允许当事人对自然正义的违反予以弃权,从而允许调解。[1] 事实上,御准仲裁员协会澳大利亚分会正在研究一种针对小型商业纠纷的解决机制,允许调解员随后担任仲裁员。然而,尽管该法域对于仲裁—调解的态度较为宽容,但对单方交谈和仲裁员转化为调解者的公正性仍存在忧虑和不确定性。

Ⅵ. 新加坡经验

笔者个人阅历中所知的仅有的仲裁—调解成功案例是一个新加坡国际仲裁中心的案件。① 值得注意的是,本案的仲裁庭成员分别来自德国、中国和新加坡。德国和中国仲裁员显然是仲裁—调解的支持者,而新加坡仲裁员无疑受到了允许仲裁—调解

〔1〕 该法仅适用于国内仲裁;此外,该法案目前已被废止,新的新南威尔士州《商事仲裁法案》未有此条,但规定了与中国香港、新加坡类似的关于仲裁员调解及信息披露等内容。——译者注

① 见附录二。

的新加坡立法的影响。

整体而言，新加坡法院在非正式场合实践仲裁—调解已有多年经验，尤其是在法官认为应当和解的案件中。在这种情况下，法官首先会询问律师双方是否曾进行和解谈判，如果是这样，是什么分歧导致了和解失败。随后，在适当的案件中，法官会在庭审开始前，甚至在庭审开始后，向律师建议尝试和解（通常在当事人在场时进行）。法官会注意到其终极审判者的地位，并不会对其最终在案件诉求方面的决定作出任何暗示，但会采取调解者能够使用的各种技巧，如指出诉讼的不确定性和潜在影响，以及以当事人更为广泛的利益为背景所能推断出的和解的好处等。

这在新加坡已经成为根深蒂固的传统，甚至在基层法院已经被制度化为“法院争议解决”（CDR）程序，所有递至基层法院的案件（通常是案件标的价值少于150,000美元的案件），在递交诉求后，均需在和解法官的主持下，进行法院协助下的调解程序。由于大量此类案件是交通事故或债务追偿案件，和解概率很高，因而调解成功的比例也很高（大约95%）。①

然而，同样显著的是，在上述法院协助下的调解中，一旦调解失败，被任命为调解者的和解法官并不会是听取案件庭审的法官，出于政策原因，另一位法官会被指派进行案件审理。

相似的是，在新加坡调解中心（SMC）进行的调解—仲裁实践中，如果调解失败，SMC 通常不会允许调解员转为案件的仲裁员。②

因此，迄今为止的新加坡经验表明，尽管该法域通过立法认

① 从1994年年中到1998年年底，共有8965个案件进入了CDR程序，其中95%达成了和解。详见 http://www.subcourts.gov.sg/civil/abt_CJ_CIVIL_DISPUTE_RESOLUTION.htm。

② 新加坡调解中心—新加坡国际仲裁中心（SMC－SIAC）《调解仲裁规则》第6条第2款。

可了仲裁—调解，但其对于仲裁—调解的实践持更为谨慎的态度，仍在等待仲裁—调解员发展一些先例和法院在适当的测试案例中提供指导。

尽管“法院争议解决”程序在新加坡的基层法院获得了极大成功，但笔者对从新加坡司法经验推断出其在国际仲裁中的可行性持谨慎态度。法官能够以此种方式实施调解的原因，很大程度上在于其无可辩驳的公正地位。法官是公职人员，在案件中没有私人利益，因而很难出现利益冲突问题。此外，法官为本地律师协会所知晓和信任，律师可以说服其客户，法官试图调解并无恶意或别有用心。但在国际仲裁中，国际仲裁员通常仅因为其声誉而为当事人和律师所知晓。想象一下，在一场国际仲裁案件开庭的第 1 天，来自世界各地的当事人都准备好了为自己的案件而辩论，而仲裁庭此时建议他们在开庭之前考虑调解，这并非在一开始就很容易令双方接受的做法。调解是建立在对调解员和其动机的信任之上的，让一个陌生人甚至在他听到你开口之前就告诉你你的案件并非你所想象的那样，这往往很唐突，而你也很难立刻接受这一建议。因此，笔者的个人实践方式是，在本地仲裁中，笔者会在合适的时机建议调解；而在国际仲裁中，笔者不会在当事人对本人有更多了解、本人对各方主张有所了解、本人认为可以作为调解者对案件做出有意义的贡献之前提出和解建议。

Ⅶ. 技术问题

假设双方当事人愿意参与仲裁—调解程序，则需要考虑很多技术问题，以保证该程序能够以其所被期待的方式进行。

第一，由于该程序是建立在双方合意基础上的，因此应该采取书面方式记录下该合意，并解决一系列随之而来的问题。

第二，调解的形式应当得到双方的明示同意，尤其是关于是否允许单方交谈，而如果恢复仲裁，则仲裁员是否能够，以及在什么目的下可以使用其在单方交谈中获得的私密信息。特别是仲裁员应该遵循完全的信息私密性（除非被信息披露方放弃这一私密性），还是应该遵循新加坡或者中国香港的规则，披露与仲裁程序实质相关的所有信息？

第三，应给调解预留多少时间，而与此同时仲裁程序应当如何处置？

第四，仲裁—调解者的调解费用应当如何处理？

第五，如果调解成功，如何记录和解协议？

理想情况下，其应当被记录为和解裁决，并且仲裁庭应当重聚以终结这一程序，从而使该和解协议能够具有《纽约公约》下裁决的可执行性，而并非仅具有合同性质。然而，如果当和解协议的范围在原有争议之外，则可能存在技术上的问题，因为无论是《联合国国际商事仲裁示范法》还是《纽约公约》，均不支持对未在仲裁协议中约定或落在仲裁申请范围之外的仲裁裁决。或许明智的文件起草方式可以通过将所有可以执行的条款均作为原有争议解决程序的一部分而使所有的和解条款变为争议本身，但囿于篇幅，笔者只能说这一领域需要谨慎对待。

附录一　香港的调解实践[①]

Michael Thomas, CMG, QC[②]

1989 年，许多人都在考虑新的《香港仲裁法案》第 2B 条的实践意义，以及仲裁员如何在其任命期内担任调解者的角色。让我

---

① 58 Arbitration，第 28 页（兹得到皇家仲裁员协会的许可重印）。

② 曾先后在英国执业、担任香港律政司司长，目前是香港执业律师。

简要地谈谈在新近的一起仲裁中所发生的情况。

一名海外当事人就一起建筑工程中的迟延问题,诉求中国当事人赔偿约定违约金和违约损失。双方诉请表明,就工程完成期、为何迟延、可能的展期、弃权等问题双方均有异议,请求金额超过了100万美元,被申请方也有反请求。

各方均任命了一名仲裁员,这两名仲裁员推选我作为第三名仲裁员。在指引诉求后,我们决定召开会议以确定仲裁议程。在诸多议题中,我们提前提出了,在庭审开始前是否应该有正式或非正式的调解,如有,何时进行?由谁主持?

在庭审中,双方当事人均询问我是否愿意进行调解。我表示,如果我们能够就调解程序达成一致,我可以进行调解。讨论的结果是,仲裁暂停2个月由我进行调解,我可以自由选择联系一方或双方,或与一方或者双方当事人见面(在律师不出席的情况下),以及任何为调解而所说所做的都不可以被用于仲裁,我的费用(小时计费)计入仲裁费用中,如果调解失败我将继续作为第三仲裁员。

我随后分别与当事人进行了数小时的谈话,向他们表达了我所认为的他们案件的优势和劣势,并提请其注意,和解可能更有利于其更广泛的商业利益的实现。最后我同时会见了双方,并让他们进行自己的讨论。几小时后,他们分别通过电话对等待结果的我报告了进展,达成了和解。他们所达成的最终赔付数额,正是我之前与赔付方进行单独会谈时向他们建议的,我觉得另一方有可能接受的最低数额。

回想起来,我认为我的任务十分简单,原因如下:总体而言,这一争议并不复杂,中方并不熟悉香港仲裁程序,并且一开始没有本地律师的代表。我的最佳做法就是在案件中给他们最坦诚的建议,否则就有可能无法奏效。另一方当事人则可能从那些与他们自己的过于激进的律师意见相反的消极建议中获益。我对这一和解方案的合理性的首肯，在帮助赔付方获得上级机关批准进行和解方面亦发挥了作用。

无论如何，和解达成，预计持续3周、仲裁庭费用高达150万港元的庭审不必继续。我也不认为，万一调解失败而仲裁继续，在我和当事人进行的讨论中的任何所见所闻也不会成为限制我继续仲裁的原因。

附录二　新加坡的仲裁—调解

唯一所知的在新加坡发生的仲裁—调解，是一起由新加坡国际仲裁中心管理的中国与德国当事人之间的案件。仲裁庭由3名仲裁员组成，分别来自德国、中国和新加坡。他们将要决定的事项包括：

(1)德方是否违反合同；

(2)如果存在违约，中方所遭受的损失数额；

(3)德方是否能够援引合同中的某一限制其责任的条款。

在庭审开始之初，德国仲裁员建议双方应和解，并询问当事人，仲裁庭可否为他们达成和解提供任何帮助。

随后，各方决定在中方陈述完毕后，由仲裁庭对案件争议实体问题进行初步表态。仲裁庭十分谨慎地表明，这一初步表态并不具有结论性，而只是依据在当前阶段所有的证据和陈述而作出的。

仲裁庭表明，他们认为中方在违约这一问题上有60%的获胜概率，并对他们所认为的中方损失进行了估计。最后，仲裁庭认为，中方在德方是否能够援引限制责任条款这一问题上只有40%的胜率。

根据上述表态,德国仲裁员提出的和解建议是,中方能够获得在限制责任条款所规定的限额内的60%以及超过该限额的数额的60%的40%(24%)。

德国仲裁员的上述和解数额建议被当作随后谈判的起点。最终,双方达成了和解,其最终数额与上述数额相去不远。

国际仲裁法律和现实中的腐败问题*

黄锡义　Kevin LIM**

Ⅰ. 前言:背景、定义及涵盖的议题

1. 腐败在国际商业领域中盛行,并且越来越严重。在一个级别从0(高度腐败)到10(非常廉洁)的指标下,在透明国际① 2010

---

* 本文是标题相同之论文的增补版。该文由两位作者共同所著,并在2011年8月4日提交给新加坡召开的史密夫斐尔—新加坡管理大学亚洲仲裁讲座(Herbert Smith – SMU Asian Arbitration Lecture)。讲座由第一作者所作,随后在第二届年度环球仲裁评论奖项(Second Annual Global Arbitration Review Awards)中获得"最佳讲座或演讲大奖"(Best Lecture or Speech Award)提名。本文的早期版本承蒙《亚洲国际仲裁期刊》的允许,于2012年1月10日上传至国际商业仲裁会网站(http://www. arbitration – icca. org/articles. html,2012年3月23日访问)。Constantine Partasides、Richard Kreindler博士、Stephan Wilske博士、Hansel Pham、Carolyn Lamm、Pierre Karrer博士、Mohamed Abdel Raouf博士和Thong Chee Kim就仲裁中的腐败问题这一议题向本文作者提供了其早期作品,并就相关法律问题提供了协助,这些帮助对本文的成稿具有极大的价值,本文作者谨对此致以诚挚的谢意。此外,谨对Yeo Tiong Min教授、Anne – Catherine Hahn博士和Catherine Kessedjian教授就本文早期文稿提出的宝贵意见向其表示感谢。虽然如此,本文中发表的观点以及任何错误和疏漏概由本文作者负责。

** Kevin LIM,法学荣誉学士(新加坡国立大学),黄锡义资深大律师事务所律师。

① 一家国际性公民团体组织,专注于反腐败、提高对腐败危害的认知及制定解决腐败的措施。

年清廉指数评核[①]的178个国家中，近3/4的国家得分低于5。全球范围内的腐败情况在过去3年内更加严重。[②] 商业贿赂的规模令人震惊，带来了庞大深远的影响：[③]

商业贿赂的规模及范围令人震惊。几乎每5个接受调查的商业管理人员中，就有2名曾在跟公共机构的往来中被索贿。一半受访者估计腐败至少令项目成本增加10%。1/5的受访者认为竞争者的行贿使他们失去业务机会。超过1/3的受访者认为腐败问题越来越严重。

腐败带来庞大深远的影响。单在发展中及转型国家，腐败的政客及政府官员每年收到的贿赂款项据信达到200亿美元至400亿美元——相当于官方发展援助金的20%～40%。腐败带来的成本无法只用金钱衡量。当腐败容许鲁莽的企业无视法律，所带来的影响包括小至西班牙的缺水事件，印度尼西亚的非法伐木问题；大至尼日利亚的药品安全问题及土耳其因建筑质量恶劣倒塌致人伤亡的事件。[④]

---

① “2010年清廉指数借鉴独立知名机构所开展的各种评估和商业意见调查，衡量了全球178个国家和地区公共部门的清廉水平”。参见 <http://www.transparency.org/cpi2010/in_detail>（2012年3月4日访问）及《2010年清廉指数报告》。2012年清廉指数对参与排名的176个国家和地区的清廉水平进行了衡量，其中2/3的国家和地区在0（清廉水平最低）至100（清廉水平最高）的评分范围中得分低于50。

② 2010年全球腐败晴雨表。

③ 另参见 Bernardo Cremades 和 David Cairns，“Transnational Public Policy in International Arbitral Decision – Making：The Cases of Bribery，Money Laundering and Fraud”，*Arbitration*，*Money Laundering*，*Corruption and Fraud*（Kristine Karsten 和 Andrew Berkeley 主编）（Dossiers – ICC Institute of World Business Law，2003年）第68～70页及第77页。

④ 透明国际：《2009年全球腐败报告（2009）概述》，第xxv页。

2. 因此,腐败理所当然地受到国际社会的憎恶及强烈的指责。[1] 全球范围内,制裁腐败的法律规则、权威及意见趋同,表明

---

① 如参见以下禁止腐败行为的国家法律和国际文件:《反海外腐败法》(15 USC §78dd-1)(1977年)(美国);《美洲国家反腐败公约》(1996年3月23日通过;1997年3月6日生效);《经济合作与发展组织关于打击国际商业交易中行贿外国公职人员行为的公约》(以下简称《经合组织公约》)(1997年12月17日通过;1999年2月15日生效);《欧盟关于打击涉及欧洲共同体官员或欧盟成员国官员的腐败行为的公约》(1997年5月26日理事会法);《欧洲委员会反腐败刑法公约》(以下简称《欧委会刑法公约》(Eur TS No.173)(1999年1月27日通过;2002年7月1日生效);《欧委会反腐败民法公约》(Eur TS No.174)(1999年11月4日通过;2003年11月1日生效);《欧洲联盟理事会打击私营部门腐败的框架决定》,欧盟理事会框架决定2003/568/JHA(2003) OJ L 192/54;《非洲联盟预防和打击腐败公约》(2003年7月11日通过;2006年8月5日生效);《联合国反腐败公约》(UN Doc. A/58/422)(2003年10月31日通过;2005年12月14日生效);《国际商会打击勒索和贿赂的行为守则与建议》(2005年);以及英国《2010年反贿赂法》(第23章)。英国《2010年反贿赂法》是将贿赂视为违法行为的最新例证,其管辖范围延及域外,具有重大意义。若任何属于违法行为的作为或不作为构成在英国境内违法行为的组成部分,或与英国存在"密切联系"的人士,在英国境外作出任何属于违法行为的作为或不作为,则视为发生违法行为。与英国存在"密切联系"的人士包括英国公民、英国居民及根据英国任何地区的法律成立的机构。进一步参见 Carolyn Lamm、Hansel Pham 和 Rahim Moloo,"Fraud and Corruption in International Arbitration",*Liber Amicorum Bernardo Cremades*(Miguel Àngel Fernandez-Ballesteros 和 David Arias 主编)(La Ley grupo Wolters Kluwer,2010年)第711~715页;Bernardo Cremades 和 David Cairns,"Transnational Public Policy in International Arbitral Decision-Making: The Cases of Bribery, Money Laundering and Fraud",*Arbitration, Money Laundering, Corruption and Fraud*(Kristine Karsten 和 Andrew Berkeley 主编)(Dossiers-ICC Institute of World Business Law,2003年)第68~70页;以及 Richard Kreindler,"Corruption in International Investment Arbitration: Jurisdiction and the Unclean Hands Doctrine",*Between East and West: Essays in Honour of Ulf Franke*(Kaj Hobér、Annette Magnusson 和 Marie Öhrström 主编)(Juris,2010年)第311页脚注13(关于仲裁案例法)及第312页脚注17(关于其他国家禁止腐败的法律)。

存在打击腐败①的国际公共政策，②甚至是跨国公共政策，③鉴于此，仲裁庭及各国法院似乎便能简单地处理腐败问题。但事实并非如此，在涉及腐败指控的仲裁案件中，往往在仲裁程序的各阶段，均出现难以解决的事实问题及法律问题。因此，业界对国际仲裁的执业人员的迫切需求是必须懂得如何处理这些问题，尤其是对国际仲裁具有重要意义的行业④（如建筑、油气及采矿

---

① “国际公共政策”与“跨国公共政策”的区别将在下文第92~93段及第167~172段论述。

② 国际法协会国际仲裁委员会关于公共政策作为禁止执行国际仲裁裁决理由的中期报告(2000年)，回顾了公共政策概念演进并得出结论：“对于腐败和贿赂违背国际公共政策存在国际共识这一说法仍存在争议。”（斜体为本文增加）

③ Gunnar Lagergren 法官在国际商会第1110号案件(1963年)(1994) 10(3) Arb Int'l 282 中的裁决经常为人援引。Gunnar Lagergren 法官在第[20]段认为：

无论从善治角度还是从商业道德角度看，都不可能对如此巨额的资金的可能目的地，以及对业务模式的毁灭性影响及之后对产业进步的损害视而不见。*这种腐败是一种国际恶行；违背优良道德及国际社会共同的国际公共政策。*（斜体为本文增加）

另参见 *World Duty Free Co. Ltd. v. Republic of Kenya* [裁决书] 解决投资争端国际中心第ARB/00/7号案件(2006年10月4日)[157]：

根据有关腐败的国内法律和国际公约以及根据法庭和仲裁庭就此问题作出的裁决，*本仲裁庭确信，贿赂违背大部分（即使不是全部）国家的国际公共政策或（换用其他表述方式）跨国公共政策*。因此，以存在腐败的合同或通过腐败获得的合同为基础提出的权利请求，本仲裁庭不予支持。（斜体为本文增加）

④ Bernardo Cremades 和 David Cairns，“Transnational Public Policy in International Arbitral Decision - Making: The Cases of Bribery, Money Laundering and Fraud”，*Arbitration, Money Laundering, Corruption and Fraud*（Kristine Karsten 和 Andrew Berkeley 主编）(Dossiers - ICC Institute of World Business Law, 2003年)第70页。

业[①]),均是地方腐败问题的受害者。本文旨在阐明有关的“法律”,及在法律间存在差异的情形下,国际仲裁领域中腐败问题的“现实”,以及对一些现存争议提出理论上及实际性的解决方法。

3. 在简要阐述上述问题前,有必要先界定“腐败”及“贿赂”。“腐败”源自拉丁文中的“*corruptus*”,意思是“打破”,包括所有“代理人及公职人员破坏了(公众)对他们的信任”的情形。[②]“腐败”在牛津英文字典中,定义为“在履行公职时,通过贿赂或收受利益,歪曲或破坏了正直及诚实;实施或存在腐败行为,尤其在国家、公共企业等”。“贿赂”这个动词被定义为“以腐败的方式,透过奖赏或报酬,来影响(个人)行为,通过送礼来扭曲判断或腐化行为”。[③] 最近的评论确认了“这些定义正确地从法律角度强调了腐败的本质”,[④]并进一步指出,大部分现代国家都把腐败的定义延伸至覆盖被诱使在执行职务期间进行腐败行为的所有人,无

① 根据透明国际《2011 年行贿指数》(该指数“评估腐败的供给端——来自世界工业化国家的公司在国外行贿的可能性”),这些行业在外国公司可能为获得业务而行贿的行业部门中位列前五。另参见 Peter Muchlinski、Federico Ortino 和 Christoph Schreuer,*The Oxford Handbook of International Investment Law*(牛津大学出版社 2008 年版)第 592 页。

目前为止,绝大多数涉及腐败指控的仲裁案件与基础设施项目有关,如发电厂、通信系统或废弃物填埋……从规模上看,紧随其后的一类涉及武器采购和军事训练设施建设,随后是自然资源开采。

② Colin Nicholls 御用大律师等,*Corruption and Misuse of Public Office*(牛津大学出版社 2011 年第 2 版)第 1.01 段。

③ Colin Nicholls 御用大律师等,*Corruption and Misuse of Public Office*(牛津大学出版社 2011 年第 2 版)第 1.02 段。

④ Colin Nicholls 御用大律师等,*Corruption and Misuse of Public Office*(牛津大学出版社 2011 年第 2 版)第 1.03 段。

论是在公共领域还是私营领域。[1]

4. 然而,在领先的国家及国际法域下,对哪一类的行为会构成"腐败"及"贿赂",在一些方面存在细微但往往重要的差别。例如,向外国公职人员付疏通费(也被称作"加速费"或"润滑费"),以达到加快或促使公职人员提供其有责任履行的服务或常规政府行为,[2]这一行为受到英国《2010 年反贿赂法》[3]及大部分其他国家法律的谴责,[4]尽管该行为并未受到《经合组织公约》的明文禁止,[5]继而使国家成员可以自行决定上述付款是否属于违法行为。即该行为在某些重要的法域下被明文容许(受列明条件约束),当中较重要的例子包括美国《反海外腐败法》,以及其他国家

---

① Colin Nicholls 御用大律师等,*Corruption and Misuse of Public Office*(牛津大学出版社 2011 年第 2 版)。关于认定私营部门腐败及预防的规范和倡议,如参见 Colin Nicholls 御用大律师等,*Corruption and Misuse of Public Office*(牛津大学出版社 2011 年第 2 版)第 11.63 段和第 11.133 段及以下各段[探讨《联合国反腐败公约》(UN Doc. A/58/422)(2003 年 10 月 31 日通过;2005 年 12 月 14 日生效)第 12 条];第 12.22 段(探讨《联合国反腐败公约》第 21 条);第14.23 段及以下各段[探讨《欧委会刑法公约》(Eur TS No. 173)(1999 年 1 月 27 日通过;2002 年 7 月 1 日生效)第 7 ~ 8 条];第 14.104 段[探讨《欧洲联盟理事会打击私营部门腐败的框架决定》,欧盟理事会框架决定 2003/568/JHA (2003) OJ L 192/54];第 15.61 段及以下各段[探讨《南部非洲发展共同体反腐败议定书》(2001 年 8 月 14 日签署;2003 年 8 月 6 日生效)];第 15.156 段及以下各段(探讨《关于促进善治、打击腐败的英联邦原则框架》);第 17.129 段(探讨尼日利亚法律);第 17.140 ~ 17.146 段(探讨新加坡法律);第 17.28 段(探讨加拿大法律);以及第 18.111 段(探讨南非法律)。

② 英国法律委员会。*Reforming Bribery: A Consultation Paper*(Consultation Paper No. 185,2007 年 10 月 31 日)附录 F 第 F. S 段。

③ 第 23 章(英国)。

④ 参见 Colin Nicholls 御用大律师等,*Corruption and Misuse of Public Office*(牛津大学出版社 2011 年第 2 版)第 4.120 ~ 4.121 段。

⑤ 《经济合作与发展组织关于打击国际商业交易中行贿外国公职人员行为的公约的评注》(1997 年 12 月 17 日通过;1999 年 2 月 15 日生效)第 9 段评注:

小额"疏通"费不构成第 1 段意义上的"为获得或留存业务或其他不正当优势"支付的款项,因此不构成违法行为。这类款项(在某些国家,用于诱使公职人员履行其职能,如发放证照)在有的国家通常属于违法行为。其他国家可以且应该通过支持善治方案等方式解决腐败的腐蚀现象。然而,其他国家将腐败认定为犯罪行为的做法似乎并不是切实可行或有效的补充措施。

如澳大利亚、加拿大、新西兰及韩国的相关法律。国家及国际反腐败法也无可避免地在构成腐败行为的要素上有所出入。[①] 本文不会深入探讨该议题,有兴趣的读者可以参考其他文献以深入了解上述法律。[②]

5. 撇开疏通费及各种反腐败制度之间存在的细微差别

---

① 比如,美国、加拿大、新加坡等国家在其反贿赂立法中使用"腐败地"一词,而未作法定定义,而且各个法域对该词的解释各不相同:参见 Colin Nicholls 御用大律师等,*Corruption and Misuse of Public Office*(牛津大学出版社 2011 年第 2 版)第 16.36 段及以下各段[探讨美国《反海外腐败法》(15 USC §78dd-1)]及第 17.25 段及以下各段(探讨加拿大法律);以及 Tan Boon Gin,*The Law on Corruption in Singapore*:*Cases and Materials*(Academy Publishing,2007 年)第 6~49 页(探讨新加坡法律)。对比英国《2010 年反贿赂法》(第 23 章),该法放弃了一个人须"腐败地"行事方可定为违法的规定,取而代之的是"基于诱使某人以不正当方式履行职能或活动的意图的模型";"若某一职能的履行违反诚信、公正的预期或违反信赖,则视为不正当履行":参见英国《2010 年反贿赂法》第 1 条至第 5 条及 *Corruption and Misuse of Public Office*(牛津大学出版社 2011 年第 2 版)第 4.05 段及以下各段。

此外,对于贿赂与"合理"或"善意"的公司招待支出之间的界限应如何划定,各个法域可能看法不同:参见 Colin Nicholls 御用大律师等,*Corruption and Misuse of Public Office*(牛津大学出版社 2011 年第 2 版)第 4.132 段及以下各段及第 16.55 段。进一步参见 Abdulhay Sayed,*Corruption in International Trade and Commercial Arbitration*(Kluwer Law International,2004 年)第 261 页。

② 如参见 Colin Nicholls 御用大律师等,*Corruption and Misuse of Public Office*(牛津大学出版社 2011 年第 2 版)Abdulhay Sayed,*Corruption in International Trade and Commercial Arbitration*(Kluwer Law International,2004 年);Tan Boon Gin,*The Law on Corruption in Singapore*:*Cases and Materials*(Academy Publishing,2007 年);Monty Raphael,Blackstone's Guide to The Bribery Act 2010(牛津大学出版社 2010 年版);Jeffrey P. Bialos 和 Gregory Husisian,*The Foreign Corrupt Practices Act*:*Coping with Corruption in Transitional Economies*(Oceana Publications,1997 年)。

等棘手的问题，国际社会对公共及私营领域腐败[①]的广义定义在《联合国反腐败公约》第 15 条、[②]第 16 条[③]及第 21

---

① 尽管公共部门腐败问题多年来一直在各国反腐立法议程中占支配地位，20 世纪大部分法域认定私营部门贿赂为犯罪行为，这种做法是正确的。私营部门腐败与公共部门腐败具有同样的危害——"私营商业腐败在涉及诱使员工、代理或受托人违反其民法忠诚职责时，其社会危害非常明显，它损害了在国内和国际市场上公司之间维持自由和公平竞争的经济利益，创造了'一种可能损害法治原则的非法商业行为的氛围'"。此外，由于市场自由化及政府职能私有化，在许多国家私营部门比公共部门大，这使对私营部门和公共部门的贿赂在处理方式上的区别对待，在当今更难得到支持。参见 David Chaikin，"Commercial Corruption and Money Laundering: A Preliminary Analysis"（2008）15（3）JFC 269，第 271 ~ 273 页。进一步参见第 2 段认定私营部门腐败构成犯罪并预防私营部门腐败的各国和国际规范和倡议；以及透明国际《2009 年全球反腐报告》，该报告全面审查了"代表所有经济发展区域和水平的"46 个国家和地区私营部门的反腐措施，在第 165 页得出结论称："有证据表明，所有地区将出台一系列旨在打击私营部门腐败的法律，涉及从新设反腐机构到为举报者提供保护的各个方面。"

② 《联合国反腐败公约》（UN Doc. A/58/422）（2003 年 10 月 31 日通过；2005 年 12 月 14 日生效）第 15 条规定如下：

贿赂国家公职人员

各缔约国均应当采取必要的立法措施和其他措施，将下列在国际层面故意实施的行为规定为犯罪：

（a）直接或间接向公职人员许诺给予、提议给予或者实际给予该公职人员本人或者其他人员或实体不正当好处，以使该公职人员在执行公务时作为或者不作为；

（b）公职人员为其本人或者其他人员或实体直接或间接索取或者收受不正当好处，以作为其在执行公务时作为或者不作为的条件。

③ 《联合国反腐败公约》（UN Doc. A/58/422）（2003 年 10 月 31 日通过；2005 年 12 月 14 日生效）第 16 条规定如下：

赌赂外国公职人员或者国际公共组织官员

1. 各缔约国均应当采取必要的立法和其他措施，将下述在国际层面故意实施的行为规定为犯罪：直接或间接向外国公职人员或者国际公共组织官员许诺给予、提议给予或者实际给予该公职人员本人或者其他人员或实体不正当好处，以使该公职人员或者该官员在执行公务时作为或者不作为，以便获得或者保留与进行国际商务有关的商业或者其他不正当好处。

2. 各缔约国均应当考虑采取必要的立法和其他措施，将下述在国际层面故意实施的行为规定为犯罪：外国公职人员或者国际公共组织官员直接或间接为其本人或者其他人员或实体索取或者收受不正当好处，以作为其在执行公务时作为或者不作为的条件。

条[①]条款中达成了共识。共有158个国家签订了《联合国反腐败公约》,[②]而公约第15条、第16条及第21条条款与国际社会及各国主要的反腐败制度中对应的条款相似,如《欧委会刑法公约》[③](43个国家已经批准或正式加入该公约[④]),《经合组织公约》[⑤]

---

① 《联合国反腐败公约》(UN Doc. A/58/422)(2003年10月31日通过;2005年12月14日生效)第21条规定如下:

私营部门内的贿赂

各缔约国均应当考虑采取必要的立法和其他措施,将经济、金融或者商业活动过程中,下列在国际层面故意实施的行为规定为犯罪:

(a)直接或间接向以任何身份领导私营部门实体或者为该实体工作的任何人,许诺给予、提议给予或者实际给予该人本人或者他人不正当好处,以使该人违背职责作为或者不作为;

(b)以任何身份领导私营部门实体或者为该实体工作的任何人,为其本人或者他人直接或间接索取或者收受不正当好处,以作为其违背职责作为或者不作为的条件。

② 2011年11月25日。

③ Eur TS No. 173(1999年1月27日通过;2002年7月1日生效)。对比《联合国反腐败公约》(UN Doc. A/58/422)(2003年10月31日通过;2005年12月14日生效)第15条、第16条及第21条与《欧洲委员会反腐败刑法公约》(Eur TS No. 173)(1999年1月27日通过;2002年7月1日生效)第2条、第3条、第5条、第7条及第8条。相关评注参见Colin Nicholls御用大律师等,*Corruption and Misuse of Public Office*(牛津大学出版社2011年第2版)第14.11~14.24段。

④ 截至2011年5月1日。

⑤ 比较《联合国反腐败公约》(UN Doc. A/58/422)(2003年10月31日通过;2005年12月14日生效)第16条与《经济合作与发展组织关于打击国际商业交易中行贿外国公职人员行为的公约》(1997年12月17日通过;1999年2月15日生效)第1条,后者规定如下:

每一缔约方应采取必要措施以确定根据其法律,下列行为属犯罪行为:任何人,无论直接还是通过中间方,故意向外国公职人员,为该官员或为第三方提供、承诺或给予金钱或其他利益,以使该官员在履行公务方面作为或不作为,从而在从事国际商业过程中获得或保留商业或其他不正当利益。

相关评注,参见Colin Nicholls御用大律师等,*Corruption and Misuse of Public Office*(牛津大学出版社2011年第2版)第13.25段及以下各段。

(38 个国家已经采纳该公约[①])及《反海外腐败法》。[②] 因此,本文将采用《联合国反腐败公约》第 15 条、第 16 条及第 21 条作为腐败定义的一部分。

6.《联合国反腐败公约》第 15(a)条[根据公约第 16(1)条,适用于对本国及外国公职人员的贿赂行为]将行贿者在公共领域的腐败定义为:(a)"故意地";(b)"许诺给予、提议给予或者实际给予";(c)"向'本国或外国的'公职人员";(d)"直接或间接地";(e)"不正当的利益";(f)"该公职人员本人或者其他人员或实体";(g)"以使该公职人员在执行公务时作为或者不作为"的行为。

7.《联合国反腐败公约》第 15(b)条将公共领域贿赂受贿者的腐败行为作了类似的定义,映射了行贿者的腐败行为(但只适用于本国而非外国公职人员):除了将(a)替换为"故意的";(b)替换为"索取或者收受";(c)替换为"被……'本国或外国的'公职人员"。(斜体为本文增加)

8. 第 21 条条款也采用与第 15(a)条及第 15(b)条相近的语言公式,来界定行贿者和受贿者在私营领域中的腐败行为。本质上:[③]

> "私营领域中贿赂"的目的是要影响受贿者的行为——

---

① 2011 年 12 月 21 日。

② 比较《联合国反腐败公约》(UN Doc. A/58/422)(2003 年 10 月 31 日通过;2005 年 12 月 14 日生效)第 16 条与美国《反海外腐败法》第 78dd - 1(a)(1)条、第 78dd - 1(a)(2)条、第 78dd - 2(a)(1)条及第 78dd - 2(a)(2)条(关于发行人和国内相关者的反腐败规定),第 78dd - 1(a)(3)条及第 78dd - 2(a)(3)条(关于通过居间人行事的发行人和国内相关者的反腐败规定),以及第 78dd - 3(a)(1)条、第 78dd - 3(a)(2)条及第 78dd - 3(a)(3)条(关于美国境内非美国人士行为的反贿赂规定)。相关评注参见 Colin Nicholls 御用大律师等,*Corruption and Misuse of Public Office*(牛津大学出版社 2011 年第 2 版)第 16.19 段及以下各段。

③ David Chaikin,"Commercial Corruption and Money Laundering: A Preliminary Analysis"(2008) 15(3) JFC 269,第 270 ~ 271 页。

以对行贿者有利的方式采取行动，而不考虑其雇用者、委托人、信托人或客户的利益。

9. 第21(a)条将行贿者的腐败行为定义为：(a)“故意地”；(b)“许诺给予、提议给予或者实际给予”；(c)“直接或间接地”；(d)“不正当的利益”；(e)“向以任何身份领导私营部门实体或者为该实体工作的任何人”；(f)“为该人本人或者他人”；(g)“以使该人违背职责作为或者不作为”。第21(b)条以类似的方式定义了私营领域受贿者的行为：除了将(a)替换为“故意的”；(b)替换为“索取或者收受”；(c)替换为“被……以任何身份领导私营部门实体或者为该实体工作的任何人”。(斜体为本文增加)

10. 本文将不会对上述构成腐败行为的要素进行详细分析，该等要素的总体含义大致符合上述对腐败行为较为普遍的定义，[1]概括说就是“滥用受托的权力谋取私利”。[2]

11.《联合国反腐败公约》第18条提及另一种较富有争议性的腐败行为——“影响力交易”，[3]本文对该行为将作进一步分

---

① 参见第3段。

② 参见透明国际关于腐败的常见问题回答，见 <http://archive.transparency.org/news_room/faq/corruption_faq>(2013年4月10日访问)。

③ 《联合国反腐败公约》(UN Doc. A/58/422)(2003年10月31日通过;2005年12月14日生效)第18条将影响力交易定义为:

(a)直接或间接向公职人员或者其他任何人员许诺给予、提议给予或者实际给予任何不当好处，以使其滥用本人的实际影响力或者被认为具有的影响力，以便为该行为的造意人或者其他任何人，从缔约国的行政部门或者公共机关获得不正当好处；

(b)公职人员或者其他任何人员为其本人或者他人直接或间接索取或者收受任何不正当好处，以作为该公职人员或者该其他人员滥用本人的实际影响力或者被认为具有的影响力，从缔约国的行政部门或者公共机关获得任何不正当好处的条件。(斜体为本文增加)

比较《联合国反腐败公约》第18条和《欧洲委员会反腐败刑法公约》(Eur TS No.173)(1999年1月27日通过;2002年7月1日生效)第12条(参见上文第5段):

析。构成影响力交易的要素与第 15 条及第 16 条所述要素相似，除了该违法行为涉及对公共机构或公职人员具有“实际影响力或者被推定具有的影响力”的某人，“滥用”该影响力并以此作交易（相对于贿赂款），以换取索取该影响力一方给予的“不正当的利益”。影响力交易也会收录在本文对腐败的工作定义中。

12. 本文作者现在介绍国际仲裁中出现的腐败问题。总而言之，腐败问题可以分为：裁决作出前的仲裁庭初始阶段出现的问题，以及此后向对仲裁裁决具有复审权的国家法院提出异议，要求撤销或拒绝执行裁决时出现的问题。

13. 本文首先分析在仲裁庭初始阶段遇到的事实及法律问题，并以该等问题在仲裁过程中大概会发生的先后次序列示。

（a）当有初步证据显示有腐败问题，但仲裁任何一方均没有对此问题提出任何指控时，则问题在于仲裁庭是否有权主动地对腐败问题进行调查及探究。①

每一缔约方均应当采取必要的立法措施和其他措施，根据其国内法律，将下列在国际层面故意实施的行为规定为犯罪：向声称或确认其能够对第 2 条、第 4 条至第 6 条及第 9 条提及的任何人士的决策施加不当影响的任何人，直接或间接地许诺给予、实际给予或者提议给予不正当好处作为回报，无论该不正当好处是为了其自身还是其他人，以及作为提供上述影响的回报，要求、收到或接受提议给予或许诺给予的好处，无论是否施加上述影响且无论假定的影响是否会产生既定的结果。

另参见《非洲联盟预防和打击腐败公约》（2003 年 7 月 11 日通过；2006 年 8 月 5 日生效）第 4(1)(f)条：

1. 本公约适用于下列腐败行为及相关违法行为：

……

(f) 向或由声称或确认能够对在公共或私营部门履行职能的任何人的决策施加任何不正当影响的任何人，直接或间接提议给予、实际给予、请求或接受或许诺给予任何不正当好处以作为回报，无论该不正当好处是为其自身还是为其他人，以及要求、收到或接受许诺给予或提议给予的作为提供上述影响的回报的好处，无论是否施加上述影响且无论假定的影响是否会产生既定的结果……

① 参见下文第 16 ~ 29 段。

(b)当所有证据均提交给仲裁庭(无论是仲裁任何一方提交或来自仲裁庭的主动调查)时,仲裁庭需要作出事实认定,而认定的事实可能会用于确定腐败行为的成立。这会引起关于哪一方承担证明腐败行为的举证责任,以及为证明腐败行为成立必须满足的必要的证明标准的问题。①

(c)为了得出某一方有腐败行为的结论,以及如有腐败所产生的法律后果,仲裁庭必须考虑所认定的事实能否满足适用法律下构成腐败犯罪的所有要素要求。首先,仲裁庭要考虑当事人选择的合同适用法律(或如当事人没有选择,仲裁庭认为适当的合同适用法律)。但不是所有案件都可以完全凭适用合同的准据法解决。合同履行地或仲裁所在地的强制性法律或公共政策可能因仲裁当事一方或双方均有腐败行为,或带有腐败意图来签订合同,而认定就当事人的涉案合同提出的申索无效。相反地,当事人就涉案合同选定的适用法律可能并不将相同的行为视为构成腐败,因而应支持当事人提出的合同及其他相关的申索。尽管任何法域均不会支持法律条文明确容许②公职人员失职或通过不当地执行职务来获取利益,但是不同的法域对"代理"或"居间"合同的正当性持截然相反的态度——根据该等合同,委托人聘请居

① 参见下文第30~53段。

② 相关的法律条文可参见《联合国反腐败公约》(UN Doc. A/58/422)(2003年10月31日通过;2005年12月14日生效)第15条和第16条以及《欧洲委员会反腐败刑法公约》(Eur TS No.173)(1999年1月27日通过;2002年7月1日生效)第5条(参见第5段);关于贿赂外国公职人员,参见《经济合作与发展组织关于打击国际商业交易中行贿外国公职人员行为的公约》(1997年12月17日通过;1999年2月15日生效)第1条;美国《反海外腐败法》(15 USC §78dd-1)第78dd-1条、第78dd-2条及第78dd-3条;英国《2010年反贿赂法》(第23章)第6条;以及Colin Nicholls御用大律师等,*Corruption and Misuse of Public Office*(牛津大学出版社2011年第2版)第18.14段(探讨巴西法律)、第18.41段(论述中国法律)、第18.97段(探讨俄罗斯法律)、第18.113段(探讨南非法律)、第17.06段(探讨澳大利亚法律)及第17.30段(探讨加拿大法律)。

间人协助其取得某些国家的公共合同或业务经营牌照或批准,原因在于不同国家的法律对该等合同是否及在何种情况下掩藏行贿的企图或对公职人员构成不正当的影响存在分歧。在此情形下,需对适用法律进行分析,以确定禁止居间合同的强制性法律或公共政策是否应优先于当事人选择的适用法律。[①]

(d)如果一方或双方均被认定为进行了腐败的交易,相应的法律后果是什么?作者将在下文分析腐败认定会如何影响仲裁庭的管辖权,以及当事人的申索的可仲裁性、可受理性及实体依据。[②]

(e)仲裁庭最后要考虑的事项是,仲裁员如认定了腐败行为或怀疑发生了腐败行为,其是否有责任将相关事实披露给有关当局?如有,该责任如何与仲裁员对仲裁程序的保密义务平衡?[③]

(f)需要注意的是,上述问题在投资条约及以合同作为基础的仲裁中均会出现(居间合同的法律冲突分析除外,[④]该分析仅涉及以合同为基础的仲裁)。[⑤] 然而,在评估以条约作为基础的仲裁

---

① 参见下文第 54 ~ 93 段。

② 参见下文第 94 ~ 105 段。

③ 参见下文第 106 ~ 110 段。

④ 参见下文第 54 ~ 93 段。

⑤ 这是由于两类仲裁的适用法律不同。因基于协定的仲裁产生的问题,通常适用国际公法。若因某投资协定中引述而涉及国内法,通常认定东道国的法律为适用法律。如参见西班牙与萨尔瓦多之间的双边投资协定,该协定在 *Inceysa Vallisoletana, SL v. Republic of El Salvador* 案[裁决书]解决投资争端国际中心第 ARB/03/26 号案件(2006 年 8 月 2 日)中,为投资方权利主张的基础(特别参见[195]和[207])。相应地,基于协定的仲裁通常不需要冲突法分析以确定适用法律。关于这两类仲裁区别的概述,参见 Bernardo Cremades,"Corruption and Investment Arbitration",*Global Reflections on International Law, Commerce and Dispute Resolution, Liber Amicorum in Honour of Robert Briner*(Gerald Aksen 等主编)(国际商会,2005 年)第 210 ~ 213 页;以及 Campbell McLachlan、Laurence Shore 和 Matthew Weiniger, *International Investment Arbitration: Substantive Principles*(牛津大学出版社 2007 年版)第 3.51 段。更深入的论述,参见 Zachary Douglas, *The International Law of Investment Claims*(剑桥大学出版社 2009 年版)规则 5、规则 6 及规则 10 及相关评注。

(相对于以合同作为基础的仲裁)中腐败行为带来的法律后果时，会产生更困难的考量因素。其中一个争议点是，在主权国参与或纵容投资者的腐败行为时，如向投资者索取及收受贿款，或拒绝打击从事腐败行为的投资者及同谋的公职人员，该国可否以投资者的腐败行为作抗辩理由，规避因违反投资保护准则所带来的法律责任。[①] 本文第二作者曾于其他著作中广泛探讨过该议题，[②] 本文将不讨论该议题，而是集中讨论在以合同作为基础的仲裁中，如果认定存在腐败行为所带来的法律后果。[③]

14. 最后，本文将讨论在向国家法院申请撤销裁决及执行阶段，一方以仲裁裁决支持了受腐败行为影响的合同为由对裁决提出异议时所出现的关于腐败的问题。[④] 请注意，对于根据《关于解决国家与其他国家国民之间投资争端公约》裁定的以投资条约为基础的仲裁，无须面对上述裁决撤销及执行问题，原因在于该公约规定国际投资争端解决中心作出的仲裁裁决无须接受各国法

---

① 参见 *Wena Hotels Ltd. v. Arab Republic of Egypt* 案［裁决书］解决投资争端国际中心第 ARB/98/4 号案件(2000 年 12 月 8 日)［111］及［116］至［117］；Vale Columbia Center on Sustainable International Investment, *International Investment Law & the Fight against Corruption*(Open Society Justice Initiative Concept Paper, 2009 年 6 月 17 日)第 10 ~ 11 页；Peter Muchlinski、Federico Ortino 和 Christoph Schreuer, *The Oxford Handbook of International Investment Law*(牛津大学出版社 2008 年版)第 596 ~ 597 页；以及 Bernardo Cremades,"Corruption and Investment Arbitration", *Global Reflections on International Law, Commerce and Dispute Resolution, Liber Amicorum in Honour of Robert Briner*(Gerald Aksen 等主编)(国际商会, 2005 年)第 216 页。

② Kevin Lim,"Upholding Corrupt Investors' Claims against Complicit or Compliant Host States – Where Angels Should Not Fear to Tread", *Yearbook on International Investment Law and Policy* 2011 – 2012 第二部分(Karl Sauvant 主编)(牛津大学出版社 2013 年版)。

③ 参见下文第 94 ~ 105 段。

④ 参见下文第 111 ~ 198 段。

院的审查。[①]

15. 本文作者首先探讨仲裁庭会遇到的第一个关于腐败的问题——仲裁庭是否有权利和/或义务主动地调查是否发生了腐败。

Ⅱ. 仲裁庭主动地调查腐败的权利和义务

16. 当事人的申索或抗辩可能明确以其他方的腐败交易，或者双方就系争合同共同的腐败行为为前提。[②] 仲裁庭显然有义务调查及裁定案件中是否存在腐败行为及其后果，以解决当事人的争议。Gary Born 正确地指出：[③]

> ……*只要仲裁员被要求通过仲裁程序作出有约束力的裁决，无论该裁决是金钱或确认性救济，要履行这一要求的关键前提是，仲裁员需要就合同本身无效、违法，或有违公共政策这一主张进行考量，并作出决定*……仲裁庭无法在不考虑公共政策对该义务的异议的情况下，即裁定甲方有法律义务向乙方支付100欧元，或交付指定的财产。作出具有法律约束力的争端解决方案及裁决的义务当然要求考虑并解决基于公共政策（和其他强制性法律）的异议。（斜体为本文增加）

---

① 参见《关于解决国家与其他国家国民之间投资争端公约》（575 UNTS 159）（1965年3月18日通过；1966年10月14日生效）第53条和第54条，及第52条项下撤销解决投资争端国际中心裁决的有限理由，不同于《承认及执行外国仲裁裁决公约》（330 UNTS 3）（1958年6月10日通过；1959年6月7日生效）关于撤销或拒绝执行商事仲裁裁决的理由。

② 进一步参见下文第35段。

③ Gary Born, *International Commercial Arbitration*（Wolters Kluwer Law & Business 2009年版）第2183页。

17. 然而,如果仲裁当事人均未提出腐败指控,但记录在案的证据令仲裁庭怀疑当事人曾实施了腐败行为,①则仲裁庭是否应该主动地开展调查,证实腐败行为的存在,并就其后果作出裁定,这一问题便较为模糊。② 例如,仲裁庭超越职权主动地调查是否存在腐败行为及裁定其后果,而仲裁当事人并未提出该等问题,③则仲裁裁决存在被撤销④或拒绝执行的风险。⑤ 矛盾之处在于,

---

① 正如 Cremades 和 Cairns 在 Bernardo Cremades & David Cairns 的"Transnational Public Policy in International Arbitral Decision – Making: The Cases of Bribery, Money Laundering and Fraud", *Arbitration*, *Money Laundering*, *Corruption and Fraud*(Kristine Karsten 和 Andrew Berkeley 主编)(Dossiers – ICC Institute of World Business Law,2003 年)第 79 页指出:

……(腐败)指控可能未被当事人明确提出,但随着程序的推进这些指控通过怀疑或影射出现在仲裁中,或者当事人可能会承认存在腐败因素……但是请求仲裁庭在裁决争议时忽略这一因素。

后一种情形(更为特别的)出现在国际商会第 1110 号案件(1963 年),(1994) 10(3) Arb Int'l 282,其中双方当事人均承认佣金协议的目的包括贿赂阿根廷官员,以便被申请人被授予公共合同,但是尽管如此,当事人仍认为佣金协议有效且具有约束力,并请求仲裁庭在不考虑该协议腐败意图的情况下对案件作出裁决。

② Nigel Blackaby 和 Constantine Partasides 及 Alan Redfern 和 Martin Hunter, *Redfern and Hunter on* International *Arbitration*(牛津大学出版社 2009 年第 5 版)第 2.140 段。

③ 《示范法》(UN Doc. A/40/17,附录 I;UN Doc. A/61/17,附录 I)(1985 年 6 月 21 日通过;2006 年 7 月 7 日修订)第 34(2)(a)(iii) 条规定:

(2)只有在下列情况下,第 6 条中规定的法院方可撤销仲裁裁决:

(a)提出申请的当事人提出证据证明:

(iii)裁决处理了提交仲裁的材料中未提出或未包括的争议,或裁决事项超出了所提交仲裁的材料之外,但如果对提交仲裁的事项所作的裁决能够与对未提交仲裁事项所作的裁决分开,则仲裁裁决中仅就未提交仲裁的事项所作裁决的部分方可予以撤销……

④ 《示范法》(UN Doc. A/40/17,附录 I;UN Doc. A/61/17,附录 I)(1985 年 6 月 21 日通过;2006 年 7 月 7 日修订)第 36(1)(a)(iii) 条以及《承认及执行外国仲裁裁决公约》(330 UNTS 3)(1958 年 6 月 10 日通过;1959 年 6 月 7 日生效)第 V(1)(c) 条规定拒绝执行裁决的依据与《示范法》第 34(2)(a)(iii) 条撤销裁决的依据相同。

⑤ 参见 Nigel Blackaby 和 Constantine Partasides 以及 Alan Redfern 和 Martin Hunter, *Redfern and Hunter on International Arbitration*(牛津大学出版社 2009 年第 5 版)第 2.140 段。

如果仲裁庭拒绝主动调查是否存在腐败行为,此后各国法院在审查对仲裁裁决的异议时,会尝试自身作出调查,确定是否存在腐败,并在发现腐败行为时支持以公共政策为由提出的异议。①

18. 仲裁庭是否进退两难呢? 笔者认为不是。关于仲裁庭主动地调查腐败问题构成越权这一主张,无法得到法律原则或政策的支持。

19. 一份裁决可能根据《示范法》第 34(2)(a)(iii)条及第 36(1)(a)(iii)条②,《纽约公约》第 V(1)(c)条③被提出异议,理由是仲裁庭"处理了在提交仲裁的文件中未提及的争议",然而州法院常狭义地解释这个条文,并倾向于不裁定仲裁庭超越了权限。④ 从众多

---

① 裁决可能以公共政策为由予以撤销或拒绝执行:《示范法》(UN Doc. A/40/17,附录 I;UN Doc. A/61/17,附录 I)(1985 年 6 月 21 日通过;2006 年 7 月 7 日修订)第 34(2)(b)(ii)条及第 36 条;《纽约公约》(330 UNTS 3)(1958 年 6 月 10 日通过;1959 年 6 月 7 日生效)第 V(2)(b)条。如 Cremades 和 Cairns 在 Bernardo Cremades & David Cairns 的"Transnational Public Policy in International Arbitral Decision – Making: The Cases of Bribery, Money Laundering and Fraud", *Arbitration, Money Laundering, Corruption and Fraud*(Kristine Karsten 和 Andrew Berkeley 主编)(Dossiers – ICC Institute of World Business Law,2003 年)第 78 ~ 79 页指出:

如果合同涉及贿赂或洗钱因素,则仲裁庭应是根据合同和适用法律,就当事人提出的主张和抗辩,评估证据并确定贿赂和洗钱带来的影响。*因此,从实践角度看,尽管存在贿赂或洗钱问题且贿赂或洗钱问题已经由仲裁庭在裁决中确认并处理的情况下,审理撤销或承认并执行裁决申请的法院更有可能维持裁决,而非不承认并执行裁决。*(斜体为本文增加)

关于腐败作为执行的公共政策阻却因素,参见下文第 166 ~ 172 段;以及关于因公共政策理由而受质疑的仲裁裁决,法院不同的司法态度,参见下文第 118 ~ 165 段。下文第 155 ~ 166 段关于"案情审查"方法的论述尤为相关。

② UN Doc. A/40/17,附录 I;UN Doc. A/61/17,附录 I(1985 年 6 月 21 日通过;2006 年 7 月 7 日修订)。

③ 330 UNTS 3(1958 年 6 月 10 日通过;1959 年 6 月 7 日生效)。

④ *Elite Inc v. Texaco Panama Inc* 案 777 F Supp 289,292(SDNY,1991 年);*Banco de Seguros* del *Estado v. Mut Marine Office, Inc* 案 344 F. 3d. 255(第二巡回法庭,2003 年);巴黎上诉法院 1988 年 3 月 10 日的判决 (1989) 2 Rev. Arb 269;瑞士联邦最高法院 2001 年 12 月 19 日的判决 (2002) 20(3) ASA Bulletin 493。参见 Gary Born, *International Commercial Arbitration*(Wolters Kluwer Law & Business,2009 年)第 2607 ~ 2608 页。

案例及法律评论中分析得出，一般的观点认为，只要裁决中确定的事项或依赖的证据与提交给仲裁庭的争议解决有关，仲裁庭就不会被视为越权。

20. 在 *Minmetals Germany GmbH v. Ferco Steel Ltd.* [①]案中，Colman 法官拒绝支持答辩人根据英国《1996 年仲裁法》第 103(2)(d)条[②](与上述《纽约公约》及《示范法》的条款类似)对仲裁裁决提出的挑战。被申请人拒绝执行仲裁裁决，理由是仲裁庭超越其权限，根据另一仲裁程序(涉及由同一仲裁庭裁定的、申请人与第三方之间的转售合同)中认定的事实来确定申请人的损失金额，而申请人及被申请人均没有将此认定事实作为证据在本仲裁中提交。法官 Colman 驳回被申请人的主张，理由是只要仲裁庭依赖的证据与提交给仲裁庭裁决的争议解决有关，即使任一当事人未提交该等证据，仲裁庭也不视为越权：[③]

……由“仲裁庭”自身的调查获得的证据……指向提交

---

① [1999] 1 All ER (Comm) 315.

② 第 23 章(英国)。

③ *Minmetals Germany GmbH v. Ferco Steel Ltd.* 案 [1999] 1 All ER (Comm.) 315,325 至 326。另参见 *Ministry of Defense and Support for the Armed Forces of the Islamic Republic of Iran v. Cubic Defense Systems, Inc* 案 29 F. Supp. 2d. 1168，该案认定，一项裁决不得仅仅因为仲裁庭依据某项法律理论(而非当事人主张的理由)即根据《承认及执行外国仲裁裁决公约》(330 UNTS 3)(1958 年 6 月 10 日通过;1959 年 6 月 7 日生效)第 V(1)(c) 条拒绝予以执行:

Cubic 认为，使用当事人未提供的法律理论将使一项裁决无法被承认，这一观点被美国联邦第九巡回上诉法院驳回。参见 *Ministry of Defense* 案 969 F. 2d.，第 771 页。根据公约，法院应确定“某项裁决是否超出‘仲裁协议’范围，而非裁决是否超出当事人诉讼请求的范围”。*Ministry of Defense* 案中的被申请人“以裁决并非基于诉讼请求中所述的同一法律理论为由”反对对裁决进行确认。法院认定被申请人请求的主题事项“很明显”为当事人之间的合同，如果“裁决可解决两份合同相关的请求和反请求，则该裁决……并不超出提交仲裁的范围”。法院将 *Ministry of Defense* 案与此案做比较，认定此争议的主题事项为 Cubic 与伊朗之间的服务与销售合同。国际商会裁决书解决了当事人因合同产生的请求，裁决并非基于诉讼请求中所述同一法律理论，不构成拒绝确认裁决的依据。

仲裁的整体争议的中心议题，即“被申请人”违反合同对“申请人”造成了哪些损害……英国《1996年仲裁法》第103(2)(d)条含义范围内的“*提交的范围*”……*系参照仲裁员将解决的事项予以界定*……因此该拒绝执行裁决的理由必须予以驳回。(斜体为本文增加)

21. 类似地，新加坡上诉法院在 *CRW Joint Operation v. PT Perusahaan Gas Negara*(*Persero*) *TBK*[1]案中[解释其之前在 *PT Asuransi Jasa Indonesia* (*Persero*) *v. Dexia Bank* 案中的判决[2]]指出，在确定仲裁庭在考量和决定特定事项时是否越权，最主要的考虑因素是该事项与提交给仲裁庭解决的争议事项的关联性：[3]

在 *PT Asuransi Jasa Indonesia* (*Persero*) *v. Dexia Bank SA* [2007] 1 SLR(R) 597案中，本法庭认为(在判决书中第44段)，法庭需要开展两阶段的调查来评估应否根据《示范法》第34(2)(a)(iii)条撤销仲裁裁决。具体而言，法庭需要确定：首先，提交给仲裁庭的材料范围包括什么事项；其次，仲裁裁决有否涉及该等事项，或*涉及“新的差异……与需要认定的事项无关”*[4]，因此“在提交仲裁庭的范围以外”。(斜体为本文增加)

---

① [2011] 4 SLR 305.

② [2007] 1 SLR(R) 597. 此裁决后来在 *PT Prima International Development v. Kempinski Hotels SA* 案[2012] 4 SLR 98为上诉法院所沿用。

③ *CRW Joint Operation v. PT Perusahaan Gas Negara* (*Persero*) *TBK* 案[2011] 4 SLR 305。另参见 *Recognition and Enforcement of Foreign Arbitral Awards: A Global Commentary on the New York Convention*(Herbert Kronke等主编)(Kluwer Law International, 2010年)第259页。

④ *CRW Joint* Operation *v. PT Perusahaan Gas Negara* (*Persero*) *TBK* 案[2011] 4 SLR 305, [30]。

22. 受推崇的一些论者也持一致的见解。Born 认为:①

> 仲裁庭不会仅因依赖当事人为支持各自主张而未提出的观点或依据就被视为越权。大部分的法律体系中,关于当事人提交仲裁的争议范围的疑问,都倾向于认定为涵盖了仲裁员所决定的事项。

23. Emmanuel Gaillard 和 John Savage 也发表了以下观点:②

> 仲裁员会因超裁(ultra petita),或换言之,因对当事人未提出的请求进行裁决,而违反其仲裁职责……然而,仲裁员作出裁定时基于当事人没有提出的主张或观点,并不构成违反仲裁职责。仲裁员仅在授予当事一方超出其实际请求的申索时方违反职责。

24. 基于仲裁任何一方或双方的腐败交易对提交给仲裁庭的申索的可执行性有决定性的影响,③并因此与当事人间争议的解决存在关联性,故即使任何一方均没有提出将腐败作为其申索或抗辩的一部分,且仲裁庭主动地调查腐败,也有理由认为考虑腐败相关问题仍在仲裁庭的权限内。换言之,根据规范合法性和公共政策的适用规则来评定当事人的行为的正当性——必须由仲裁庭作为*其权限范围内的*一部分来加以考量,以决定当事人的申

---

① Gary Born, *International Commercial Arbitration*(Wolters Kluwer Law & Business,2009 年)第 2608 页。另参见 *Recognition and Enforcement of Foreign Arbitral Awards: A Global Commentary on the New York Convention*(Herbert Kronke 等主编)(Kluwer Law International,2010 年)第 265 页。

② 参见 Emmanuel Gaillard 和 John Savage, *Fouchard Gaillard Goldman on International Commercial Arbitration*(Kluwer Law International,1999 年)第 1631 页。

③ 认定基于合同的仲裁存在腐败的法律后果将在下文第 94 ~ 105 段论述。认定基于投资协定的仲裁中存在投资方腐败也关系到存在腐败的投资方与东道国之间的争议解决:如参见 *Wena Hotels Ltd. v. Arab Republic of Egypt* 案[裁决书]解决投资争端国际中心第 ARB/98/4 号案件(2000 年 12 月 8 日)[111]及[116]至[117]。但请注意笔者在上文第 14 段所作的评述。

索、抗辩及反申索,这因此使当事人是否存在腐败行为成为仲裁庭主动调查及确定的关联性事项。① 仲裁判例法确认了这种主动的腐败调查的合法性,②如同 Richard Kreindler 指出:③

……涉及主合同效力的非法性争议,即使是由仲裁庭主动发起的,正常情况下应被视为"属于提交仲裁的范围内"……这是由于其与公共政策存在核心关联性,且应被视为必然属于实际上提交仲裁的范围。由仲裁庭主动发起的对合同合法性的调查,并不等同于超出诉讼请求。理由在于仲裁庭对主合同的合法性及该合同下的申索得出法律上的结论,或因合同无效致使申索失去法律上的价值。仲裁庭在主动发起的调查后所作出的决定可"装进"已提出的申索及抗辩

---

① 新加坡上诉法院在 *PT Prima International Development v. Kempinski Hotels SA* 案[2012]4 SLR 98 中探讨了仲裁庭处理违法和公共政策问题的权力范围,认为"如果仲裁员在审理仲裁程序期间所提交的证据过程中知晓某项公共政策,则该公共政策是仲裁员必须要考虑的法律问题"。法院接受了 Gary Born 在 *International Commercial Arbitration*(Kluwer Law International,2009 年第 1 卷)第 835 页中的论证,具体如下:

……如果当事人的合同产生违法、违反公共政策等问题……则只要该等问题会影响仲裁庭的裁决或仲裁庭裁决的执行性,仲裁庭的权限须必然包括对该等问题的考量。

本案中,PT Prima International Development 答辩称,管理合同根据印度尼西亚法律是不合法的,以此限制 Kempinski Hotels SA(Kempinski)能够请求损害赔偿的期限。其中,对于仲裁庭认为其无权就合同非法履行期间裁定支付 Kempinski 损害赔偿,理由是这么做违反了印度尼西亚的公共政策,上诉法院判决仲裁庭是正确的。

② 参见 Abdulhay Sayed,*Corruption in International Trade and Commercial Arbitration*(Kluwer Law International,2004 年)第 361 ~ 364 页援引的仲裁案例法,普遍宣称"仲裁庭有权主动援用并宣告'约定腐败的合同'无效"。对此国际商会第 6497 号案件(1994 年)发表了如下观点(作者不同意该观点,理由见第 73 页):

协议的贿赂性质须由声称存在贿赂的当事人证明……民事法庭,特别是仲裁庭均无权力作出官方问询也无职责独立查找真相……

③ Richard Kreindler,"Aspects of Illegality in the Formation and Performance of Contracts"第 16 届商事仲裁国际理事会大会,伦敦(2002 年 5 月)第 252 ~ 253 页。另参见 Richard Kreindler,"Public Policy and Corruption in International Arbitration: A Perspective for Russian Related Disputes"(2006) 72(3) Arbitration 236,245 - 246。

范围。

25. 只有“当一项涉嫌或明显的不合法与申索、抗辩无关，则仲裁员无权或没有责任开展属于国家刑事机构职责的调查和认定”（斜体为本文增加）。①

26. 因此，仲裁庭主动地发现腐败的证据及作出有关认定并未授予任何一方“超出其申索”②、抗辩及反申索的东西。相反，通过根据适用法律认定腐败，继而得出合同不合法的结论，仲裁庭要严格且忠实地查明是否应支持该等提交给仲裁庭待解决的申索、抗辩和反申索，如此一来，仲裁庭就不会被法庭指控其超越了权限。只要遵照了正当的程序，仲裁员告知当事人怀疑存在腐败

① Richard Kreindler, “Is the Arbitrator Obligated to Denounce Money Laundering, Corruption of Officials, etc? The Arbitrator as Accomplice – Sham Proceedings and the Trap of the Consent Award” in Theodore Moran, *Combating Corrupt Payments in Foreign Investment Concessions: Closing the Loopholes, Extending the Tools*（华盛顿：Center for Global Development Working Group on Corrupt Payments，2008 年）第 3 页。

② 参见上文第 23 段 Emmanuel Gaillard 和 John Savage 的观点。

的理由,并给予当事人就该事项提交抗辩材料的机会,[①]仲裁员有权(实际上有义务)去查问有关腐败,及在当事人拒绝提供信息时强制要求有关方提交证据或观点,然后根据该等查询结果作相关裁决。

27. 政策上也清楚地支持仲裁庭主动地调查疑似腐败的行为。[②] 仲裁庭并不"仅仅是当事人自治的体现和工具",能够漠视

---

① 参见 *Minmetals Germany GmbH v. Ferco Steel Ltd.* 案[1999]1 All ER(Comm.)315,656:《纽约公约》第5条保护了 *audi alteram partem*(莫听一面之词)原则中反映的对自然正义的要求。因此,当仲裁庭在程序上有权自行就事实开展调查的情况下,如果未赋予被执行人就调查结果提交其意见的合理机会,则此条款的效果在于避免执行基于调查获得的事实认定作出的裁决。各当事人约定仲裁援引的《中国国际经济贸易仲裁委员会仲裁规则》(1988年)第26条规定:"……仲裁庭认为必要时,可以自行调查,收集证据。"然而,北京市的人民法院并未将此规定视为允许仲裁庭在事先未向当事人披露仲裁庭自行调查所得资料的情况下得出结论并作出裁决。

Bernardo Cremades & David Cairns, "Transnational Public Policy in International Arbitral Decision - Making: The Cases of Bribery, Money Laundering and Fraud", *Arbitration, Money Laundering, Corruption and Fraud*(Kristine Karsten 和 Andrew Berkeley 主编)(Dossiers - ICC Institute of World Business Law, 2003年)第83页:涉嫌贿赂的一方或多方当事人……须充分获知仲裁庭怀疑的事项,并获得作出充分答复的时间和机会。当事人有权知晓对其所作指控的依据,并如其提出请求,应获得进行口头审理的机会。

另参见 Richard Kreindler, "Is the Arbitrator Obligated to Denounce Money Laundering, Corruption of Officials, etc? The Arbitrator as Accomplice - Sham Proceedings and the Trap of the Consent Award" in Theodore Moran, *Combating Corrupt Payments in Foreign Investment Concessions: Closing the Loopholes, Extending the Tools*(华盛顿:Center for Global Development Working Group on Corrupt Payments, 2008年)第2页:"当事人须知晓对非法行为的怀疑和证据,并获得以特定方式对此发表意见的合理机会。"

② Bernardo Cremadesh & David Cairns, "Transnational Public Policy in International Arbitral Decision - Making: The Cases of Bribery, Money Laundering and Fraud", *Arbitration, Money Laundering, Corruption and Fraud*(Kristine Karsten 和 Andrew Berkeley 主编)(Dossiers - ICC Institute of World Business Law, 2003年)第80~81页。

“国际社会打击非法行为的目标”。① 仲裁庭必须保持警惕，以防一方或双方隐藏腐败交易的可能性，不然仲裁庭可能无意中沦为“比偷窃更可恶的”恶劣行为的帮凶。② 为此，仲裁庭需谨记，诸多仲裁法域均希望保持仲裁裁决的终局性，因而拒绝干扰仲裁庭的认定。③ 这一事实使仲裁庭更应该妥善调查可疑腐败行为，使其裁决不会成为不择手段的无良当事人利用最低限度的司法干涉，从其违法行为中获益的手段。④

28. 然而，需要注意的是：仲裁庭应仅在有表面证据证明存在不法行为时方能调查腐败问题，且并非“合同执行中的任何可疑因素均要求仲裁庭无视当事人的意愿进行查问”。⑤ 对所有腐败

---

① Richard Kreindler，“Approaches to the Application of Transnational Public Policy by Arbitrators”第6届国际律师协会国际仲裁日，悉尼（2003年2月13日）第15页。

② *World Duty Free Co. Ltd. v. Republic of Kenya*［裁决书］解决投资争端国际中心第ARB/00/7号案件（2006年10月4日）［173］。正如Catherine Kessedjian，“Transnational Public Policy”，*ICCA Congress Series No.* 13，*Montreal*（2006）：*International Arbitration* 2006：*Back to Basics*？（Albert Jan van den Berg 主编）（Kluwer Law International，2007年）第863页指出：

*作为社会中的重要角色，仲裁员须保持清醒和警惕，并且须辨别出事关基本规范的案件。*仲裁员须履行职责，要求当事人注意到相关问题并对其进行充分讨论。关于仲裁员只可审查当事人所提问题这一说法，对于当事人、仲裁流程及社会整体而言是一种损害。*仲裁员这么做将会成为严重违反跨国公共政策的帮凶，并会加剧针对仲裁已开展的辩论。*像所有争议解决机制一样，在仲裁程序中，仲裁庭会面对事实、案情、文件、证词，需要当事人和仲裁庭共同阐述关键问题。（斜体为本文增加）

③ 参见下文第111～198段的论述。

④ 参见国际商会第7047号案件（1994年），该案件认定：“贿赂”一词清晰无误。如果被告未在其陈述的事实中使用该词，*则仲裁庭不必进行调查。完全由当事人对事实的陈述决定仲裁庭的调查方向。*（斜体为本文增加）作者不赞同该观点，理由如本部分所述。

⑤ Bernardo Cremades & David Cairns，“Transnational Public Policy in International Arbitral Decision－Making：The Cases of Bribery，Money Laundering and Fraud”，*Arbitration*，*Money Laundering*，*Corruption and Fraud*（Kristine Karsten 和 Andrew Berkeley 主编）（Dossiers－ICC Institute of World Business Law，2003年）第81页。关于可能的腐败迹象证据的论述，参见下文第48段。

证据采取视而不见的放任态度以及过分主动地去发现腐败均不可取,后者会因不必要的要求提供资料及作出解释而导致仲裁程序停滞不前,而相关成本却可能由无辜的当事人承担。这么做与忽视有力的腐败的证据一样,同样会损害国际仲裁机制。

29. 提议仲裁庭就主动开展调查设定任何证据门槛是不明智的,因为这不仅是证据问题,而且涉及合理性原则,即当事人进行辩解时存在的潜在困难也是相关的考虑因素。例如,即使只有轻微证据表明存在腐败,鉴于公共政策强烈要求对腐败保持警惕的态度,如果受指控一方能够较容易地提供证据证明自己的清白,则仲裁庭可能具备合理理由要求当事人作出解释。仲裁庭可以做的是制定策略及慎重的方法,调查发生腐败的可能性,同时将对仲裁程序的顺利进行造成的影响降到最低。① 最后,需要采用合理及灵活的方法,在兼顾仲裁程序效率的同时平衡仲裁庭匡扶正义的职责。

Ⅲ. 腐败的证明责任和必要的证明标准

30. 在国际仲裁中,原则上,每一方都对各自依赖的、支持其

---

① 参见 Cremades 和 Cairns 在 Bernardo Cremades & David Cairns, "Transnational Public Policy in International Arbitral Decision - Making: The Cases of Bribery, Money Laundering and Fraud", *Arbitration*, *Money Laundering*, *Corruption and Fraud* (Kristine Karsten 和 Andrew Berkeley 主编)(Dossiers - ICC Institute of World Business Law, 2003 年)提出的建议:

例如,相关仲裁庭可就外国代理人的报酬安排要求作出解释,而无须表明其可能具有腐败目的。对于提供进一步信息的谨慎请求,如使用妥当,应能够使仲裁庭消除关于违法活动的怀疑,或确认是否需要向当事人明确提出可能存在贿赂、洗钱或严重诈骗情形。

主张或抗辩的事实负有证明责任。① 通常而言，证明标准是盖然性权衡标准，或者称为“更有可能”（more likely than not）标准。② 那么，在试图证明存在腐败时，鉴于仲裁庭调查权力和强制性的局限，且参与贿赂和腐败的人经常竭力掩盖其行为，我们是否有不适用这些基本证明标准的例外的正当理由呢？③ 这是“仲裁实践中腐败案件最具争议性的问题之一”。④

31. 有人建议，仲裁庭应当让当事人更容易证明腐败的存在，即应当转移举证责任（在表面证据成立时，要求一方证明其未参与腐败活动），⑤或降低默认的盖然性权衡的证明标准。这样建议

---

① 联合国第 65 届大会官方记录（2010 年），2010 年大会决议 65/22《联合国国际贸易法委员会仲裁规则》第 27（1）条；Gary Born, *International Commercial Arbitration*（Wolters Kluwer Law & Business, 2009 年）第 1857 页；*Antoine Biloune v. Ghana Inv Centre* 案［关于管辖权和责任的裁决］（1989 年 10 月 27 日）；（1994 年）XIX YB Comm Arb 11, 20；*Frederica Lincoln Riahi v. Islamic Republic of Iran* 案［Brower 法官在第 600 - 485 - 1 号裁决中的赞成与反对意见］（2003 年 2 月 27 日）；（2003）37 Iran - US CTR 158，［18］：“权利请求的举证责任由主张权利的一方承担，这是不言自明的。”

② Gary Born, *International Commercial Arbitration*（Wolters Kluwer Law & Business, 2009 年）第 1857 ~ 1858 页。

③ Constantine Partasides, “Proving Corruption in International Arbitration: A Balanced Standard for the Real World”（2010）25（1）ICSID Rev. - FILJ 47 第 22 段。参见 Peter Muchlinski、Federico Ortino 和 Christoph Schreuer, *The Oxford Handbook of International Investment Law*（牛津大学出版社 2008 年版）第 604 ~ 605 页。

④ Peter Muchlinski、Federico Ortino 和 Christoph Schreuer, *The Oxford Handbook of International Investment Law*（牛津大学出版社 2008 年版）第 604 页；Mohamed Abdel Raouf, “How should International Arbitrators Tackle Corruption Issues?”（2009）24（1）ICSID Rev - FILJ 100，第 106 ~ 107 页；A Timothy Martin, “International Arbitration and Corruption: An Evolving Standard”（2004）1（2）TDM。

⑤ 在国际商会第 6497 号案件（1994 年）中，仲裁庭称：

声称存在腐败的当事人负有举证责任……该当事人可就其指控，提供一些具有关联性的证据，相关要素无须具有切实的确定性。在此情形下，仲裁庭可特别要求另一当事人提供一些反证，前提是有可能这么做，且不会造成太大负担。如果另一当事人未提出反证，仲裁庭可得出所指控的事实得到证实的结论（《瑞士民法典》第 8 条）。但是对举证责任的改变仅在特殊情形下且具备非常正当的理由时方可作出。

是因为事实上，仲裁庭不能发传票，也没有和法院一样的强制执行力可以强制要求出示证据，正如该主张的支持者所解释的，“和大多数犯罪以及故意不当行为一样或者更甚，腐败和勾结行为被设计得格外难以辨认查明”。[①] 此外，申请人通常无法出示腐败的直接物证或书证，[②]案子的成败便只能依靠证人证言的证明力大小，然而这类证言在不法行为人的证据面前很难站得住脚。

32. *EDF (Services) Ltd. v. Romania* 案[③]（*EDF* 案）阐明了当事人在国际仲裁中试图证明腐败行为时遭遇的一些困难，具有很大的参考价值。在 *EDF* 案中，投资者声称其是被罗马尼亚高级官员在两次单独场合下索贿的受害者，一次发生在罗马尼亚希尔顿酒店的停车场，另一次是在罗马尼亚国务秘书的私人住宅。然而，正如 Constantine Partasides 贴切的提问所指出的：“应当如何公允地评估一段发生在停车场和客厅的谈话证据？”[④]在 *EDF* 案中，投资者仅仅能够依赖声称被索贿的雇员的证词，以此来证明被申请方的腐败行为。而这一证词遭到了一系列挑战，包括被申请方的目击证人（被指控索贿的那些人）的否认、在所谓的索贿发生时投资者未提出反对以及罗马尼亚反贪局的无罪决定。

33. 这样的证据状况很难让投资者成功地证明腐败达到盖然

---

① Karen Mills, “Corruption and Other Illegality in the Formation and Performance of Contracts and in the Conduct of Arbitration Relating Thereto”, *ICCA Congress Series No.* 11, *London* (2002): *International Commercial Arbitration: Important Contemporary Questions* (Albert Jan van den Berg 主编) (Kluwer Law International, 2003 年) 第 295 页。

② Matthias Scherer, “Circumstantial Evidence in Corruption Cases before International Arbitral Tribunals” (2002) 5 Int ALR 29.

③ [裁决书] 解决投资争端国际中心第 ARB/05/13 号案件（2009 年 10 月 8 日）。

④ Kyriaki Karadelis, “Corruption and the standard of proof”, *Global Arbitration Review* (2010 年 7 月 26 日)。

性权衡标准。仲裁庭对投资者的处境表示了同情,认为"腐败……众所周知,由于极少有或没有物证而难以证明"。[①] 但是,仲裁庭没有为投资者确立一个比盖然性权衡标准更加宽松的证明标准,相反,还提高了证据门槛,明确表示"腐败指控的严重性……要求*明确且令人信服的证据*"(斜体为本文增加)。[②] 不出所料,仲裁庭认定投资者出示的证据"远没有达到明确且令人信服的程度"。[③]

34. 这一情况反映出,在仲裁实践中,仲裁庭普遍为申请人设立了较高的证明标准。在一份关于腐败的仲裁判例法调查中,25 起案件中只有 1 起案件适用了"较低的"证明标准,14 起案件适用了"较高的"证明标准——该标准被不同地表述为"确定性"、"明确证明"、"明确且令人信服的证据"以及"确凿的证据"。[④] 其他

---

① *EDF (Services) Ltd. v. Romania* 案[裁决书]解决投资争端国际中心第 ARB/05/13 号案件(2009 年 10 月 8 日)[221]。

② *EDF (Services) Ltd. v. Romania* 案[裁决书]解决投资争端国际中心第 ARB/05/13 号案件(2009 年 10 月 8 日)[221]。

③ *EDF (Services) Ltd. v. Romania* 案[裁决书]解决投资争端国际中心第 ARB/05/13 号案件(2009 年 10 月 8 日)[221]。

④ 参见 Antonio Crivellaro,"Arbitration Case Law on Bribery: Issues of Arbitrability, Contract Validity, Merits and Evidence",*Arbitration, Money Laundering, Corruption and Fraud*(Kristine Karsten 和 Andrew Berkeley 主编)(Dossiers – ICC Institute of World Business Law,2003 年)第 115 ~ 117 页。

案件也存在同样的情况。[①] 这个证明标准似乎接近于刑法中的"排除合理怀疑"证明标准,《联合国反腐败工具箱》[②]就此评论[③]:

> ……大部分腐败案件的性质很难达到较高的证明标准。积极参与腐败的高级官员往往会阻碍调查、销毁或隐匿证据,而且盛行的腐败之风削弱了侦查和检察机关的作用,收集证据、证明证据的合法性及其证明价值变得十分困难……

35. 涉及"居间合同"或"代理人合同"的私人商业仲裁纠纷中也经常存在腐败难以证明的问题。这里有必要先放下证明责任和标准这个问题,介绍一下这类合同的背景情况。这类合同约定居间人或代理人(也被称为"建议人"、"经纪人"、"顾问"、"中介

---

① 参见 *Westinghouse v. Nat'l Power & Co.* 案,国际商会第 6401 号案件(1991 年)[21]:"占据优势的明确且令人信服的证据,而且不仅是推断";*Dadras International v. Iran* 案[裁决书] RLA – 152(伊朗—美国索赔仲裁庭)(1995 年 11 月 7 日);(1997) XXII YB Comm Arb 504,第 124 段:"'明确且令人信服的证据'……一种提高的证明要求";*Aryeh v. Iran* 案,RLA – 145(伊朗—美国索赔仲裁庭),1997 WL 1175787,[159]:"明确且令人信服的证据";*African Holdings Co. of America Inc* 和 *Société Africaine de Construction au Congo SARL v. Democratic Republic of the Congo* 案[裁决书] ICSID Case No. ARB/05/21(2008 年 7 月 29 日)[52]:"无可辩驳的"证据;*Oil Fields of Texas v. Iran* 案(1986 年 10 月 8 日);(1987) XII YB Comm Arb 292,第 25 段:"如果仍存在合理怀疑,该'腐败'指控应视为不成立",即对腐败指控的证明须能够排除合理怀疑;以及 *Waguih Elie George Siag and Clorinda Vecchi v. Arab Republic of Egypt* 案[裁决书]解决投资争端国际中心第 ARB/05/15 号案件(2009 年 6 月 1 日)[326]:"高于盖然性权衡但低于排除合理怀疑"或"明确且令人信服的证据"。

② 维也纳,第 4 版,2004 年 9 月。《联合国反腐败工具箱》在其前言中这样描述:

工具箱基于近期通过的《联合国反腐败公约》,提供了"一揽子"措施,用于评估腐败的性质和程度,震慑、预防和打击腐败,以及将所获得的信息和经验与成功的国家反腐战略相结合。

③ 有关政府对腐败指控调查的报道进行压制的案例,参见 Maziar Jamnejad 关于"World Duty Free v. The Republic of Kenya: A Unique Precedent?" Chatham House International Law 研讨会的总结(2007 年 3 月 28 日)第 15 页,参见 <http://www.chathamhouse.org/publications/papers/view/108450>(2013 年 4 月 11 日访问)。

人"或"代表人"[①])受委托人的委托,协助其取得政府合同或许可证,从而在某一国家开展经营活动。[②] 一些外国企业颇欢迎熟悉当地法律和商业惯例的居间人来帮助其进入当地市场。[③] 当事人通常会订立仲裁条款,从而导致在这一领域出现了大量的仲裁裁决。[④] 居间人和/或委托人的腐败经常遭到起诉,此类纠纷主要表现为以下3种情况:

(1)在为委托人获得了政府合同或相关审批后,委托人以居间人在履行居间合同的过程中发生了腐败行为为由,或是以合同约定提供从事腐败活动因而合同本身非法或无效为由,拒绝向居间人支付佣金,居间人就此提起仲裁程序。

(2)居间人未能为委托人获得政府合同或相关审批,居间人以居间合同本身提供腐败因而非法或无效为由拒绝返还佣金,委托人随之提起仲裁程序要求居间人返还向其支付的报酬。

(3)授予政府合同的国家或国家机构(作为申请方)提请仲裁庭认定合同是国家代表人受到委托人的居间人的贿赂而被收买后签订的,该合同因此不可执行或可被撤销;或者,国家或国家机构(作为被申请人)在申请人要求违约救济时主张其不应当承担

---

① 参见 *Woolf Committee Report on Business Ethics, Global Companies and the Defence Industry: Ethical Business Conduct in BAE Systems plc – The Way Forward*(2008年5月)第25页。

② 参见 Abdulhay Sayed, *Corruption in International Trade and Commercial Arbitration*(Kluwer Law International,2004年)第191~192页。

③ See Matthias Scherer, "Circumstantial Evidence in Corruption Cases before International Arbitral Tribunals" (2002) 5 Int ALR 29,29.

④ 例如,参见 Matthias Scherer 援引的仲裁裁决,"Circumstantial Evidence in Corruption Cases before International Arbitral Tribunals"(2002) 5 Int ALR 29,第37~40页以及 Antonio Crivellaro, "Arbitration Case Law on Bribery: Issues of Arbitrability, Contract Validity, Merits and Evidence", *Arbitration, Money Laundering, Corruption and Fraud*(Kristine Karsten 和 Andrew Berkeley 主编)(Dossiers – ICC Institute of World Business Law,2003年)第119~144页。

合同违约的责任(假定合同包含仲裁条款)①。

36. 为什么居间人或委托人通常会被指控存在腐败行为? 居间合同通常以标准格式草拟,居间人承诺以提供服务,提高委托人获得政府合同、许可或授权的机会。② 例如,居间人的任务可能是进行市场调查,就当地法规提供建议,代表委托人和政府官员协商或建立关系。③ 作为交换,居间人可以获得按授予给委托人的合同价值的百分比计算的佣金,报酬并不依据其提供服务的质量或数量来计算。④ 签订的合同价值可能非常巨大,此时支付给

---

① 参见 Antonio Crivellaro,"Arbitration Case Law on Bribery: Issues of Arbitrability, Contract Validity, Merits and Evidence",*Arbitration, Money Laundering, Corruption and Fraud*(Kristine Karsten 和 Andrew Berkeley 主编)(Dossiers – ICC Institute of World Business Law,2003 年)第 113 页以及 Peter Muchlinski、Federico Ortino 和 Christoph Schreuer,*The Oxford Handbook of International Investment Law*(牛津大学出版社 2008 年版)第 592 ~ 610 页。

② 参见 Antonio Crivellaro,"Arbitration Case Law on Bribery: Issues of Arbitrability, Contract Validity, Merits and Evidence",*Arbitration, Money Laundering, Corruption and Fraud*(Kristine Karsten 和 Andrew Berkeley 主编)(Dossiers – ICC Institute of World Business Law,2003 年)第 110 ~ 118 页。

③ 参见 *TRACE Due Diligence Guidebook: Doing Business with Intermediaries Internationally*(2010 年)第 5 页,参见 < https://secure. traceinternational. org/data/public/The2010TRACEDueDiligence Guidebook – 65418 – 1. pdf >(2013 年 4 月 11 日访问);*Woolf Committee Report on Business Ethics, Global Companies and the Defence Industry: Ethical Business Conduct in BAE Systems plc – The Way Forward*(2008 年 5 月)第 25 页;以及 Antonio Crivellaro,"Arbitration Case Law on Bribery: Issues of Arbitrability, Contract Validity, Merits and Evidence",*Arbitration, Money Laundering, Corruption and Fraud*(Kristine Karsten 和 Andrew Berkeley 主编)(Dossiers – ICC Institute of World Business Law,2003 年)第 110 ~ 118 页。

④ 参见 *TRACE Due Diligence Guidebook: Doing Business with Intermediaries Internationally*(2010 年)第 5 页,参见 < https://secure. traceinternational. org/data/public/The2010TRACEDueDiligence Guidebook – 65418 – 1. pdf >(2013 年 4 月 11 日访问);*Woolf Committee Report on Business Ethics, Global Companies and the Defence Industry: Ethical Business Conduct in BAE Systems plc – The Way Forward*(2008 年 5 月)第 25 页;以及 Antonio Crivellaro,"Arbitration Case Law on Bribery: Issues of Arbitrability, Contract Validity, Merits and Evidence",*Arbitration, Money Laundering, Corruption and Fraud*(Kristine Karsten 和 Andrew Berkeley 主编)(Dossiers – ICC Institute of World Business Law,2003 年)第 110 ~ 118 页。

居间人的佣金相应地也会十分可观,[①]因此居间人的酬金可能和其提供服务的性质不成比例。[②] 潜在的高回报,再加上居间人的花销得不到报销,且只能在付出努力(这可能很长一段时间[③])最终成功获得目标合同、授权或许可时才会拿到报酬,这些事实导致"(居间人)承受巨大压力来通过贿赂政府官员以'确保'成功"。[④] 某些居间人"不论有没有公司的认可或默许,都会试图通过腐败获得合同"。[⑤] 另外,有些居间合同会要求居间人最大限度地运用自己对政府官员的个人影响力来为委托人获得合同或政府审批。

37. 居间合同的这些因素可能会让人怀疑部分佣金本来就是用于贿赂政府官员的,或者怀疑无论是否获得了委托人的同意,居间人实际上都贿赂了政府官员。居间人也有可能为了给委托人争取更好的结果而对政府官员施加不恰当的影响。[⑥] 根据适用法律制度的不同,让居间人施加影响的居间合同可能被视为合法

---

① Woolf *Committee Report on Business Ethics, Global Companies and the Defence Industry: Ethical Business Conduct in BAE Systems plc – The Way Forward* (2008 年 5 月)第 25 页。

② Antonio Crivellaro, "Arbitration Case Law on Bribery: Issues of Arbitrability, Contract Validity, Merits and Evidence", *Arbitration, Money Laundering, Corruption and Fraud*(Kristine Karsten 和 Andrew Berkeley 主编)(Dossiers – ICC Institute of World Business Law, 2003 年)第 112 页。

③ 如 Woolf *Committee Report on Business Ethics, Global Companies and the Defence Industry: Ethical Business Conduct in BAE Systems plc – The Way Forward* (2008 年 5 月)第 25 页所述,在某些案件中长达 20 年。

④ *TRACE Due Diligence Guidebook: Doing Business with Intermediaries Internationally*(2010 年)第 5 页,参见 <https://secure.traceinternational.org/data/public/The2010TRACEDueDiligenceGuidebook-65418-1.pdf>(2013 年 4 月 11 日访问)。

⑤ *Woolf Committee Report on Business Ethics, Global Companies and the Defence Industry: Ethical Business Conduct in BAE Systems plc – The Way Forward*(2008 年 5 月)第 25 页。

⑥ 参见下文第 56 ~ 63 段关于各国家法律项下居间协议的适当性的论述。

的游说协议,[①]也可能被认定为以“影响力交易”(也被称为“影响力兜售”[②]或“影响力买卖”[③])为目的的腐败合同。[④] 法律“把影响力交易定性为犯罪,寻求确定该人所属的官员或政党私密社交圈,进而解决这些接近权力中心人士(但其本身并非决策者)的腐败问题,他们通过利用自己的地位(如提出利用自身对决策者的影响换取某种形式的好处)获得利益,助长了腐败风气”。[⑤]

38. 证明居间合同存在腐败的难点在于,要证明居间人履行或将要履行合同的方式存在或意欲实施不当行为。[⑥] 除了上述提

---

① 参见下文第59~62段关于英国对游说合同的看法的论述。在国际商会第7047号案件(1994年)中,仲裁庭认为,居间人可向政府官员进行“游说”,以便政府官员将合同授予居间人的委托方。有关这种“游说”描述如下[Abdulhay Sayed, *Corruption in International Trade and Commercial Arbitration*(Kluwer Law International,2004年)第352页,脚注1068]:

为(Jugoimport)游说;我来向你们解释一下,科威特是一个小团体,在国防部或财政部工作的都是些官员,我们和其中一些人一起去过海滩,我们是朋友,我们一起上学,他们来我们家里做客,我们去他们家里做客。我们是一个小团体……大家都了解彼此。游说意味着当你一直试图销售设备超过10年或12年后,我会当面向委员会成员为(Jugoimport)游说并劝说他们:为何不尝试一下M84,这坦克很不错,这种坦克实际上是T72内部改造而来,以满足你们的要求。另外,你们可以获得一个更合算的价格,为什么不给他们一次机会呢?他们表示拒绝,甚至根本不愿意看一下那些国家的产品,他们只关注美国和欧洲的产品;而游说意味着说服这些人同意给南斯拉夫(供应商)机会,去看看并检验一下产品,如果通过测试和试验,他们(南斯拉夫供应商)就得到了这份工作。另外,我还要向财政部部长游说:科威特将实实在在从中获益,他们可以降低自身债务。为(Jugoimport)收集信息,了解他们想要多少坦克、他们想要多少弹药、培训程序如何、对南斯拉夫(坦克)来说最佳的工作方式以及将他们的人员带到科威特的最佳方式,这些都不是保密信息。这些是游说的一部分。

② 参见Abdulhay Sayed,*Corruption in International Trade and Commercial Arbitration*(Kluwer Law International,2004年)第199页。

③ 参见《法国刑法典》(1810年)第433-1条。

④ 参见第11~13段及《联合国反腐败公约》第18条。另参见《欧洲委员会反腐败刑法公约》(Eur TS No. 173)(1999年1月27日通过;2002年7月1日生效)第12条。

⑤ 《欧洲委员会反腐败刑法公约》(Eur TS No. 173)(1999年1月27日通过;2002年7月1日生效)解释性报告第64段。

⑥ 参见下文第57~63段论述。

到的当事人在收集腐败证据时遇到的困难，我们也能够设想，为印证一方的腐败指控所必需的独立证据需要：①

> 来自收受居间人贿赂的官员或政要，但由于受贿者很可能因此在本国遭到起诉，这几乎不可能发生。

39. 因此，一些评论人士指出，在审理存在腐败指控的居间合同纠纷中，转移举证责任（或许还有降低证明责任）是合理的，因为：

> 被指控腐败的一方如果确实是无辜的，则其通常能够容易地提供相反的证据（如证明居间人把一笔大额咨询费花在了合法的商品或服务上来保证投资的证据，或是证明不透明的所有权结构并非为了掩盖违法行为的证据）②。

40. 鉴于仲裁庭适用的较高的证明标准以及当事人收集腐败证据时遇到的困难，不少人也支持降低证明标准，或是把举证责任转移至被指控一方承担。但是，笔者认为，Partasides 的观点最为合理：（1）这里不能进行举证责任的倒置，因为“和其他指控一样，对非法行为的指控必须被证明”；（2）仲裁庭在考量对腐败的指控时应当继续适用盖然性权衡的证明标准。③

41. 尽管腐败的相关证据很难收集，但笔者并不同意部分人提出的仲裁庭应当将证明责任转移给被指控一方的建议，这个建

---

① Colin Nicholls 御用大律师等，*Corruption and Misuse of Public Office*（牛津大学出版社 2011 年第 2 版）第 9.134 段。

② Carolyn Lamm、Hansel Pham 和 Rahim Moloo，“Fraud and Corruption in International Arbitration”，*Liber Amicorum Bernardo Cremades*（Miguel Àngel Fernandez - Ballesteros 和 David Arias 主编）（La Ley grupo Wolters Kluwer 2010 年版）第 701 页。

③ 参见 Maziar Jamnejad 关于“*World Duty Free v. The Republic of Kenya*：A Unique Precedent?”Chatham House International Law 研讨会的总结（2007 年 3 月 28 日）第 8 ~ 10 页，参见 <http://www.chathamhouse.org/publications/papers/view/108450>（2013 年 4 月 11 日访问）。

议过于激进地背离了十分基本且广为接受的规则,即一方应当证明其所希望依赖的事实。这项规则的存在有充分的理由:防止当事人提出毫无根据的指控,保障事实认定程序的正直、公正。它避免了在证据不足以证明一项事实的情况下就推定该事实的存在。这一规则在某种意义上也包含着自然正义和正当程序的价值。① 如果这一规则可以在证明腐败时被减损,以此类推,在其他举证困难的情况下也没有理由继续适用,国际仲裁无法承受如此设置举证规则带来的负面后果。Partasides 引用了 *Himpurna California Energy Ltd.* (*Bermuda*) *v. PT* (*Persero*) *Perusahaan Listruk Negara* (*Indonesia*)(*Himpurn*a 案)中的一段话,笔者认为这段话包含了这项不可减损的基本法律规则②:

> 仲裁庭成员并不是生活在象牙塔中的,也没有将仲裁程序视为脱离现实、在真空中存在的一个程序。……仲裁员相信,很多国家确实存在任人唯亲和其他形式的对公众信任的滥用,这些滥用险恶地对无数普通百姓造成了巨大伤害。他们会严厉反对任何企图利用仲裁程序使存在腐败的合同发生效力的行为。
>
> *但是如此严重的指控必须得到证明。事实上,本案中不存在能够证明腐败的证据。传言和影射并不能起到证明作用。显然,对某些违法的外国投资者予以定罪亦无法使随意*

---

① Bernardo Cremades & David Cairns, "Transnational Public Policy in International Arbitral Decision - Making: The Cases of Bribery, Money Laundering and Fraud", *Arbitration, Money Laundering, Corruption and Fraud* (Kristine Karsten 和 Andrew Berkeley 主编)(Dossiers - ICC Institute of World Business Law, 2003 年)第 83 页。然而,如果 Cremades 和 Cairns 就腐败主张更高的证明标准,笔者不赞同此观点,理由如本部分所述。

② *Himpurna California Energy Ltd.* (*Bermuda*) *v. PT* (*Persero*) *Perusahaan Listruk Negara* (*Indonesia*)案,终局裁决(1999 年 5 月 4 日),[219] 和 [220]。

地让某一投资者做替罪羊的行为合理化。(斜体为本文增加)

42. 关于当事人证明腐败所需达到的必要证明标准,笔者和Partasides一样,认为盖然性权衡的证明标准仍应适用。此处的证明标准显然不应定到和刑法中的排除合理怀疑标准一样高的程度,因为仲裁庭处理的是腐败带来的民事责任问题。[①] 仲裁庭不施加刑事制裁,那么它在查明案件事实时也就没有必要也不希望运用和刑事法庭同等程度的谨慎。更重要的是,鉴于证明腐败的难度,刑事案件的证明标准几乎不可能满足,这会直接让违法者受益,违法者可以直接否认违法行为并利用较高的证明门槛逃避责任。目前,仲裁庭适用如此高证明标准的趋势[②]是令人遗憾的。

43. 如果仲裁庭适用盖然性权衡标准来判断腐败是否存在,则其是否应当像考察其他更普通的案件(例如,谈话是否构成一方向另一方的合同要约)时一样,作出评估判断呢? 答案是:具体问题具体分析。对盖然性权衡标准应当细致微妙地理解和适用,而不能脱离每个特定案件的具体情况。在确定对腐败的证明是否达到了盖然性权衡标准时,有必要考虑以下因素(举例):腐败指控的严重性;该指控被证明后的法律后果;[③]该案在特定情况下

---

① 参见Maziar Jamnejad关于"*World Duty Free v. The Republic of Kenya*: A Unique Precedent?"Chatham House International Law研讨会的总结(2007年3月28日)第14页,载<http://www.chathamhouse.org/publications/papers/view/108450>(2013年4月11日访问)。

② 参见上文第34段。

③ 正如上议院近期在Re D. (*Northern Ireland*) [2008] UKHL 33, [28]; [2008] 1 WLR 1499,1509中表达的观点:

……在某些情况下,法院或仲裁庭在对证明必须满足的标准感到满意之前,需要更加批判性地或更谨慎地看待事实……导致有必要进行该加强审查的情形可能是发生了原本不可能发生的事件(如Lord Hoffmann所举的在Regent's Park看到的动物的例子)、*有待证明的指控的严重性,或在某些情形下,接受对相关事实的证明可能产生的后果*。(斜体为本文增加)

腐败发生的内在可能性；以及如 Partasides 所认为的，还包括“证明‘腐败’的内在困境”。①

44. Hoffmann 法官阐述了某一被指控事项发生的内在不可能性是如何增加了证明其发生所需达到的证据的证明力：②

> ……某些事情本身就比其他事情更可能发生。比起让人相信在摄政公园(Regent's Park)漫步的生物是一只阿尔萨斯牧羊犬，让人相信那是一头母狮需要有更加令人信服的证据。在此基础上，民事的仲裁庭一般要求用令人信服的证据来证明某人存在欺诈或其他应受谴责的行为。但最终的问题在于仲裁庭是否认为相比行为未发生，该行为更有可能发生。

45. 鉴于在很多案件中，比起谈话构成合同要约这样的事件，腐败本身发生的盖然性会更小，因此这就要求有更具说服力的证据来证明。然而，Partasides 正确地指出，仲裁庭必须将证明标准和公平原则进行权衡，即仲裁庭应考虑到：

> ……当事人由于案件具体情况在证明其“腐败”主张时所面临的挑战……以及有必要考虑到证明腐败本身的固有困难。③

---

① Constantine Partasides, “Proving Corruption in International Arbitration: A Balanced Standard for the Real World” (2010) 25(1) ICSID Rev – FILJ 47 第 53 段。

② *Secretary of State for the Home Department v. Rehman* 案 [2001] UKHL 47, [55]; [2003] 1 AC 153, 194; [2001] 3 WLR 877, 895 至 896。其他普通法法域已采用英国的方法：如参见加拿大最高法院在 *R v. Oakes* 案 (1986) 26 DLR (4th) 200 中的重要判决；以及新加坡上诉法院在 *Tang Yoke Kheng*(以 *Niklex Supply Co* 进行交易) *v. Lek Benedict* 案 [2005] 3 SLR(R) 263 中的判决。

③ Constantine Partasides, “Proving Corruption in International Arbitration: A Balanced Standard for the Real World” (2010) 25(1) ICSID Rev – FILJ 47 第 55 ~ 56 段。

这些因素可能会降低证明腐败所需的证据要达到的证明力要求。

46. 应当注意的是,根据上述因素对证明腐败所需的证据质量作不同要求,这样的做法并没有脱离盖然性权衡标准。正如 Richards 法官所解释的[①]:

> 尽管盖然性权衡标准是唯一的民事证明标准,但这一标准的适用可以很灵活……证明标准的灵活性不在于对待指控所要达到的证明程度的调整(例如,一项更严重的指控应当要求被证明具有更高的盖然性),而在于实践中证明一项指控要达到盖然性权衡证明标准时,对所需证据的质量或证明力的要求。(已删除原文斜体)

47. 根据对盖然性权衡证明标准的灵活理解,仲裁庭在确定申请人是否证明了存在腐败时可以考虑间接证据,并可作出不利推定。

48. 根据所适用的仲裁规则,仲裁庭通常被授予广泛的自由裁量权,以确定提交给仲裁庭的证据的可采性、关联性、实质性和重要性。[②] 因此,仲裁庭可能会认定间接证据或旁证就足以证明腐败。[③] 例如,在国际商会 8891 号案件(1998 年)中,一份腐

---

① *R* (*N*) *v. Mental Health Review Tribunal* (*Northern Region*)案[2005] EWCA Civ 1605,[62];[2006] QB 468,497 - 498;[2006] 2 WLR 850,875。

② 例如,参见联合国第 65 届大会官方记录(2010 年),2010 年大会决议 65/22《联合国国际贸易法委员会仲裁规则》第 27(4) 条以及《2010 年国际律师协会国际商事仲裁取证规则》(2010 年 5 月 29 日)第 9(1)条。

③ 例如,在国际商会第 4145 号案件(1984 年)中,尽管居间协议的咨询价格"极高",仲裁庭认为,单凭这一点不足以构成证明腐败行为的间接证据。对比国际商会第 6497 号案件(1994 年),其中认为"极不寻常的 33.33% 的费用"引致居间协议意图贿赂政府官员的"可能性很大"。进一步参见 Peter Muchlinski、Federico Ortino 和 Christoph Schreuer,*The Oxford Handbook of International Investment Law*(牛津大学出版社 2008 年版)第 612 ~ 613 页。

败的居间合同作为间接证据包括以下内容:(1)居间人无法提供证据证明其已履行了合同约定的服务;(2)对所要提供的服务类型而言过高的酬金;以及(3)酬金是根据授予委托人的合同价值计算(而非根据居间人提供的服务的质量或数量计算)。[①] 美国司法部的《反海外腐败法非专业人士指南》(官方名为《美国反海外腐败法资源指南》)[②]、Woolf 委员会《BAE 系统公司报

---

① 参见 Matthias Scherer, "Circumstantial Evidence in Corruption Cases before International Arbitral Tribunals"(2002) 5 Int ALR 29,31 - 36(详细探讨可能表明居间协议存在腐败的其他间接证据)。

② 美国司法部, *A Resource Guide to the US Foreign Corrupt Practices Act*(2012 年 11 月),参见 < http://www. justice. gov/criminal/fraud/fcpa/guidance >,第 21 ~ 23 页,具体如下:

> 《反海外腐败法非专业人士指南》禁止通过居间人支付腐败款项。在知晓全部或部分支付款项将会直接或间接流向外国官员时,向第三方支付款项属于非法行为。"知晓"一词包括有意无视和故意不知情。非法行为的构成要素本质上与上文所述相同,但在这种情形下,"接受方"为向所述"外国官员"支付款项的居间人……*在洽谈业务关系过程中,美国公司应关注所谓的"红色警戒",即异常的支付形式或财务安排、该国的腐败历史、外国合营公司伙伴或代表拒绝提供确认其不会采取任何措施帮助向外国公职人员给予、许诺给予或实际给予款项,或采取将会致使美国公司违反《反海外腐败法非专业人士指南》的行为的证明、异常高额的佣金、开支和会计记录缺乏透明度、合营公司伙伴或代表明显缺乏履行所提供服务的资质或资源以及合营公司伙伴或代表是否为潜在政府客户的官员推荐。*(斜体为本文增加)

进一步参见 World Compliance "Navigating Through the FCPA Minefield, Debunking Myths, and Addressing Red Flags" 白皮书,参见 < http://www. worldcompliance. com/en/resources/white - papers. aspx >(2013 年 4 月 12 日访问),其中列举了 30 项潜在的红色警戒。

告》[①]以及 TRACE International 的《尽职调查指南》[②]列出的"危险信号"清单进一步阐明了居间人可能涉入腐败交易的情形，并认为如果委托人在签订居间合同时忽视了该等情形，则证明委托人

① *Woolf Committee Report on Business Ethics, Global Companies and the Defence Industry: Ethical Business Conduct in BAE Systems plc – The Way Forward*(2008 年 5 月)的背景，参见 Colin Nicholls 御用大律师等，*Corruption and Misuse of Public Office*(牛津大学出版社 2011 年第 2 版)第 5.110 ~ 5.112 段。*Woolf Committee Report on Business Ethics, Global Companies and the Defence Industry: Ethical Business Conduct in BAE Systems plc – The Way Forward*(2008 年 5 月)第 26 页列举了以下红色警戒：

……相关区域内的腐败历史；顾问缺乏行业和/或相关国家的经验；顾问在客户或项目所在国没有居所；顾问在相关国家没有重大业务经营；顾问代表声誉存疑的其他公司；顾问拒不签署约定其尚未且不会支付任何禁止性款项的协议；顾问称需要金钱才能"获得业务"；顾问要求"紧急"付款或异常高额的佣金；顾问要求以现金、采用公司作为工具(如股权)或在第三国付款至某一匿名银行账户或付款给其他人或实体；顾问要求在客户向公司授予合同之前或之后，立即支付佣金或绝大部分佣金；顾问称其认识所有关键人物因此可协助获取合同；顾问与政府或客户具有密切的私人/职业关系，因此能够对客户决策发挥不当影响；经政府官员或客户推荐的顾问；顾问恰好在合同将授予前到达现场；顾问表现出后续会被视为暗示其会支付不当款项(如将从向其支付的款项中为政府官员预留部分款项)的某些迹象；和/或聘用顾问的善意商业理由不充分。

② TRACE 是一家致力于减少涉及居间人(如代理、代表、顾问、分销商及分包商等)交易中的贿赂行为的非营利性会员协会：*TRACE Due Diligence Guidebook: Doing Business with Intermediaries Internationally* (2010 年) 第 1 页，参见 <https://secure.traceinternational.org/data/public/The2010TRACEDueDiligenceGuidebook-65418-1.pdf>(2013 年 4 月 11 日访问)(TRACE Due Diligence Guidebook)。The TRACE Due Diligence Guidebook 称居间人的下列行为或特征属于红色警戒：

要求现金付款或向匿名账户或第三方账户付款；要求在除居间人居住国或销售活动地域以外的国家(特别是在银行透明度较低的国家)付款；要求提前付款或采购决定作出前支付部分款项；要求支付异常、不明确或紧急费用；拥有同时兼任政府职务的员工；拥有担任政府职务的家庭成员(尤其是该家庭成员担任采购或决策职务或为居间人努力争取的目标部门的高级官员)……所拥有的用于支持拟定业务的公司看起来人员不足、设备不完善或地理位置不恰当；在其寻求代表的公司所属行业拥有较少或毫无专长；资不抵债或面临重大财务困难；忽视或不关注适用于相关区域及(特别是)居间人拟开展活动的当地的法律法规……

故意无视了居间人的腐败意图（后者在某些法律下构成腐败[1]）。在《联合国反腐败公约》[2]和《经合组织公约》[3]中，下列情形也被确定为腐败的潜在迹象：(a) 建立账外账户；(b) 从事账外交易或无法充分确认的交易；(c) 虚列开支；(d) 录入与标的物不符的负债账目；(e) 使用虚假单据；以及(f) 先于法律预见的时间故意销毁账簿。[4] 必要时，可在仲裁庭前援引专家证言评估上述种种腐败迹象，[5]从而使仲裁庭在使用盖然性权衡标准判断是否存在腐败时更好地权衡此类证据。[6]

49. 在运用广泛的自由裁量权评估腐败证据时，仲裁庭可能

---

① 如根据美国《反海外腐败法非专业人士指南》(15 USC §78dd－1)：

“单纯过失”或“纯属愚蠢”不应作为责任依据。但是……*所谓的“充耳不闻”问题——在相关权威著作中说法不一，如“有意忽视”、“故意无视”或“故意不知情”应予以处理，以使管理人员无法通过对本应合理提示“高概率”违反《反海外腐败法非专业人士指南》情形的任何作为(不作为)、语言或其他“警示手段”的毫无依据的无视，来规避该法的禁止性规定*。(斜体为本文增加)

参见 *1977 Legislative History – House Report*(*House Conference Report* No. 100－576)第 920 页，参见 < http://www. justice. gov/criminal/fraud/fcpa/history/1988/tradeact－100－418. pdf >(2012 年 3 月 4 日访问)。

② 参见第 12(3)条。

③ 参见第 8(1)条。

④ 另参见 Bernardo Cremades & David Cairns, “Transnational Public Policy in International Arbitral Decision – Making: The Cases of Bribery, Money Laundering and Fraud”, *Arbitration, Money Laundering, Corruption and Fraud*(Kristine Karsten 和 Andrew Berkeley 主编)(Dossiers – ICC Institute of World Business Law, 2003 年)第 81 页。

⑤ 如参见《2012 年国际商会仲裁规则》(2012 年 1 月 1 日生效)第 25(3) 条和第 25(4) 条规定如下：

(3)仲裁庭可决定在当事人到场的情况下，或在当事人经正式传唤后未到场的情况下，听取证人、当事人指定的专家或其他人员的陈述。

(4)仲裁庭经与当事人协商可以聘请一名或数名专家，*明确其权限范围并接收其报告。经当事人请求，仲裁庭应给予各方当事人机会，在庭审时向专家质证*。(斜体为本文增加)

⑥ Carolyn Lamm、Hansel Pham 和 Rahim Moloo, “Fraud and Corruption in International Arbitration”, *Liber Amicorum Bernardo Cremades*(Miguel Àngel Fernandez – Ballesteros 和 David Arias 主编)(La Ley grupo Wolters Kluwer, 2010 年)第 704 页。

会因被指控方在无充分理由的情况下未能提供仲裁庭要求提供的证据而作出对其不利的推定。① 对此有评论人员巧妙地总结:②

> 在作出不利推定时,仲裁庭应当确定:(1) 申请仲裁庭作出不利推定的一方已经出示了其拥有的全部相关证据,并且在任何情况下,已经展示了欺诈或腐败存在的充足迹象来证明其指控的违法行为;(2) 被作出不利推定的一方拒绝提供证据,虽然其很可能拥有仲裁庭要求其提供的该等证据;

---

① 仲裁庭在其他情景中同样作出了不利推断。如参见 Nigel Blackaby 和 Constantine Partasides 及 Alan Redfern 和 Martin Hunter,*Redfern and Hunter on International Arbitration*(牛津大学出版社 2009 年第 5 版)第 6.129 段,脚注 81:

因一方当事人面对违约或不履行合同的指控时保持沉默,而原本预期其会提出某些抗辩,以及一方当事人未能在合同或同期往来信函中提及与其在仲裁中的立场相一致的观点,则伊朗—美国索赔仲裁庭作出不利推断。

另参见 Gary Born,*International Commercial Arbitration*(Wolters Kluwer Law & Business,2009 年)第 1855 ~ 1856 页:

仲裁庭可以证据假设或推断为依据。相关案例包括当事人未披露其控制的明显实质的材料或证人、当事人未遵守披露命令、仲裁中其他类型的程序性不当行为、未就账单或往来信函同期提出异议以及针对同期记录的规律性而作出的不利推断。

参见《2010 年国际律师协会国际商事仲裁取证规则》(2010 年 5 月 29 日)第 9(5) 条:

如果一方当事人对证据出示请求未及时提出异议,未能出示证据出示请求中要求出示的任何文件,且未提供合理解释,或者未出示仲裁庭要求出示的任何文件,则仲裁庭可以推断此文件与该方当事人的利益相悖。

另参见 Carolyn Lamm、Hansel Pham 和 Rahim Moloo,"Fraud and Corruption in International Arbitration",*Liber Amicorum Bernardo Cremades*(Miguel Àngel Fernandez – Ballesteros 和 David Arias 主编)(La Ley grupo Wolters Kluwer,2010 年)第 704 ~ 706 页;以及 *Rockwell International Systems, Inc v. Government of the Islamic Republic of Iran* 案(1989) 23 伊朗—美国索赔仲裁庭 150 号报告(针对伊朗拒绝授权申请人访问其掌握的相关文件,仲裁庭评论道"在证明构成索赔基础的事实极为困难且可*从证据中进行推断*的情形下,必须承认初步证据是授予索赔的令人满意的依据")。(斜体为本文增加)

② Carolyn Lamm、Hansel Pham 和 Rahim Moloo,"Fraud and Corruption in International Arbitration",*Liber Amicorum Bernardo Cremades*(Miguel Àngel Fernandez – Ballesteros 和 David Arias 主编)(La Ley grupo Wolters Kluwer,2010 年)第 706 页。

(3)作出的推定与在案事实一致,同时与扣留的证据在逻辑上相关联。

50. 在证明一方涉入腐败的表面证据已经出示的情况下,如果该方未能或无法提供相反证据,仲裁庭也有可能作出对其不利的推定。作出该不利推定的结果是,虽然证据不足以达到盖然性权衡标准,但仲裁庭可能因此认定腐败的成立。① 在此情形下,作出不利推定不同于证明责任的倒置。仲裁庭只有在被指控方未提交证据时才会作出不利推定,因为该行为可以被合理地理解为是企图掩盖腐败行为。它给指控腐败的一方提供了额外推断性的事实,从而完成其证明责任,而证明责任在整个仲裁程序中均由该方承担。另外,举证责任的倒置是指在指控腐败一方仅提供了表面证据的情况下,即使被指控方没有涉嫌保留或拒绝提供证据,后者仍然承担证明不存在腐败的责任。作出不利推定的一项案例是国际商会 3916 号案件(1982 年)。该案中,仲裁庭认为被指控的居间人反复拒绝披露在获取一份伊朗公共合同时进行的"个人行动",由此可以推定腐败活动被掩盖了。②

51. 但是,仲裁庭应当谨慎地作出不利推定。只有当不利推定是事实的自然推论,且这一推论如此令人信服从而使证据优势倾向存在腐败,仲裁庭才可以作出不利推定并赋予决定性效力。沉默往往是由无辜的原因驱动,所以即使沉默使人怀疑有违法行为的存在,也应当结合申请人案件的薄弱之处进行权衡。并不是

---

① Constantine Partasides, "Proving Corruption in International Arbitration: A Balanced Standard for the Real World" (2010) 25(1) ICSID Rev – FILJ 47, 第 62 ~ 77 段。

② Maziar Jamnejad 关于"World Duty Free v. The Republic of Kenya: A Unique Precedent?" Chatham House International Law 研讨会总结(2007 年 3 月 28 日)第 10 页,参见 <http://www.chathamhouse.org/publications/papers/view/108450>(2013 年 4 月 11 日访问)。

在所有案件中不利推定本身都能够弥合证据中的关键漏洞。例如,即使被申请人没有提出相反证据反驳针对其提出的腐败指控,对 *EDF* 案中的事实也没有作出不利推定的空间。仲裁庭指出,考虑到申请人提交的腐败证据存在不一致和薄弱之处,“申请人关于‘被申请人索贿’的陈述中有很大的漏洞”。[①] 例如,作为申请人一方的主要证人提供证据证明他被告知了索贿人的身份,这与他之前向罗马尼亚反贪局否认知道此人身份的陈述相冲突[②]。此外,关于该人身份的证据仅是传闻,虽然此类证据可采信,但也不足以证明被申请人的索贿行为。[③] 因此,即使“被申请人的证人对腐败的否认并不明确和令人信服”,[④]也可以认为申请人并没有履行其在盖然性权衡标准下的证明责任。

52. 最后,笔者同意 Partasides 的观点,仲裁庭应当避免只要指控存在腐败行为,就一成不变地适用“明确且有说服力”的证明标准这一“不假思索的僵化思维”。[⑤] 不同的案件情形对证明腐败所需的、令仲裁庭满意的证据质量和证明力有不同的要求。盖然性权衡标准仍然是证明标准的指南针,但应对其灵活地解释和适用,从而更好地适应每个案件的具体情况。其他证明方式,如作出不利推定和依赖腐败的间接证据等,可以帮助仲裁庭发现被

---

① *EDF (Services) Ltd. v. Romania* 案[裁决书]解决投资争端国际中心第 ARB/05/13 号案件(2009 年 10 月 8 日)[224]。

② *EDF (Services) Ltd. v. Romania* 案[裁决书]解决投资争端国际中心第 ARB/05/13 号案件(2009 年 10 月 8 日)[223]。

③ *EDF (Services) Ltd. v. Romania* 案[裁决书]解决投资争端国际中心第 ARB/05/13 号案件(2009 年 10 月 8 日)[224]。

④ *EDF (Services) Ltd. v. Romania* 案[裁决书]解决投资争端国际中心第 ARB/05/13 号案件(2009 年 10 月 8 日)[227]。

⑤ Constantine Partasides, “Proving Corruption in International Arbitration: A Balanced Standard for the Real World”(2010) 25(1) ICSID Rev – FILJ 47 第 60 段。

掩盖的腐败事实。正如 Partasides 指出的:①

> 有时候,就算有些部分是缺失的,仲裁庭也清楚地知道审查对象是什么。在适当的情形下,仲裁庭也不应仅因为指控的严重性而拒绝作出符合逻辑的推理。

53. 当然,需注意的是,必须根据事实作出合理推定,间接证据必须具备充分的证明力来证明腐败行为的存在。打击腐败必须与当事人的权利以及国际仲裁中事实发现程序的公正完整性进行权衡。尽管"实际上,很多仲裁员不会明确地阐述对腐败的认定,而是以腐败指控渲染自己的仲裁裁决,这主要是因为如果仲裁员明确表明他们的观点的话会遇到证据方面的困难",②但仲裁员决不能屈服于这一诱惑,而要如 *Himpurna* 案中强调的一样提醒自己,"传言和影射并不能起到证明作用"。仲裁员的职责是依法审查案件证据,作出裁决,而不是基于模棱两可的证据作出种种猜测。

Ⅳ. 腐败的构成要素和法律后果的准据法判定:与居间合同相关的冲突法分析

54. 为了认定一方当事人实施了"腐败"行为并对其随之产生的法律后果进行判定,仲裁庭必须弄清既成事实是否满足腐败这

---

① Constantine Partasides, "Proving Corruption in International Arbitration: A Balanced Standard for the Real World" *British Institute of International and Comparative Law on Impact of Bribery and Corruption on the International Arbitral Process*, 伦敦(2011 年 1 月 18 日)第 69 段。

② Maziar Jamnejad 关于"World Duty Free v. The Republic of Kenya: A Unique Precedent?" Chatham House International Law 研讨会总结(2007 年 3 月 28 日)第 14 页,参见 < http://www.chathamhouse.org/publications/papers/view/108450 >(2013 年 4 月 11 日访问)。

一违法行为在所适用法律之下的所有要素。首先,仲裁庭将会考虑双方当事人所选择的调整其合同的法律。当然,理性且富有经验的商事主体将会选择支持其合同有效性的法律——他们不会让合同受制于包含使合同无法被执行的反腐败规则或公共政策因素的法律。然而,与当事人所选择的法律相反,合同履行地或仲裁地的强制性法律或公共政策可能会认定一方或双方当事人实施了腐败行为,或者带着腐败意图签订合同。

55. 如果可能适用的准据法之间存在该等差别,则须进行冲突法分析以判定腐败的存在和后果所适用的法律。当然,若所涉及的是确凿无误的对政府官员的贿赂行为,则几乎无须进行冲突法分析。任何文明国家都不会容忍此类明确的腐败行为①,因此无论如何选择法律以及仲裁庭适用何种实体性法规,都将会产生同样的结果:②认定合同项下已实施或拟实施腐败行为,并且驳回腐败方提出的请求。③ 这是一种不要求仲裁庭进行冲突法分析的"虚假冲突"情形。

56. 然而,"真实冲突"可能产生于意图对政府官员施加个人影响的居间合同纠纷。④ 居间合同的定义是居间人被委托人雇

---

① 参见上文第2段及第5~9段。对比肯尼亚当地惯例,参见下文第94段论述。

② Gary Born, *International Commercial Arbitration* (Wolters Kluwer Law & Business, 2009年)第2139~2140页。另参见 Abdulhay Sayed, *Corruption in International Trade and Commercial Arbitration* (Kluwer Law International, 2004年)第260~261页。

③ 关于腐败认定的法律后果的论述,参见下文第94~105段。

④ 当事人之间争议的潜在适用法律就构成公共或私营部门贿赂的腐败行为的精确组成部分存在差异的情况下,冲突法分析也可能是必要的(无论是否涉及居间协议)。在出现这种差异的情况下,本部分列出的冲突法分析一般加以必要变动后也同样适用。但是,请注意这些差异相较于不同法域对居间协议的适当性采取的态度肯定没有那么明显。(相关论述,见以下各段)

佣,以协助后者获得政府合同或在特定国家经商的许可和准许。[①]居间合同通常规定仲裁地以及合同适用法律的所属国并非授予合同或许可的国家。比如,在 *Omnium de Traitement et de Valorisation SA v. Hilmarton Ltd.* [②](*Hilmarton* 案)中,法国公司和英国居间人之间的居间合同将在阿尔及利亚履行(居间人将与阿尔及利亚政府官员磋商,为委托人获取在阿尔及利亚的建设工程合同),但该合同由瑞士法律调整并且规定在瑞士进行仲裁。阿尔及利亚法律和瑞士法律之间的冲突在该案中显而易见:阿尔及利亚法律的反腐败法规禁止政府采购中的一切居间行为,然而瑞士法律没有此种反对居间合同的规定。

57. *Hilmarton* 案因此可证明居间合同纠纷中有可能产生真实冲突。"在此种合同隐藏着腐败的假设之下"[③],且考虑到[④]居间合同意在对政府官员行贿或者对政府官员施加不正当的个人影响(无论是否证明这已发生或者被当事人所预谋),"在此种合同隐藏着腐败的假设之下",阿尔及利亚(*Hilmarton* 案的合同履行地)等一些国家采取了禁止居间合同本身的广泛的预防性规则。[⑤]

---

① 参见上文第 35 段。

② [1999] 2 Lloyd's Rep 222(*Hilmarton* 案)。下文第 77 ~ 78 段将会更为详细地论述 *Hilmarton* 案。

③ 参见 Abdulhay Sayed, *Corruption in International Trade and Commercial Arbitration*(Kluwer Law International, 2004 年)第 192 ~ 193 页及第 199 页;以及 Peter Muchlinski、Federico Ortino 和 Christoph Schreuer, *The Oxford Handbook of International Investment Law*(牛津大学出版社 2008 年版)第 607 页。阿尔及利亚、利比亚、沙特阿拉伯等国家完全禁止在军火采购合同中使用居间人(政府实体仅可接受直接来自供应商和制造商的要约)。埃及、科威特、巴林等其他国家则将居间人的任命限制为经登记的顾问公司或国内公民。

④ Abdulhay Sayed, *Corruption in International Trade and Commercial Arbitration*(Kluwer Law International, 2004 年)第 168 ~ 169 页。

⑤ 如上文第 36 ~ 39 段论述。

然而,这绝非是一种全球性的惯例。[①] 瑞士(*Hilmarton* 案中的仲裁地和当事人选择的居间合同适用的法律所属国)等很多其他法域避免对居间合同本身进行禁止,而是要求证明双方当事人事实上即打算让居间人贿赂政府官员或者以其他方式施加不正当影响,或者合同是以此种方式履行的。

58. 很多法律制度可以被列举为采取后一种立场。比如《联合国反腐败公约》第 18 条、《非洲联盟预防和反腐败公约》[②]第 4(1)(f)条以及《欧洲委员会反腐败刑法公约》第 12 条只要求缔约国将以权谋私者"滥用"或实施"不正当"影响的行为入刑。《欧洲委员会反腐败刑法公约》第 12 条的《解释报告》进一步规定:"'不正当'影响必须包含以权谋私者的腐败意图:以被认可的方式进行的游说不属于此种概念。"[③]

59. 英国普通法下盛行一种类似的立场。在 *Lemenda Trading Co. Ltd. v. African Middle East Petroleum Co. Ltd.* [④](*Lemenda* 案)中——一个关于居间合同之下原告在卡塔尔通过很多人施加

---

① 事实上,一些海湾国家明确允许,甚至规定在公共合同采购中使用当地居间人:参见 Antonio Crivellaro, *Arbitration Case Law on Bribery: Issues of Arbitrability, Contract Validity, Merits and Evidence*, Arbitration, Money Laundering, Corruption and Fraud(Kristine Karsten 和 Andrew Berkeley 主编)(Dossiers - ICC Institute of World Business Law, 2003 年)第 112 页。参见 Sayed 对各个法域的反腐败法的广泛论述。Abdulhay Sayed, *Corruption in International Trade and Commercial Arbitration*(Kluwer Law International, 2004 年)第 190 ~ 230 页及第 348 ~ 353 页;Peter Muchlinski、Federico Ortino 和 Christoph Schreuer, *The Oxford Handbook of International Investment Law*(牛津大学出版社 2008 年版)第 607 ~ 608 页。另参见 *Shaikh Faisal v. Swan Hunter Singapore Pte Ltd.* 案 [1995] 2 SLR(R) 605,该案涉及在阿拉伯联合酋长国(阿联酋)任命居间人,就向阿联酋武装部队供应军用车辆的合同进行投标。这一案件表明,新加坡和阿联酋均不禁止在对政府合同本身进行投标时使用居间人。

② 2003 年 7 月 11 日通过;2006 年 8 月 5 日生效。

③ 《欧洲委员会反腐败刑法公约》(Eur TS No. 173)(1999 年 1 月 27 日通过;2002 年 7 月 1 日生效)《解释报告》第 65 段。关于实践中如何进行游说的说明,参见上文脚注 114。

④ [1988] QB 448.

个人影响而为被告争取石油供应合同续约的案件——法官 Philips 承认,"在一些情况下雇佣居间人游说以获得合同或其他利益是一种被认可的、可接受的行为"。[①] 关于 *Lemenda* 案中的该评论,法官 Jack 在 *Tekron Resources Ltd. v. Guinea Investment Co. Ltd.* [②]案中解释说,原告和被告之间的代理协议要求原告与几内亚政府进行磋商,并以获得佣金作为回报,该代理协议不能仅因为合同约定原告将在履行其义务过程中使用其个人影响力就(如所主张的)被认定为非法和/或与英国或几内亚的公共政策相违背:[③]

> Smouha 先生认为,代理协议等合同在英国法之下应当被认定为违反公共政策存在 3 个公共政策原因。第一个原因是,若居间人与官员具有特殊的个人关系,则存在官员的决定将会受到影响的风险。第二个原因是,当存在此种关系时,透明度可能丧失。第三个原因是,此种居间人将不可避免地处于一种矛盾处境,因为他维持此种特殊关系的愿望将会与他对客户的责任相冲突。我同意这些是有效的考虑因素。但这些不是仅有的考虑因素。问题是这些因素是否要求与官员、公使、政府部门打交道并且成功建立尊重、信赖和

---

① *Lemenda* Trading *Co. Ltd. v. African Middle East Petroleum Co. Ltd.* 案 [1988] QB 448, 458。对比 *Montefiore v. Menday Motor Components Co. Ltd.* 案 [1918] 2 KB 241。

② [2003] EWHC 2577.

③ Tekron *Resources Ltd. v. Guinea Investment Co. Ltd.* 案 [2003] EWHC 2577, [99] 及 [101]。关于新加坡的类似判决,参见 *Shaikh Faisal v. Swan Hunter Singapore Pte Ltd.* 案 [1995] 2 SLR(R) 605, [79]、[88] 及 [93]:在使用代理过程中这样做真的没有什么错误。事实上,跨国交易中经常以这种方式开展……很明显,*Lemenda* 案中的事实情况与我们当前的案件并不太相同。相关证据明显表明,原告对当权人员进行了不正当影响;对原告的预期就是这样……*我面前的证据完全无法证明,新加坡存在某项禁止外国军火供应商就投标聘用当地代理的公共政策。提交给我的材料均未表明,新加坡公共利益禁止上述聘用。*(斜体为本文增加)

信任关系的居间人一旦充分建立关系后,即被禁止与之进一步往来。当然,官员在与其尊重的、信任的和可信赖的人交往时确实存在某些优势。

*在我看来,如果我接受Smouha先生的观点,那将是对案例中确立的公共政策适用范围的实质性扩大。这将会在很多情形之下阻碍居间人的使用,然而无论“公共”团体是否被涉及,目前在这些商业情形中,居间人的使用已经得到确认。*这也将会引入一个重要的不确定因素,即应当在何处划界。居间人应当在什么时候不再能够与特定的第三方协商新的交易?当具有“影响力”的情形在协商过程中形成时会发生什么?*之前我所考虑的权威案例(包括Lemenda案)涉及我称为出售影响力(且仅是影响力)的情形,且可认为在这些情形中,影响力的使用包含一些不正当行为。我不能接受Smouha先生的观点。*(斜体为本文增加)

大陆法法域也存在与之相同的一般性原则,即不禁止居间合同本身。《1810年法国刑法典》第433-1条中将“影响力非法交易”定义为“滥用”影响力以“从公共机关或政府获得合同或者任何其他有利的决定”。国际商会第7664号案(1996年)的仲裁庭因此指出,在法国法之下,让居间人对公职人员施加腐败影响的合同是非法的,但是:①

……我们知道在国际贸易中,许多大额交易都随着委托

① 国际仲裁第7664号案件(1996年)[66]。裁决译文见Abdulhay Sayed, *Corruption in International Trade and Commercial Arbitration*(Kluwer Law International,2004年)第353页。在瑞士和法国对这一裁决的异议起初均被驳回,但在被申请人在法国提起主张诈骗和共谋的控告以及由此开展的刑事程序揭露申请人为在仲裁程序中掩盖腐败行为而进行的骗局后,该裁决最终在瑞士(仲裁地)被撤销并在法国被拒绝执行。下文第122~123段及第140~141段将对该案作进一步论述。

合同,此类委托合同规定代理人有义务以有利于合同订立和履行的方式进行干预。以其自身的逻辑,这样一个合同不包含任何影响其效力的瑕疵。

同样地,在适用瑞士法律时,国际商会第 7047 号案(1994 年)[其裁决是 *Westacre Investments Inc v. Jugoimport – SDPR Holdings Co. Ltd.* (*Westacre* 案)在英国[①]和瑞士[②]的程序的对象]的仲裁庭判定:[③]

该等游说不是非法行为。私营企业旨在获得第三方国家公共合同的游说行为通常获得其所在国的积极支持,正如政府首脑和国家元首的诸多访问,通常由来访者国家的商业组织代表所陪同,希望为他们的企业获得受访国家的公共合同。

60. 然而,甚至是这些避免根本禁止居间合同的法域也倾向于精准地划出界线,即一边是"形式被认可且合法的游说",另一边是"滥用"或施加"不正当的"影响力。这些法域法律之间的区别可能也会产生要求进行法律选择分析的"真实冲突"的情形。

61. 较之其他法域,一些法域必然对更广泛范围内的游说行为采取更为宽容的态度。这可能是为什么一些《欧洲委员会反腐败刑法公约》的缔约国对禁止影响力交易的第 12 条提出保留的

---

① Westacre *Investments Inc v. Jugoimport – SDPR Holdings Co. Ltd.* 案 [1999] 3 WLR 811。

② 参见瑞士联邦法院 1994 年 12 月 30 日的判决。相关评论,参见 Abdulhay Sayed, *Corruption in International Trade and Commercial Arbitration* (Kluwer Law International, 2004 年)第 401 ~ 402 页。

③ (1995) 13(2) ASA Bulletin 301, 339. 进一步参见 Abdulhay Sayed, *Corruption in International Trade and Commercial Arbitration* (Kluwer Law International, 2004 年)第 350 ~ 351 页,论述了瑞士法律在 Hilmarton Ltd. v. Omnium de Traitment et de Valorisation SA 案 [1999] 2 Lloyd's Rep 222 瑞士法院判决及国际商会第 4145 号案件(1983 年、1984 年、1986 年)中的适用。

主要原因之一。[1] 比如荷兰，已经宣布其不会履行其在第 12 条之下的义务，由于：[2]

> ……对公职人员或政治家的决定的影响形式，无论是否为经济上的，可能是合法的，并且只有当游说行为或施加影响的企图导致参与决定过程的公职人员产生对特殊好处的展望时，该行为才越界。

62. 如 Abdulhay Sayed 所指出，对腐败和（他所定义的）“象征性”影响力进行区别时，在认定居间合同是否应当被认定为影响力腐败交易时，多种因素都可能被认为是相关的，比如居间人施加的影响力的本质以及其与公共利益的相容性[3]：

> “象征性”影响力与居间人不使用腐败手段以获得有利的公共决策的情形相关。相反，居间人试图使用影响力从而获得有利的公共决策，从象征性资本的角度来理解，该影响力可能由*名望和尊重或者被认可的社会地位*所组成。在理解象征性影响力之时，考虑其*起源*和*方向*是正确的。*象征性影响力的起源可能包括与政府官员的家庭关系、依赖关系，或者与有影响力的决策者之间的商业联系*（在此种情况下，施加的影响力很可能构成腐败）。它也可能包含在商业圈内以及来自国家官员的长期尊重。施加的象征性影响力的方向可能违反公众利益，或者与公众利益相符合。（斜体为本文增加）

任何特定的法域可能会，也可能不会考虑这些因素的全部或

---

① 参见上文第 58 段。

② Colin Nicholls 御用大律师等，*Corruption and Misuse of Public Office*（牛津大学出版社 2011 年第 2 版）第 14.27 段。

③ Abdulhay Sayed，*Corruption in International Trade and Commercial Arbitration*（Kluwer Law International，2004 年）第 200 页。

者任何一个。比如,英国普通法观点(如 *Lemenda* 案所述)认为,不披露居间人与将受到影响的公职人员之间的经济利益是导致更容易认定居间人"滥用"或施加"不正当"影响力的一个重要因素。法官 Philips 因此认为:①

> ……处于某种位置的人使用个人影响力来为他人获得利益,并因使用该影响力而收取金钱费用,通常而言这种做法不受推崇,*特别是如果他的金钱利益并非透明*。(斜体为本文增加)

因为在该情况下,"对于将施加影响力之情形,重要的是被施加影响的人应当不知晓就期待获得的合同价值和 *Yassin 先生将会赚得的佣金*而言,*Yassin 先生(居间人)的金钱利益*以及利害攸关的金额相当巨大"(斜体为本文增加),②所以居间合同被认为有悖于英国公共政策。另一个法域可能会采用不同的观点或者强调不同的要素。

63. 可见各法域会对居间合同是否适当采取不同的态度。双方当事人选择适用的法律可能不会禁止居间合同,然而合同履行地或仲裁地的法律或公共政策可能会绝对禁止居间合同,或者认为居间合同受到所选择法律忽视的不适当性的影响。用 Sayed 的话来说:③

---

① *Lemenda* TradingCo *Ltd. v. African Middle East Petroleum Co. Ltd.* 案[1988] QB 448,457 -458。

② *Lemenda Trading Co. Ltd. v. African Middle East Petroleum Co. Ltd.* 案[1988] QB 448,458。Steel 法官在 *R v. V* 案[2008] EWHC 1531 (Comm) 中运用了这一原则,认为([48])就出售居间人对国有实体的影响力订立的居间协议不违反英国公共政策,因为该协议未要求居间人在国有实体不知道居间人的经济利益的情况下行使其影响力。

③ Abdulhay Sayed, *Corruption in International Trade and Commercial Arbitration*(Kluwer Law International,2004 年)第 169 页。

当前的关键是,禁止腐败或政府采购中居间行为的强制性法律是否能够如此压倒性地适用,可以说,外国法律的选择适用在其面前变得无法立足。换言之,对于可能引起腐败指控的合同,当事人可否正是因为某法律对其合同中约定的居间关系类型漠然视之而选择该法律?

64. 该问题取决于:(a)可适用的冲突法规则;(b)可适用的冲突法规则规定的履行地法或仲裁地法较当事人所选择的法律优先适用的条件。

A. 国际仲裁中适用的冲突法规则

65. 在国际仲裁中,关于如何正确确定可适用的冲突法规则,存在大量分歧。[①] 这源于以下事实,即不同于国内法庭,仲裁庭没有冲突法规则自动适用的类似于"法院地"之概念。[②] 另外,国内仲裁立法通常都会授予仲裁庭宽泛的裁量权,以选择"其所认为可以适用的冲突法规则"。[③]

66. 国内法院和仲裁裁决逐渐摒弃了仲裁地之冲突法规则的适用,理由是国际主体是根据实用方便性来选择仲裁地的,因此

① Gary Born, *International Commercial Arbitration*(Wolters Kluwer Law & Business,2009 年)第 2122~2138 页。

② 参见 Gary Born, *International Commercial Arbitration*(Wolters Kluwer Law & Business,2009 年)第 2124~2126 页。另参见 Abdulhay Sayed, *Corruption in International Trade and Commercial Arbitration*(Kluwer Law International,2004 年)第 264 页;Emmanuel Gaillard 和 John Savage, *Fouchard Gaillard Goldman on International Commercial Arbitration*(Kluwer Law International,1999 年)第 1517 段;Bernard Hanotiau,"What Law Governs the Issue of Arbitrability?"(1996) 12 Arb Int'l 391,396-397。

③ 《示范法》(UN Doc. A/40/17,附录Ⅰ;UN Doc. A/61/17,附录Ⅰ)(1985 年 6 月 21 日;2006 年 7 月 7 日修正)第 28(2) 条。类似的规定,参见《1996 年英国仲裁法》(第 23 章)第 46(3) 条。另参见 Gary Born, *International Commercial Arbitration*(Wolters Kluwer Law & Business,2009 年)第 2115~2117 页。

仲裁地之冲突法规则不应当在判定争议实体问题的适用法律时被重点考虑。① 一份权威著作指出②:

近代趋势是认可此种观点的,即认为有义务适用仲裁地的法律选择规则都产生于对仲裁庭所在地和法院地之间的错误对比。国内法院的法官必须适用法院地的冲突规则,另外,国际仲裁员的权力来自仲裁协议,并且仲裁员不能以国家名义行使公共的或制度性的权力。

67. 因此,仲裁庭在确定所适用的实体法律时采用了不同的方法,这些方法并非来自仲裁地的国内法律冲突规则。比如所有与该争议存在有意义的联系的国家冲突规则的"累积"适用;来自非国内来源的"国际"法律选择规则的适用;以及与争议具有最密切联系的国家的实体法的适用。③

68. 然而,作者更倾向于 Born 所建议的方法,Born 令人信服地主张仲裁庭应当继续适用仲裁地的国内法律选择规则。④ 这种

---

① 参见 Gary Born, *International Commercial Arbitration*(Wolters Kluwer Law & Business, 2009 年)第 2126 页,其中援引 *Konkar Indomitable Corp v. Fritzen Schiffsagentur and Bereederungs GmbH* 案 US Dist LEXIS 9637 (1981); *Corripagnie d'Armement Maritime SA v. Cornpagnie Tunisienne de Nav SA* 案 [1971] AC 572, 600; 国际商会第 2930 号案件(1982 年); 国际商会第 6527 号案件(1991 年); 及国际商会第 8113 号案件(1995 年)。

② Laurence Craig、William Park 和 Jan Paulsson, *International Chamber of Commerce Arbitration*(Oceana Publications, 1998 年第 3 版)。

③ 参见 Gary Born, *International Commercial Arbitration*(Wolters Kluwer Law & Business, 2009 年)第 2128 ~ 2138 页。另参见 Abdulhay Sayed, *Corruption in International Trade and Commercial Arbitration*(Kluwer Law International, 2004 年)第 260 ~ 264 页。

④ 除非存在证据证明当事人有相反约定或有理由认为适用仲裁地冲突规则不适当:参见 Gary Born, *International Commercial Arbitration*(Wolters Kluwer Law & Business, 2009 年)第 2142 页。另参见 Gary Born, *International Commercial Arbitration*(Wolters Kluwer Law & Business, 2009 年)第 2114 ~ 2117 页(全面评述了不同国家仲裁制定法项下适用于国际仲裁的冲突规则)。

方法仍然在仲裁和国内判例法中受到青睐,[①]并且与国际商事主体的意愿最相符合,因为其规定应当通过可预见的并且推定中立的一系列冲突规则来决定适用的法律。正如 Born 所解释的:[②]

> *……理性的商事主体要求其争议所适用的实体法是可预见的、确定的和中立的。缺乏一个国际性的文件(如《联合国货物销售公约》或《罗马公约》),然而,到目前为止并不存在完全发展成熟的国际冲突制度,来规定法律选择规则的正确适用。因此,在此种情况下,次优的解决方法就是适用中立的、可预见的国内法律选择规则。尽管将会存在例外情形,相对于其他体系,仲裁地的法律选择体系被假定认为提供了一种更有说服力、更为明智的冲突规则的后备选择。当事人选择在特定地点进行仲裁的约定随着对仲裁地程序法各方面的默示接受(特别是通常会被强制适用的仲裁地的仲裁法)。在没有相反表示的情况下,该默示协议所包含的法律规则通常应当扩张适用于争议解决程序中的程序性和"制度性"方面,如法律选择规则。另外,仲裁地的法律选择规则被推定认为是中立的并且客观地满足了当事人(当事人已大致对仲裁地达成一致,正是因为他们认为该仲裁地是中立的*

---

① 参见 Gary Born, *International Commercial Arbitration*(Wolters Kluwer Law & Business,2009 年)第 2127 ~ 2128 页,脚注 95、脚注 99 以及第 2190 ~ 2191 页,脚注 395,特别是 Grigera Naón,"Choice - of - Law Problems in International Commercial Arbitration"(2001)289 Recueil des Cours 9, 231 中的国际商会第 7262 号案件(1996 年)(选择瑞士作为仲裁地"表明当事人对瑞士法律制度的信心");以及国际商会第 8619 号案件(1997 年):

> 可以合理地认为,当事人未能明确约定适用的实体法,但约定在指定的地点根据指定的仲裁规则和程序进行仲裁……*默认当事人也约定仲裁地所在法域的法律的冲突法规则——或至少默认接受类似的决定*。(斜体为本文增加)

② Gary Born, *International Commercial Arbitration*(Wolters Kluwer Law & Business,2009 年)第 2140 ~ 2142 页。另参见 Gary Born, *International Commercial Arbitration*(Wolters Kluwer Law & Business,2009 年)第 2127 ~ 2128 页。

和可接受的)。同样重要的是,选择适用仲裁地的法律选择规则提供了一个简单、易于管理的并且具有高度可预见性的规则。其避免了对何种法律选择规则是“正确的”、何种实体法应当被“直接”适用的探究的不确定性和潜在任意性,以及避免了在很多潜在的、可适用的冲突规范体系中进行选择所伴随的不确定性。此类行为将会在法律选择过程中引入不必要的、具有破坏性的不确定性,且绝不可能是客观理智的商事主体的意图。(斜体为本文增加)

B. 判定合同履行地法或仲裁地法是否优先于当事人选择的适用法律的冲突法因素

69. 既然已经确定应当适用的冲突法规则是仲裁地的规则,那么仲裁庭应当考虑这些规则,以决定某种情形是否要求合同履行地或仲裁地的法律或公共政策优先于当事人所选择的法律适用。

70. 让我们回想下,我们正在处理的是在当事人所选择的法律之下有效,但在合同履行地和/或仲裁地法律之下非法或违反公共政策的居间合同问题。尽管在大多数案件中,对当事人意思自治以及契约自由的尊重,要求支持适用当事人所选择的法律,[①] 发达的法律制度中的冲突法规则将对当事人的意思自治进行合理的限制,并且允许在规定的情形之下,其他法律可比当事人选择的法律优先适用。通常可能会取代当事人所选择的法律的备选法律是合同履行地法以及仲裁地法。

---

① 参见 Abdulhay Sayed,*Corruption in International Trade and Commercial Arbitration*(Kluwer Law International,2004 年)第 163 页以及 Peter Muchlinski、Federico Ortino 和 Christoph Schreuer,*The Oxford Handbook of International Investment Law*(牛津大学出版社 2008 年版)第 607 页。

(1)合同履行地法

71. 通常来说,当事人和居间合同与当事人所选择的法律的法域几乎或者完全不存在联系。相反,它们与合同履行地具有更为密切的联系。一些法域规定,如果通过强制性法律表达的公共政策因素或合同履行地的警察法(*lois de police*)与当事人的争议具有充分密切的联系,则可以比当事人选择的法律优先适用。①

72. 强制性法律定义如下②:

> 必须被适用于国际关系的法律强制性规定,而不考虑调整该关系的法律如何规定——这是一个压倒性的公共政策问题以至于必须被适用,即使通过适用相关冲突法规则也无法适用其所归属的一般法律。

一个既定的规则是否被认定为强制性规则,取决于对其本质、目的和范围的适当解释。③ 比如,在国际商会第 7047 号案

① 参见 Gary Born, *International Commercial Arbitration*(Wolters Kluwer Law & Business,2009 年)第 2172 ~ 2173 页以及 Abdulhay Sayed, *Corruption in International Trade and Commercial Arbitration*(Kluwer Law International,2004 年)第 261 ~ 262 页。如参见《罗马条例 I》(No. 593/2008)(2008 年 6 月 17 日)第 9(2)条、第 9(3)条、第 16 条及第 21 条;《关于适用于国际合同的法律的美洲公约》(1994 年 3 月 17 日,墨西哥)第 11 条;《代理法律适用公约》(1978 年 3 月 14 日,海牙)第 16 条;以及《美国冲突法重述》第 178 条[援引于 Abdulhay Sayed, *Corruption in International Trade and Commercial Arbitration*(Kluwer Law International,2004 年)第 254 ~ 255 页]。

② Pierre Mayer, "Mandatory Rules of Law in International Arbitration"(1986) 2 Arb Int'l 274,275.

③ 参见 James Fawcett 和 Janeen Carruthers, *Cheshire, North & Fawcett: Private International Law* (Peter North 主编)(牛津大学出版社 2008 年第 14 版)第 728 ~ 741 页;以及 Gary Born, *International Commercial Arbitration*(Wolters Kluwer Law & Business,2009 年)第 2186 ~ 2193 页。

(1994年)(该案裁决对*Westacre*案[①]的程序产生了挑战)中,仲裁庭认定,科威特国防部(国防部)针对被申请人发布的禁止被申请人在获得与国防部之间的合同过程中使用居间人的通告[②],仅仅是一个"由合同一方当事人(国防部)强加于另一方当事人(被申请人)的合同条件",因此不构成外国强制性法律。[③] 如Sayed所解释:[④]

……显然,(国防部施加的)不得委托的要求并不是普遍可适用的规则,而是在磋商过程中提出的。该要求也并未受到政府采购中反腐败的一般性政策的支持,相反,似乎是回应式的要求。这破坏了其强制性要求的伪装。相反,如果禁止居间行为的一般性法律承载着反贿赂的立法本意,并且获得诸多惩罚措施的支持,且这些惩罚措施表明了确定所考虑的关系性质的高度意向,则可以主张该规定更可能构成强制性的规范。

73. 规定适用合同履行地的强制性法律的一个法律选择规则

---

① Westacre *Investments Inc v. Jugoimport – SDPR Holdings Co. Ltd.* 案[1999] 3 WLR 811;见下文第127~131段的论述。

② 关于通告的条款,参见Abdulhay Sayed,*Corruption in International Trade and Commercial Arbitration*(Kluwer Law International,2004年)第268页,脚注840。

③ (1995) 13(2) ASA Bulletin 301,330.

④ Abdulhay Sayed,*Corruption in International Trade and Commercial Arbitration*(Kluwer Law International,2004年)第270~271页。

示例是《罗马条例Ⅰ》(Rome I Regulation)第9(3)条。[①] 第9(3)条允许考虑到“本质、目的和其适用或不适用的结果”后,酌情适用“合同义务将要履行地或者已经履行地所在国家法律中压倒性的强制性规则”。[②] “压倒性的强制性规则”在第9(1)条中定义为:

> ……对该条款的遵守被一国认为对于保障其公共利益而言是至关重要的,比如其政治、社会或经济组织,这些条款适用于范围之内的任何情形,而不考虑依据《罗马条例Ⅰ》在其他情况下合同应当适用的法律。

74. 强制性法律也被《1987年瑞士国际私法》(《国际私法》)第19(1)条赋予相似的效力,该条款规定具有“密切联系的”外国强制性法律优先于当事人所选择的法律(或者其他可能适用的准

---

① 《罗马条例Ⅰ》(No. 593/2008)(2008年6月17日)基于并替代了《关于合同义务法律适用的罗马公约1980》(80/934/ECC)(1980年6月19日;1991年生效)(《罗马公约》)。尽管《罗马条例Ⅰ》第1(2)(e)条规定“仲裁协议”已“从本条例的范围内排除”,但是“这只会影响到该条款本身;合同其他条款仍在(《罗马条例Ⅰ》)范围内,法官和仲裁员不得不对该等条款适用(《罗马条例Ⅰ》)项下的规则”: James Fawcett和Janeen Carruthers, *Cheshire, North & Fawcett: Private International Law*(Peter North主编)(牛津大学出版社2008年第14版)第684~685页。同样, Gary Born, International Commercial Arbitration(Wolters Kluwer Law & Business, 2009年)第2113页指出《罗马公约》(以及《罗马条例Ⅰ》)可适用于位于缔约国的国际仲裁:位于缔约国的大部分仲裁庭均认为可能适用《罗马公约》(如国家法律选择规则一样)以确定适用于合同义务的实体法。此外,评论者尽管未做详细分析,一般都接受该公约在位于缔约国的国际仲裁中的适用性。原则上,《罗马公约》在国际仲裁中的适用方式应与国内法律选择规则相同。原因是该公约是国内法律选择规则的一种形式,适用于缔约国国内的法院,因此对位于这些缔约国的国际仲裁庭而言,具有与另行适用的国内冲突制度或实体法律原则同样的地位。

② 另参见Sayed在Abdulhay Sayed, *Corruption in International Trade and Commercial Arbitration*(Kluwer Law International, 2004年)第263~264页对《关于合同义务法律适用的罗马公约1980》(80/934/ECC)(1980年6月19日;1991年生效)的评论;以及James Fawcett和Janeen Carruthers, *Cheshire, North & Fawcett: Private International Law*(Peter North主编)(牛津大学出版社2008年第14版)第739页。

据法）适用，如果一方当事人的“合法且明显占优势的利益”这样要求：

第19条

Ⅶ. 考虑外国法中的强制性法规

1 *如果根据瑞士的法律概念，一方当事人的合法且明显占优势的利益有所要求，且如果相关情形与该法律密切相关，则可考虑适用该法律的强制性条款而非本法指定的其他条款。*

2 在决定是否必须考虑该条款时，还应考虑该条款的目的，以及其适用是否会导致瑞士法律概念之下的适当裁判。（斜体为本文增加）

瑞士仲裁庭已将《国际私法》第19条适用于居间合同纠纷，并且认定当事人选择的法律以外的其他法律包含的禁止使用居间人本身的强制性法律规定（简言之，该等规定指“外国强制性规定”或者“外国强制性法律”），没有产生充分“合法且明显占优势的”利益，或者与当事人的争议没有充分“密切联系”，以使其取代当事人选择适用的法律。[①] 给出的原因包括这些外国强制性法律

---

① 参见 Abdulhay Sayed, *Corruption in International Trade and Commercial Arbitration*（Kluwer Law International, 2004 年）第 271 ~ 272 页对 Jurgen Dohm Award（1989）（1993）11（2）ASA Bulletin 216 的评述。

为东道国狭隘的国家利益服务[①]，而非"个人或人类社会的基本利益"；[②]当事人不是适用这些外国强制性规定的法域的公民；或者居间合同并非在该法域履行。[③]

75. 瑞士法院因此判定《国际私法》第 19 条不适用于国际仲裁[④]，因为《国际私法》第 187 条"本身构成适用于位于瑞士的仲

① 例如，瑞士联邦法院在其 1990 年 4 月 17 日的判决（*Omnium de Traitment et de Valorisation SA v. Hilmarton Ltd.* 案［1999］2 Lloyd's Rep 222）中将阿尔及利亚禁止政府采购中的居间行为描述为过度的保护主义，原因是：

阿尔及利亚的相关规定禁止任何居间人介入合同订立，*即使不存在贿赂、影响力交易或可疑活动；因此这种*旨在保证国家对对外贸易垄断的禁止太过于宽泛、保护主义。（斜体为本文增加）

参见 Abdulhay Sayed，*Corruption in International Trade and Commercial Arbitration*（Kluwer Law International，2004 年）第 241 页。注：瑞士联邦法院并未在讨论《1987 年国际私法》（Private International Law Act 1987）第 19 条的情况下作出上述评论，尽管如此，这足以说明这一点：参见 Abdulhay Sayed，*Corruption in International Trade and Commercial Arbitration*（Kluwer Law International，2004 年）第 236～243 页。

② *The Oxford Handbook of International Investment Law*（牛津大学出版社 2008 年版）第 608 页。

③ 参见 Abdulhay Sayed，*Corruption in International Trade and Commercial Arbitration*（Kluwer Law International，2004 年）第 271～272 页对 Jurgen Dohm Award（1989）（1993）11（2）ASA Bulletin 216 的评述。

④ 参见瑞士联邦法院 1994 年 12 月 30 日的判决（1995）13（2）ASA Bulletin 217，222。

裁庭的整个国际私法或冲突法体系”,[①]并且使瑞士仲裁庭有义务按如下规定适用当事人选择的法律:“仲裁庭应当根据当事人所选择的法律进行裁判,若不存在此等选择,则根据与案件具有最密切联系的法律进行裁判”。[②] 虽然如此,瑞士联邦法院不止一次判定仲裁庭必须适用《欧盟竞争法》规则[③]决定合同的效力,即使当事人已经选择瑞士法作为调整合同的法律。[④] 这表明仲裁员必须仍然适用《国际私法》第 187 条之下的外国强制性规则,尽管外国强制性规则优先于当事人所选择的法律适用所必须满足的前提条件尚存在争议。[⑤] 一些评论人主张《国际私法》第 19 条应当

① *International Arbitration in Switzerland*: *A Handbook for Practitioners*(Gabrielle Kaufmann – Kohler 和 Blaise Stucki 主编)(Kluwer Law International,2004 年)第 116 页。另参见 Loukas Mistelis,*Concise International Arbitration*(Kluwer Law International,2010 年)第 946 页:

……国际仲裁这种特殊的冲突法规则瑞士《国际私法》第 187 条,应独立解释并排除对瑞士《国际私法》其他章节中包含的且指向国家法院的冲突法规则(如瑞士《国际私法》第 19 条)的适用。

另参见 *International Arbitration in Switzerland*: *An Introduction to and a Commentary on Articles* 176 – 194 *of the Swiss Private International Law Statute*(Stephen Berti 等主编)(Kluwer Law International,2000 年)第 486 页,其中 Pierre Karrer 撰写的章节描述如下:

(瑞士《国际私法》)第 187 条所包含的冲突法规则,没有为(瑞士《国际私法》)前十一章(含瑞士《国际私法》第 19 条)的直接适用留下任何余地。后者仅适用于瑞士国家法院,这一事实常常在瑞士境外被忽略。(瑞士《国际私法》)前十一章的规定,仅因国际仲裁具体性质必要时类推适用。

② 进一步参见 Abdulhay Sayed,*Corruption in International Trade and Commercial Arbitration*(Kluwer Law International,2004 年)第 269 ~ 270 页对 *Beta SA v. Alpha International Corp* 案 (1989) (1991) 9(3) ASA Bulletin 239 的论述;以及 Jean – Francois Poudret 等,*Comparative Law of International Arbitration*(Sweet & Maxwell 2007 年第 2 版)。

③ 2011 年 12 月 1 日。

④ 如参见瑞士联邦法院 1992 年 4 月 28 日的判决 (1992) 10(3) ASA Bulletin 368;2006 年 3 月 8 日的判决 (2006) 24(3) ASA Bulletin 550。

⑤ Loukas Mistelis,*Concise International Arbitration*(Kluwer Law International,2010 年)第 948 页。

被“类推”适用。[①] 因此，如同《国际私法》第19条，欲优先于当事人所选择法律适用的外国强制性法律必须与争议具有密切的联系，并且“其目的看起来是值得被保护的”（后一种条件推论为接近于《国际私法》第19条项下“合法且明显占优势”的条件）。[②] 然而，不像《国际私法》第19条，此种外国强制性法律无须与瑞士公共政策（《国际私法》第19条称为“瑞士法律概念”）相兼容，只要其不与跨国公共政策相违背（因为《国际私法》第19条的要求必须被调整以适用于国际仲裁）。[③] 相反，其他评论人支持“更严格的要求”，即只有在当事人*仅为避免干预性*（外国强制性）规范而选择无干预性规范的法律（否则将适用干预性规范）的情况下，（斜体为本文增加）才适用外国强制性法律。[④] 该冲突法原则也

---

① International *Arbitration in Switzerland: A Handbook for Practitioners*（Gabrielle Kaufmann - Kohler 和 Blaise Stucki 主编）（Kluwer Law International，2004 年）第127~128页；Gabrielle Kaufmann - Kohler 和 Antonio Rigozzi，*Arbitrage International: Droit et pratique a la lumiere de la LDIP*（Schulthess 2006 年第2版）第661~662段。

② *International Arbitration in Switzerland: A Handbook for Practitioners*（Gabrielle Kaufmann - Kohler 和 Blaise Stucki 主编）（Kluwer Law International，2004 年）第128页。如参见国际商会第9333号案件（1998 年）[相关论述，参见 Abdulhay Sayed，*Corruption in International Trade and Commercial Arbitration*（Kluwer Law International，2004 年）第272~273页]，该案件“质问是否存在大量合法的利益使《反海外腐败法》可适用于所审议的合同”。

③ Gabrielle Kaufmann - Kohler 和 Antonio Rigozzi，*Arbitrage International: Droit et pratique a la lumiere de la LDIP*（Schulthess 2006 年第2版）第662段。进一步参见 Marc Blessing，*Impact of the Extraterritorial Application of Mandatory Rules of Law on International Contracts*（Helbing & Lichtenhahn，1999 年）第63~64页。

④ *International Arbitration in Switzerland: An Introduction to and a Commentary on Articles* 176 - 194 *of the Swiss Private International Law Statute*（Stephen Berti 等主编）（Kluwer Law International，2000 年）第514页；Jean - Francois Poudret 等，*Comparative Law of International Arbitration*（Sweet & Maxwell 2007 年第2版）第302页及第615页。

被称为法律规避或法律欺诈。[①] 因此,尽管位于瑞士的仲裁庭可以在判定当事人的合同/居间合同是否可执行之时考虑合同履行地的强制性法律,这似乎是不容置疑的,且尽管该合同依据当事人所选择的法律是有效的,但对于何种情况可以使此种对当事人意思自治的背离正当化,尚无定论。

76. 英国普通法冲突规则通常在普通法系英联邦国家中适用[②](但在英国却适用得较少,因为诸如《罗马条例Ⅰ》的欧盟冲突规范较英国普通法冲突规则优先适用),这些冲突规则不考虑合同履行地的强制性规则,而支持适用当事人所选择的法律,但受限于一些例外情形。[③] 主要的例外情形(与居间合同纠纷相关)在 *Foster v. Driscoll* 案中确立:[④]如果当事人订立合同时的共同目的是在一个友好的异国作出某种行为,而此种行为在该国被

① *International Arbitration in Switzerland: An Introduction to and a Commentary on Articles* 176 – 194 *of the Swiss Private International Law Statute*(Stephen Berti 等主编)(Kluwer Law International,2000 年)第 514 页;Jean – Francois Poudret 等,*Comparative Law of International Arbitration*(Sweet & Maxwell 2007 年第 2 版)第 302 页及第 615 页。下文第 80 ~ 81 段将更为详细地论述。进一步参见 Loukas Mistelis,*Concise International Arbitration*(Kluwer Law International,2010 年)第 948 页。

② 但是,应当指出"已制定的具体法律选择规则在普通法国家间的差别越来越多":Yeo Tiong Min,*Conflict of Laws*, *Halsbury's Laws of Singapore*: Vol 6(2)(Lexis Nexis,2009 年)第 75.250 段。

③ Lawrence Collins,*Dicey*, *Morris and Collins on The Conflict of Law*(Sweet & Maxwell 2006 年第 14 版)第 32 ~ 140 段。

④ [1929] 1 KB 470.

视为违法，则此由英国法律调整的合同将不会被执行。① 因此，当事人签订的向美国境内进口威士忌的合同(由英国法调整)，因与当时美国有效的禁酒法相违背，是无法被执行的。尽管目前尚没有一个具有直接针对性的案件，②但评论者认为“如果合同由外国法律(非普通法的其他法律)所调整，根据该外国法律该合同是可

① 在不存在违反外国法律(非履行地法律)的意图的情况下，“仅凭某一合同……涉及从事(该外国法律)禁止的行为……不会使该合同无效，除非该禁止构成适用法律的一部分”：Lawrence Collins, *Dicey, Morris and Collins on The Conflict of Law*(Sweet & Maxwell 2006 年第 14 版)第 32～240 段。进一步参见 Lawrence Collins, *Dicey, Morris and Collins on The Conflict of Law*(Sweet & Maxwell 2006 年第 14 版)第 32～142 段，脚注 51。但是，履行地法律项下的非法行为在不存在实施该非法行为的共同意愿的情况下，是否可以否决当事人选择的法律并认定合同不可执行，有关这一问题的看法仍未确定。在 *Ralli Bros v. Cornpania Naviera Sota y Aznar* 案[1920] 2 KB 287(Ralli Bros 案)中，适用英国法律的合同订立后，因一项针对黄麻设置运费上限的西班牙法令的发布而在履行地(西班牙)被认定为非法。合同约定的支付金额超出上述上限。法院因履行地的事后非法性拒绝执行合同。Ralli Bros 案之后，无论合同的适用法律为何或者无论非法性是自始存在还是事后出现，“经常有非约束性意见(dicta)，认为根据履行地法律非法性具有决定性作用”。然而，并没有直接相关的法律根据，而且普通法冲突法领域的专家一直大力主张“这种方法有悖原则，而且没有法律依据加以规定”James Fawcett & Janeen Carruthers, *Cheshire, North & Fawcett: Private International Law*(Peter North 主编)(牛津大学出版社 2008 年第 14 版)第 759～760 页；Lawrence Collins, *Dicey, Morris and Collins on The Conflict of Law*(Sweet & Maxwell 2006 年第 14 版)第 32～144 至第 32～147 段及第 32～151 段。从这个角度看，Ralli Bros 案所述规则：

……并不是一项冲突法规则，而只是对因事后非法性而免除或中止合同义务的英国国内规则的适用。

Lawrence Collins, *Dicey, Morris and Collins on The Conflict of Law*(Sweet & Maxwell 2006 年第 14 版)第 32～147 段。本论文不再进一步论述 *Ralli Bros* 案的规则在普通法项下的约束力。

② 仅有一些非约束性意见(obiter)，认为英国法院不会执行在根据履行地法律非法的情况下当事人有意从事非法行为的合同，即使该合同适用外国(相对于英国而言)法律且根据该外国法律可执行：如参见 *Royal Boskalis Westminster NV v. Mountain* 案[1999] 1 QB 674, 692。

以执行的,则毫无疑问仍然会产生相同的结果”。[①] 同样还存在一个强有力的(虽然是附带的)提议,是 *Foster v. Driscoll* 案的规则扩张适用于其他案件,在这些案件中只有一方当事人有单方意图实施合同履行地法之下的违法行为,在这种情况下,该方当事人(并非无辜的一方当事人)不可以强制执行该合同。[②] 此种合同履行地的违法行为被认为要求考虑到国家礼让和公共政策因素,这些因素具有足够的分量来使合同被判定为不可执行,而此种判定结果与当事人所选择的法律相反。[③] 因此,适用普通法冲突规则的仲裁庭将不会执行当事人抱着违反合同履行地反腐败法的共同目的而签订的居间合同,也不会支持怀有单方意图违反此种法律之当事人所提出的主张,而无论该居间合同适用何种法律。[④]

77. 英国高等法院在 *Hilmarton* 案中也提及了这一点。[⑤] 在 *Hilmarton* 案中,Omnium de Traitement(OTV)拒绝执行裁判,理由是该裁判支持了居间合同的效力,而该居间合同在合同履行地法之下被认定为违法。在该合同之下,Hilmarton Ltd.(Hilmarton)出于为 OTV 获取在阿尔及利亚的建筑合同的目的,与阿尔及利亚的政府官员进行磋商。作为回报,如果 Hilmarton 成功地

---

① James Fawcett 和 Janeen Carruthers, *Cheshire, North & Fawcett: Private International Law*(Peter North 主编)(牛津大学出版社 2008 年第 14 版)第 742 页,脚注 651。另参见 Lawrence Collins, *Dicey, Morris and Collins on The Conflict of Law*(Sweet & Maxwell 2006 年第 14 版)第 32~241 段。

② 参见 *Royal Boskalis Westminster NV v. Mountain* 案[1999]1 QB 674,692。

③ James Fawcett 和 Janeen Carruthers, *Cheshire, North & Fawcett: Private International Law*(Peter North 主编)(牛津大学出版社 2008 年第 14 版)第 742 页;Lawrence Collins, *Dicey, Morris and Collins on The Conflict of Law*(Sweet & Maxwell 2006 年第 14 版)第 32~238 段至第 32~241 段。

④ 参见《罗马条例 I》(No. 593/2008)(2008 年 6 月 17 日)项下相反做法,即认定当事人的意向不具有关联性:参见下文第 80~81 段。

⑤ *Hilmarton Ltd. v. Omnium de Traitment et de Valorisation SA* 案[1999]2 Lloyd's Rep 222。

为 OTV 获得了该建筑合同,则 Hilmarton 有资格以分期付款的形式获得整个合同价值 4% 的佣金。在向 Hilmarton 支付了一半佣金后,OTV 停止支付款项。Hilmarton 试图通过在瑞士进行的仲裁程序追回其剩余部分的佣金。一审仲裁庭认为,诸如 OTV 和 Hilmarton 之间的居间合同,为获得公共合同而签订的居间合同,在阿尔及利亚法律之下是违法的。因为违反阿尔及利亚对居间合同的禁止性规定(旨在于一般性地反腐败),也违反了瑞士良好品行的概念,仲裁庭认为该居间合同在适用于该合同的瑞士法之下是无效的,并且驳回了 Hilmarton 的请求。然而,一审仲裁庭的裁决被瑞士联邦法院在其 1990 年 4 月 17 日的判决中所推翻,理由是阿尔及利亚的禁止性规定“过于宽泛且具有贸易保护主义的色彩”,它禁止“居间行为对合同订立的所有介入,即使不存在腐败、影响力交易或令人怀疑的行动”,[①]这损害了当事人的缔约自由。瑞士法律认为只要签订合同的当事人不存在腐败的目的,居间合同是完全有效并合法的。

78. 在该裁判被推翻之后,重新组建了仲裁庭,其认定该居间合同有效并且命令 OTV 支付 Hilmarton 佣金的剩余部分。当第二个仲裁庭的裁决在英国被要求执行时,英国高等法院驳回了 OTV 提出的异议,并且执行了该裁决。高等法院就 *Foster v. Driscoll* 案的规则在居间合同情形下的适用发表了以下评论:

> 由当事人选择的英国仲裁庭适用了当事人所选择的英国法律后,很可能得到一个不同的结果(相比于瑞士仲裁庭得出的结果)。且该仲裁庭在严格适用了 Simonds 子爵在 *Regazzoni v. KC Sethia* 案(一个适用 *Foster v. Driscoll* 案规

① Abdulhay Sayed, *Corruption in International Trade and Commercial Arbitration*(Kluwer Law International,2004 年)第 241 页。

则的案件)中所述的原则后,很可能会驳回 **Hilmarton** 的请求,即:①

> ……无论合同适用的法律是否是英国法,如果合同的履行涉及在友善的外国作出违反该国法律的行为,则英国法院将不会执行合同,也不会对于违约行为判定赔偿损失。

在适用该原则之时我应当补充一点,即该合同本身是否由英国法或外国法所调整无关紧要。

我们可以从前面的讨论中得出这样的结论,即合同履行地的强制性法律优先于当事人所选择的法律适用所需要满足的条件,根据仲裁庭适用何种冲突规则而有所变化。作者因此不同意以下此种绝对的论断:②

> 国际仲裁员应当承认,为了确认提交给他们的代理合同的合法性或有效性,他们不能简单地无视合同履行地的强制性法律条款。

这是一个需要通过可适用的法律选择规则来解决的问题:如果他们反对适用合同履行地强制性法律,那么必须适用当事人选择的法律。比如,仲裁庭不太可能通过"类推适用"瑞士《国际私

---

① *Hilmarton Ltd. v. Omnium de Traitment et de Valorisation SA* 案[1999]2 Lloyd's Rep 222,224。

② Antonio Crivellaro,*Arbitration Case Law on Bribery*:*Issues of Arbitrability*,*Contract Validity*,*Merits and Evidence*,Arbitration,Money Laundering,Corruption and Fraud(Kristine Karsten & Andrew Berkeley 主编)(Dossiers – ICC Institute of World Business Law,2003 年)第 118 页。另参见 Abdulhay Sayed,*Corruption in International Trade and Commercial Arbitration*(Kluwer Law International,2004 年)第 258 ~ 259 页的观点:

(i)"由于国家法律制度已允许就仲裁员履行裁判职责给予更大的自主权,作为交换预期仲裁员会适当考虑并适用强制性法律中规定的敏感性国家政策。"

(ii)"仲裁员拥有一切理由支持上述国家的强制性法律规定,原因在于系统性的不支持可能损害国家对仲裁自主性的普遍支持。"

(iii)"仲裁员有义务作出可执行的裁决。"

法》第 19 条而适用禁止居间合同本身的合同履行地强制性法律。[1] 另外,更有可能的是 *Foster v. Driscoll* 案规则将使这些强制性法律得以适用。

79. 通常此种说法以反对观点的方式提出,即如果仲裁庭无视外国强制性法律,那么其将不能履行作出可执行裁决的职责,因为如果寻求在规定这些外国强制性法律的法域执行裁决,则该裁决将会基于公共政策而被拒绝执行。[2] 仲裁庭确实有职责来作出具有执行力的裁决[3],但是他们并非被强迫作出一个普遍可执行的裁决[4],因为仲裁庭也有同样重要的职责,即根据正确的法律

① 参见上文第 74 ~75 段。

② 《纽约公约》(330 UNTS 3)(1958 年 6 月 10 日通过;1959 年 6 月 7 日生效)第 V(2)(b) 条规定:

如寻求承认及执行所在国家的主管部门认定有下列情形之一,也可拒绝承认及执行仲裁裁决:

……

(b)承认或执行上述裁决有违该国的公共政策。

参见 ***Recognition and Enforcement of Foreign Arbitral Awards: A Global Commentary on the New York Convention***(Herbert Kronke 等主编)(Kluwer Law International, 2010 年);以及 Bernard Hanotiau & Olivier Caprasse, "Public Policy in International Commercial Arbitration", *Enforcement of Arbitration Agreements and International Arbitral Awards*(2008 年 5 月喀麦隆)第 793 ~794 页。

③ 仲裁庭作出可执行裁决的职责在《2012 年国际商会仲裁规则》(2012 年 1 月 1 日生效)第 41 条及伦敦国际仲裁院《仲裁规则》(1998 年 1 月 1 日生效)第 32.2 条均有明确规定。考虑到《纽约公约》(330 UNTS 3)(1958 年 6 月 10 日通过;1959 年 6 月 7 日生效)的根本目标,该职责也是所有仲裁庭必须履行的默示职责。

④ 《纽约公约》(330 UNTS 3)(1958 年 6 月 10 日通过;1959 年 6 月 7 日生效)项下拒绝执行裁决的公共政策依据指,寻求对裁决予以执行的所在国家的公共政策。因此,违反除执行国家以外的国家的公共政策不能作为拒绝执行的理由。对比,违反仲裁地的公共政策,可能致使裁决在仲裁地被撤销:在这种情况下,《纽约公约》第 V(1)(e) 条规定,裁决可能在所有其他国家被拒绝予以执行。参见下文第 84 段的论述。

原则(包括法律选择原则)来对当事人的争议作出裁判。[①] Born 正确地认为:[②]

> ……*适用于当事人争议的是冲突规范——并不是外国法律体系的单方定义——冲突规范必须定义法律选择条款将被推翻的情形。*这在一些例外情形中,会产生在其强制性规则未得到适用的外国无法执行的裁决。*但相对于基于适用"错误的"法律规则得出的裁决,此种裁决是尚可接受的,*特别是在"错误的"法律规则意在通过过高的管辖权要求来得以适用。(斜体为本文增加)

80. 到目前为止,作者的讨论都限于规定当事人所选择的法律可能在与合同履行地之强制性法律不一致的范围内被合同履行地之强制性法律所取代的冲突规则。在一些案件中,冲突规则甚至可能规定合同履行地法完全取代当事人所选择的法律。在普通法之下,如果当事人所作的法律选择并非善意或合法,或者有悖于公共政策,与争议具有最密切联系的法律,将会替代当事人所选择的法律而得以适用。[③] 何种情形构成不善意、不合法或者与公共政策相违背的法律选择的判断标准,是严格限定于具体情形的——不会仅仅因为合同与当事人所选择的法律不具有客观联系即满足了该判断标准;要求的条件应当是,当事人在选择所适用的法律之时的唯一意图,就是避免客观的准据法(与当事

---

① 如参见国际商会第4219号案件(未公开)及 *Chambre de Commerce et d' Industrie de Geneve* 1988年2月23日裁决书,两案均拒绝优先于当事人选定的法律适用履行地的法律。另参见国际商会第8459号案件(1997年),该案拒绝优先于当事人选择的瑞士法律适用美国《反海外腐败法》(15 USC §78dd-1)。

② Gary Born, *International Commercial Arbitration*(Wolters Kluwer Law & Business 2009年版)第2192页。

③ 参见 *Vita Foods Products Inc v. Unus Shipping Co. Ltd.* 案[1939] AC 277。

人之间的争议具有最密切联系的法律)的适用。[①] 这与法国国际私法中的法律欺诈学说具有很大程度上的相似性,该原则适用于此种情形:如果该被选择适用的法律"是旨在利用当事人的意思自治原则选择'令人满意的'法律的欺诈计划的产物,且其唯一的目的就是规避'令人讨厌的'强制性法律条款的适用",则适用该原则以使法律选择无效。[②]

81. 因此,如果当事人仅是为了规避合同履行地的强制性法律(通常是与居间合同争议具有最密切联系的法律)而进行恶意法律选择,那么,可使仲裁庭具有正当理由适用法律欺诈学说,以使合同履行地法优先于当事人所选择的法律适用。令人感兴趣的是,相比之下,《罗马条例 I》认为当事人的主观动机是无关紧要的[③],而选择支持当事人所选择的法律,但受限于与"该情形有关的所有其他因素(除了当事人所选择的法律)相联系的国家的强制性法律"。[④] 这种对当事人所选择法律的限制:[⑤]

> ……将阻止很多规避法律的情形"被法国法和普通法的法律欺诈原则所限制"(但不一定是所有的情形),*尽管该限制较此适用范围更广*,且其将确保(如对于一个包含豁免条款的纯德国合同)*即使当事人已经由于一些完全合法的原因选择适用法国法*,比如该法律是当事人之间某相关合同所适用的法律,任何德国法对豁免条款的限制仍适用。(斜体为

---

① *Peh Teck Quee v. Bayerische Landesbank Girozentrale* 案[1999] 3 SLR(R) 842。

② Abdulhay Sayed, *Corruption in International Trade and Commercial Arbitration* (Kluwer Law International, 2004 年)第 169 页。

③ James Fawcett 和 Janeen Carruthers, *Cheshire, North &Fawcett: Private International Law* (Peter North 主编)(牛津大学出版社 2008 年第 14 版)第 696 页。

④ 《罗马条例 I》(No. 593/2008)(2008 年 6 月 17 日)第 3(3)条。

⑤ James Fawcett 和 Janeen Carruthers, *Cheshire, North &Fawcett: Private International Law* (Peter North 主编)(牛津大学出版社 2008 年第 14 版)第 695 ~ 697 页。

本文增加)

(2)仲裁地法

82. 仲裁庭必须进行法律选择分析,从而决定是仲裁地法还是公共政策优先于当事人所选择的法律适用,并且使他们的居间合同无效。[①]

83. 在普通法冲突规则之下,当事人选择的法律条款并不会经常由于依据仲裁地法属于违法条款而被推翻,[②]因为仲裁地经常与适用外国法并将在外国法域履行的合同具有很少或者不具有任何联系。[③] 一种例外情况是,当地对于违法性的规则构成了适用于该合同的仲裁地强制性规则,而无论当事人所选择适用的法律为何。[④]《罗马条例Ⅰ》第9(2)条类似地规定,"优先适用的仲裁地法律的强制性规则"[⑤]可被适用于当事人之间的争议。

84. 关于仲裁地的公共政策规则,依据冲突规则,这些公共政策规则通常不会优先于当事人所选择的法律适用(与强制性法律相反),除非相关争议与仲裁地存在充分紧密的联系,[⑥]或者被违

---

① 参见 Gary Born, *International Commercial Arbitration*(Wolters Kluwer Law & Business, 2009 年)第 2186 ~ 2189 页。

② *Vita Foods Products Inc v. Unus Shipping Co. Ltd.* 案 [1939] AC 277; *Akai Pty Ltd. v. People's* Insurance *Co. Ltd.* 案 [1998] 1 Lloyd's Rep 90。

③ 参见 Gary Born, *International Commercial Arbitration*(Wolters Kluwer Law & Business, 2009 年)第 2187 页及脚注 381。

④ *The Hollandia* 案 [1983] 1 AC 565; *Block Bros Realty Ltd. v. Mollard* 案 (1981) 122 DLR (3d) 323。

⑤ 关于"凌驾一切的强制性条款"的定义,参见上文第 73 段。

⑥ Gary Born, *International Commercial Arbitration*(Wolters Kluwer Law & Business, 2009 年)第 2187 页,脚注 382; James Fawcett 和 Janeen Carruthers, *Cheshire, North & Fawcett: Private International Law*(Peter North 主编)(牛津大学出版社 2008 年第 14 版)第 142 页及第 741 页。

反的公共政策属于基本的道德准则。[①] 比如,《罗马条例Ⅰ》第21条规定,如果当事人所选择的法律(或者通过其他方式适用的准据法)"显然与仲裁地的公共政策(公共秩序)不符",那么当事人所选择的法律将会被仲裁地的公共政策规则所取代。[②] 注意不适用违反仲裁地基本公共政策问题(或者强制性法律)的法律,与仲裁庭作出具有执行力的仲裁裁决之职责紧密相关,因为仲裁地的法院会因违反公共政策这一理念,基于其自由裁量权而撤销该仲裁裁决[③],这进而允许其他地区的法院根据《纽约公约》第5(1)

---

① 参见 James Fawcett 和 Janeen Carruthers, *Cheshire, North & Fawcett: Private International Law*(Peter North 主编)(牛津大学出版社 2008 年第 14 版)第 142～146 页。

② James Fawcett 和 Janeen Carruthers, *Cheshire, North & Fawcett: Private International Law*(Peter North 主编)(牛津大学出版社 2008 年第 14 版)第 741～743 页。

③ 下文第 166～169 段将对这一点做进一步论述。参见 Richard Kreindler,"Is the Arbitrator Obligated to Denounce Money Laundering, Corruption of Officials, etc? The Arbitrator as Accomplice - Sham Proceedings and the Trap of the Consent Award",Theodore Moran, *Combating Corrupt Payments in Foreign Investment Concessions: Closing the Loopholes, Extending the Tools*(华盛顿:Center for Global Development Working Group on Corrupt Payments 2008 年版)第 2 页;Richard Kreindler,"Approaches to the Application of Transnational Public Policy by Arbitrators",第 6 届国际律师协会国际仲裁日,悉尼(2003 年 2 月 13 日)第 5 页,以及 Tom Toulson,"Illegality and Public Policy: Are the English Courts Getting it Wrong?" *Global Arbitration Review*(2010 年 10 月 18 日)。

(e)条拒绝执行该无效的仲裁裁决。[①]

85. 在普通法之下适用相似的规则[②],尽管其为仲裁地的公共政策优先于当事人选择的法律适用提供了额外的第三种依据。[③] *Lemenda* 案解释了此第三种依据的运用。[④]

86. 在 *Lemenda* 案中,原告与被告签订合同,为被告获取卡塔尔国有石油公司的石油供应合同的续约。在该合同之下,原告为获得该合同的续约而对卡塔尔官员施加其个人影响力,作为回报,原告将会获得每桶油 0.30 美元的佣金。石油供应合同(依卡塔尔法律调整)被续期并且原告依据居间合同(由英国法调整)主张其佣金。依据卡塔尔法律,此种影响政府官员的居间合同与公共政策相违背。

87. 法院判决认为该居间合同不具有执行力。法院区分了两

---

① 《承认及执行外国仲裁裁决公约》(330 UNTS 3)(1958 年 6 月 10 日通过;1959 年 6 月 7 日生效)第 V(1)(e)条规定,在"裁决对当事人尚无约束力,或已被裁*决所在或裁决所依据法律的国家的主管机关撤销或中止*"的情况下,法院可拒绝承认或执行该裁决。(斜体为本文增加)因违反仲裁地国际公共政策而被撤销的裁决,可在所有其他国家予以拒绝执行[基于第 V(1)(e)条的理由],而违反履行地公共政策的裁决,通常只会被履行地的法院拒绝执行[因为仅在违反履行地公共政策的情况下第 V(2)(b) 条执行的公共政策例外才会适用]。因此,仲裁员作出可执行的裁决的职责需要其相较于履行地更重视对仲裁地公共政策的违反(另参见上文第 79 ~ 80 段关于违反履行地公共政策的论述)。对比 Dana Freyer, "The Enforcement of Awards Affected by Judicial Orders of Annulment at the Place of Arbitration", Emmanuel Gaillard & Domenico Di Pietro, *Enforcement of Arbitration Agreements and International Arbitral Awards*(2008 年 5 月喀麦隆)第 757 ~ 786 页,指出一些国家(如法国)不会将裁决在仲裁地无效,视为对执行的阻碍。

② James Fawcett 和 Janeen Carruthers, *Cheshire, North & Fawcett: Private International Law*(Peter North 主编)(牛津大学出版社 2008 年第 14 版)第 142 ~ 146 页及第 741 页。

③ 参见 Lawrence Collins, *Dicey, Morris and Collins on The Conflict of Law*(Sweet & Maxwell 2006 年第 14 版)第 32 ~ 238 段。

④ 关于在居间协议背景下运用 *Lemenda Trading Co. Ltd. v. African Middle East Petroleum Co. Ltd.* 案[1988] QB 448 原则的其他案例,参见 *Shaikh Faisal v. Swan Hunter Singapore Pte Ltd.* 案[1995] 2 SLR(R) 605。

种公共政策，一种是若被违反“无论该合同的准据法为何且无论合同履行地为何英国法院都将不会执行合同”的公共政策规则，另一种是“纯粹国内的”其他公共政策原则。[1]

88. 前一种类型的公共政策，即所谓的国际公共政策，[2]指“一些在英国人眼中神圣不可侵犯的、要求不计一切代价、无任何例外地加以维护的道德、社会或经济原则”。[3] 它与《罗马条例Ⅰ》第21条保护的那种国家利益相似，该条允许法庭在适用外国法将导致“明显地与法院地的公共政策（公共秩序）不相符”的情况下不考虑外国法的适用。

89. *Lemenda*案表明执行居间合同有悖于“基于一般性道德原则”[4]的英国公共政策，因为：[5]

> ……处于某种位置的人使用个人影响力来为他人获得利益，应当会因使用该影响力而收取金钱费用，通常而言这种做法不值得提倡，特别是如果他的金钱利益并非透明（事实正是如此）。

90. 然而，既然此种公共政策对于英国法律而言是“纯粹国内的”[6]公共政策（它不是国际公共政策），对它的违反本身不足以阻碍执行在英国之外履行的合同。

---

① *Lemenda Trading Co. Ltd. v. African Middle East Petroleum Co. Ltd.* 案［1988］QB 448，459。

② 不要与跨国公共政策混淆。与国际公共政策不同，跨国公共政策不受某一特定国家公共政策观念限制：参见下文第92段及第169段。

③ James Fawcett 和 Janeen Carruthers，*Cheshire，North & Fawcett：Private International Law*（Peter North主编）（牛津大学出版社2008年第14版）第140页。

④ *Lemenda Trading Co. Ltd. v. African Middle East Petroleum Co. Ltd.* 案［1988］QB 448，461。

⑤ *Lemenda Trading Co. Ltd. v. African Middle East Petroleum Co. Ltd.* 案［1988］QB 448，458。参见上文第62段。

⑥ Lemenda *Trading Co. Ltd. v. African Middle East Petroleum Co. Ltd.* 案［1988］QB 448，459。

91. 为了判定居间合同不具有执行力，法院已经考虑了合同履行国对当事人居间合同的态度。在该案中，卡塔尔（合同履行地）具有与英国相同的公共政策，认为该居间合同有悖于公共政策。法院认定即使居间合同仅违背了英国国内公共政策，“国际礼让与英国国内公共政策相结合也会阻碍对合同的执行”。[①] 换言之，在普通法的冲突规范之下，既违反合同履行地的公共政策又违反仲裁地的公共政策的居间合同将不会被执行，即使被涉及的公共政策并非国际公共政策（注意，当合同并非由普通法调整时，是否可以主张仲裁地的国内公共政策优先于当事人选择的法律适用，尚存在争议[②]）。

C. 跨国公共政策在冲突法分析之下的关联性

92. 仲裁庭必须适用上文的分析确定应当适用的法律（无论是当事人所选择适用的法律或者其他外国强制性法律或公共政策），除非其与跨国公共政策相违背。[③] 跨国公共政策指自然法的基本规则、普世正义原则、在国际公法领域中的强行法，以及被

---

① *Lemenda Trading Co. Ltd. v. African Middle East Petroleum Co. Ltd.* 案［1988］QB 448，459。

② *Lemenda* 案原则起初是关于一份适用英国法律的合同。但是，上诉法院法官 Waller［在 *Westacre* Investments *Inc v. Jugoimport - SDPR Holdings Co. Ltd.* 案［1999］3 WLR 811，824 - 825（*Westacre* 案）中］在商讨一份适用瑞士法律的合同的背景下，对 *Lemenda Trading Co. Ltd. v. African Middle East Petroleum Co. Ltd.* 案［1988］QB 448（*Lemenda* 案）的解释，可能被理解为默认 *Lemenda* 案原则甚至可适用于不适用英国法律的合同。应当指出，尽管 Waller 法官是 *Westacre* 案中持反对意见的法官，但是当时多数法官——Mantell 法官和 David Hirst 爵士——同意其对 *Lemenda* 案的解释。

③ 国际商会第 7047 号案件（1994 年）；*Wena Hotels Ltd. v. Arab Republic of Egypt* 案［裁决书］国际投资争端解决中心第 ARB/98/4 号案件（2000 年 12 月 8 日）；国际商会第 3916 号案件（1982 年）。

"文明国家"所接受的一般道德规范。[①] 与国际公共政策相反，跨国公共政策与任何特定的国内法律体系对公共政策的观点均不存在联系，而是指文明国家所共同分享的价值观。[②] 跨国公共政策比在其他情况下本可能依据相关冲突规范而适用的国内法优先适用。[③] 在商事仲裁中，赋予跨国公共政策法律效力是正确的，因为如果不这样做，会违反世界大多数法域的国际公共政策，并且作出在世界大多数法域都无法执行的裁决。[④]

93. 旨在于破坏国家官员正当履行其职责的明目张胆的贿赂行为显然违反了跨国性公共政策（可以说，由于之前讨论的原因，私有领域的贿赂行为同样违反跨国性公共政策）。[⑤] 因此，*World Duty Free v. Republic of Kenya* 案（*World Duty Free* 案）中，当申请人主张（为了获得能够在肯尼亚国际机场运营免税业务的合同）向前任肯尼亚总统以及其他高级公职人员的行贿是合法的，

---

① 国际法协会国际仲裁委员会关于 *Public Policy as a Bar to Enforcement of International Arbitral Awards* 的临时报告（2000 年）。参见 Bernard Hanotiau & Olivier Caprasse，"Public Policy in International Commercial Arbitration"，*Enforcement of Arbitration Agreements and International Arbitral Awards*（2008 年 5 月喀麦隆）第 794 ~ 796 页。

② 进一步参见下文第 169 段。

③ Richard Kreindler，"Approaches to the Application of Transnational Public Policy by Arbitrators"第 6 届国际律师协会国际仲裁日，悉尼（2003 年 2 月 13 日）第 8 ~ 13 页；Berthold Goldman，"*La Lex Mercatoria dans les Contrats et l' Arbitrage Internationaux: Realite et Perspectives*"（1979 年）106 JDI（Clunet）475，483；Gary Born，*International Commercial Arbitration*（Wolters Kluwer Law & Business，2009 年）第 2197 页。

④ Carolyn Lamm、Hansel Pham 和 Rahim Moloo，"Fraud and Corruption in International Arbitration"，*Liber Amicorum Bernardo Cremades*（Miguel Àngel Fernandez - Ballesteros 和 David Arias 主编）（La Ley grupo Wolters Kluwer，2010 年）第 708 ~ 709 页。另参见 Andrea Menaker，"The Determinative Impact of Fraud and Corruption on Investment Arbitrations"（2010 年）25（1）ICSID Rev - FILJ 67，72。

⑤ 参见上文第 2 段及第 5 ~ 9 段。

因为这是得到肯尼亚当地风俗认可的[①]仲裁庭拒绝了申请人的观点：[②]

> 虽然某些当地风俗可能使得本来违反跨国公共政策或者合同当事人为其交易所选用的外国适用法的情形在当地被认定为合法，仲裁庭也没有必要考虑此种当地风俗的效力……同样地，仲裁庭也会在当前案件中拒绝承认肯尼亚的任何旨在使仲裁申请人实施的违反国际公共政策的腐败行为合法的当地风俗。

然而，考虑到不同法域对拟向政府官员施加影响的居间合同的合法性问题存在巨大差别，对此类合同作出禁止性规定的法律不能反映出跨国性公共政策。[③] 因此，只要这些居间合同根据当事人所选择的法律是有效的，并且（根据相关冲突规则）对其作出禁止性规定的合同履行地或仲裁地的任何强制性法律并没有优先于当事人所选择的法律适用，那么当事人无法将对跨国公共政策的违反作为逃避其在居间合同之下义务的论据。

Ⅴ. 作出腐败认定的法律后果

94. 如前文所述，因居间协议引起的争议不外乎以下 3 种情形：

---

① 申请人投资方认为，所声称的 2,000,000 美元贿赂款，系根据“为公共目的通过私人捐赠调动资源”的“齐心协力”（Harambee）方式向肯尼亚前总统支付的，因此在法律上是正当的：参见 *World Duty Free Co. Ltd. v. Republic of Kenya* 案［裁决书］国际投资争端解决中心第 ARB/00/7 号案件（2006 年 10 月 4 日），［110］。

② 参见 *World Duty Free Co. Ltd. v. Republic of Kenya* 案［裁决书］投国际资争端解决中心第 ARB/00/7 号案件（2006 年 10 月 4 日），［170］至［172］。

③ 如上文第 56 ~ 63 段论述。

(a)在为其委托方获得政府合同或相关批准后,居间人提起仲裁程序,索要佣金;

(b)在居间人未能获得政府合同或相关批准后,委托方提起仲裁程序,要求追回向居间人支付的款项;

(c)授予政府合同的国家或国家实体请求声明(作为申请人):相关政府合同是委托方的居间人通过对国家或国家实体代表的腐败获得的,因此不可执行或应予以撤销,或者主张其(作为被申请人)对委托方就违约提出的权利请求不承担责任(假设该合同包含仲裁条款)。

应当指出,在私人当事人之间和/或在没有居间协议的情况下也可能出现第三种情形,比如说,签约方自身(而非其居间人)为获得合同贿赂另一私人签约方的代理。

95. 本部分对上述3种情形中腐败认定的一般法律后果作简要概述。上述3种情形均出现在基于合同的仲裁中。如上文所述[①],在基于投资协定的仲裁背景下会出现其他更为复杂的情形,但这不在本文论述范围内。

A. 仲裁庭的管辖权与腐败问题的可仲裁性

96. 现已完全确定:即使作为仲裁协议基础的合同涉及腐败,可分割性推定[②]仍保有充分效力。在 *Premium Nafta Products Ltd. v. Fili Shipping Co. Ltd.* 案(Fiona Trust 案)中,英国上议院对可

---

① 参见上文第13段。

② 参见《示范法》(UN Doc A/40/17,附件I;UN Doc A/61/17,附件I)(1985年6月21日;2006年7月7日修正)第16(1)条;《2012年国际商会规则》(2012年1月1日生效)第6(9)条;联合国第65届大会官方记录(2010年),2010年大会决议65/22《联合国贸易法委员会仲裁规则》第23(1)条。

分割性学说的运用解释如下:[①]

> 可分割性原则指主合同的无效或撤销并不必然导致仲裁协议的无效或撤销。必须将仲裁协议视为"不同的协议",仅可因与仲裁协议直接相关的理由而无效或予以撤销。

由于主张*Fiona Trust*案所涉合同是通过腐败获得的说法只能说是与主合同有关,而不能说是专门与仲裁协议有关,[②]因此认定仲裁协议有效,中止法院诉讼程序,转而支持仲裁。其他法域

---

① *Premium Nafta Products Ltd. v. Fili Shipping Co. Ltd.* 案[2007]英国上议院40,[17]。

② 参见Premium *Nafta Products Ltd. v. Fili Shipping Co. Ltd.* 案[2007]英国上议院40,[19]:在当前案件中,船东主张主协议存在有违商业道德的条款,结合其他周围环境可推断出,代表船东行事的代理是受贿同意签订主合同。但是,*这并不表明代理是受贿同意签订仲裁协议。在没有仲裁协议的情况下签订任何租船合同,不论其他条款如何,对代理而言都是不同寻常的*。代表船东出庭的御用大律师Butcher先生称,倘若没有贿赂,船东不会与租船方签订任何租船合同,因此也就不会签订仲裁协议。但是,在本人看来这种说法正是(英格兰《1996年仲裁法》)第7条旨在避免的那种主张。这种说法无异于是说因为主协议与仲裁协议密切相关,所以主协议无效应致使仲裁协议无效。由于两份协议不是单独签订,一份协议应随另一份协议无效而无效。但是在我看来第7条的意思是:两份协议均须视为单独签订,*仲裁协议仅可因与仲裁协议相关的原因无效,而不会仅因主协议无效而无效*。(斜体为本文增加)

和绝大多数仲裁案例法均按同样的方式应用可分割性推定。[①]

97. 此外，如今腐败问题可仲裁已得到广泛认可。[②] Gunnar

---

① 如参见瑞士联邦法院 1993 年 9 月 2 日的判决[*National Power Corp* (*Philippines*) *v. Westinghouse* (*USA*) (1994) 12(2) 瑞士仲裁协会公报 244]; Peter Muchlinski、Federico Ortino 和 Christoph Schreuer, *The Oxford Handbook of International Investment Law*(牛津大学出版社 2008 年版)第 611 ~ 612 页，脚注 127[援引国际商会第 3916 号案件(1982 年)、国际商会第 4145 号案件(1983 年)及国际商会第 5622 号案件(1988 年)]; Antonio Crivellaro, "Arbitration Case Law on Bribery: Issues of Arbitrability, Contract Validity, Merits and Evidence", *Arbitration, Money Laundering, Corruption and Fraud*(Kristine Karsten & Andrew Berkeley 主编)(Dossiers - ICC Institute of World Business Law, 2003 年)第 117 页[援引国际商会第 6474 号案件(1992 年)]; 国际商会第 5943 号案件(1990 年); 及国际商会第 6248 号案件(1990 年)。参见 Nigel Blackaby 和 Constantine Partasides 及 Alan Redfern 和 Martin Hunter, *Redfern and Hunter on International Arbitration*(牛津大学出版社 2009 年第 5 版)第 2.89 ~ 2.100 段及第 5.96 段; Gary Born, *International Commercial Arbitration* (Wolters Kluwer Law & Business, 2009 年)第 382 ~ 384 页; Richard Kreindler, "Aspects of Illegality in the Formation and Performance of Contracts"第 16 届商事仲裁国际理事会大会，伦敦(2002 年 5 月); 及 Richard Kreindler, "Public Policy and Corruption in International Arbitration: A Perspective for Russian Related Disputes" (2006) 72 (3) Arbitration 236。

② Gary Born, *International Commercial Arbitration*(Wolters Kluwer Law & Business, 2009 年)第 804 ~ 805 页; Antonio Crivellaro, "Arbitration Case Law on Bribery: Issues of Arbitrability, Contract Validity, Merits and Evidence", *Arbitration, Money Laundering, Corruption and Fraud*(Kristine Karsten 和 Andrew Berkeley 主编)(Dossiers - ICC Institute of World Business Law, 2003 年); Richard Kreindler, "Aspects of Illegality in the Formation and Performance of Contracts"第 16 届商事仲裁国际理事会大会，伦敦(2002 年 5 月); 国际商会第 4145 号案件(1983 年和 1984 年); 国际商会第 6286 号案件(1991 年)。

Lagergren 法官在国际商会第 1110 号案件(1963 年)[①]裁决书中作出的与此相反的裁决以及某些奇特的法院判决[②]并未得到效仿。

98. 因此,在所有上述 3 种情形中,[③]仲裁庭几乎始终认定其具有管辖权且存在争议的任何腐败问题均可仲裁。由此可以断定,仲裁庭有权且有义务裁决当事人的争议——仲裁庭可以接收当事人有关腐败的证据和观点和/或主动调查腐败(如必要),然后根据适用法律对腐败是否存在以及相应的后果作出裁定。[④] 下面将论述腐败认定如何影响存在腐败一方的权利主张的可受理性和实体问题。

---

① 在国际商会第 1110 号案件(1963 年)中,Gunnar Lagergren 法官在一次涉及居间人就其受聘为委托方获得政府合同行贿阿根廷官员的相关佣金提出权利主张的仲裁中,拒绝行使管辖权。Lagergren 法官称:……在当前性质的企业中共同结盟的当事人必须认识到,其已放弃寻求司法机构(国家法院或仲裁庭)协助解决其争议的任何权利。之前人们以为,Largegren 法官是因认定仲裁协议涉及腐败问题而拒绝行使管辖权,这意味着 Largegren 法官未能实施可分割性推断,出现错误。然而,澄清之后的说法是,Lagergren 法官的裁决实际上是基于存在腐败的协议的不可仲裁性,因为"国际商会第 1110 号案件中的仲裁协议实际上确实构成一份争议发生后为参考目的草拟的完全单独和独立的协议":参见 J Gillis Wetter,"Issues of Corruption before International Tribunals: The Authentic Text and True Meaning of Judge Gunnar Largegren's 1963 Award in ICC Case No. 1110"(1994)10 Arb Int'l 277;及 Nigel Blackaby 和 Constantine Partasides 及 Alan Redfern 和 Martin Hunter, *Redfern and Hunter on International Arbitration*(牛津大学出版社 2009 年第 5 版)第 2.137 款,脚注 203。

② 如参见巴基斯坦对 *The Hub Power Co.* (*HUBCO*) *v. Pakistan WAPDA* plc 案(2000 SC 841)和 *Société Générale Surveillance SA v. Islamic Republic of Pakistan* 案[(2002 年 7 月 3 日)(2003) 28 YB Comm Arb 1312]的裁决。这两份裁决在 Peter Muchlinski、Federico Ortino 和 Christoph Schreuer, *The Oxford Handbook of International Investment Law*(牛津大学出版社 2008 年版)第 602 ~ 603 页有相关评论。

③ 参见上文第 94 段。

④ Nigel Blackaby 和 Constantine Partasides 及 Alan Redfern 和 Martin Hunter, *Redfern and Hunter on International Arbitration*(牛津大学出版社 2009 年第 5 版)第 2.138 ~ 2.139 段。

B.权利主张的可受理性和实体问题

99.可受理性问题和实体问题根据法律选择分析选定的适用法律确定。[1]

100.大多数国家的法律制度对通过腐败获得的合同与约定腐败的合同(这种合同项下实施腐败行为的共同意向可能会明确约定,或者更为常见的,不做书面约定)会加以区分。通过腐败获得的合同仅在无辜一方要求下可撤销,[2]而约定腐败的合同则可

---

① 上文第54~93段已论述。

② 参见*World Duty Free Co. Ltd. v. Republic of Kenya*案[裁决书]国际投资争端解决中心第ARB/00/7号案件(2006年10月4日)[164]关于英国法的探讨{援引*Panama & South Pacific etc v. India etc Works Co.*案([1875]10 Ch. App. 515);*Armagas v. Mundogas*案([1986]1 AC 717);以及*LogicRose Ltd. v. Southend United FC Ltd.*案([1988]1 WLR 1256)}。

参见《欧洲委员会反腐败刑法公约》(Eur TS No. 173)(1999年1月27日通过;2002年7月1日生效),该公约要求欧盟成员就涉及腐败的合同等规定民事救济,并且同样对通过贪腐获得的合同和约定腐败的合同加以区分。该公约第8(2)条规定:

各缔约国应在其内部法律中规定,合同所有当事人对某一合同的同意受到腐败行为的损害时,应能够向法院申请宣告合同无效,尽管各当事人有权主张损害赔偿。

对于约定腐败的合同,第8(1)条规定:"各缔约国应在其内部法律中规定,约定腐败的任何合同或合同条款应无效。"

能被视为无效。[①] 二者之间的区别是,可撤销合同在无辜一方采取撤销合同的积极措施前“本身有效”,而无效的合同因一开始就被视为“完全无效”而无须撤销。[②]

101. 例如,根据英国普通法,无辜一方不会被强制要求撤销可撤销的合同,可选择“保持合同存续并根据合同条款予以强制执行”。[③] 如果无辜一方在知晓可致使合同可撤销的情形时继续执行和履行可撤销的合同,其可能会失去之后撤销该合同的权利。[④] 相反,假定无辜一方决定撤销通过腐败获得的可撤销的合同,“即使无辜一方可能之前已经违反合同,也不会对撤销(该)合同构成任何障碍”。[⑤] 合同撤销后,可能会主张恢复原状,要求将

---

① 如参见《欧洲委员会反腐败刑法公约》(Eur TS No. 173)(1999 年 1 月 27 日通过;2002 年 7 月 1 日生效)(《欧委会刑法公约》)第 8(1) 条;1912 年《瑞士联邦债法典》第 20 条;《1896 年德国民法典》第 134 条。关于《瑞士联邦债法典》,请参见 François Dessemontet 和 Tuğrul Ansay, *Introduction to Swiss Law*(Kluwer/Schulthess 2004 年第 3 版)第 109 页。进一步参见《欧委会刑法公约》第 8(1) 条解释性报告(指出“在大多数欧洲国家,订立原因非法的合同无效”);以及 Peter Muchlinski、Federico Ortino 和 Christoph Schreuer, *The Oxford Handbook of International Investment Law*(牛津大学出版社 2008 年版)第 600 页和第 609 页(尤其是,第 609 页脚注 114 援引的仲裁裁决)。

对比英国法项下的相反立场:参见 Nelson Enonchong, Illegal Transactions (LLP, 1998 年)第 31 页;Nelson Enonchong,“Effects of Illegality: A Comparative Study in French and English Law”(1995) 44(1) ICLQ 196;以及 *Chitty on Contracts*(Hugh Beale 总编辑)(Sweet & Maxwell 2008 年第 30 版)第 16 ~ 010 段:“非法合同并非没有法律效力,但是格言 ex turpi causa [由于(对方)违反实在法而产生的作为诉因提出来的主张]则意味着不可就合同提起诉讼”。

② 参见 *World Duty Free Co. Ltd. v. Republic of Kenya* 案[裁决书]国际投资争端解决中心第 ARB/00/7 号案件(2006 年 10 月 4 日)[164] Mustill 阁下的专家法律意见。

③ *World Duty Free Co. Ltd. v. Republic of Kenya* 案[裁决书]国际投资争端解决中心第 ARB/00/7 号案件(2006 年 10 月 4 日)[164]。

④ *World Duty Free Co. Ltd. v. Republic of Kenya* 案[裁决书]国际投资争端解决中心第 ARB/00/7 号案件(2006 年 10 月 4 日)[164]。

⑤ *World Duty Free Co. Ltd. v. Republic of Kenya* 案[裁决书]国际投资争端解决中心第 ARB/00/7 号案件(2006 年 10 月 4 日)[183]。另参见 *Barry v. Stoney Point Canning Co* 案(1917) 55 SCR 51。

当事人恢复至假使合同尚未履行时当事人所处的状况。但是,恢复原状并不要求腐败的受害方向存在腐败的一方归还已支付给受害方代理的贿款;受害方有权向其代理追回贿款[①]且不予退还。[②]

102. 这些适用于可撤销合同的规则,可确定通过其代理的腐败被诱使签订合同的当事人,是否可在上述第三种情形下撤销合同。[③] 就一份因通过腐败获得的、且最终被腐败受害方(肯尼亚)撤销的合同而言,*World Duty Free* 案[④]提供了一个范例。该案中的一份合同因通过腐败而获得因此是可撤销的,随后被腐败的受害方(肯尼亚)予以撤销。*World Duty Free* 案中的投资方系一家名为 World Duty Free Co. Ltd. 的马恩岛公司。该投资方根据一份在肯尼亚内罗毕和蒙巴萨的国际机场经营免税业务的合同中规定的仲裁条款,在国际投资争端解决中心对肯尼亚提起仲裁,称肯尼亚就投资方的业务指定接管人等行为违反了合同。在仲裁期间,该投资方提交了一份请求书,其中投资方承认"为了能够与肯尼亚政府做生意",曾向时任肯尼亚总统的 Daniel arap Moi

---

① 受贿官员所在国家可能对受贿官员提起民事诉讼要求追回贿款,即使贿款或涉案官员在国外法域:参见御用大律师 Colin Nicholls 等,*Corruption and Misuse of Public Office*(牛津大学出版社 2011 年第 2 版)第 9.02 段至第 9.04 段[论述了《联合国反腐败公约》(UN Doc A/58/422)(2003 年 10 月 31 日通过;2005 年 12 月 14 日生效)第 53(a) 条及《2002 年英国犯罪收益法》(c 29)]以及第 9.43 段(论述了 *Attorney – General for Hong Kong v. Charles Warwick Reid* 案[1994] 1 AC 324)。

② *World Duty Free Co. Ltd. v. Republic of Kenya* 案[裁决书]国际投资争端解决中心第 ARB/00/7 号案件(2006 年 10 月 4 日)[186](援引 *LogicRose Ltd. v. Southend United FC Ltd.* 案[1988] 1 WLR 1256)。另参见 Chitty on Contracts(Hugh Beale 总编辑)(Sweet & Maxwell 2008 年第 30 版)第 29 ~ 156 段;以及 Peter Muchlinski、Federico Ortino 和 Christoph Schreuer, *The Oxford Handbook of International Investment Law*(牛津大学出版社 2008 年版)第 601 页。

③ 参见上文第 94 段。

④ *World Duty Free Co. Ltd. v. Republic of Kenya* 案[裁决书]国际投资争端解决中心第 ARB/00/7 号案件(2006 年 10 月 4 日)。

支付一笔200万美元的“私人捐赠”。[①] 仲裁庭毫无疑问地认为这是为获得合同提供的贿款。[②] 因此,仲裁庭认定:根据英国法律(涉案合同的适用法律[③]),涉案合同经肯尼亚请求可予以撤销,原因是涉案合同系通过肯尼亚代理的腐败获得。[④] 另外,肯尼亚并未放弃其撤销涉案合同的权利,因为就在肯尼亚原总统从投资方收受贿款一事在投资方的请求书中披露后不久,肯尼亚在其反请求书中正式声明撤销涉案合同。[⑤] 涉案合同被适当撤销,因此投资方就违约提出的权利请求被驳回。[⑥]

103. 对于约定腐败的合同,在任何当事人均不必采取撤销措施的情况下,法院将不会对该合同强制执行,也不会提供因合同引起的任何其他非合同救济(如恢复原状)。[⑦] 如上文所述,该等合同可能因在适用法律项下非法而被视为无效。[⑧] 此外,衡平法格言 *ex turpi causa non oritur actio or nemo auditur turpitudinem suam allegans*(违法或道德上应受谴责的行为不可作为法律诉讼

---

① *World Duty Free Co. Ltd. v. Republic of Kenya* 案[裁决书]国际投资争端解决中心第ARB/00/7号案件(2006年10月4日)[66]。

② *World Duty Free Co. Ltd. v. Republic of Kenya* 案[裁决书]国际投资争端解决中心第ARB/00/7号案件(2006年10月4日)[136]。

③ 虽然由于合同中法律选择条款存在冲突对于应适用英国法律还是适用肯尼亚法律存在一些争议,但是由于肯尼亚法律就当事人之间的争议事项在所有实质方面均与英国法律相同,仲裁庭不需要在适用法律条款之间作出裁决。参见 *World Duty Free Co. Ltd. v. Republic of Kenya* 案[裁决书]国际投资争端解决中心第ARB/00/7号案件(2006年10月4日)[158]至[159]。

④ *World Duty Free Co. Ltd. v. Republic of Kenya* 案[裁决书]国际投资争端解决中心第ARB/00/7号案件(2006年10月4日)[164]和[182]。

⑤ *World Duty Free Co. Ltd. v. Republic of Kenya* 案[裁决书]国际投资争端解决中心第ARB/00/7号案件(2006年10月4日)[182]至[183]。

⑥ *World Duty Free Co. Ltd. v. Republic of Kenya* 案[裁决书]国际投资争端解决中心第ARB/00/7号案件(2006年10月4日)[128]和[182]至[185]。

⑦ *Chitty on Contracts*(Hugh Beale 总编辑)(Sweet & Maxwell 2008年第30版)第16~007段。

⑧ 参见第100段。

的根据)及 *in pari delicto potion est conditio possidentis*(双方当事人均应受责备的情况下,被告人的地位更强势),可排除当事人坚持以合同为依据的任何权利主张(无论性质为合同上的权利主张还是恢复原状的权利主张)。① 这些格言所表达的是"净手原则",②可因申请人有关其权利主张的违法或不当行为而阻碍申请人的权利主张。因此,涉及不法行为的权利主张将不会得到支持,且损失由各自承担。由于"净手原则"可追溯至罗马法,因此

① *Holman v. Johnson* 案 (1775) 1 Cowp 341; *Harry Parker v. Mason* 案 [1940] 2 KB 590。净手原则同时适用于合同和非合同权利主张:参见 Gerhard Dannemann,"Illegality as Defence against Unjust Enrichment Claims" (2000) Oxford U Comparative L Forum 4,见 <http://ouclf. iuscomp. org/articles/dannemann. shtml>(2013 年 4 月 12 日访问)(论述了恢复原状的权利请求背景下的净手原则);Nelson Enonchong,Illegal Transactions(LLP,1998 年)(论述了合同、恢复原状、所有权等权利请求背景下的净手原则);Richard Kreindler,"Corruption in International Investment Arbitration: Jurisdiction and the Unclean Hands Doctrine",Between East and West: Essays in Honour of Ulf Franke(Kaj Hobér、Annette Magnusson 和 Marie Öhrström 主编)(Juris,2010 年)第 321 ~ 322 页[其中援引《1896 年德国民法典》第 242 条及加利福尼亚州对 *Camp v. Mangels* 案 35 Cal App 4th 620 (1995)和 *Bain v. Doctor's Co* 案 222 Cal App 3d 1048 (1990)的判决];Nelson Enonchong,"Effects of Illegality: A Comparative Study in French and English Law"(1995) 44(1) ICLQ 196;以及 William Swadling,"The Role of Illegality in the English Law of Unjust Enrichment"(2000) Oxford U Comparative L Forum 5,见 <http://ouclf. iuscomp. org/articles/swadling. shtml>(2013 年 4 月 12 日访问)。

② Carolyn Lamm、Hansel Pham 和 Rahim Moloo,"Fraud and Corruption in International Arbitration",Liber Amicorum Bernardo Cremades(Miguel Àngel Fernandez – Ballesteros 和 David Arias 主编)(La Ley grupo Wolters Kluwer,2010 年)第 723 ~ 726 页;Richard Kreindler,"Corruption in International Investment Arbitration: Jurisdiction and the Unclean Hands Doctrine",Between East and West: Essays in Honour of Ulf Franke (Kaj Hobér、Annette Magnusson 和 Marie Öhrström 主编)(Juris,2010 年)第 318 ~ 319 页。

其在许多大陆法法域的法律项下也适用。[①] “净手原则”从概念上讲对权利主张可受理性可构成程序性阻碍。[②]

104. 在适用法律反映这些原则的情况下，委托方与居间人之间就后者以腐败方式从第三方获得利益而达成的协议不可强制执行，根据该协议转让的金钱或财产也不构成权利主张的对象。[③] 因此，因 *in pari delicto potion est conditio possidenti*（作为被告的委托方的地位更强势），已履行其在居间合同项下职责的、存在腐败的居间人，不能向同样存在腐败的委托方索要佣金（上述第一种

---

① Gerhard Dannemann，“Illegality as Defence against Unjust Enrichment Claims”（2000） Oxford U Comparative L Forum 4，见 < http://ouclf. iuscomp. org/articles/ dannemann. shtml >（2013 年 4 月 12 日访问）（援引《1992 年捷克和斯洛伐克民法典》）。另参见 Richard Kreindler，“Corruption in International Investment Arbitration: Jurisdiction and the Unclean Hands Doctrine”，Between East and West: Essays in Honour of Ulf Franke（Kaj Hobér、Annette Magnusson 和 Marie Öhrström 主编）（Juris，2010 年）第 317 ~ 318 页［其中援引《1896 年德国民法典》第 242 ~ 817（2）条］及 Carolyn Lamm、Hansel Pham 和 Rahim Moloo，“Fraud and Corruption in International Arbitration”，Liber Amicorum Bernardo Cremades（Miguel Àngel Fernandez – Ballesteros 和 David Arias 主编）（La Ley grupo Wolters Kluwer，2010 年）第 728 页。

② 参见 *World Duty Free Co. Ltd. v. Republic of Kenya* 案［裁决书］国际投资争端解决中心第 ARB/00/7 号案件（2006 年 10 月 4 日）［160］和［181］；Gerhard Dannemann，“Illegality as Defence against Unjust Enrichment Claims”（2000） Oxford U Comparative L Forum 4，见 < http://ouclf. iuscomp. org/articles/ dannemann. shtml >（2013 年 4 月 12 日访问）（格言 nemo auditur turpitudinem suam allegans 和 ex turpi causa non oritur action 涉及“程序问题，从技术上讲不是一种抗辩而是提出权利主张中的一种限制”）；Richard Kreindler，“Corruption in International Investment Arbitration: Jurisdiction and the Unclean Hands Doctrine”，Between East and West: Essays in Honour of Ulf Franke（Kaj Hobér、Annette Magnusson 和 Marie Öhrström 主编）（Juris，2010 年）第 323 ~ 327 页；Carolyn Lamm、Hansel Pham 和 Rahim Moloo，“Fraud and Corruption in International Arbitration”，Liber Amicorum Bernardo Cremades（Miguel Àngel Fernandez – Ballesteros 和 David Arias 主编）（La Ley grupo Wolters Kluwer，2010 年）第 723 ~ 726 页。

③ *Chitty on Contracts*（Hugh Beale 总编辑）（Sweet & Maxwell 2008 年第 30 版）第 16 ~ 010 段和第 16 ~ 177 段。如参见 *Apthorp v. Neville* 案（1907） 23 TLR 575 和 *Parkinson v. College of Ambulance Ltd.* 案［1925］ 2 KB 1。

情形[①]);存在腐败的委托方也不能要求追回已支付给同样存在腐败的居间人的预付款,即使后者未能根据非法居间合同为委托方获得合同或相关政府批准(上述第二种情形[②])。这些文字提供的论证在案例中均得到了运用,如国际商会第6248号案件(1990年)(涉及第一种情形)和国际商会第5943号案件(1990年)(涉及第二种情形)。[③]

105.然而,倘若只有居间人有意非法履行居间协议,而委托方对这一意图不知情,则后者仍可以提出以合同为依据的权利主张(无论性质为合同上的权利主张还是恢复原状的权利主张),因为在此情形下,合同仍然合法——"一方当事人有意以非法方式履行合同的事实不会导致合同本身完全非法"——且委托方不存在同等过错(更准确地说,委托方未在任何方面存在过错)。[④] 因此,如果无辜委托方在签订有效的居间合同后发现居间人在为委托方获得合同或相关政府批准的竞标中贿赂公职人员,则委托方

---

① 参见上文第94段。

② 参见上文第94段。

③ 这些案例在Antonio Crivellaro,"Arbitration Case Law on Bribery: Issues of Arbitrability, Contract Validity, Merits and Evidence",Arbitration, Money Laundering, Corruption and Fraud(Kristine Karsten和Andrew Berkeley主编)(Dossiers – ICC Institute of World Business Law,2003年)第128~130页均有概述,非常有帮助。其他相关案例包括国际商会第3913号案件(1981年);国际商会第3916号案件(1982年);国际商会第6497号案件(1994年);国际商会第8891号案件(1998年)。

④ Nelson Enonchong,Illegal Transactions(LLP,1998年)第292~293页和第297~299页及*Chitty on Contracts*(Hugh Beale总编辑)(Sweet & Maxwell 2008年第30版)第16–011段。有关比较法分析,参见Gerhard Dannemann,"Illegality as Defence against Unjust Enrichment Claims" (2000) Oxford U Comparative L Forum 4,见<http://ouclf.iuscomp.org/articles/dannemann.shtml>(2013年4月12日访问);以及Nelson Enonchong,"Effects of Illegality: A Comparative Study in French and English Law" (1995) 44(1) ICLQ 196。

可能能够追回已向存在腐败的居间人支付的款项(上述第二种情形①)。②

Ⅵ. 仲裁员是否有职责或权利向有关部门举报其怀疑的当事人腐败活动

106. 仲裁庭初始阶段要考虑的最后一个问题是仲裁员是否有义务向有关监管部门举报在仲裁过程中知晓的腐败行为③,如有,这一行为是否违反仲裁员对仲裁程序的保密义务。④

---

① 参见上文第94段。

② 假如主合同或相关政府批准尚未获得,委托方可因居间人违约而终止居间协议[居间协议默认(如未明确)要求居间人合法履行其义务:参见 Kim Lewison, The Interpretation of Contracts(Sweet & Maxwell,2007年)第7.11段],以及可基于无效对价就取得和收到的款项提起诉讼,要求追回已支付给居间人的任何预付款:参见 *Chitty on Contracts*(Hugh Beale 总编辑)(Sweet & Maxwell 2008年第30版)第12-026段、第16-011段、第24-050段及第29-054段至第29-059段。或者,如果主合同或相关政府批准一开始已获得,但后来因居间人贿赂政府官员被政府撤销(参见 *Armagas Ltd. v. Mundogas SA* 案[1986] AC 717,744至745),委托方可在之后就居间人违约引起的损害提出权利主张。另参见 Nelson Enonchong, Illegal Transactions(LLP,1998年)。

③ Mohamed Abdel Raouf,"How should International Arbitrators Tackle Corruption Issues?"(2009) 24(1) ICSID Rev-FILJ 100,119-120;Bernardo Cremades 和 David Cairns,"Transnational Public Policy in International Arbitral Decision-Making: The Cases of Bribery, Money Laundering and Fraud", Arbitration, Money Laundering, Corruption and Fraud (Kristine Karsten 和 Andrew Berkeley 主编)(Dossiers-ICC Institute of World Business Law,2003年)第84~85页。

④ 适用于当事人的任何默示保密义务也适用于仲裁庭,这一段不存在争议:参见 Michael Hwang SC 和 Katie Chung,"Protecting Confidentiality and Its Exceptions-The Way Forward?"(2009) ICC ICArb Bull(Confidentiality in Arbitration: Commentaries on Rules, Statutes, Case Law and Practice Special Supplement)40。参见国际法协会国际仲裁委员会关于 Confidentiality in International Commercial Arbitration 的报告(2010年)第5~8页和第20~22页。

107. 任何披露职责仅可因仲裁庭成员遵循的国家法律而产生。[①] 该披露职责优先于任何明示或默示的保密义务。[②] 例如，反洗钱条例（通常与反腐败法共同发挥作用[③]）[④]可能使仲裁员有义务举报其合理怀疑的当事人腐败活动，并使其免于因违反任何保密义务而承担责任。新加坡反洗钱法为达到这一效果，明显在措辞上做到了足够宽泛（不过，据笔者所知，尚未有案件在此情形下适用该法律，也没有任何仲裁员举报其因庭审案件而怀疑的腐败

---

① Bernardo Cremades 和 David Cairns，“Transnational Public Policy in International Arbitral Decision - Making：The Cases of Bribery，Money Laundering and Fraud”，Arbitration，Money Laundering，Corruption and Fraud（Kristine Karsten 和 Andrew Berkeley 主编）（Dossiers - ICC Institute of World Business Law，2003 年）第 85 页。

② 如参见《1974 年澳大利亚国际仲裁法》（1974 年第 136 号法）（已考虑截至 2011 年第 5 号法的修订）第 23D（1）条和第 23D（8）条至第 23D（9）条。参见国际法协会国际仲裁委员会关于 Confidentiality in International Commercial Arbitration 的报告（2010 年）第 5 ~ 8 页和第 20 ~ 22 页；以及 Michael Hwang SC 和 Katie Chung，“Defining the Indefinable：Practical Problems of Confidentiality in Arbitration”（2009）26 J Int Arb 609，622。

③ 例如，《欧洲委员会反腐败刑法公约》（Eur TS No. 173）（1999 年 1 月 27 日通过；2002 年 7 月 1 日生效）（《欧委会刑法公约》）第 13 条要求缔约国在上游犯罪由《欧委会刑法公约》第 2 ~ 12 条所包含的任何犯罪行为构成时，将欧委会《关于犯罪收益的清洗、搜查、扣押和没收问题的公约》（Eur TS No. 141）（1990 年 11 月 8 日通过；1993 年 9 月 1 日生效）第 6（1）条和第 6（2）条提及的行为列为犯罪行为：参见 Colin Nicholls 御用大律师等，Corruption and Misuse of Public Office（牛津大学出版社 2011 年第 2 版）第 14. 29 段。正如 David Chaikin，“Commercial Corruption and Money Laundering：A Preliminary Analysis”（2008）15（3）JFC 269，270 中指出，腐败和洗钱通常同时发生，二者会相互助长。腐败会产生需要通过洗钱进行藏匿的数十亿美元资金。同时，腐败会通过向负责反洗钱系统运行的人员支付贿款助长洗钱活动。腐败与洗钱之间的密切联系表明，旨在同时打击两种犯罪行为的政策更为有效。

④ 参见 Bernardo Cremades & David Cairns，“Transnational Public Policy in International Arbitral Decision - Making：The Cases of Bribery，Money Laundering and Fraud”，Arbitration，Money Laundering，Corruption and Fraud（Kristine Karsten & Andrew Berkeley 主编）（Dossiers - ICC Institute of World Business Law，2003 年）第 70 ~ 75 页。

活动)。[1]

108. 新加坡相关反洗钱法律为《腐败、贩毒和其他严重犯罪问题(没收所得)法》(《新加坡反腐败法》)。[2]《新加坡反腐败法》第39(1)条规定,任何人知晓或有合理理由怀疑某些财产可能为犯罪行为的收益、该等财产的使用曾涉及犯罪行为或该等财产的预期用途会涉及犯罪行为的,均负有披露义务。[3]"财产"定义较为宽泛,指"金钱及所有其他动产或不动产,包括权利动产及其他无形或无体财产",[4]可能会包括通过贿赂政府官员获得的合同。"犯罪行为"同样在措辞上较为宽泛,比如包括涉及本地和国

---

① 对比相关国际公约和其他倡议:仅建议各国采取鼓励举报贿赂的措施,而未具体说明这些措施应包含对怀疑或知晓的腐败活动进行举报的法律义务。如参见《联合国反腐败公约》(UN Doc A/58/422)(2003年10月31日通过;2005年12月14日生效)第39(2)条以及《经济合作与发展组织关于在国际商务交易活动中进一步反对行贿外国公职人员的建议》(2009年)第Ⅲ(iv)条、第Ⅸ(i)条和第(iii)条。

② 第65A章,2000年修订版。

③ 《腐败、贩毒和其他严重犯罪问题(没收所得)法》(第65A章,2000年修订版)第39(1)条规定如下:

披露知晓或可疑内容的义务

39.—(1)如有人知晓或有合理理由怀疑,任何财产:

(a)全部或部分直接或间接可能为以下行为的收益;

(b)该等财产的使用曾涉及以下行为;或

(c)意图使用涉及以下行为。

任何可能构成贩毒或犯罪(视情况而定)的行为,且该等知晓或可疑内容所基于的信息或事项是在其交易、职业、业务或雇用期间获悉,则此人应在获悉相关情况后在合理可行的情况下,尽快向可疑交易举报办公室披露该等知晓或可疑内容或者知晓或可疑内容所基于的信息或其他事项。

④ 《腐败、贩毒和其他严重犯罪问题(没收所得)法》(第65A章,2000年修订版)第2(1)条。

外政府合同的贿赂。[①] 因此,如果在新加坡任职的仲裁员合理怀疑当事人为在新加坡以外获得政府合同而贿赂外国政府官员(相关合同和外国政府官员的贿赂将分别构成《新加坡反腐败法》项下的“财产”和“犯罪行为”),则第39(1)条似乎使该仲裁员有义务向新加坡相关部门举报其认为的可疑行为,未能举报则被视为定罪和罚款的依据。[②]

109. 如果根据《新加坡反腐败法》第39(1)条作出披露,则第39(6)条对仲裁员违反保密义务予以豁免。[③] 机构规则也认可法律强制作为保密职责的例外情形。例如,《新加坡国际仲裁中心仲裁规则》(以下简称《2010年新仲规则》)规定,当事人或仲裁员可“遵照对作出披露的当事人具有约束力的任何国家的法律规定”披露与仲裁相关的事项。[④] 与之类似,《世界知识产权组织仲裁规则》(《WIPO仲裁规则》)也规定保密职责对当事人和仲裁员

---

① 《腐败、贩毒和其他严重犯罪问题(没收所得)法》(第65A章,2000年修订版)第2(1)条。“犯罪行为”的定义包括“严重犯罪”和“国外严重犯罪”。相应地,“国外严重犯罪”的定义为:

……违反一外国国家或其部分地区的法律……以及假如发生在新加坡,构成犯罪的作为或不作为或者同等作为或不作为将会构成严重犯罪。

“严重犯罪”的定义,特别指附录二规定的犯罪,包括《新加坡反腐败法》(第241章,1993年修订版)第10条和第11条项下的“涉及政府合同的贿赂”和“对议会成员的贿赂”。

② 《腐败、贩毒和其他严重犯罪问题(没收所得)法》(第65A章,2000年修订版)第39(2)条。

③ 《腐败、贩毒和其他严重犯罪问题(没收所得)法》(第65A章,2000年修订版)第39(6)条规定如下:

(6)若有人善意向可疑交易举报官披露:

(a)其对第(1)(a)、(b)或(c)分项提及的事项的知晓或怀疑;或

(b)上述知晓或怀疑内容所基于的任何信息或其他事项。

该披露应视为不违反法律、合同或职业行为规范对披露施加的任何限制,而且此人不对由该披露或该披露造成的任何作为或不作为引起的任何损失负责。

④ 《2010年新加坡国际仲裁中心(SIAC)仲裁规则》(第4版,2010年7月1日)第35.2(d)条。《2013年SIAC仲裁规则》(第5版,2013年4月1日)第35.2(d)条具有同样的规定。

具有约束力“……法律另有要求的情形除外”。①

110. 此外,还应当指出,即使没有法律强制要求仲裁员披露腐败活动,仲裁员主动向相关部门作出的披露,也可能被划入公共利益或公正利益的保密例外情形。② 因此,例如,已经确定的

---

① 《世界知识产权组织仲裁规则》(2002 年 10 月 1 日生效)第 76(a) 条。另参见《WIPO 仲裁规则》第 73 条至第 75 条。

② 如参见,各国近期制定的仲裁法律所施加的保密职责的例外情况,如:

(a)澳大利亚:《1974 年澳大利亚国际仲裁法》(1974 年第 136 号法)(已考虑截至 2011 年第 5 号法的修订)第 23G(1) 条规定如下:

法院可下令允许仲裁程序当事人披露有关仲裁程序的保密信息……前提是:

(a)法院基于具体案件情形确信保护仲裁程序保密性的公共利益逊于使得认定披露信息合乎*公共利益*的其他考量因素……

(斜体为本文增加);

(b)新西兰:新西兰《1996 年仲裁法》(1996 年第 99 号)(截至 2011 年 1 月 1 日重印)第 14E(2)条规定如下:

高级法院仅可在以下情形下令[允许当事人披露任何保密信息]:

(a)高级法院基于具体案件情形确信保护仲裁程序保密性的公共利益逊于使得认定披露保密信息合乎*公共利益*的其他考量因素……

(斜体为本文增加)

(c)苏格兰:《苏格兰仲裁规则》第 26(1) 条规定如下:

对于仲裁庭、任何仲裁员或当事人对涉及仲裁的保密信息的披露,应以违反保密义务为由提起诉讼,除非该披露:

……

(c)*为任何公共机构或公务人员适当履行公共职能*所要求

……

(e)*符合公共利益*,

(f)*为确保公正所必要*……

(斜体为本文增加)

参见,国际法协会国际仲裁委员会关于*国际商事仲裁中的保密*的报告(2010 年)第 16 ~ 17 页和第 20 ~ 22 页。

然而,并不是所有法域均会在国家仲裁法或当事人仲裁协议对仲裁程序保密没有明确规定的情况下认可保密义务。在当事人没有明确约定保护仲裁程序保密性的情况下,披露在这些法域开展的仲裁所涉及的事项不会违反保密义务。因此,已向相关机构披露涉及仲裁、可证实所怀疑腐败活动的事项的当事人无须以任何公共利益或公正利益作为保密豁免的理由,因为首先其不受任何保密义务的约束。参见 Gary Born, *International Commercial Arbitration* (Wolters Kluwer Law & Business, 2009 年)第 2262 ~ 2264 页(指出瑞典、美国等国家不认可默示保密职责)。

是,当事人向监管部门披露与仲裁相关的证明实施不诚实和欺诈行为的文件,不违反该当事人在仲裁中的默示保密职责。[①] 原则上,仲裁员也应适用同样的豁免。

Ⅶ. 撤销裁决和执行阶段对涉腐败裁决的司法审查

111. 如果仲裁庭作出支持涉腐协议的裁决,败诉方通常会在国内法院基于公共政策理由对该裁决提出异议。[②]

---

① *AAY v. AAZ* 案［2011］1 SLR 1093。另参见 Michael Hwang SC 和 Katie Chung, "Defining the Indefinable: Practical Problems of Confidentiality in Arbitration" (2009) 26 J Int Arb 609,625 - 626;及 Michael Hwang SC 和 Nicholas Thio,"A Contextual Approach to the Obligation of Confidentiality in Arbitration in Singapore: An Analysis of the Decision of the High Court in AAY & Others v. AAZ" (2012) 28(2) Arb Int'l 225。

② 在此,我们谈及的是基于"涉及仲裁庭或执行法院就裁决实体内容确认权利和义务"的实体公共政策提出的异议,而非"涉及争议裁判过程"的程序公共政策:国际法协会国际仲裁委员会关于 *Public Policy as a Bar to Enforcement of International Arbitral Awards* 的临时报告(2000 年),第 17 页。无可争议的是,如果仲裁庭成员具有违反程序性公共政策的腐败情形,那么仲裁裁决将被拒绝执行或撤销,在这方面国际上已达成了共识:国际法协会国际仲裁委员会关于 *Public Policy as a Bar to Enforcement of International Arbitral Awards* 的临时报告(2000 年),第 24 页。因此,这类对程序性公共政策的违反将不是本文讨论的重点。例如澳大利亚、新西兰、印度和津巴布韦已经立法通过修改版的《示范法》(UN Doc A/40/17,附件一;UN Doc A/61/17,附件一)(1985 年 6 月 21 日,2006 年 7 月 7 日修正),规定拒绝执行和撤销仲裁裁决的公共政策理由包括,"裁决是在受到欺诈或腐败的情况下作出的或受到欺诈或腐败的影响":国际法协会国际仲裁委员会关于 *Public Policy as a Bar to Enforcement of International Arbitral Awards* 的临时报告(2000 年),第 24 ~ 25 页。同样地,新加坡的《国际仲裁法》第 24(a)条(第 143A 章,2002 年修订版)规定:

虽有《示范法》第 34(1)条的规定,高等法院除可依据《商事仲裁示范法》第 34(2)条所载理由外,还可在下列情况下撤销仲裁庭的裁决:

(a)*裁决是在受到欺诈或腐败的情况下作出的或受到欺诈或腐败的影响*……

(斜体为本文增加)

安大略上诉法院在 *Corporacion Transnacional de Inversiones SA de CV v. STET Intl SpA* (2000) 49 OR 3d 414 中同样认为:

……因为另一法域的程序或实体规则或者仲裁庭的忽视或腐败,裁决违反当地的公正、公平原则时适用公共政策例外情形。

Gary Born, *International Commercial Arbitration*(Wolters Kluwer Law & Business, 2009)第 2851 页,脚注 703。

112.《纽约公约》第 V(2)(b)条以及《示范法》第 36 条均规定,法院可以以当地公共政策为由拒绝执行仲裁裁决。其条款如下:

> 倘申请承认及执行地所在国之主管机关认定有下列情形之一,亦得拒不承认及执行仲裁裁决:承认或执行裁决有违该国公共*政策者*。(斜体为本文增加)

113. 与上述条款规定类似,《示范法》第 34(2)(b)(ii)条也规定了基于公共政策理由可以撤销仲裁裁决:"有下列情形之一,仲裁裁决才*可以*被第 6 条规定的法院撤销:法院认定该裁决与本国的公*共政*策相抵触。"(斜体为本文增加)多数成熟的国内仲裁条例在这方面的规定都与《示范法》的规定大体相似。[①]

114. 主要的仲裁管辖对撤销裁决理由的解释与《纽约公约》中对应的拒绝执行裁决的理由是一致的。[②] 因此,无须对裁决撤销制度以及裁决执行制度中公共政策的概念加以区分,因为无论仲裁裁决是在何地作出,法院对国际仲裁裁决的司法审查程度都是相同的。[③]

A. 不同的考量因素:仲裁裁决的终局性与仲裁地基本公共政策之间的平衡

115. 如果一方当事人得以成功证明《纽约公约》和《示范法》中列举的任何一项情形得到满足,那么法院"可"撤销或拒绝执行

---

① Gary Born, *International Commercial Arbitration*(Wolters Kluwer Law & Business,2009)第 2566 ~ 2567 页。

② 另参见 International *Commercial Arbitration*(Wolters Kluwer Law & Business,2009)第 2552 页、第 2556 ~ 2560 页以及第 2827 ~ 2863 页。

③ 新加坡上诉法院最近在 *AJU v. AJT* [2011] 4 SLR 739 案[37] - [38]中确认了这一原则。该案将在下文第 132 ~ 139 段中进行深入讨论。

仲裁裁决。[①] 因此,即使法院认定裁决违反公共政策,也非必须认定裁决无效或拒绝执行裁决。法院在判定可能影响仲裁裁决的违反当地公共政策的行为的性质时,是享有裁量权的。

116. 法院行使裁量权时,在尊重仲裁裁决的终局性以及维护当地公共政策之间是存在冲突的。尊重仲裁裁决的终局性具有如下意义:可以避免对仲裁程序中已决事项进行重复诉讼;鼓励通过国际仲裁实现争议解决的可预测性;以及维护国际礼让原则。[②] 然而,公共政策涵盖了比维护仲裁裁决终局性下政策目标更为广泛的国家利益。为当前目的,公共政策与裁决终局性之间最直接的冲突体现为公共政策禁止被视为违背良好品行或公共秩序的协议,例如涉及腐败和贿赂的协议。[③] 可以理解,国内法院不愿意为了支持仲裁裁决,执行可能违背仲裁地基本道德价值以及损害公共管理中公平竞争和廉洁性的协议。

117. 当以仲裁裁决支持涉及腐败的合同为由要求审查法院撤销或拒绝执行裁决时,会产生以下两个问题:(a) 法院是否应重新审查裁决的事实认定和/或法律适用;以及(b) 基于仲裁庭或法院事实认定和/或法律适用(视情况而定),是否应以违反公

---

① 见上文第 112 ~ 114 段。

② *Mitsubushi Motors Corp v. Soler Chrysler – Plymouth Inc* 373 US 614 (1985);关于 *Hainan Machinery Import and Export Corp* 以及 *Donald & McArthy Pte Ltd.* 之间的仲裁[1995] 1 SLR(R) 354;国际法协会国际仲裁委员会关于 *Public Policy as a Bar to Enforcement of International Arbitral Awards* 的临时报告(2000 年)第 15 ~ 17 页。

③ 公共政策的其他体现包括强行法/警察法[Pierre Mayer,"国际仲裁中的强行规则"(1986)2 Arb Int'l 274,275:"不论法律关系的准据法如何而必须适用于国际关系的强行法律规定——公共政策——是如此权威,以至于即使依据相关法律冲突规则,该法律规定或公共政策所属的一般法律主体并不适用,也必须适用该法律规定或公共政策"];法律的基本原则(诸如善意原则以及有约必守原则);以及自然正义规则。见国际法协会国际仲裁委员会关于 *Public Policy as a Bar to Enforcement of International Arbitral Awards* 的临时报告(2000 年)第 17 ~ 30 页。

共政策为由拒绝执行该裁决。下文将讨论这两个问题。

B. 关于法院对仲裁庭事实认定和法律适用的允许审查范围的不同司法态度

118. 仲裁庭有可能作出认定申请人未能证明腐败事实存在的裁决;①或者根据准据法,作出无法认定任一当事人曾参与腐败活动的裁决;②或者,如果双方当事人均未针对腐败问题提出主张,仲裁庭作出的裁决还有可能完全不提及腐败事实是否可能存在。③ 这些裁决的共同点在于均未认定违法或腐败事实的存在。不服该裁决的当事人通常基于下述理由申请撤销或拒绝执行该裁决:(a) 仲裁庭未适当地考虑向其提交的有关腐败的证据;(b)有关腐败的证据在仲裁程序结束之后才被发现;或者(c) 仲裁庭错误地识别或适用有关腐败问题的准据法。

119. 关于法院对仲裁庭认定的允许审查范围,法域之间甚至某些法域内的不同法院之间都具有很大差异。裁决终局性与公共政策之间的冲突本身体现了对裁决审查的 3 种司法态度,即(a) 最低限度审查;(b) 最大限度审查;(c) 案情审查。④

(1)最低限度审查

120. 进行最低限度审查的法院对仲裁裁决中的认定给予很大程度的认可。⑤

---

① 参见上文第 30 ~ 53 段。

② 参见上文第 54 ~ 93 段。

③ 参见上文第 16 ~ 29 段。

④ Abdulhay Sayed, *Corruption in International Trade and Commercial Arbitration*(Kluwer Law International,2004)第 391 ~ 421 页。

⑤ 参见 Bernard Hanotiau & Oliver Caprasse,"Public Policy in International Commercial Arbitration" in *Enforcement of Arbitration Agreements and Interntional Arbitral Awards*(2008 年 5 月喀麦隆)第 811 ~ 815 页。

121. 首先,法院不会审查仲裁庭的法律确定和适用。瑞士的 *Thomson – CSF v. Frontier AG*[①] 案以及美国的 *Northrop Corp v. Triad Financial Establishment*[②] 案(*Northrop v. Triad* 案)即为最低限度审查在此方面的示例。

122. 在前一案件中,瑞士联邦法院在其 1997 年 1 月 28 日的判决中,拒绝了撤销国际商会第 7664 号案(1996 年)仲裁庭裁决的申请,[③]该裁决要求支付 Frontier AG 与 Thomson – CSF(Thomson – CSF 后变更为 Thales,为避免疑虑,笔者在本文全文中均称其为 Thomson – CSF)之间的居间协议下的应付佣金。该协议的准据法为法国法,根据该协议,Frontier AG 作为居间方,协助 Thomson – CSF 完成其向某地区出售 6 艘拉法叶级巡防舰的交易。在法国政府因该地区所属主权国对巡防舰交易的抗议而撤回交易授权后,当事人于 1990 年 7 月 19 日达成居间协议。1991 年,法国政府改变其反对态度,重新授权交易,允许 Thomson – CSF 与该地区签订出售巡防舰的合同,货值约 25 亿美元。1992 年,Frontier AG 在瑞士提起仲裁程序,主张 Thomson – CSF 未根据居间协议支付应付佣金。争议问题之一是该居间协议下拟议服务的性质。Frontier AG 主张该协议的目的是取得一位 Kwan 姓人员的服务,他能够通过自己在某地区所属主权国的关系,通过合法的游说行为,克服该国官员对向某地区销售巡防舰的反对。相反,Thomson – CSF 主张该 Kwan 姓人员在法国参与了权力寻租行为,以使法国对该交易的否决无效。仲裁庭认为,根据其对该案证据的评估,聘请 Kwan 姓人员是专门为了克服某地区所属主

---

① 瑞士联邦法院 1997 年 1 月 28 日判决(1998)16(1)ASA Bulletin 118。

② 593 F Supp 928 (1984).

③ 瑞士联邦法院 1997 年 1 月 28 日判决(1998)16(1)ASA Bulletin 118,130。国际商会第 7664 号裁决(1996 年)已在上文第 59 段简单提及。

权国对交易的反对，但其手段尚不足以构成权力寻租。因此裁决 Thomson – CSF 向 Frontier AG 支付该居间协议项下欠付的佣金。

123. Thomson – CSF 针对该裁决在瑞士联邦法院提起异议。理由之一便是仲裁庭未正确适用 1791 年《法国刑法典》第 178 条的规定。Thomson – CSF 提出的主张是第 178 条禁止一切为了影响公职人员的合同，根据这一条，当事人之间的居间协议应为无效，因为仲裁庭也认可协议目的为影响某国官员，使其撤回对该交易的反对。法院不认可该主张，而认为：①

> 这项异议提出仲裁庭在实体问题上适用法律不当（“*errorin judicando*”）。但是这项异议即便成立（虽然并非该案情形），也无法使撤销裁决成为正当。

该案后来被称为“某地区巡防舰”案，也在法国提起了诉讼程序。笔者将在下文更为详细地考察该案事实以及在法国的诉讼程序。现阶段可以说，瑞士联邦法院 1997 年的判决并未在瑞士和法国给该案画上句号。

124. 至于美国第九巡回上诉法院在 *Northrop v. Triad* 案的判决中，法院同样支持了美国仲裁协会作出的要求向申请人（居间人）支付佣金的裁决，在该案中，居间人应协助被申请人（委托人）将军事设备及相关支持服务销往沙特阿拉伯。仲裁庭认为，被申请人根据加利福尼亚州法律（协议准据法）履行该居间协议的义

---

① Abdulhay Sayed, *Corruption in International Trade and Commercial Arbitration*（Kluwer Law International, 2004）第 400 页。请注意，瑞士联邦法院在其 1990 年 4 月 17 日的判决中，认为 *Hilmarton Ltd. v. Omnium de Traitment et de Valorisation SA* 案［1999］2Lloyd's Rep 222（见上文第 77 段）的第一份裁决为无效，理由是在瑞士法院倾向于采用最大限度审查标准时，仲裁庭对瑞士法的适用不正确。见 Sayed 对《1987 年瑞士国际私法》的颁行如何影响了瑞士法院在审查仲裁裁决方面的司法态度的阐述［Abdulhay Sayed, *Corruption in International Trade and Commercial Arbitration*（Kluwer Law International, 2004）第 394 ~ 396 页］。

务并未被免除，尽管沙特阿拉伯颁有禁止在向沙特阿拉伯政府销售军火的行为中使用居间人的法令。[①] 关于法律适用问题上司法审查的允许范围，法院解释道：[②]

> 法院认可仲裁员在法律适用问题上的结论。仲裁员充分听取了关于法律适用问题的陈述和辩论；仲裁员在详尽的书面意见中仔细考虑了法律适用问题并作出了决定。现阶段如果对这些决定作出重新审查，将破坏双方协议约定的仲裁终局性，并使详尽的仲裁程序仅成为当事人意在避免的诉讼程序的前奏。

125. 第九巡回上诉法院同样认为，“仅对加州法律的错误解释尚不足以构成拒绝执行仲裁员裁决的正当理由”。[③]

126. 其次，采用最低限度审查标准的法院通常不会重新审查仲裁庭认定的事实。瑞士联邦法院在 *Thomson - CSF v. Frontier AG*[④] 案中驳回了被申请人的进一步主张，即仲裁庭在裁决中依赖“不存在的证据”，而得出聘请 Kwan 姓人员仅是为了阻止某地区所属主权国反对向某地区出售巡防舰（而不是为了通过对法国官员进行权力寻租，促使法国政府对该交易的否决无效）的结论，驳回理由是“其无权对案件事实或裁决评估证据的方式进行审查”，因为“对（仲裁庭）证据考量的评判是一个具有纯粹上诉性质的评

---

① *Northrop Corp v. Triad Financial Establishment* 案［593 F Supp 928（1984）］的事实在 Abdulhay Sayed，*Corruption in International Trade and Commercial Arbitration*（Kluwer Law International，2004）中得到更详细的阐述，见第 246～250 页。

② *Northrop Corp v. Triad Financial Establishment* 593 F. Supp. 928（1984）第 1269 页。

③ *Northrop Corp v. Triad Financial Establishment* 593 F. Supp. 928（1984）第 1269 页。

④ 参见上文第 120～123 段。

判,这是无法被允许的”。[①]

127. 这是否意味着,采取最低限度审查标准的法院在决定应否支持对裁决的公共政策异议过程中,总是会完全认可裁决中认定的事实和法律适用呢? 案例法规定了最低限度审查标准允许对仲裁庭的认定进行重新审查的3种情形。

128. 第一种情形是,只有在提出异议的当事人举出的证明违法性的新证据的“说服力及重要性可能足以对仲裁员在(仲裁)审理中得出的结论具有实质性的影响”时,[②]法院才可重新审查仲裁庭对事实的认定。新证据可以被更确切地定义为“在仲裁审理时无法或不能合理获得的”证据。[③] 与新证据不同,新提交证据(不是新证据,指可能在仲裁程序中就获得但未向仲裁庭提交的证据)或虽向仲裁庭提交但仲裁庭未予以接受的证据[④]都不会为进行最低限度审查的法院所考虑。*Westacre* 案的一审法院[⑤]及上诉法院[⑥]的判决均对此予以了确认。

129. 申请人 Westacre Investments Inc. (Westacre)与被申请人

---

① Abdulhay Sayed, *Corruption in International Trade and Commercial Arbitration*(Kluwer Law International,2004)第399页。

② 法官 Colman 在 *Westacre Investments Inc. v. Jugoimport – SPDR Holding Co. Ltd.* 案[1998] 3 WLR 770(QB)一审判决中的意见,第810页;以及法官 Waller 在 *Westacre Investment Inc. v. Jugoimport – SDPR Holdings Co. Ltd.* 案[1999] 3 WLR 811 (CA)上诉判决中的意见,第828页。

③ 法官 Colman 在 *Westacre Investments Inc. v. Jugoimport – SPDR Holding Co. Ltd.* [1998] 3 WLR 770(QB)案一审判决中的意见,见第810页;以及法官 Waller 在 *Westacre Investment Inc. v. Jugoimport – SDPR Holdings Co. Ltd.* 案[1999] 3 WLR 811 (CA)上诉判决中的意见,第828页。

④ Nelson Enonchong,“对基于违法合同作出的外国仲裁裁决的执行”[2000] LMCLQ 495,504 – 505。

⑤ *Westacre Investments v. Jugoimport – SPDR Holding Co. Ltd.* [1998] 3 WLR 770.

⑥ *Westacre Investments v. Jugoimport – SPDR Holding Co. Ltd.* [1999] 3 WLR 811.

Jugoimport – SPDR Holding Co. Ltd.（Jugoimport）（一家南斯拉夫国有公司，原为南斯拉夫国防部联邦秘书处使用的代理）签订了一份（准据法为瑞士法的）居间协议，由申请人协助被申请人取得向科威特国防部销售 M – 84 型坦克及相关设备的合同（销售合同），对价为巨额佣金。在 Westacre 帮助 Jugoimport 获得销售合同后，后者拒绝支付承诺的佣金，因此 Westacre 提起了国际商会仲裁程序以获得佣金，仲裁地为瑞士。仲裁过程中，Jugoimport 主张 Westacre 为了让 Jugoimport 获得销售合同，对科威特官员进行了贿赂，因此 Westacre 要求支付佣金的请求应被驳回。仲裁庭认为 Jugoimport 未能就其主张的腐败事实提供充分的证据，因此，居间协议有效，Jugoimport 应向 Westacre 支付其承诺的佣金。

130. 在英国提请执行该仲裁裁决时，Jugoimport 再次基于同样的理由提出异议。但这次，Jugoimport 试图通过宣誓书（法院判决中引用为“宣誓书”）的方式引入之前未提交给仲裁庭的新证据，该宣誓书称 Westacre 被科威特政府官员用作获得居间协议下贿赂的工具，以及 Westacre 的证人在仲裁庭审时提供了虚假的证词以隐瞒腐败事实。上诉法院 Mantell 法官（David Hirst 法官同意其观点）指出：①

> 有关“贿赂”的主张被提出、考虑和被（仲裁庭）驳回，鉴于此，*且在未引入新证据的情况下*，我会认为缺乏正当理由拒绝执行裁决。（斜体为本文增加）

131. 多数法官显然也有一审 Colman 法官的担忧，Colman 法官表示“最可想而知的公共政策”是反对重新审查仲裁裁决的事

① 另参见 Nelson Enonchong，“The Enforcement of Foreign Arbitral Awards Based on Illegal Contracts”［2000］LMCLQ 495，510。

实认定,因此,规则只有在引入新证据后才可重新审查:①

> *通过试图提交宣誓书以证明仲裁庭审时存在的伪证,被告实际上是在请求执行法院重新审查仲裁员曾审理、必须审理且已作出认定的事实问题。如果公共政策的抗辩效力及于此,那么就是在促使不满意裁决的当事人通过主张存在伪证重新提起诉讼程序,那么根据《纽约公约》作出的裁决的终局性便会受到严重侵害。*
>
> ……
>
> ……*就仲裁而言,最可想而知的公共政策是反对重新审查仲裁员已认定的事实问题。这是当下已经被广为接受的政策,禁止法庭为干扰事实认定而调查仲裁员所评判证据的效力。*引入新证据以推翻英国仲裁裁决的要求应与引入新证据以推翻英国法院判决的要求是相似的……*新证据必须有可能影响仲裁员结论的足够的说服力和重要性,且该证据必须在庭审时尚无法或不能合理取得。*
>
> *这一规则能够很好地平衡终局性以及公正性原则。*法院并未表明,若声称在某些案件中允许提交新证据的后果是胜诉方在仲裁庭审中提交的证据可能被证明系伪证,则就该等案件中的英国仲裁适用不同的规则。(斜体为本文增加)

132. 对仲裁庭认定进行最低限度审查的第二种正当情形是仲裁庭对仲裁地公共政策进行了错误的确定或解释。当(且仅当)该法律适用错误导致仲裁庭支持了与当地国际公共政策相抵触的协议,那么,法院可以撤销或拒绝执行该仲裁裁决。对此,新

---

① *Westacre Investments v. Jugoimport - SPDR Holding Co. Ltd.* [1998] 3 WLR 770,804 和 808 。

加坡上诉法院在备受期待的 *AJU v. AJT* 案的判决中已确认。[①]

133. 该案事实如下:一家主要业务为电视节目制作的泰国公司 AJU,与一家英属维京群岛的公司 AJT,签署了一份约定由 AJU 就在曼谷举行的年度网球锦标赛制作节目的合同,为期 5 年。合同争议产生后,AJT 针对 AJU 提起了仲裁程序。在仲裁过程中,AJU 向泰国特别检察官办公室提出控告,主张 AJT 的独任董事、股东以及 AJT 的关联公司通过伪造载明一家 AJT 的关联公司有权主办网球锦标赛的文件的方式进行了欺诈。泰国警方针对嫌疑人诈骗、伪造和使用伪造文件的行为进行了调查。在泰国法下,诈骗是一项可和解犯罪,而伪造和使用伪造文件是不可和解犯罪,停止不可和解犯罪相关程序的权力归泰国检察官所有。因此,撤回对这类罪行的指控不会必然导致刑事程序或调查的终止。

134. 由于泰国相关机关的调查仍在进行当中,当事人协商并达成一项准据法为新加坡法的和解协议(结案协议)。根据该结案协议,AJT 应在收到关于撤回、停止或终止泰国的刑事程序的证明后,终止仲裁程序;作为对价,AJU 应向 AJT 支付 470,000 美金作为仲裁最终和解费用。之后,AJU 撤回了指控,并支付了全部和解费用。泰国相关机关因此就诈骗指控签发了停止令,也基于证据不足对伪造指控作出了不予起诉的命令。然而,AJT 依然拒绝终止仲裁程序,认为 AJU 未能遵守结案协议,因为泰国针对伪造指控的调查仍可在获得额外证据后重新开启。

135. AJU 向仲裁庭申请终止仲裁程序,AJT 进行了答辩,尤

---

① [2011] 4 SLR 739. 瑞士联邦法院 1997 年 1 月 28 日在 *Thomson – CSF v. Frontier AG* (1998) 16(1) ASA Bulletin 118 中作出的判决,可以被解释为持有相同观点。参见 Abdulhay Sayed,国际贸易与商事仲裁中的腐败问题(Kluwer Law International 2004)中对该案的评述,第 400 ~ 401 页。

其基于结案协议的非法性对结案协议的效力提出了异议,主张这一协议意在通过违反泰国法律、泰国和新加坡公共政策的方式,阻断在泰国进行的关于伪造指控的公诉。AJT 还主张,不予起诉的命令是 AJU 通过对泰国相关机关进行贿赂和/或腐败而获得的。结案协议的效力问题提交了仲裁庭,仲裁庭认为结案协议有效且可执行,AJU 未通过贿赂泰国相关机关获取不予起诉的命令,仲裁庭因此作出临时裁决终止了仲裁程序。

136. AJT 在高等法院进行了起诉,主张结案协议意在阻断在泰国进行的关于不可和解的伪造指控的公诉,以及不予起诉命令是通过对泰国相关机关进行贿赂和/或腐败而获得的,法院应基于公共政策理由撤销临时裁决。基于该案件为"适合"法院介入以及重新审查仲裁庭对结案协议合法性认定的案件,高等法院重新评估了与 AJT 非法性主张有关的证据,并得出结论,认定结案协议根据准据法(新加坡法)以及履行地法(泰国法)均为非法,理由在于该协议试图阻断泰国法下对不可和解犯罪的公诉程序。不过,高等法院驳回了 AJT 关于 AJU 通过对泰国相关机关进行贿赂和/或腐败获得不予起诉命令的主张。

137. AJU 对高等法院的判决进行了上诉。上诉法院推翻了高等法院的判决,认为高等法院错误地决定了重新审查仲裁庭的事实认定。[①] 高等法院的理由体现了对最低限度审查标准的认可(尽管并非如此简单,笔者将在本部分末尾进行讨论[②])。

---

① 新加坡上诉法院在 *AJU v. AJT* [2011] 4 SLR 739 (CA),[71]中同样改判了 *Rockeby Biomed Ltd. v. Alpha Advisory Pte Ltd.* [2011] SGHC 155(Rockeby 案)中赞成并引用的高等法院在 *AJT v. AJU* [2010] 4 SLR 649 (HC)的判决,该判决认为"在认定违法性时,(法院)有权重新审查案件事实"。参见笔者在 Michael Hwang SC & Kevin Lim 中对 Rockeby 案的评论,*Rockeby Biomed Ltd. v. Alpha Advisory Pte Ltd. AS*, *High Court*, 2010 年第 1206 号传唤令,2011 年 6 月 22 日:ITA 报告员的文章(Kluwer Law International, 2011)。

② 参见下文第 194 ~ 197 段。

138. 以上载明了英国的两种截然不同的审查标准——*Westacre* 案中的多数意见采纳的标准，以及在 *Soleimany v. Soleimany*[1] 案（*Soleimany* 案）中，上诉法院 Waller 法官的更加“干预主义”的两阶段标准——上诉法院认为，与“赋予仲裁程序自治的优先性以及尊重仲裁裁决的终局性”的立法原则一致的是 *Westacre* 案中多数意见采纳的标准（支持了 Colman 法官的一审判决[2]）。[3] 在这方面，上诉法院对与仲裁地公共政策有关的法律适用错误与事实认定错误作出了区分。上诉法院认为，《示范法》第 34(2)(b)(ii)条规定的公共政策例外情形仅允许在就确定*哪些内容构成新加坡国际公共政策*出现法律错误时方可撤销裁决。理由如下：[4]

> *……仲裁庭适用的（结案协议准据）法为新加坡法，法院不能将其司法权力让渡于仲裁庭，以决定何为新加坡的公共政策，以及进而确定结案协议是否违法，法院有权自主决定结案协议是否违法，以及如果临时裁决涉嫌违法，则决定撤销临时裁决……*
>
> *……何为新加坡的公共政策，这是一个法律问题。如果仲裁庭在这方面出现法律适用错误，那么仲裁裁决可以被撤销。因此，在本案中，如果结案协议的准据法为泰国法而非新加坡法，以及如果仲裁庭认为根据泰国法协议确为无效（正如 AJT 主张），但因不与新加坡的公共政策相冲突，因此可以在新加坡被执行，那么这一认定——根据准据法为无效的协议得以执行并未违反新加坡公共政策——将是对法律*

---

① [1998] 3 WLR 811. 参见下文第 156 ~ 161 段。

② *Westacre Investments Inc v. Jugoimport – SPDR Holding Co. Ltd.* [1998] 3 WLR 770.

③ *AJU v. AJT* [2011] 4 SLR 739 [60].

④ *AJU v. AJT* [2011] 4 SLR 739 [62]及[67]。

适用的认定，如果错误，可以根据《示范法》第34(2)(b)(ii)条予以撤销……（斜体为本文增加）

上诉法院在上文所引段落中提到的“公共政策”，无疑指的是*国际*而非*国内*公共政策，在判决前文中，法院认定《示范法》规定的撤销和拒绝执行裁决理由中的公共政策具有“国际视角”，[①]且“必须涉及‘法院有正当理由拒绝执行裁决的例外情形’，或者涉及对‘最基本的道德和正义的理念’的违反”。[②]

139. 至于仲裁庭对事实的认定，上诉法院的观点相反，认为即使认定存在错误，仍然“具有终局性且对当事人具有约束力”，[③]这与英国上诉法院在 *Westacre* 案以及瑞士联邦法院在 *Thomson - CSF v. Frontier AG* 案中的认定是一致的。[④] 然而，上诉法院在 *AJU v. AJT* 案中（正确地）注意了不以绝对的措辞表达这一原则，认为只有在非常有限的情形，即“存在欺诈、破坏自然正义，或是其他认可的导致无效的因素”时，法院才可对仲裁庭认定的事实进行复查。[⑤]

140. 行使最低限度审查标准的法院可能重新审查裁决事实认定的第三种情形，就是 *AJU v. AJT* 案中提到的存在导致无效的因素。尽管 *AJU v. AJT* 案中并不涉及这些因素，但在2009年，*Thomson - CSF v. Frontier AG* 案被再次提交瑞士联邦法院时，欺诈问题也成了焦点。这距离瑞士联邦法院首次驳回 Thomson - CSF 撤销裁决的申请已经过去了十多年。[⑥] 在此期间，法国的刑事调查已经显示，与 Frontier AG 有关联的人策划了欺诈，以向仲

---

① *AJU v. AJT* [2011] 4 SLR 739 [37].

② *AJU v. AJT* [2011] 4 SLR 739 [38].

③ *AJU v. AJT* [2011] 4 SLR 739 [70] 与 [69]。

④ 分别见上文第126段以及第129～131段。

⑤ *AJU v. AJT* [2011] 4 SLR 739 [65].

⑥ 参见上文第121～123段。

裁庭隐瞒关于居间合同的腐败事实。在法国的刑事调查认定发布后,Thomson - CSF 要求对裁决进行修改,联邦法院在其 2009 年 10 月 6 日的判决中,根据《联邦法院规约》第 123(1)条的规定同意了申请。[①] 联邦法院认为第 123(1)条规定的要件已满足,因为实施瑞士法下的重罪行为(诉讼欺诈)足以对仲裁庭的决定造成实质性影响,且该犯罪行为已为法国刑事调查的结果予以确认。联邦法院因此撤销了仲裁裁决,并判决将案件发回原仲裁庭或是根据国际商会仲裁规则成立的新仲裁庭进行重审。[②]

141. 应注意的是,对其实质部分已产生既判力的仲裁裁决进行修改,是瑞士法下一项特别的救济,这在其他大部分国内仲裁法中是较为罕见的。[③] 瑞士《联邦法院规约》第 123(1)条[④]似乎同样未提出限制欺诈例外情形的新证据要求,[⑤]这与 *Westacre* 案中的多数意见,[⑥]以及可能与其他行使最低限度审查的法院是一致的。尽管如此,在普通的撤销或执行程序中,行使最低限度审查的法院无疑会支持与 *Thomson - CSF v. Frontier AG* 案类似情形中提出的异议,因为在仲裁程序终结后由刑事调查程序确认的

---

① 参见 Antonio Rigozzi & Elisabeth Leimbacher,“瑞士最高法院对巡防舰案的重审”(2010)27(3) J Int Arb 307。

② 2012 年 1 月 1 日生效。

③ 参见 Antonio Rigozzi & Elisabeth Leimbacher,“瑞士最高法院对巡防舰案的重审”(2010)27(3) J Int Arb 307,310 至 315;以及 Georg von Segesser & Schellenberg Wittmer,“联邦法院对涉欺诈仲裁裁决的改判”*Kluwer Arbitration Blog*(2009 年 10 月 23 日),可访问 http://kluwerarbitrationblog.com(2012 年 4 月 12 日访问)。

④ 2005 年 6 月 17 日《联邦法院规约》。

⑤ 《联邦法院规约》(2005 年 6 月 17 日)第 123(1)条并没有在表面上要求原告举出新证据,只要原告能够证明仲裁庭的决定“受到对原告不利的犯罪或重罪的影响”。参考第 123(2)条,规定了重新审查的另一理由,即“原告在裁决作出后,发现在之前的程序中无法依赖的相关事实或确凿证据”。参见 Antonio Rigozzi & Elisabeth Leimbacher,“瑞士最高法院对巡防舰案的重审”(2010)27(3) J Int Arb 307,311。

⑥ 参见上文第 129 ~ 131 段。

欺诈事实，无疑会构成仲裁阶段无法获取的新证据。

(2)最高限度审查

142. 笔者现在开始讨论司法审查的另一标准——最高限度审查。最高限度审查可被描述为“热衷于维护特定国家价值观和政策”的法院所采取的“对仲裁裁决的法律和事实上的全面审查”。[①]

143. 巴黎上诉法院在 *European Gas Turbines SA v. Westman International Ltd.* [②]案(Westman 案)中示范了最高限度的审查标准。[③] 在该案中，一家法国公司，Alsthom Turbines a Gaz SA (Alsthom)(Alsthom 后变更为 European Gas Turbines，为避免疑虑，笔者在本文中将称其为 Alsthom)，与 Westman International Ltd. (Westman)签订了一份居间协议。在该协议下，Westman 应推广 Alsthom 生产的燃气轮机，以使 Alsthom 取得位于伊朗的一个石化项目的特殊预审资格。在特别资格预审中，Westman 应提供给 Alsthom 所有有用的信息和建议，以协助 Alsthom 获得与伊朗当局关于供应燃气轮机的含有最优条件的合同。Alsthom 需向 Westman 支付佣金，作为获得 Westman 服务的对价，并覆盖有关费用，该佣金应在 Alsthom 签订竞标供货合同之前双方协商确定。居间协议的准据法为法国法，纠纷解决方式为国际商会仲裁。在获得预审资格和供货合同之后，Alsthom 拒绝向 Westman 支付佣

---

① Abdulhay Sayed, *Corruption in International Trade and Commercial Arbitration*(Kluwer Law International, 2004)第 393 页、第 406 页。进一步参见 Bernard Hanotiau & Olivier Caprasse, “Public Policy in International Commercial Arbitration” in *Enforcement of Arbitration Agreements and International Arbitral Awards*(2008 年 5 月喀麦隆)第 805 ~ 811 页。

② 巴黎上诉法院 1993 年 9 月 30 日(1995)XX YB Comm Arb 198。

③ 参见国际法协会国际仲裁委员会关于 *Public Policy as a Bar to Enforcement of International Arbitral Awards* 的临时报告(2000 年)第 32 页。

金,Westman 遂提起仲裁程序,主张 6% 的佣金。Alsthom 的抗辩为该协议的目的违法,即向外国政府官员施加了腐败的个人影响以及行贿。仲裁庭认为证据不足以证明居间协议的目的在于从事所主张的违法活动,并要求 Alsthom 向 Westman 支付佣金,计算依据是 Westman 提供的其在履行协议义务过程中所产生的具体费用的证据。

144. Alsthom 反对该裁决在法国的执行,主张:(a) Westman 作伪证,假称费用已经产生;以及(b) 该欺诈隐瞒了居间协议的腐败本质。为了支持其主张,Alsthom 依赖新文件,证实 Westman 主张的费用并没有依据。Alsthom 本可在仲裁阶段取得该证据,但其并未向仲裁庭提交。① 法院认为,基于这些新文件,Westman 作了伪证,并仅以此为由撤销了仲裁裁决。由于新文件自身并无法证明协议涉及腐败,申请撤销裁决的第二项理由(腐败)不成立。

145. *Westman* 案判决从以下几方面体现了最高限度审查标准。

(a)法院可以*重新*就事实和法律认定进行审查。仲裁庭未适用法律或者适用法律失当都可以重新审查。② 而且,法院可以对事实认定进行广泛的重新确认和评估。③ 如 *Westman* 案的认定,法院有权"对裁决中与是否适用国际公共政策规则有关的一切元

---

① Nelson Enonchong,"基于违法协议作出的外国仲裁裁决的执行"[2000] LMCLQ 495,514 指出:

……鉴于相关文件是基于 Westman 的账目作出的,且推定在 1985 年至 1991 年存放于公司注册处,在 1992 年 3 月裁决作出前,这些文件是可以被提交给仲裁员的。因此,这些证据并非新证据。

② Abdulhay Sayed, *Corruption in International Trade and Commercial Arbitration*(Kluwer Law International,2004)第 407 ~408 页。

③ Abdulhay Sayed, *Corruption in International Trade and Commercial Arbitration*(Kluwer Law International,2004)第 407 ~408 页。

素进行事实和法律方面的审查”(斜体为本文增加),以及“作出其他决定,导致法官实际丧失对效力以及理论依据的控制”。[①] 法院因此“对取得的所有证据进行详细调查,其调查具有独立性,并且在评估证据时,不参考仲裁裁决”。[②]

(b)倾向行使最高限度审查的法院可能会考虑在仲裁阶段可以合理获取、但异议方并未提交的证据(新提交的证据,而非新证据),比如 Alsthom 据以证明 Westman 实施欺诈的新文件。[③]

(c)尽管在 *Westman* 案中并未得到具体的说明,但是法院在其非约束性意见中阐述的宽泛的“全面控制”[④]原则,强烈地暗示了法院可对仲裁庭未认可的事实(甚至是事实争论)进行重新审查的权力(既不是新提交的证据也不是新证据)。

146. 与 *Westman* 案一致,“某地区巡防舰”案裁决在法国被申请执行时,巴黎上诉法院同样明确了其倾向于进行最高限度审查的立场——瑞士联邦法院在 *Thomson - CSF v. Frontier AG*[⑤] 案 1997 年 1 月 28 日的判决中首次拒绝撤销该裁决。该案在法国注定有戏剧性的转折。在 1996 年 9 月 4 日,巴黎一审法院作出执行裁决的命令,Thomson - CSF 对此提出上诉。Thomson - CSF 在

---

① Abdulhay Sayed, *Corruption in International Trade and Commercial Arbitration*(Kluwer Law International,2004)第 409 页。另参见 Bernard Hanotiau & Olivier Caprasse,“Public Policy in International Commercial Arbitration” in *Enforcement of Arbitration Agreements and International Arbitral Awards*(2008 年 5 月喀麦隆)第 805 页。

② Abdulhay Sayed, *Corruption in International Trade and Commercial Arbitration*(Kluwer Law International,2004)第 409 页。

③ Nelson Enonchong,“The Enforcement of Foreign Arbitral Awards Based on Illegal Contracts” [2000] LMCLQ 495,514.

④ Abdulhay Sayed, *Corruption in International Trade and Commercial Arbitration*(Kluwer Law International,2004)第 408 ~ 409 页。

⑤ 参见上文第 121 ~ 123 段。

1997 年 2 月 26 日也提出了刑事控诉，指控“Frontier AG 幕后”[1]的一个叫 Sirven 的人通过编造 Kwan 参与隐瞒精密的腐败计划，在仲裁程序提交证据过程中实施了欺诈。巴黎的总检察官要求调查欺诈行为意图，且一众人等，包括 Kwan 和 Sirven 均在调查范围。在巴黎上诉法院的上诉程序中，Thomson - CSF 要求将刑事调查程序中的相关文件都传送至法庭，并要求在刑事调查结果和刑事指控最终决定发布前，中止上诉程序。

147. 两项请求都在巴黎上诉法院于 1998 年 9 月 10 日和 1999 年 9 月 7 日作出的判决中获得了支持。[2] 在前一判决中，法院的论证与 *Westman* 案判决中的论证非常相似：[3]

> 仲裁员在国际仲裁中根据国际公共政策认可一份合同的合法性，以及通过宣布无效以制裁违法性的权力，需要基于是否构成对公共政策的违反，而认为判决是否有效的控制力，以及对*所有可能支持适用国际公共政策的事实和法律因素*，进行判定及衡量合同合法性的能力。（斜体为本文增加）

值得注意的是，巴黎上诉法院并非在适用最低限度审查标准下不干涉仲裁庭事实认定的欺诈例外，因为法院在刑事调查刚开启、还未发现关于欺诈的新证据时下令暂停了程序，[4]而发现新证据是触发适用例外情形的一项必要前提。[5] 而且，法院在上述非

---

① Antonio Rigozzi & Elisabeth Leimbacher, “The Swiss Supreme Court Refits the Frigates” (2010) 27(3) J Int Arb 307, 308.

② Abdulhay Sayed, *Corruption in International Trade and Commercial Arbitration* (Kluwer Law International, 2004) 第 410 页。

③ Abdulhay Sayed, *Corruption in International Trade and Commercial Arbitration* (Kluwer Law International, 2004) 第 410 页。

④ 特别见巴黎上诉法院 1999 年 9 月 7 日判决，认为“在刑事调查没有完成之前……断言存在欺诈尚为时过早”。

⑤ 参见上文第 128 段。

约束性意见中清楚地表明，其有权也有义务对仲裁庭的认定进行全面、广泛的审查，只要针对该裁决提起的异议是基于任何国际公共政策理由（无论是否基于诉讼欺诈、腐败或者其他），且无论在异议提出时是否具有能充分证明欺诈的证据。因此，巴黎上诉法院通过调取与刑事调查相关的文件至执行程序，对实体部分进行了有效的重新审查，之后暂停了程序，直至刑事调查终结。

148. 与 *Thomson – CSF v. Frontier AG* 案和 *Westman* 案中巴黎上诉法院的认定类似，其他欧洲国内法院也采取最高限度的司法审查标准，诸如：[①]

> ……布鲁塞尔一审法院（以及布鲁塞尔上诉法院[②]）、杜塞尔多夫高等法院以及海牙上诉法院都认为其有权对仲裁裁决进行复审，而不受到任何限制。

但是，在"某地区巡防舰"案长达 11 年的刑事调查过程中，法国对复查仲裁裁决的司法态度经历了范式的转变。在两件基于违反反垄断公共政策提起的裁决异议的案件中，法国法院坚定地放弃了 *Westman* 案以及 *Thomson – CSF v. Frontier AG* 案中的最高限度审查标准，而转向了*最低*审查标准。在 *SA Thales Air Defense v. GIE Euromissile* 案（*Euromissile* 案）中，巴黎上诉法院在 2004 年 11 月 18 日作出的影响深远的判决，标志着司法态度的截

---

① Pierre Mayer, "The Second Look Doctrine: The European Perspective" (2010) 21 Am Rev. Int'l Arb 201, 204 – 205.

② 见 *DLA Piper's International Arbitration Newsletter* 对布鲁塞尔上诉法院于 2009 年 6 月 22 日作出的 *Cytec Industries BV v. SNF SAS* 案判决进行的讨论，可访问 http://www.dlapiper.com/cytec – v – snf – judgment: the – end – of – a – belgian – french – dispute（2013 年 4 月 12 日访问）。

然转变。[①] *Euromissile* 案基于最高法院于 2000 年 3 月 21 日作出的一份未公开的决定,[②]认为法院基于公共政策理由对裁决进行复审的可允许限度应限于存在"明显、实际和具体",或者换句话说,"公然、真实和确凿"(*flagrante*, *effective et concrete*)的违反国际公共政策的情形。[③] 在此标准中,"明显"或"公然"是关键。其被解释为"一个复审法院的任务是*尊重原裁决的认定*,而不是重新起草裁决"(斜体为本文增加),[④]或者"在不存在明显违反情形时对实体部分进行复查"。[⑤] 换句话说,法院"仅会基于*仲裁员采纳的事实和法律因素*,决定裁决是否违反了公共政策"(斜体为本文增加),且基于公共政策理由进行的复审:[⑥]

> 应当是有限的,且不应对纠纷实体部分的裁决进行事后评估,或者对案件的事实或法律进行新的、深入广泛的调查或讨论,重新裁定案件。

最高法院在 *SNF SAS v. Cytec Industries BV*(2008 年 6 月 4

---

① Thomas Webster, "Review of Substantive Reasoning of International Awards by National Courts: Ensuring One - Stop Adjudication" (2006) 23(3) Arb Int'l 431, 438; Dominique Hascher & Beatrice Castellane, "French Case Law Annual Report" (2010) 4 *Paris Journal of International Arbitration* 1017; Emmanuel Gaillard, "Extent of Court Review of Public Policy" *New York Law Journal*(2007 年 4 月 5 日)。

② Emmanuel Gaillard, "Extent of Court Review of Public Policy", *New York Law Journal*(2007 年 4 月 5 日)。

③ Emmanuel Gaillard, "Extent of Court Review of Public Policy", *New York Law Journal*(2007 年 4 月 5 日); Dominique Hascher & Beatrice Castellane, "French Case Law Annual Report" (2010) 4 *Paris Journal of International Arbitration* 1017.

④ Dominique Hascher & Beatrice Castellane, "French Case Law Annual Report" (2010) 4 *Paris Journal of International Arbitration* 1017.

⑤ Pierre Mayer, "The Second Look Doctrine: The European Perspective" (2010) 21 Am Rev Int'l Arb 201, 205.

⑥ Roland Ziade & Charles - Henri De Taffin, "记录——2009 年 11 月 26 日,巴黎上诉法院" (2010) 2(4) Int'l J Arab Arb 138, 149 - 151。

日)(*Cytec* 案)案中也确立了与 *Euromissile* 案相同的审查标准。①

149. 无疑,对支持涉腐败合同的裁决提出的异议,应给予比涉及违反欧洲竞争法的合同(如 *Cytec* 案和 *Euromissile* 案情形)不同的、更严格的司法审查,因为前者违反国际公共政策的后果较后者更为严重。在 *M Schneider Schaltgeratebau and Elektroinstallationen GmbH v. CPL Industries Ltd.* (2009 年 9 月 10 日)(*M Schneider* 案)案中,当事人签订协议,约定由 CPL Industries Ltd.(CPL Industries)协助 M Schneider 谈判和履行与尼日利亚的公开招标合同。合同要求 CPL Industries 为 M Schneider 提供获得"CPL Industries 董事会成员在尼日利亚广泛关系"的途径,②而且,合同由尼日利亚总统的女儿使用假名签署,而其本身是一名公职人员。③ 该案独任仲裁员认定现有的证据不足以证明腐败事实存在,并以此作出裁决。巴黎上诉法院(作出 *Westman* 案和 *Thomson – CSF v. Frontier AG* 案判决的法院)同样驳回了 M Schneider 基于违反国际公共政策理由要求撤销裁决的申请,其理由体现了对最低司法审查标准的适用。④ 法院认为,M Schneider 不应在法院再次提起已在仲裁阶段被驳回的主张,或者是对仲裁员通过全面审查事实而得出的不足以证明贪腐的结论提出异议,因为复审法院在不存在"公然、真实且确凿"的违反公共政策的情

---

① Dominique Hascher & Beatrice Castellane, "French Case Law Annual Report" (2010) 4 *Paris Journal of International Arbitration* 1017.

② Dennis Bensaude & Jennifer Kirby, "A View from Paris—2009 年 12 月" (2009) 24 (12) Mealey's Int'l Arb Rep 8。

③ 回到上文第 48 段有关警示的讨论,可以说明居间人很有可能将要或已经进行了腐败交易。

④ Dennis Bensaude & Jennifer Kirby, "A View From Paris—2009 年 12 月" (2009) 24 (12) Mealey's Int'l Arb Rep 8; Raed Mounir Fathallah, "Corruption in International Commericial and Investment Arbitration: Recent Trends and Prospects for Arab Countries" (2010) 2(3) Int'l J Arab Arb 65, 82 – 83。

形时,不应对裁决实体部分作出复查。法院同样驳回了 M Schneider 的关于仲裁员认定欺诈事实存在、但未由此得出适当的法律后果、因此裁决应予以撤销的主张:这一主张依赖的是 M Schneider 在仲裁阶段已经知悉、但未向仲裁员提供的事实,因此不能构成撤销裁决的理由。据此,巴黎上诉法院不仅拒绝了一切关于其应对裁决实体部分进行重新审查的建议,也表明了应提供新(而不仅是新提交)证据,以使法院正当地干预仲裁庭的立场。

150. 巴黎上诉法院在 *Thomson - CSF v. Frontier AG* 案(自 1999 年便暂停)的最后决定中强化了法国法院普遍认可的最低司法审查标准,这与 *M Schneider* 案、*Cytec* 案和 *Euromissile* 案中的标准一致。在长达 11 年的刑事调查后,法国地方预审法官于 2008 年 10 月 1 日作出的认定,证实了 Thomson - CSF 的程序欺诈主张。① 认定表明:(a)Thomson - CSF 与 Frontier AG 之间的居间协议的真实目的为对法国外交部长 Roland Dumas 施加腐败影响,以使法国对销售巡防舰的否决无效;以及(b)为了向仲裁庭隐瞒该事实以及误导其作出向 Frontier AG 支付佣金的裁决,Sirven 精心编造了有关 Kwan 在中国进行游说行为的证据,而该行为实际上并未发生。Frontier AG 于 2009 年 4 月 28 日在巴黎上诉法院重新启动程序,主张即使刑事调查揭露了真相,法院也应执行该仲裁裁决,因为法院应基于仲裁庭对事实的认定来确定裁决内容与国际公共政策是否相容,而认定的事实是,居间协议所涉及的是在中国的合法游说行为,而非在法国的腐败权力寻租。② 不出意料,该主张未获得支持。根据刑事调查的认定,巴黎上诉法院在 2010 年 7 月 1 日的判决中,以仲裁裁决系通过程序欺诈获得为

① 在因 Sirven 的死亡停止对案件起诉及因国家安全原因停止调查的命令中。

② Dominique Hascher & Beatrice Castellane, "French Case Law Annual Report" (2010) 4 *Paris Journal of International Arbitration* 1017.

由,拒绝执行该裁决。[①] 将该判决与 *M Schneider* 案、*Cytec* 案和 *Euromissile* 案的判决结合阅读,似乎法国法院对“影响仲裁员决定的欺诈事实”得到证明及未得到证明情形下的仲裁裁决异议作出了区分。在欺诈得到证明的情形下,“法院将会对案件事实进行重新审查”;在缺乏证据的情形下,[②]法院“转而适用在缺乏对国际公共政策‘明显、真实且具体’的违反的情况下,不能对仲裁裁决实体部分进行审查的规则”。[③] 这一态度与最低限度审查标准下一般反对对仲裁裁决的认定作出司法干涉的态度相一致,但*欺诈例外情形除外*。[④] (斜体为本文增加)

151. 据此,法国法院在针对以公共政策为由对裁决提出异议的案件中,不再采用最高限度审查标准,因为最高限度审查标准使“国家法官完全阻碍了提交给仲裁员的纠纷”。[⑤] 如果在 1999 年,与 *Thomson – CSF v. Frontier AG* 案相同的事实被提交至法国法院,法院也许不会效仿巴黎上诉法院一开始的做法,下令中止程序,等待刑事调查结果,因为在关键时刻无法确定存在对国际公共政策的“明显”或“公然”的违反,也没有关于欺诈的新证据。尽管并非所有的法国评论者都认可最低限度审查标准的价值,[⑥]

① 参见 Bernard Audit,“记录——2010 年 7 月,巴黎上诉法院(Pole 1 – Ch. 1)”(2010) 4 Rev Arb 863,866 至 867。

② 应注意的是,巴黎上诉法院在 1998 年和 1999 年的早期判决的表述中,并未使用这些限定条件(参见上文第 147 段)。

③ Dominique Hascher & Beatrice Castellane,“French Case Law Annual Report” (2010)4 *Paris Journal of International Arbitration* 1017.

④ 参见上文第 140 段。

⑤ Abdulhay Sayed, *Corruption in International Trade and Commercial Arbitration*(Kluwer Law International,2004)第 408 页。

⑥ 特别参见 Pierre Mayer,“The Second Look Doctrine: The European Perspective”(2010) 21 Am Rev Int'l Arb 201,205;以及 Roland Ziade & Charles – Henri De Taffin,“记录—2009 年 11 月 26 日,巴黎上诉法院” (2010) 2(4) Int'l J Arab Arb 138,148。

但是已经确立了支持最低限度审查标准的(法国司法)先例。[①]

152. 澳大利亚的态度并不明确。

153. 在新南威尔士地区最高法院的 *Corvetina Technology Ltd. v. Clough Engineering Ltd.* 案(*Corvetina* 案)中,[②]被告拒绝对仲裁裁决的执行,理由是裁决支持了一项协议(准据法为英国法),该协议根据履行地(巴基斯坦)法为非法,且违反了澳大利亚和巴基斯坦的公共政策。在执行程序中,原告请求法院下令,在其决定被告是否有权依赖已被仲裁员驳回的有关违法的证据之前,法院不应命令作出任何有利被告的披露。法官 McDougall 驳回了原告的请求,认为:[③]

> *……原则上被告(如本案被告)可以根据《1974 年澳大利亚国际仲裁法》*[④]第 8(7)(b)条或相似的条款寻求基于违法性,即使违法性已被提出且仲裁员已经对此作出了决定,第 8(7)(b)条等条款的关键是在维护申请执行法院就裁决适用自己的公共政策标准的权利。*在部分案件中,调查范围有限,不会涉及关于事实问题的详细复查;在其他案件中,调查范围可能包含对事实问题的详细审查。但是我不认为法院应失去对裁量权的行使,应如案件中所认可的,对各种因素进行平衡。*从一方面来说,有必要保证根据《纽约公约》对国际仲裁裁决进行执行的机制不会被打破;但是,从另一方

① Roland Ziade & Charles – Henri De Taffin,"记录—2009 年 11 月 26 日,巴黎上诉法院"(2010) 2(4) Int'l J Arab Arb 138,147。

② [2004] NSWSC 700.

③ *Corvetina Technology Ltd. v. Clough Engineering Ltd.* [2004] NSWSC 700,[14]和[18]。

④ 《1974 年澳大利亚国际仲裁法》(1974 年第 136 号法)第 8(7)(b)条规定:

在根据本部分规定申请执行外国裁决的任何程序中,如果发现以下情形之一,法院可以拒绝执行裁决:(a)……或(b)执行裁决将违反公共政策。

> 面来说，法院有必要自主掌控程序，自主对公共政策进行适用。*在我的判决里，争议应通过最终的庭审进行解决，而不是通过中间申请进行。*（斜体为本文增加）

因此，*Corvetina* 案似乎采用了最高限度审查标准，认可了澳大利亚法院宽泛的“裁量权”来“对事实问题进行详尽审查”（以及推定还包括法律适用），并允许披露文件，即使文件曾经被提交给仲裁员（这就能有效地使被告重新主张被仲裁员驳回的关于违法性的证据）。

154. 但是，澳大利亚联邦法院在 *Uganda Telecom Ltd. v. Hi – Tech Telecom Pty Ltd.* ①案（*Uganda Telecom* 案）中，至少是鉴于 2010 年对《1974 年澳大利亚国际仲裁法》的修订，对 *Corvetina* 案的判决提出了质疑。提出异议的一方认为，仲裁庭因未考虑已产生的特定费用而过度评估了一般损害赔偿金这一方面，Foster 法官认为：②

> （异议方）应在仲裁程序中根据仲裁员制定的时间表提出这一问题。*但其选择不在当时提出，现在便不能提出。*错误的法律论证或对法律的错误适用，一般不构成《纽约公约》定义的对公共政策的违反。（斜体为本文增加）

法官阐述了他的理由：③

> *在拒绝执行裁决方面，美国法院通常非常保守地适用公共政策理由。这不意味着法院在拒绝执行符合《纽约公约》下外国仲裁裁决定义的裁决时，享有宽泛的裁量权。*（斜体

---

① [2011] FCA 131.

② *Uganda Telecom Ltd. v. Hi – Tech Telecom Pty Ltd.* [2011] FCA 131, [133].

③ *Uganda Telecom Ltd. v. Hi – Tech Telecom Pty Ltd.* [2011] FCA 131, [127] 以及 [129] 至 [132]。

为本文增加）

……

美国法院倾向根据公约的规定支持裁决的执行，*澳大利亚法院有时采取更加保守的态度。在 Corvetina Technology Ltd. v. Clough Engineering Ltd.*[①]*案中，关于在2004 年法院在拒绝执行外国裁决方面是否享有一般的裁量权，2010 年生效的修正案明确规定法院不享有这方面的裁量权*。第 8（7）（b）条保留了公共政策理由；但是，如果该例外情况是拒绝执行外国裁决的裁量权的来源，那就有争议了。*尽管第8（7）（b）条列举的例外情形仍有操作的余地，在我看来，应根据美国的判例，对其进行狭义解释。在 McDougall 法官采取另一标准的限度内，我尊重但不认同他的观点*。（斜体为本文增加）

尽管 *Uganda Telecom* 案并未直接涉及澳大利亚法院对仲裁庭事实认定进行重新审查的权利，但是该案与《纽约公约》下“支持执行倾向”一致的对《1974 年澳大利亚国际仲裁法》第 8（7）（b）条的狭义解释，以及对本该提交仲裁庭解决但实际未提交的法律问题的拒绝，体现了最低限度司法审查标准的态度，要求即使不是新证据，也应是新提交的证据，以推翻仲裁庭的事实认定。这与 *Corvetina* 案中的标准是相反的。对于未来判例将如何解决 *Corvetina* 案与 *Uganda Telecom* 案这一明显冲突，我们拭目以待。

（3）案情审查

155. 案情审查是对仲裁裁决进行审查的第三种也是最后一种司法方法。案情审查在尊重仲裁庭认定的内容方面，介于最低

---

① 在此，Foster 法官部分引用了 *Corvetina Technology Ltd. v. Clough Engineering Ltd.* ［2004］ NSWSC 700，包含上文第 153 段所引的段落。

限度审查和最高限度审查标准之间。

156. *Soleimany* 案中的非约束意见附带提及了案情审查的主要形式。[①] 在 *Soleimany* 案中,法院拒绝执行犹太法庭(适用犹太法律的犹太教法庭)作出的一份裁决,该裁决支持了两名伊朗商人之间约定的将波斯地毯由伊朗走私出境的合同。走私行为通过贿赂外交官完成,相关外交官利用其外交行李将地毯带出海关,运到国外。[②] 犹太法庭承认该合同依据伊朗法律应为无效,但认为根据所适用的犹太法律,"任何声称的违法性都不会对当事人的权利义务造成影响"。[③]

157. 在执行阶段,法院以违反英国公共政策为由,直接拒绝执行该裁决。该案中,法院并非为了确定佣金的违法性,而不得不重启对仲裁庭认定的审查;而是根据仲裁庭自身的确认,即合同在伊朗法下完全非法。因此无须进一步的调查便可撤销该裁决,因为该裁决确实支持了一份英国法院会因公共政策而不予执行的合同。

158. 尽管如此,作出 *Soleimany* 案判决的上诉法院 Waller 法官(该法官也是 *Westacre* 案上诉法院判决中持异议的法官),继续讨论了在合同违法性没有得到确认的情况下,法院应如何处置一项仲裁裁决:[④]

> *在我们看来,一位执行法官,在一方当事人具有初步证据证明裁决系根据非法协议作出时,就应该在特定限度内进行进一步的调查。另一方是否存在对立的证据?仲裁员是*

---

① *Soleimany v. Soleimany* [1998] 3 WLR 811.

② 参见 *Soleimany v. Soleimany* [1998] 3 WLR 811,815。另见 Colin Nocholls 御用大律师等,*Corruption and Misuse of Public Office*(牛津大学出版社 2011 年第 2 版)第 9.124 段。

③ *Soleimany v. Soleimany* [1998] 3 WLR 811,819.

④ *Soleimany v. Soleimany* [1998] 3 WLR 811,824.

否明确认定涉案合同不具有违法性？或者，仲裁员得出该结论是否基于了合理的推断？是否有任何情形表明仲裁员无资格进行调查？是否存在共谋或恶意以获得支持非法合同的裁决？仲裁毕竟是在多种情形下进行的：不仅涉及国际贸易中非常重要的仲裁庭，也涉及很多其他的情形。我们绝不*是在建议法官在一审中就对相关事项作出全面的裁判*，这将*导致仲裁旨在避免的危害。法官需要决定完全信任仲裁裁决是否适当。只有当法官在初步阶段认为不能给予裁决以信任时，才能对违法性进行进一步的调查。*（斜体为本文增加）

159. 上述非约束性意见确立了对仲裁裁决进行复审的两阶段标准。在此标准下，如果存在关于违法性的“表面证据”，复审法院首先应对裁决进行初步调查（而非“全面调查”），以判断裁决是否应被给予“充分信任”（第一阶段）。[①] 如果是的话，那么法院将支持该裁决；如果不是，法院就应继续进行全面调查，以确定是否存在违法性（第二阶段）。

160. 上诉法院 Waller 法官明确了在认定是否存在违法性时（无论是在第一阶段还是第二阶段），法院应不限于考虑新证据或

① Nelson Enonchong, “The Enforcement of Foreign Arbitral Awards Based on Illegal Contracts” [2000] LMCLQ 495, 506.

新提交的证据；法院甚至能够考察已提交给仲裁庭的证据，[①]即便仲裁庭已经审查了证据，这种对所有证据的自由考量体现了最高限度审查的标准（如 *Westman* 案和 *Corvetina* 案中的认定）。进行初步调查，而非在初审时便进行全面审查，更加体现了对仲裁庭认定的尊重，这与最低限度审查的要求是一致的。*Soleimany* 案确立的标准因此被恰当地描述为居中的案情审查标准，既非最低限度审查，也非最高限度审查。

161. *Westacre* 案判决中列举的问题[②]是第一阶段应考虑的部分事项，以便确定是否应启动第二阶段对裁决的全面审查。Sayed 归纳了如下因素：[③]

①关于合法性以及违法性的可获取的证据；

②仲裁员得出其关于违法性结论的方式；

③仲裁员的适格程度；

④仲裁进行的方式。应注意核实裁决是否是通过欺诈、共谋或恶意而取得的。

在后来的 *Westacre* 案异议判决中，上诉法院 Waller 法官对以

---

① 这可以从 *Soleimany v. Soleimany* 案［1998］3 WLR 811（*Soleimany* 案）对 Colman 法官在 *Westacre Investments Inc v. Jugoimport – SPDR Holding Co. Ltd.* 案［1998］3 WLR 770（*Westacre* 案）的一审判决的背离看出：该一审判决早于 *Soleimany* 案上诉法院的决定。在 Colman 法官对 *Westacre* 案的一审判决中，援引的法律依据被总结为 6 项提议，其中第 6 项为（*Westacre* 案一审判决第 794 ~ 795 页）：

如果未得到裁决支持的一方当事人之后要求不执行裁决，理由是*基于未向仲裁员提交的事实*，合同确系违法，那么执行法院需要考虑，反对执行违法合同的公共政策是否大于支持裁决终局性或类似裁决相关的公共政策。（斜体为本文增加）上诉法院 Waller 法官在 *Soleimany* 案 826 中不赞成 Colman 法官的第 6 项提议：

但是，在有的案件中，即使仲裁员具有管辖权且认定不存在违法性，（法院）也可对违法性进行调查。因此，我们与 Colman 法官持不同观点，*他将其第6 项提议限于相关事实未被提交仲裁员的情形*。（斜体为本文增加）

② 参见上文第 158 ~ 160 段。

③ Abdulhay Sayed, *Corruption in International Trade and Commercial Arbitration*（Kluwer Law International, 2004）第 415 页。

上列举的因素进行了进一步补充，认为法院在第一阶段还应当考虑“违法性本质”这一因素。实际上，Colman 法官在一审中便考虑了这一因素，但是他并没有认为这一因素得以支持对仲裁庭的事实认定进行重新审查：①

> ……被告试图利用公共政策原则，基于本可向仲裁员提交的有关违法性的额外证据要求重审。*这种行为显然违反禁止反言原则。然而，在确认是否准许执行裁决时，法院需要考虑阻碍执行涉腐败交易的公共利益，是否大于维持禁止反言所要求的“一事不二审”原则所涉及的公共利益。一方面，存在维持国际仲裁裁决终局性的公共政策；另一方面，存在反对贪腐交易的公共政策。在我的判决中，要平衡这两方面的公共政策，有必要考虑国际上对腐败交易盛行越来越多的关注。然而，尽管商业腐败应当受到司法和政府的强烈谴责，但很少有人认为商业腐败和贩毒一样可耻。*总的来说，我的结论为，本案中维持国际仲裁裁决事实认定相关的公共*政策大于反对国际商事腐败中的公共政策*……（斜体为本文增加）

上诉法院 Waller 法官得出了与 Colman 法官相反的结论。他不同意 Colman 法官对“商业腐败的适当谴责程度”的评估，认为：②

> 如果 **M. M.** 的宣誓书（Jugoimport 试图向法院提交而未向仲裁庭提交的“宣誓书”）中的事实是准确的，那么拒绝执

① *Westacre Investments Inc v. Jugoimport – SPDR Holdings Co. Ltd.* [1998] 3 WLR 770, 798 – 800.

② *Westacre Investments Inc v. Jugoimport – SPDR Holdings Co. Ltd.* [1999] 3 WLR 811, 833 – 834.

> 行本质上为腐败交易的该协议的原则就符合 *Lemenda* 案中 Phillips 法官的认定范围。*因为这是基于最重要的且为世界绝大多数法域所普遍认可的公共政策而作出的*。我认为,英国法院没有对这种规模的腐败视而不见,是很重要的。(斜体为本文增加)

基于此,上诉法院 Waller 法官认为,第一阶段的审查表明裁决不应被赋予充分的诚意与信任,因此,对裁决的审查应进入第二阶段。

162. 不出意外,*Westacre* 案(倾向于采取最低限度审查标准[1])的多数法官并不认可 Waller 法官的两阶段标准。上诉法院 Mantell 法官(David Hirst 爵士同意其观点)对两阶段标准明确提出了重大保留,表示"我不认同'两阶段标准',更加担心其在实践中的适用"。[2] 法官没有详细说明他们担心的理由,但是在英国高等法院最近作出的 *R v. V* 案判决中,[3]Steel 法官遵循了 *Westacre* 案中的多数意见,阐述了他们的如下保留意见:[4]

> 对于某些形式的初步调查的困难之处自然是*评估调查能够进行到何种程度*。这在当 R 并没有在寻找任何新证据的情况下(更何况是在初次提交时无法获得的证据),更是如此。(斜体为本文增加)

163. 尽管反对两阶段标准(这也许是为了对持不同意见的法官同人表示尊敬),上诉法院 Mantell 法官和 David Hirst 爵士继续进行了第一阶段的调查(非约束性意见)。但是法官们并不认为

---

① 参见上文第 128 ~ 131 段。

② *Westacre Investments Inc v. Jugoimport - SPDR Holdings Co. Ltd.* [1999] 3 WLR 811,835.

③ [2008] EWHC 1531 (Comm).

④ *R v. V* [2008] EWHC 1531(Comm), [30].

上诉法院 Waller 法官在第一阶段中对“违法性”的看法是适当的,[1]而是将他们对第一阶段的评估限于 *Soleimany* 案中列举的因素,其中并不包含“违法性”。他们认为“违法性”应当是在第二阶段中考量的因素,“以平衡有关终局性与违法性相冲突的公共政策考量”。[2] 第一阶段的两个版本——一个为 *Westacre* 案中上诉法院 Waller 法官在其异议判决中所适用的,另一个为 *Westacre* 案多数法官所适用的——起了重要作用,因为多数法官在第一阶段的分析中得出了与上诉法院 Waller 法官相反的结论。[3] 通过适用 *Soleimany* 案中两阶段标准的第一阶段标准,上诉法院 Mantell 法官认为:[4]

> 首先,仲裁庭有证据证明这是一项直接的商业合同。其次,仲裁员特别认定涉案合同不具有违法性。再次,没有证据可以表明仲裁员不适格。最后,没有理由怀疑在获取裁决过程中存在共谋或恶意。

164. 因此,法院认为,即使可以适用两阶段标准,也没有正当理由继续进行第二阶段的全面审查。

165. 上文提到的哪一类标准能够对裁决的终局性和公共政策最好地进行平衡? 在回答这个问题之前,应首先考虑可以触发撤销或拒绝执行裁决的违反公共政策的类型。

---

① 参见上文第 161 段。

② *Westacre Investments Inc v. Jugoimport – SPDR Holdings Co. Ltd.* [1999] 3 WLR 811,835.

③ Nelson Enonchong, “The Enforcement of Foreign Arbitral Awards Based on Illegal Contracts” [2000] LMCLQ 495,507.

④ *Westacre Investments Inc v. Jugoimport – SPDR Holdings Co. Ltd.* [1999] 3 WLR 811,835. 在 *R v. V* 案[2008] EWHC 1531 中,Steel 法官采用了实质上相似的论证。

C. 以公共政策为由撤销或拒绝执行有腐败的仲裁裁决

166. 在进行审查的国家法院决定采用仲裁庭的调查结果，或者重新审查仲裁庭的调查结果，并就双方所犯的任何非法行为或腐败行为得出自己的结论时，法院必须判断维持该裁决是否会导致严重违反公共政策，并由此决定其应该以公共政策为由将裁决予以撤销或者拒绝执行。为了对仲裁裁决的终局性给予应有的尊重，多数领先的法域均狭义地解释了公共政策的例外情形，并且认为只有在明显违反公共政策的基本规则时才应撤销裁决或拒绝执行裁决。[1] 国际公共政策与国内公共政策之间的分野，将有必要进行司法干预的案件与法院应维持裁决的案件做了区分。

(1) 两类公共政策：国内公共政策和国际公共政策

167.《纽约公约》和大多数国家立法仅将“公共政策”作为撤销或拒绝执行裁决的理由，但却没有对其予以限定或定义。[2] 尽管可以参考一些国际社会广泛使用的定义，但是公共政策的难以界定是众所周知的。公共政策曾被定义为包括“国家对道德和正义的最基本的观念”；[3]“公众或商业生活的基本规则”；[4]“一些神圣不可侵犯的道德、社会或经济原则……需要不惜一切代价、毫

---

① Gary Born, *International Commercial Arbitration* (Wolters Kluwer Law & Business, 2009) 第 2625 页。

② 国际法协会国际仲裁委员会关于 *Public Policy as a Bar to Enforcement of International Arbitral Awards* 的临时报告(2000 年)第 11 ~ 12 页。

③ *Parsons & Whittemore Overseas Co. Inc v. Société Générale de l' Industrie du Papier* (*RAKTA*) 508 F 2d 969 (2nd Cir, 1974).

④ Bundesgerichtshof(1990 年 7 月 12 日)，Ⅲ ZR 174/89, NJW 1990 第 3210 页。

无例外地予以维护”①以及②：

> ……各国家基本的经济、法律、道德、政治、宗教和社会标准……这些原则和标准是如此的神圣不可侵犯，以至于需要不惜一切代价、毫无例外地予以维护。

对违反公共政策造成的后果有各种表述，“有损公众或损害公共利益”，③“完全冒犯了理性且充分知情的普通公众成员”④或“根本违反了仲裁地的正义理念”。⑤

168. 为了缓解仲裁裁决的终局性与公共政策之间的紧张关系，许多法域狭义地解释了公共政策的例外情形，要求以违反国际公共政策作为撤销或拒绝执行裁决的正当理由。⑥ 例如，在 *Westacre* 案中，法院提到了 *Lemenda* 案中得出的两种公共政策之间的区别：国际公共政策——“如果违反国际公共政策规则，将导致英国法院不执行裁决，无论其适用法律为何，且无论其在何处履行”——与“英国国内的公共政策”，并认为只有违反“国际公

---

① Peter North & James Fawcett, *Cheshire and North's Private International Law* (Butterworths, 13th ed, 1999) 第 123 页。

② Julian Lew, *Applicable Law in International Commercial Arbitration* (Oceana, 1978) 第 532 页。

③ *Egerton v. Brownlow* (1853) 4 HLC 1.

④ *Deutsche Schachtbau - und Tiefbohrgesellscaft mbh v. Ras Al Khaimah National Oil Co* [1987] 2 Lloyd's Rep 246 at 254.

⑤ Bundesgerichtshof(1990 年 7 月 12 日) Ⅲ ZR 174/89, NJW 1990 第 3210 页。

⑥ 国际法协会国际仲裁委员会关于 Public Policy as a Bar to Enforcement of International Arbitral Awards 的临时报告(2000 年)第 13 ~ 14 页。参见 Bernard Hanotiau & Olivier Caprasse, “Public Policy in International Commercial Arbitration” in Enforcement of Arbitration Agreements and International Arbitral Awards(2008 年 5 月喀麦隆)第 789 ~ 791 页。

共政策”才能证明干涉仲裁裁决是正当的。① 这也解释了为什么在 *Soleimany* 案中②，英国上诉法院拒绝执行一份对从伊朗走私地毯的合同予以支持的裁决，因为该合同违反了其中一项国际公共政策规则，该项规则一旦被违反，“将导致英国法院不执行裁决，无论其适用法律为何，且无论其在何处履行”。合同在其准据法下是否有效，是否牺牲了裁决的终局性并不重要，原因在于不执行非法走私合同的根本公共政策利益超过了任何相反的考量因素。相反，在 *Hilmarton* 案中③，尽管在阿尔及利亚利用影响力的合同根据阿尔及利亚法律（履行地法律）构成违法，但根据管辖法律瑞士法律是有效的，英国高等法院仍执行了该合同，原因在于这类合同至多违反了英国国内公共政策，而非国际公共政策。④

169. 需要澄清的是，国际公共政策并非跨国适用的准则。综

---

① *Westacre Investments Inc v. Jugoimport – SDPR Holdings Co. Ltd.* [1999] 3 WLR 811 at 824(Westacre)。在 *Westacre* 一案中，大多数人同意 Waller 法官在判决中发表的以下意见，该判决认为国内公共政策与国际公共政策之间存在差别，并认为只有违反国际公共政策时才有理由干涉裁决(Westacre at 824 – 825)：

我认为，就 *Lemenda* 一案作出的判决表明：(1)某些公共政策规则如果受到违反，会导致英格兰法院不予执行，不论其适用法律，也无论其履行地，但其他方面则完全基于国内因素的考量[见 459C]；(2)购买影响力的合同不属于前一类；(3)购买个人影响力的合同如果在英国履行将不会被认定为违反英国的国内公共政策……

尽管该裁决并不独立于(购买影响力的)基础合同，关联之处在于英国法院考虑的是裁决的执行，而非基础合同。英国法院认为，*根据裁决中的事实以及其理由，(购买影响力的)基础合同并未违反英国法院不会执行的公共政策规则，无论其适用法律或履行地*……如果仲裁庭执行一份(购买影响力的)合同，且该合同无论根据合同的准据法或仲裁的法庭法均未违反国内公共政策，则即使英国的国内公共政策可能会有不同的看法，也可以正当合理的得出合同并未违反英国公共政策的结论。(斜体为本文增加)

② *Soleimany v. Soleimany* [1998] 3 WLR 811.

③ 参见第 77 段。

④ 参见 *Hilmarton Ltd. v. Omnium de Traitment et de Valorisation SA* [1999] 2 Lloyd’s Rep 222 at 224 – 225。

上所述,[①]对真正意义上跨国公共政策的界定更加严格,“包括自然法的基本规则、普世正义原则、国际公法中的强制法,以及文明国家接受的普遍道德原则”。[②] 相比之下,国际公共政策“不过是适用于外国裁决的公共政策,其内容和适用仍由各国自行决定”。[③] 因此,Gaillard 和 Savage 将“对法国的国际公共政策观念的违反,或者说*法国法律秩序即便是在国际案件中也无法容忍的对一系列价值观的违反*”[④](斜体为本文增加)作为在法国撤销或拒绝执行裁决的依据。国际法协会根据执行所在国的国家利益类似地定义了国际公共政策:[⑤]

> 任何国家的国际公共政策包括:(i)国家希望保护的有关正义或道德的基本原则,即使并非直接相关;(ii)旨在服务于国家基本政治、社会或经济利益的规则,这些规则称为“公序法”或“公共政策规则”;(iii)国家有责任遵守其对其他国家或国际组织的义务。

(2)腐败是否违反了国际公共政策

170. 国际社会对腐败的谴责从未如此强烈。过去 20 年来出现的法律规则和权威使若任何法院否认腐败违反了国际公共政

---

① 参见上文第 92 段。

② 国际法协会国际仲裁委员会关于 Public Policy as a Bar to Enforcement of International Arbitral Awards 的临时报告(2000 年)。参见 Bernard Hanotiau & Olivier Caprasse, “Public Policy in International Commercial Arbitration” in *Enforcement of Arbitration Agreements and International Arbitral Awards*(2008 年 5 月喀麦隆)第 794 ~ 796 页。

③ 国际法协会国际仲裁委员会关于 Public Policy as a Bar to Enforcement of International Arbitral Awards 的临时报告(2000 年)。

④ Emmanuel Gaillard & John Savage, *Fouchard Gaillard Goldman on International Commercial Arbitration* (Kluwer Law International, 1999 年) 第 1648 段。

⑤ 国际法协会国际仲裁委员会关于 Public Policy as a Bar to Enforcement of International Arbitral Awards(2002)中建议 1(e)。

策,甚至跨国公共政策,这几乎是不可想象的。① 1963 年,Lagergren 法官即已经(可能超越他所处的时代)在国际商会第 1110 号案件(1963)中声明:"腐败是一种国际罪行;它违背了良好道德和国际社会共同的国际公共政策。"②30 年后,巴黎上诉法院在 *Westman* 案中指出,国际社会日益关注国际商贸中存在的腐败问题,并声明:③

> ……以通过贿赂进行影响力交易为目的的合同,不仅违反了法国国际公共政策,而且违反了国际社会绝大多数国家所理解的国际商业道德。

近期,*World Duty Free* 案中的仲裁庭结束了对国际公约和腐败判例法的广泛讨论④,并得出以下结论:⑤

> 根据有关腐败的国内法律和国际公约,并根据法院和仲裁法庭就此作出的决定,本仲裁庭认为,贿赂违反大多数(即使不是全部)国家的国际公共政策。

---

① James Barratt & Hayley Ichilcik, "Bribery and International Arbitration" in *The European & Middle Eastern Arbitration Review* 2011 (Law Business Research, 2010),第 10~11 页和第 38 页 International Law Association International Arbitration Committee's Final Report on *Public Policy as a Bar to Enforcement of International Arbitral Awards* (2002); *Lemenda Trading Co. Ltd. v. African Middle East Petroleum Co. Ltd.* [1988] QB 448 at 520; *Oscanyan v. Arms Co* 103 US 261 at 277 (1880); 巴黎上诉法院 1993 年 9 月 30 日判决(1995) XX YB Comm Arb 198。

国际法协会国际仲裁委员会关于 Public Policy as a Bar to Enforcement of International Arbitral Awards 的临时报告(2000 年)回顾了公共政策观念的发展,并得出结论认为,"关于腐败和贿赂违反国际公共政策的国际共识是可商榷的"。

② 国际商会案例第 1110 号第[20]。

③ 巴黎上诉法院 1993 年 9 月 30 日判决(1995) XX YB Comm Arb 198 第 6 段。

④ *World Duty Free Co. Ltd. v. Republic of Kenya* [Award] ICSID Case No. ARB/00/7 (4/10/2006) at [138] - [157].

⑤ *World Duty Free Co. Ltd. v. Republic of Kenya* [Award] ICSID Case No. ARB/00/7 (4/10/ 2006) at [157].

171. 令人惊讶的是，尽管普遍反对腐败，但英国法院一直不愿意认定腐败违反了*国际公共政策*。这种缄默表现在了 Colman 法官和 David Hirst 爵士在 *Westacre* 案的判决中，以及随后 Steel 法官在 *R v. V* 案的判决中。① 综上所述，②Colman 法官在 *Westacre* 一审的初审中指出，维持仲裁裁决的终局性超越了打击腐败的公共政策。曾有暗示说，这是因为打击腐败并不属于国际公共政策的范畴，原因在于“尽管商业腐败应该受到强烈的司法和政府反对，但少有人认为商业腐败应与贩毒受到同等程度的谴责”。③ 基于此，尽管有新的证据表明居间协议意在向科威特政府官员行贿，但 Colman 法官不允许重新审查仲裁庭作出的不认定存在腐败的结论。David Hirst 爵士（代表 *Westacre* 案中过半数人）在上诉中称，Colman 法官对腐败交易作出了正确的谴责，并指出即使法庭重新审查仲裁庭的裁决，并确定居间协议因腐败而受到影响，法院仍会执行该裁决，因为腐败——非“与贩毒受到同等程度的谴责”——并未违反国际公共政策。④ 在 *R v. V* 案中，2008 年判决的一个相对较新的案例中，Steel 法官认为他必须遵循 *Westacre* 案中的多数意见，（他们）已经接受 Colman 法官对商

---

① *R v. V* [2008] EWHC 1531 (Comm).

② 参见上文第 162 ~ 164 段。

③ *Westacre Investments Inc v. Jugoimport – SPDR Holdings Co. Ltd.* [1998] 3 WLR 770 at 798 – 800.

④ David Hirst 爵士认为（*Westacre Investments Inc v. Jugoimport – SDPR Holdings Co. Ltd.* [1999] 3 WLR 811at 835 – 836）：

我也会以 Mantell 法官给出的理由而驳回上诉……我只想补充一点，如果产生了第二个问题，即以 Mantell 法官的话来说：“如果成功地证明了 Miodrag Milosavljevic 的宣誓书中提出的主张，英国法院是否应该执行该裁决？”，我会以 Colman 法官在[1999] QB 740，771D – 773E 案件中给出的相同理由答复对原告表示支持。Colman 法官取得了正确的平衡，并且这样做（与 Mantell 法官的观点相反）对商业腐败表达了充分的谴责。

业腐败进行了“适当的谴责”①,因此对以公共政策为由对裁定执行涉嫌腐败的居间协议之裁决所提出的异议,拒绝予以支持。至于 Steel 法官表示 Mantell 法官和 David Hirst 爵士(以 Steel 法官的话说,“*Westacre* 案件的多数意见法官”)对腐败给予了适当程度的谴责,有人可能会表示异议,因为 Mantell 法官在判决中并没有明确地就此事发表评论。然而,即使我们不谈论 Mantell 法官的判决,上述英国判例法表明,仍有 Colman 法官和 Steel 法官的两份高等法院判决(分别在 *Westacre* 案和 *R v. V* 案中)和 David Hirst 爵士(在 *Westacre* 案中)作出的上诉法院多数意见,表明即便作出腐败认定也不构成支持对裁决所提异议的充分理由。

172. 作者认为,如果英国法院再审理类似案件,法院应拒绝采纳这些令人不安的先例中表达的观点。正如 Waller 法官在 *Westacre* 案中所评述,“反对执行腐败交易的原则……是基于最重要的公共政策,并且在全球大多数法域中几乎肯定会得到承认”②,而且“重要的是,英国法院不会被认为对这种规模的腐败视而不见”。③ 特别是鉴于最近颁布的英国《2010 年反贿赂法》,标志着英国议会打算在国内外消除腐败行为,据此认为,未来的判例法很可能会证明 Waller 法官的异议判决是正确的。④

(3)利用影响力销售的合同是否违反了国际公共政策

173. 一个更具争议性的问题是,要求居间人对第三方施加个

① *R v. V* [2008] EWHC 1531 (Comm) at [32].

② *Westacre Investments Inc v. Jugoimport - SDPR Holdings Co. Ltd.* [1999] 3 WLR 811 at 833.

③ *Westacre Investments Inc v. Jugoimport - SDPR Holdings Co. Ltd.* [1999] 3 WLR 811 at 834.

④ 参见 Kyriaki Karadelis, “How should We Deal with Dishonest Behaviour in Arbitration?” Global Arbitration Review (2010 年 5 月 7 日)。

人影响的居间协议是否(以及在何种情形下)应视为利用影响力的腐败交易,从而违背了国际公共政策。在这方面可以看出各法域之间的差异。

174. 综上所述,[①]一些法域采用广泛的预防性规则,禁止居间协议,“假定这种(协议)会掩盖腐败”。在这些法域中,该等居间协议据推测违反了各国对国际公共政策的观念。

175. 然而,其他法域认为,利用影响力销售的合同:(a) 违反了公共政策,且无须不当行为的证据;(b) 无视了商业现实;(c) 不必要地禁止了并未破坏公共采购流程透明性的游说活动。[②] 问题在于,当事人是否打算让居间人对公职人员施加某种形式的不当影响,具备这种情形的居间协议才会被禁止。因此,一位评论者指出:[③]

> 只要未直接或间接地给予公职人员金钱或其他好处(且未对公职人员施加不当影响),许多国家不会禁止与这些游说者、影响力掮客或“影响力代理人”签订的合同。事实上,代理行业以影响力作为核心能力是有原因的,只有愚蠢的委托人才会委托一名毫无影响力的代理人。代理人可能因长期的专业经验、人格魅力、社会地位或受人尊敬的专业知识而获得影响力。

176. 尽管如此,不同的法域对于因不当行为影响居间协议的因素(以及赋予该等因素的相对份量)很可能存在差异,其结果是居间合同可能被视为是利用影响力的腐败交易,因而违反国际公

---

① 参见上文第 57 段。

② 参见上文第 58 ~ 63 段。

③ Matthias Scherer, “Circumstantial Evidence in Corruption Cases before International Arbitral Tribunals” (2002) 5 Int ALR 29 at 30.

共政策。①

177. 鉴于不同法域之间的差异,有必要逐案确定——当一份对涉嫌利用影响力交易的腐败合同予以支持的仲裁裁决因违反国际公共政策而被提出异议时,进行审查的法庭所在国的法律是否禁止居间协议本身,或认为不当行为的必要要素已经得到证实。在这方面,这种另类观点再一次出现在了英国普通法中:即使居间人为委托人的利益"滥用"或"不正当"地行使其影响力,这种居间协议(正如在 *Lemenda* 案中所持观点)仅违反了英国的国内公共政策,②但这不构成撤销或拒绝执行裁决的充分理由。这一立场与 *Westacre* 案中的立场相吻合,即对政府官员进行贿赂的"确凿的"腐败合同也不违反英国的国际公共政策。③ 作者认为,《联合国反腐败公约》第 18 条和其他法律制度对利用影响力交易的禁止提供了一个很好的理由④,认为滥用影响力的合同应与进行贿赂的合同受到同样的谴责,在当今时代(尤其是考虑到英国《2010 年反贿赂法》的出台),两者都应被视为是违反英国国

---

① 参见上文第 58 ~63 段。

② 参见 *Lemenda Trading Co. Ltd. v. African Middle East Petroleum Co. Ltd.* [1988] QB 448 ("Lemenda") and Waller LJ's observations on Lemenda in *Westacre Investments Inc v. Jugoimport - SDPR* Holdings *Co. Ltd.* [1999] 3 WLR 811(具体内容见脚注 468)。

③ 参见上文第 171 段。

④ 参见上文第 58 ~61 段。

际公共政策的腐败合同。[1]

D. 适当的审查标准

178. 作为本部分结尾，作者回到前面提出的问题：法庭对仲裁庭就事实和法律作出的认定能够在多大程度上进行审查？最大限度的、最低限度的或以语境为标准进行审查，是否能在仲裁的终局性与公共政策之间实现最佳平衡？如果首选案情审查，法院是应采用 *Soleimany / Westacre* 案中的多数法官主张的两阶段测试，还是 Waller 法官在 *Westacre* 案的反对意见中表达的修改后的两阶段测试？

(1) 最低限度审查标准的缺陷

179. 鉴于最大限度审查标准公然无视仲裁裁决的终局性及其基本政策目标，有人可能会贬低最大限度的审查标准。[2] 然而，最低限度审查方法也会同样因忽视其他基本公共政策因素而受到批评。例如，反对执行道德败坏的腐败合同的公共政策。仲裁裁决的终局性与反腐败公共政策之间的这种紧张关系，极大地减小了最小限度审查和最大限度审查方法之间的相对优势，“售台

---

① 尽管英国对《欧洲委员会反腐败刑法公约》（Eur TS 173 号）（1999 年 1 月 27 日通过；2002 年 7 月 1 日生效）（其中要求缔约国将利用影响力的腐败交易定为刑事犯罪）的第 12 条作出保留，理由如下：

> 只要利用影响力之人与受其影响之人之间存在代理关系，英国法律就涵盖第 12 条所述的行为。然而，根据英国法律，并非第 12 条中提到的所有行为都构成犯罪行为。因此，根据第 37 条第 1 款，英国保留不将第 12 条所指的所有行为定为刑事犯罪的权利。英国的法律涵盖了第 12 条所指的多数行为，但前提是“影响力出售方”与受影响人之间存在代理关系。

[参见 2007 年 9 月 10 日注释包含的英国保留意见，参见 <http://conventions.coe.int/Treaty/Commun/Liste Declarations.asp? NT = 173&CV = O&NA = 37&PO = UK&CN = 999&VL = 1&CM = 9& CL = ENG >（2013 年 4 月 12 日访问）。]

② 参见上文第 115～117 段。

护卫舰”事件正说明了这一点，该事件催生了瑞士和法国对 *Thomson – CSF v. Frontier AG* 案的诉讼程序提出异议。两国所采用的截然不同的司法审查方法和每种方法引起的后果，均表明了最低限度审查存在的缺陷。

180. 值得一提的是，通过适用最低审查标准，瑞士联邦法庭于 1997 年首次支持了该裁决。然而，在法国刑事调查揭露了仲裁庭被 Sirven 为掩盖腐败居间协议证据而设计的计划所误导后，联邦法庭不得不同意 Thomson – CSF 在 2009 年提出的修订仲裁裁决的申请。① 联邦法庭因此处境尴尬，在其最初驳回 Thomson – CSF 提出的撤销裁决申请的 13 年后，不得不撤销裁决并将案件发回仲裁庭重审。

181. 需强调的是，本案的一部分背景信息是，尽管 Thomson – CSF 最初未能在瑞士撤销裁决，但其并未执行针对其作出的裁决，而这纯属偶然。Thomson – CSF 的资产似乎位于法国而不是瑞士，因此即使 Thomson – CSF 未能成功申请撤销裁决，Frontier AG 也并未在瑞士执行该裁决。此外，从以上对法国判例法的审查可以看出，法国当时的司法态度倾向于最高限度的审查，因此巴黎上诉法院在刑事调查得出结论之前停止了执行程序，阻碍了仲裁裁决的执行。因此，在这种情形下，对禁止执行兜售影响力的腐败合同这一瑞士国际公共政策的违反，实质上仍处于早期阶段。这或许可以解释，为什么瑞士联邦法庭在最初拒绝撤销裁决很久之后又撤销了裁决，但该法庭似乎并未表现出任何不安，且并未就最低限度审查发表任何意见。

182. 然而，人们可以想象，在众多案件中，败诉方并不会像 Thomson – CSF 那般幸运，而不得不因法律和实际原因来执行仲

① 参见上文第 140 段。

裁裁决。如果在 *Thomson – CSF v. Frontier AG* 案中也发生这种情况(例如,如果 Thomson – CSF 在瑞士拥有资产),瑞士法院将会协助 Frontier AG 获得其对腐败合同提出的索赔,且对瑞士反腐败国际公共政策的违反也会是切实的,即使后来发现合同的腐败目的,且有瑞士联邦法院的修订权,该裁决甚至可能是不可逆转的。例如,如果对 Thomson – CSF 不利的裁决在瑞士或法国执行,并且 Frontier AG 此后在法国刑事调查结果公布之前的 13 年临时期间内资不抵债(事实上,在 Thomson – CSF 向瑞士联邦法庭提交申述书时,Frontier AG 正在清算中),就缓解对瑞士(和法国)公共政策和道德造成的损害而言,联邦法庭作出的检讨则已为时已晚。类似的此类后果可能引起了对最低审查标准的反思。

183. 相比瑞士联邦法庭,巴黎上诉法院在对事实的刑事调查完成之前,中止对裁决的异议作出裁定,从而有效地对案情进行了最大限度的重新审查。[①] 这一决定最终得到了刑事调查结果的证实。正如 Sayed 所指出:[②]

> ……对腐败问题进行全面审查……将对腐败的评估转移给国家,而国家拥有利益和资源开展有意义的审查……国家法官(采用最大限度审查办法)最终能够更好地把握欺诈行为,并就此充分利用国家调查资源来将其揭露。

184. 法国和瑞士法院对 *Thomson – CSF v. Frontier AG* 案不同的处理方法凸显了最低审查标准的致命弱点:除非存在程序欺诈的最新证据(腐败受害人通常无法获得),否则对一份仲裁裁决在撤销或执行阶段计划几乎在任何情形下均无法进行审查,无论

---

① 参见第 146 段。

② Abdulhay Sayed, *Corruption in International Trade and Commercial Arbitration* (Kluwer Law International, 2004)第 410 ~ 412 页。

现实中合同项下履行的义务多腐败(*Thomson - CSF v. Frontier AG* 案即是如此),或者仲裁庭的调查结果有多么不可靠。[①] 同时应还注意到,欺诈和腐败往往交织在一起——存在腐败行为的申索人可能作伪证,甚至可能捏造证据,掩盖腐败合同的真实目的或腐败的履约方式。如果裁决的取得涉及此类诡计,则采用最低审查标准发现腐败会变得更加不可能。不可否认,最高标准审查过多偏离了裁决终局性的政策目标。然而,正确的做法亦不能像最小限度审查那样放任自流,最低限度审查会导致法院被狡猾和不择手段的申索人无耻地利用,通过寻求司法协助以实施其腐败计划和其他腐败行为。正如评论员正确地指出,“不能接受仲裁可能成为规避(基本的)公共政策规则的手段”[②],或者“仲裁(会)成为规避公共政策规则的有吸引力的手段”[③],因此,在仲裁裁决的终局性和最基本公共政策的考虑之间,必须取得比最低或最高审查标准所提供的更好的平衡。

(2)案情审查标准的优越性

185. 顺理成章地,剩下的即是考虑 Waller 法官的两阶段案情审查,作者认为该审查在裁决的终局性与裁判地基本公共政策价值之间取得了最佳平衡。关于“毕竟进行仲裁的情况千差万别,不仅有国际贸易中强有力的仲裁庭,也有很多其他情况”[④]这一论点很有说服力。在第一阶段,对获得的腐败证据、仲裁员得出合

---

① 当然,不应该谴责仲裁庭在 *Thomson - CSF v. Frontier AG*(1998)16(1) ASA Bulletin 118 中的调查结果,因为事实错误是 Sirven 对仲裁庭欺骗的结果。

② Bernard Hanotiau & Olivier Caprasse, “Public Policy in International Commercial Arbitration” in *Enforcement of Arbitration Agreements and International Arbitral Awards*(2008 年 5 月喀麦隆)第 804 页。

③ Pierre Mayer, “The Second Look Doctrine: The European Perspective”(2010) 21 Am Rev Int’l Arb 201 at 207.

④ *Soleimany v. Soleimany* [1998] 3 WLR 811 at 824, Waller 法官。

法性结论的方式、仲裁员的能力资质以及仲裁的结束方式进行审查,在简易调查基础上是适当的,这样能确定是否有需要注意的问题。第一阶段在仲裁的终局性与公共政策之间达成了适当的平衡。它在全面的最高限度审查和几乎不存在的最低限度审查之间留有回旋余地,因而不会对仲裁的终局性造成不当影响。正如 Waller 法官在 *Soleimany* 案中指出:[①]

> 我们从未建议法官首先对这些问题进行全面审理。这么做会造成仲裁原本要避免的损害。

然而,与此同时,在第一阶段对暗示存在腐败的可疑情形给予特别重视;如果情形足够令人怀疑,则进入第二阶段肯定比故意无视(Nelsonian indifference)更可取。

186. 在 *Thomson – CSF v. Frontier AG* 这样的案例中运用案情审查表明了它的优越性。例如,如果对上述第一阶段因素的评估导致瑞士联邦法庭进入第二阶段,Sirven 对仲裁庭的欺骗就可能被发现。当然,有可能第一阶段的审查未能发现 Sirven 对法庭隐秘欺骗(即使第一阶段审查未能揭露所主张的非法行为,如该非法行为特别严重,进行第二阶段全面审查也是有合理依据的[②])。毕竟,第一阶段的调查只是简易调查,而非像法国的刑事调查或最高限度审查那般严格。然而,必然存在弊端是 *Thomson – CSF v. Frontier AG* 这类案件中发生的欺诈和腐败行为存在不被发现的风险,因此可以在仲裁的终局性与仲裁地的基本公共政策价值之间达成平衡——这也是案情审查方法存在的理由——相比采用一种审查方法时完全排除另一种方法,案情审查方法更可取。此外,相比最低限度审查,案情审查发现欺诈和腐败的可

---

① *Soleimany v. Soleimany* [1998] 3 WLR 811 at 824, Waller 法官。

② 下文第 191 段具体论述。

能性要高很多,即便相同情形下在 *Thomson - CSF v. Frontier AG* 案中发现不了,但至少在其他众多案件中发现不法行为的可能性要更高。最低限度审查更容易掩盖不法行为,甚至无法发现明显的或可察觉到的不法行为,导致法院面临无法接受的高风险,在不知情的情况下成为腐败交易和其他形式非法行为的帮凶。基本的公共政策价值,包括像反腐败公共政策一般重要的公共政策价值,不应该以这种方式在仲裁裁决终局性的祭坛上牺牲,就好像裁决的终局性超越所有其他公共政策价值。毫无疑问,《纽约公约》倾向于执行的政策很重要,但这并不意味着这一政策超越了诸如国际公约、国家法律和商业倡议等致力于根除国际贸易和商业中腐败行为的举措。仲裁的终局性和基本公共政策必须保持平衡,案情审查标准最符合这一精神。

187. 对 *Westacre* 案中多数意见和 Steel 法官在 *R v. V* 案中对两阶段测试提出的一项反对意见是,第一阶段在实践中难以应用。Steel 法官认为:①

> 某种形式初步调查的难处在于评估调查的深入程度。这一点在 R 不提供任何新证据(更不用说在原审理时没有提供的证据)的情况下更是如此。

但是,作者认为,这种担忧被夸大了。

188. 首先,它仅限于证据事项。第一阶段考虑的其他因素不会受到相同的模糊性的影响,如仲裁员的能力以及仲裁过程中是否存在程序缺陷。

189. 其次,更重要的是,第一阶段初步调查和第二阶段全面审查间可以作出足够明确的区分,以解决 Steel 法官对第一阶段调查会轻易进入第二阶段的担忧。显然,如在第一阶段,法庭不

---

① *R v. V* [2008] EWHC 1531 (Comm) at [30].

应当如同新南威尔士州最高法院在 *Corvetina*[①] 案件中所做的那样，允许作出有利于作出腐败指控的当事人的证据开示。法庭还应该避免对裁决中的每一项证据和分析进行细致的梳理。如果除了提交冗长的材料和进行复杂的论证外，无法对裁决的真实性提出质疑，则法庭应该对裁决给予充分的信任，而不进入第二阶段的全面调查。换言之，如果无法合理简单地认为裁决缺乏公信力，即需要对案件进行深入细致的分析来对裁决提出异议，或者提出异议一方的陈述受到质疑，则不应触发第二阶段。诸如此类的指导原则以及采用常识性方法应该足以防止从第一阶段轻易地进入第二阶段。制定第一阶段调查范围的详细规则既不可能也不可取，因为这只会过度地限制法庭的自由裁量权，并且妨碍法庭在可能产生的各事实情形中有效地平衡仲裁的终局性和公共政策。对于采用此方法会引起更具干扰性的案情审查（相比最低限度审查），破坏仲裁作为争端解决机制的吸引力，这种担忧并没有依据。正如一位评论者所指出[②]：[③]

> 对仲裁裁决进行合理审查并不会使仲裁减少吸引力，或是效率更低。这只会影响那些将规避公共政策作为寻求仲裁的唯一动机的人。

190. 如果法院有意采用 Waller 法官的两阶段测试，需要厘清若干细节问题。

191. Waller 法官的两阶段测试有两种版本可供选择：一种是在 *Soleimany* 案中提出的，另一种是 Waller 法官在 *Westacre* 案中的反对意见。作者认为后一种版本更优。正如法官在 *Westacre*

---

① 参见上文第 153 段。

② 没有特别提到案情审查标准，但论证仍然适用。

③ Pierre Mayer, "The Second Look Doctrine: The European Perspective" (2010) 21 Am Rev Int'l Arb 201 at 207.

案判决中所陈述的，由于法院不能“对具有一定规模的腐败视而不见”[1]，所以非法性应该加入 *Soleimany* 案第一阶段的考量因素中。第一阶段对非法行为的考量不会造成任何损害，原因在于，即使对非法行为的指控是严重的，也不会比第一阶段要考虑的其他因素更重要，并要求在第二阶段进行全面的重新审查。例如，仲裁庭是由“高素质的国际商会[2]仲裁员组成的，并由他们进行妥当的裁定”（借用 Colman 法官的表述），且没有任何证据表明双方当事人之间存在串通或不诚实的行为，法院完全可以且必须拒绝对仲裁裁决的干涉，无论非法性指控有多严重，在此情况下都不会开展第二阶段调查。但是，如果第一阶段简易审查表明所有其他因素相对和谐，非法行为的严重性则会成为该等案件中的决定性因素。如果仲裁中的各项因素对裁决而言均是正确的，则非法行为的严重程度是确定是否应开展第二阶段调查时应考量的适当因素。如果指控的非法行为较为严重［如在 *Thomson – CSF v. Frontier AG* 案中，居间协议被指控针对法国外交部长（法国政府最高级别官员之一）存在大规模兜售的兜售影响力腐败行为］，但其他因素相对和谐，法院在执行裁决前应确定没有非法行为，以防在第二阶段中对非法或腐败行为的指控是正确的。相反，如果非法行为不严重，且其他因素相对势均力敌，并不保证法院会进入第二阶段——在这种情形下，裁决的终局性应得到尊重，而不存在纵容严重非法行为的风险。

192. 对于第一阶段涉嫌非法行为性质的考量，还有一个更实际的观点。Nelson Enonchong 正确地指出了这么做如何提高了程

---

① *Westacre Investments Inc v. Jugoimport – SDPR Holdings Co. Ltd.* [1999] 3 WLR 811 at 834.

② *Westacre Investments Inc v. Jugoimport – SPDR Holdings Co. Ltd.* [1998] 3 WLR 770 at 800.

序效率：①

> ……如果在初步调查阶段而非第二阶段结束时确定非法行为的严重性，将节省大量时间和精力。由于仲裁裁决执行通常只会在非法行为（违反国际公共政策）时被拒绝，这意味着采用 *Westacre* 案中的多数派做法，法院可以完成初步调查的整体程序，允许被申请人对仲裁员就非法行为的调查结果提出异议，并根据被申请人非法行为成立的证据得出结论，但最终只能认定所成立的非法行为的违法性不足以拒绝执行该仲裁裁决，因此该裁决最终将得以执行……如果在调查初期即确定声称的非法行为不够严重，以至于即使非法行为成立，仲裁裁决仍可执行，则没有理由进入第二阶段。整件事将结束于此。不会再浪费时间和精力在其余的初步调查中，更不用说进行全面审查。

Waller 法官称，在评估是否存在非法行为（在第一阶段或第二阶段）时，法院不局限于考虑新证据或新提交的证据，甚至可以考虑提交给仲裁庭并由仲裁庭作出裁决的证据，对于这一观点是否正确仍存有疑问。② 相反，*Westacre* 案中的多数意见坚持认为新证据是干涉裁决的唯一理由。③ 作者同意 Enonchong 认为 Waller 法官的观点：④

> ……太极端，并且过于威胁到仲裁的终局性原则。然而，如果要对该观点作出一些矫正来更好地平衡仲裁的终局

---

① Nelson Enonchong, "The Enforcement of Foreign Arbitral Awards Based on Illegal Contracts"［2000］LMCLQ 495 at 509.

② 参见上文 160 段。

③ 参见上文 129～131 段。

④ Nelson Enonchong, "The Enforcement of Foreign Arbitral Awards Based on Illegal Contracts"［2000］LMCLQ 495，第 510～511 页。

性,则不应矫枉过正。

因此,本着平衡仲裁裁决终局性和公共政策的精神,Colman法官将法院干预仲裁裁决的折中方法限制于“存在新提交的、尽管并不一定是新的证据”的案件。[①]

(3)采用最低审查标准法院在实务中运用的审查标准:回归案情审查?

193. 作者以对某些法院采取的最低审查发表一些重要见解来结束本章。矛盾的是,尽管采用最低限度审查标准的法院不断强调仲裁裁决的终局性(例如,仲裁裁决中作出的认定对双方具有约束力,除非存在欺诈、违反自然正义或其他公认的破坏道德的因素[②]),但法院的判决往往显示其并不愿意按所要求的全面接受这一原则并放弃对实质问题的审查。例如,当瑞士联邦法庭最初拒绝撤销 *Thomson - CSF v. Frontier AG* 案中的仲裁裁决时,其对仲裁庭依据的证据(得出的结论是居间协议的目的是促使出售护卫舰进行的合法游说活动)进行了梳理,并默认了仲裁庭对证据的评估。[③] 尽管法庭认为“对案件事实的审查或仲裁裁决权衡证据的方式不在其权力范围之内”,理由在于“就仲裁庭对证据评估作出的评判……纯粹是上诉性质的评判,对此无法予以认可”。[④] 如果最低限度审查的不干涉精神在实质上(而非形式上)

---

① Nelson Enonchong, “The Enforcement of Foreign Arbitral Awards Based on Illegal Contracts” [2000] LMCLQ 495,第 510 页。

② *AJU v. AJT* [2011] 4 SLR 739 at [65].

③ 参见 Sayed 在 Abdulhay Sayed, *Corruption in International Trade and Commercial Arbitration* (Kluwer Law International, 2004)第 399 ~ 400 页中的案件审查:

实际上,法院不仅描述了裁决得出结论的方式,而且还默认了方法以及从现有证据中得出的结论。

④ 参见上文第 126 段。

受到尊重，则法庭能够有资格表达意见的地方，即判定瑞士国际公共政策是否存在道德败坏因素和法律错误。

194. 新加坡上诉法庭在审查 *AJU v. AJT* 案仲裁裁决时似乎借鉴了瑞士联邦法庭的经验，用了三段大篇幅段落来审查仲裁庭的构成和能力，以确定新加坡法律下的非法问题，[①]以及仲裁庭对涉嫌腐败的最终协议所作解释（法院审查了语言及相关事实情形）的真实性[②]，尽管此后多次提出此原则，即若仲裁裁决认定的内容就新加坡的国际公共政策不存在道德败坏因素和法律错误，则无须审查。[③]

195. 法庭认为其对该等事项的审查是合理的，理由是不能忽视 *Soleimany* 案中存在的“明显和无可争议的非法行为”。[④] 然而，法庭似乎误解了 *Soleimany* 案中的立场，特别是为何该案中存在“明显的和无可争辩的非法行为”。*Soleimany* 案中存在“明显的和无可争辩的非法行为”，原因正如英国上诉法院所指出的，“*涉案裁决认定的事实是，（缔约方）共同的意图是实施非法行为*，

---

① *AJU v. AJT* [2011] 4 SLR 739 at [61].

② *AJU v. AJT* [2011] 4 SLR 739 at[63],[64].

③ AJU v. AJT [2011] 4 SLR 739 at[65],[66],[68] –[69].

④ *AJU v. AJT* [2011] 4 SLR 739 at[64].

强制执行合同”。（斜体为本文增加）[①]在此情形下，英国上诉法院不需要干涉或审查仲裁庭在裁决中认定的内容，为拒绝执行提供理由。仲裁庭认定的事实是该合同是为了从伊朗非法走私地毯，[②]因此，英国上诉法院完全（并且确实）可以依据此调查结果拒绝执行该裁决。相比之下，在*AJU v. AJT*案中向新加坡上诉法院提出异议的仲裁裁决认定的事实是，最终协议中不存在实施任何形式的非法行为的共同意图。法庭认为，根据最低限度审查，法庭有权审查仲裁庭的能力和对最终协议的解释等事项，确定是

---

① *Soleimany v. Soleimany*［1998］3 WLR 811 第 821 页（Soleimany）。讽刺的是，*AJU v. AJT*［2011］4 SLR 739 在第 47 页也引用了*Soleimany*案中的非约束性意见，但似乎在判决的后续关键部分忽略了其重要性。参见 Waller 法官在*Soleimany*案中的判决第 815 页：

引述 Beth Din 于 1993 年 3 月 23 日作出的裁决中的内容，“原告购买了大量地毯并将其非法出口到伊朗境外”，并在裁决其他部分进一步承认了在伊朗境内的非法团体。例如，就数量而言，认为“由于非法团体的性质，很少有记录保存……”在评估利润时，裁决驳回了原告主张的全部赔偿额，理由是不承认向“走私者”支付的费用。

以及在第 818～819 页：

我们正在处理一桩案件，裁决从表面上看：（i）仲裁员拒绝了原告的陈述，即其出口了自己购买的地毯，然后由其父亲代为出售；（ii）仲裁员*正在处理其所称的非法团体，据此，当事人的共同意图是将地毯非法运出伊朗*。（斜体为本文增加）

② 参见上文第 157 段 *Soleimany v. Soleimany*［1998］3 WLR 811 第 823～824 页：

所以我们转向执行阶段，基于仲裁员拥有管辖权（正如我们所得出的结论）……我们认为难以想象，英国法院会执行就银行劫匪间的合资协议作出的仲裁裁决，甚至比执行强盗间的协议还难以想象……若涉及公共政策，仲裁裁决的介入不会将胜诉当事人的主张与产生该主张的非法性隔离开来……判决中陈述的理由是显而易见的。法庭拒绝执行非法合同……当事人无法通过私下协议来消除这种担忧，亦无法隐藏其或者其中一人执行非法合同的意图。公共政策不会允许……原告可能可以在英格兰和威尔士以外的某个地方强制执行此仲裁裁决。但是，在这里的仲裁裁决受到 lex Pori 的公共政策的制约。*当仲裁员触及是否非法这一问题，并认定不构成非法时，困难即产生了*……在这种情况下，公共利益之间存在一种紧张关系，即应该尊重仲裁员的裁决，以便终止诉讼，以及不应执行非法合同的公共利益。*我们没有提出解决这个问题的最终解决方法，原因在于本案中并未出现该问题。非但没有认定基础合同违法，Dayan 在 Beth Din 案中反而认定基础合同合法*。（斜体为本文增加）

否存在像 *Soleimany* 案中的“明显的和无可争辩的非法行为”,这一观点似乎有点牵强。

196. 作者认为,这很可能是适用最低限度审查的法庭不接受其自身观点的另一案例,即对于仲裁裁决的调查结果不得进行实质审查。① 法庭在仅考量了仲裁庭的能力、事实认定和对最终协议的解释②后,得出“这案*件并不适*合由法官对仲裁庭作出的最终协议是有效的且可强制执行这一认定进行重新审理这一结论(斜体为本文增加)”。③ 这让人联想到 Waller 法官的两阶段测试的第一阶段,而不是实质上的最低限度审查。正如 Waller 法官在 *Soleimany* 案中所说,法庭在第一阶段应提出如下问题:④

(a)“是否有任何方面表明仲裁员无法胜任该调查?”(注:*AJU v. AJT* 案中对仲裁庭能力的考量。例如,“仲裁庭由新加坡当地律师协会中经验丰富的律师组成,并根据新加坡法律裁决非法问题”⑤);

(b)“如果一方有初步证据证明裁决是基于非法合同…… 另一方是否有相反的证据?”(注:*AJU v. AJT* 案中默认了仲裁庭作出的最终协议不存在非法意图事实认定⑥);和

(c)“如果仲裁员明确认定基础合同并不非法……则仲裁员是否经过公允的推论得出该结论?”(注:在 *AJU v. AJT* 案中,审

---

① 在不同的语境下,参见 Michael Hwang SC & Su Zihua, “Egregious Errors and Public Policy: Are the Singapore Courts too Arbitration Friendly?” in *SAL Conference* 2011: *Developments in Singapore Law between* 2006 *and* 2010 – *Trends and Perspectives* (Yeo Tiong Min, Hans Tjio & Tang Hang Wu gen eds) (Academy Publishing, 2011)。

② *AJU v. AJT* [2011] 4 SLR 739 at[64].

③ *AJU v. AJT* [2011] 4 SLR 739 at[62] – [64].

④ *Soleimany v. Soleimany* [1998] 3 WLR 811 第 824 页。

⑤ *AJU v. AJT* [2011] 4 SLR 739 at[61].

⑥ *AJU v. AJT* [2011] 4 SLR 739 at[63] – [64].

查并同意仲裁庭对最终协议条款的解释[①])。

从上述内容应该可以看出,在*AJU v. AJT*案中考量的所有事项均属于 Waller 法官在 *Soleimany* 案中附带提出的第一阶段因素。不仅如此,对该等事项的审查方式符合应开展第一阶段调查的方式,即在简易审查基础上(如 Waller 法官所言)“对一审中的问题进行全面审理”。[②]

197. 人们不难得出如下结论:[③]

> ……从(对这些判决的解读)中可以看出,(一些自称开展最低限度审查的法院可能会认为,其开展的最低限度审查)应通过对案情开展辅助性简易审查,以证明从事实推论或法律适用角度看完全相信仲裁裁决中被提出异议的部分不存在任何问题。

作者认为,上述观点是对案情审查的默示支持,原因在于对尊重裁决终局性这一政策目标维护基本公共政策价值的同时需要的本能认可。其中一些法院可能尚未完全理解最低限度审查产生的影响,如果对该方法进行测试,即发生一起疑难案件,其中存在有说服力的情形表明,某项裁决存在重大非法行为,但根据最低限度审查不能将其撤销或拒绝执行(作者认为,*AJU v. AJT* 案和 *Thomson – CSF v. Frontier AG* 案均不属于疑难案件)——作者建议对该等法庭致力于开展的最低限度审查提出严正的异议。正如 Sayed 指出:[④]

---

① *AJU v. AJT* [2011] 4 SLR 739 at[64].

② *Soleimany v. Soleimany* [1998] 3 WLR 811 第 824 页。

③ Abdulhay Sayed, *Corruption in International Trade and Commercial Arbitration*(Kluwer Law International, 2004)第 404 页。

④ Abdulhay Sayed, *Corruption in International Trade and Commercial Arbitration*(Kluwer Law International, 2004)第 404 页。

> 如果对案情的简易审查表明适用法律错误或事实推论错误，则在案件中主张维持最低限度审查政策会带来何种结果？是维持最低限度司法审查还是抛弃简易审查？

例如，假如在 *AJU v. AJT* 案中，与法庭关于此案件的结论相反，仲裁庭的能力、事实调查结果和对最终协议的解释均存疑，且表明可能（而非“明显的和无可争议的”）发生了腐败或非法行为，则应该如何处理？

198. 有意思的是，观察主张适用最低限度审查的法庭如何解决该案件。作者认为，其中某些法庭可能会接受 Waller 法官的两阶段测试的优点——无论是明确地或以审查“明显的和无可争议的非法行为”为伪装——并发现向其提交的是一桩“适当的案件”，可以重新审理仲裁庭的调查结果。如果没有其他考量因素，法律本意当然不能接受仲裁裁决的终局性超越所有其他公共政策价值，也不能允许仲裁程序和仲裁裁决的介入，隐瞒当事人的腐败行为或其他应受谴责的不法行为。

Ⅷ. 结论

199. 作者对他们的结论总结如下：

（a）若腐败的存在与提交至仲裁庭的争议的解决相关（通常如此），则仲裁庭依职权进行的腐败调查属于其职权或权限范围内的。

（b）提起腐败指控的一方承担证明腐败存在的举证责任。为使仲裁庭认定存在腐败，该举证方必须满足盖然性权衡的证据标准。确定该证据标准是否得到满足时，必须对其进行灵活解释，并考虑举证腐败的内在困难性，案件特定事实情况下存在腐败的固有可能性或不可能性等因素。适用该证据标准时，仲裁庭还可以考虑各种腐败的迹象或间接证据，且/或在被指控方不能出示文件（如被命令出示文件的）或无罪证据时作出不利推定。

(c)在处理居间合同纠纷时，通常需要进行法律适用分析。如合同履行地或仲裁地的外国强制性法律规范或公共政策规则禁止居间合同违背当事人约定适用的法律，则需要根据仲裁地国家的冲突规范来确定当事人是否推翻了对法律适用的约定。然而，任何根据仲裁地国家的冲突规范认定为适用于当事人争议的法律规范，在与有关反腐败的跨国性公共政策不相容的范围内必须让步于后者。

(d)如仲裁庭认定存在腐败事实，它仍对当事人的争议拥有管辖权，并有权对可仲裁的腐败问题进行裁决。腐败行为的被害方通常可以请求撤销通过腐败获得的合同，以免除其在该等合同项下的义务（若其明知存在腐败而选择保持合同继续有效的，则可能失去该撤销权），而基于约定腐败内容的合同提出的权利要求，即使当事人不撤销它，基于该等合同产生的权利请求，也会被认定为不可执行或不被承认。然而，通常来说，一方当事人在履行合同时单方面实施腐败行为的意图并不会妨碍其他无过错当事人基于该等合同提出的权利请求。

(e)国家立法（特别是反洗钱立法）可能要求仲裁员向有关当局报告其在仲裁过程中注意到的腐败问题。该义务优先于任何明示或暗示的保密义务。尽管仲裁员不受该等披露义务的约束，但仲裁员自愿报告腐败活动的行为可能适用于基于公共利益或司法利益的保密义务豁免的情形。

(f)对（被主张）涉及腐败的仲裁裁决的司法审查包括两个方面。第一个方面，应确定一国法庭应在多大程度上尊重仲裁庭作出的存在腐败的认定。法庭应接受仲裁庭认定的结果，还是应进一步调查并就腐败是否存在得出自己的结论？如果是后者，调查应进行到何种程度？不同的法域对该问题并未达成一致意见。目前存在3个派别：最低限度审查、案情审查和最大限度审查。奉行最大限度审查的法庭倾向于干预仲裁裁决中的认定结果，而奉行最低限度审查的法庭倾向于作出最少的干预。作者认为案情审查是更佳的审查方式，因为其在仲裁裁决的终局性和仲裁所在地的其他重要公共政策价值（如有关反腐败的公共政策）间实现了最佳平衡。对涉及腐败的仲裁裁决的司法审查的第二个方面要求法庭确定当事人是否对腐败或其他不法行为有过错（基于仲裁庭或法庭的认定结果，视案件情况而定），以及该等过错行为是否足够严重，以至于能够以公共政策为由撤销或者拒绝执行该仲裁裁决。大多数主要的法域区别对待国际公共政策和国内公共政策，只有违反国际公共政策方构成撤销或者拒绝执行仲裁裁决的合理理由。除了英国等国家，近乎普遍的看法是"证据确凿的"腐败违反国际公共政策，但对利用影响力进行销售的合同的看法更为复杂，因为各法域对于该等合同是否及在何种情况下构成兜售影响力的腐败行为存在较大分歧。

200. 本文试图说明在国际仲裁中，除了显而易见地对腐败的简单指控或证据性指证外，还存在很多其他问题。这些问题多种多样，涉及整个仲裁过程，因此，法律对这些问题做了诸多规定。让事情变得更加复杂的是，它们并不总是可以通过轻松解决，部分原因在于这些问题会造成重要公共政策问题之间的紧张关系，并彼此争夺优先地位。例如，仲裁庭在证据或法律适用分析中的一个失误，会导致当事人之间的争议在初步仲裁阶段的最终裁决结果完全不同，并进一步引发撤销或执行阶段的连锁反应。说白了，考虑到认定腐败存在或不存在的仲裁裁决对案件争议问题的决定性影响力，以及很多受到侵害的当事人并不能足够幸运地获得机会在国家法院进行二次补救这一事实，当事人以及更广泛意义上的司法公正利益,经常需要为仲裁庭在腐败问题上作出的错误判断付出沉重的代价。

201. 尽管如此,在全球打击腐败危害的背景下,公正有效地对腐败问题进行裁决的责任不能完全由仲裁庭承担。当事人同样扮演了重要的角色,其需要确保仲裁庭充分了解了涉案事项,在处理案件时作出正确的策略性决定,并谨慎考虑法庭处理公共政策争议的态度。例如,可以合理取得的任何以及全部腐败的证据应该提交给仲裁庭并提请其注意,而不是将其保留,原因如上所述,法院并不同情那些对企图依赖陈旧证据来证明其腐败主张的当事人。基于平衡仲裁裁决终局性与同等重要的反腐败公共政策价值的精神,法院还应当考虑加强(若采用最低限度审查)或降低(如采用最大限度审查)其在审查涉及腐败的仲裁裁决时采用的审查标准。

202. 对本文的总结还需梳理作者隐藏在讨论中的内容:某些腐败问题相关的司法和仲裁实践,有时会与法律对这些问题的理论论断产生不协调的冲突。例如,近期英国的一些判决反常地认定涉及腐败的仲裁裁决不违背英国的国际公共政策,未顾及普遍的以及普通法历史上①对腐败的谴责。并且,有些主张最低限度审查的法庭,声称最大限度地尊重仲裁庭的认定结果,但在实践中采用具有更多干预性的案情审查方法。作者认为,对于棘手的案件,目前的实践做法可能转变为未来案件中明确的实在法。就仲裁实践而言,人们可能会质疑,在一起案件中,对腐败的举证没有达到必要的法律证明标准,则抱有疑虑的仲裁员是否实际上会

---

① 如 *R v. Charles* Hildyards *Thornton Whitaker* [1914] 3 KB 1283 中所述:"普通法……憎恶腐败。"类似地,在 *Attorney - General for Hong Kong v. Charles Warwick Reid* [1994] 1 AC 324,330,Lord Templeman 法官指出:"贿赂是一种恶习,对任何文明社会的根基构成了威胁。"

任由这些疑虑影响其对当事人之间争议的做法和看法。仲裁员必须特别注意避免有意或无意地受到谣言或影射的影响,当事人也能通过保证提交材料的质量帮助解决这个问题。此外,尽管反洗钱立法可能明确规定仲裁员负有披露的义务,但执法机关在何种程度上愿意起诉未能披露疑似腐败行为的仲裁员,或者考虑到保密义务通常覆盖整个仲裁程序,起诉在实践上是否可能,这都是有待解决的问题。作者尚不知晓有任何仲裁员主动向有关当局报告其在案件审计过程中怀疑存在的任何腐败问题,并且这一现状似乎仍将持续下去,有待对这一“灰色地带”做进一步指导。

图书在版编目(CIP)数据

黄锡义仲裁文选 / (新加坡) 黄锡义著 ; 胡科, 马志华, 张舒译. -- 北京 : 法律出版社, 2024
(北仲争议解决新视野译丛)
ISBN 978 - 7 - 5197 - 6110 - 3

Ⅰ. ①黄… Ⅱ. ①黄… ②胡… ③马… ④张… Ⅲ. ①国际仲裁 - 文集 Ⅳ. ①D994 - 53

中国版本图书馆 CIP 数据核字(2021)第 220028 号

黄锡义仲裁文选
HUANGXIYI ZHONGCAI WENXUAN

[新加坡]黄锡义 著
胡 科 马志华 张 舒 译

策划编辑 赵明霞
责任编辑 赵明霞
装帧设计 臧晓飞

出版发行 法律出版社
编辑统筹 法商出版分社
责任校对 王晓萍 王语童
责任印制 胡晓雅
经 销 新华书店

开本 710 毫米 × 1000 毫米 1/16
印张 23 **字数** 280 千
版本 2024 年 8 月第 1 版
印次 2024 年 8 月第 1 次印刷
印刷 保定市中画美凯印刷有限公司

地址:北京市丰台区莲花池西里 7 号(100073)
网址:www.lawpress.com.cn
投稿邮箱:info@lawpress.com.cn
举报盗版邮箱:jbwq@lawpress.com.cn

销售电话:010 - 83938349
客服电话:010 - 83938350
咨询电话:010 - 63939796

书号:ISBN 978 - 7 - 5197 - 6110 - 3
定价:98.00 元
凡购买本社图书,如有印装错误,我社负责退换。电话:010 - 83938349